Max Auer

Vorbereitung auf das Abitur Katholische Religionslehre

MANZ VERLAG

8. Auflage 2009
Manz Verlag
© Klett Lerntraining GmbH, Stuttgart 1997
Alle Rechte vorbehalten
Umschlagkonzept: KünkelLopka, Heidelberg
Umschlagfoto: Fotostudio Maurer, Bamberg
Druck: Finidr s.r.o.,Český Těšín

ISBN: 978-3-7863-4303-5

www.manz-verlag.de

Inhaltsverzeichnis

C   Die Frage nach den Werten

Einführung (statt eines Vorworts)

Der vorliegende Band aus der MANZ-Lernhilfenreihe „Wissen" wendet sich an alle Schülerinnen und Schüler, die ihre Kenntnisse für einen Grund- oder Leistungskurs in Katholischer Religionslehre nachholen oder erweitern möchten, um im Unterricht und Abitur gute Ergebnisse zu erzielen.

Vom Umfang her durfte dieser Band den Rahmen der gesamten „Wissen"-Reihe nicht überschreiten. Der Leser soll sich also von diesem Buch bitte nicht mehr erwarten, als es leisten kann: Es nennt und erläutert *in der erforderlichen Kürze* den Prüfungsstoff für das Abitur in den größten deutschen Bundesländern; es kann aber diesen Stoff nicht in der Vollständigkeit und Ausführlichkeit einer Enzyklopädie darstellen. Darum habe ich auch auf die Erklärung solcher Fremdwörter und Fachausdrücke verzichtet, die man in jedem Konversations- und Fremdwörterlexikon nachschlagen kann. Den Prüfungsstoff bemühte ich mich so einfach zu formulieren und so klar zu erläutern, dass er auch einem in Philosophie und Theologie noch wenig bewanderten jungen Menschen durchweg verständlich wird. Bei der Auswahl breit ausgearbeiteter Beispiele (Paradigmen) griff ich die Vorschläge der staatlichen Fachlehrpläne für Gymnasien auf.

Was soll aber ein Schüler tun, wenn sein Kursleiter ein Thema ziemlich anders aufgefasst und andere Beispiele dargeboten hat als ich in diesem Buch? Dann soll der Oberstufenschüler die Faustregel beachten, dass jeder Lehrer von seinem Schüler am liebsten das hört und liest, was er selbst zuvor im Unterricht geboten hat, nicht zuletzt deshalb, weil er diesen Stoff souveräner und darum auch gerechter benoten kann als einen, in den er selbst nicht eingearbeitet ist. Trotzdem hat natürlich jeder Schüler das Recht, sich über den Unterrichtsstoff hinaus weiterzubilden und dieses Wissen auch bei Prüfungen einzubringen.

Um ein tieferes Eindringen in die Themenfelder zu ermöglichen, habe ich am Ende eines jeden Kapitels eine Auswahl moderner weiterführender Literatur genannt, und zwar in der Reihenfolge der Unterthemen des betreffenden Kapitels. Die angeführten Werke sind entweder für Nichttheologen geschrieben oder diesen durch Erläuterungen verständlich gemacht. Auf Seite 259f ist eine Liste besonders nützlicher, z. T. unentbehrlicher Standardwerke aufgeführt.

Ich hoffe, dass mein Buch allen interessierten Lesern – nicht nur den Gymnasiasten in ihrer Abiturvorbereitung – nützlich sein kann und einen Überblick über die Hauptthemen der heutigen katholischen Theologie verschafft. All diesen Personen wünsche ich Freude und Förderung durch das Studium meines Buches.

Max Auer

A Die Frage nach Gott

1 Biblisches Gottesbild und moderner Mensch

1.1 Spannungen und Fremdheiten zwischen biblischem und modernem Denken

1.1.1 Hauptmerkmale des biblischen Denkens

Vom antiken Weltbild abhängiges religiöses Denken

Das antike vorderorientalische Weltbild war unwissenschaftlich: Es erklärte die Natur nach dem Augenschein und mit Hilfe von Mythen. Der Kosmos wurde als vergrößertes orientalisches Wohnhaus aufgefasst:
- Keller ≙ Scheol (Unterwelt, Aufenthaltsort der Toten)
- Erdgeschoss ≙ Erdscheibe (Wohnort der Lebenden; Jerusalem als Mittelpunkt)
- Obergeschoss mit Kuppeldach ≙ Himmel (Ort der Gestirne und darüber die Wohnung Gottes)

Metaphorisches Denken

Die Bibel verwendet Begriffe aus der Immanenz als Metaphern (Chiffren) der Transzendenz z. B.:

als Symbole (Garten Eden = Glückszustand der Menschen vor dem ersten Sündenfall: Gen 2; brennender Dornbusch ≙ Anwesenheit Gottes: Ex 3)

als Gleichnisse und Parabeln = Aneinanderreihung inhaltlich zusammenhängender Metaphern zu einer symbolischen Geschichte (himmlisches Hochzeitsmahl: Mt 22,1–14)

Bibelgläubigkeit

Die Bibel genoss göttliche Autorität: Sie galt als Werk der Inspiration („Einhauchung", Eingebung) des Hl. Geistes, auch wenn sie Gottes Wort nur in und durch Menschenwort verkünden kann, und wurde als Gottes letzte Botschaft an alle künftigen Generationen aufgefasst. (Sach 7,12; 2 Tim 3,16; 2 Petr 1,21)

Heilsgeschichtlicher Evolutionsgedanke

Die biblischen Menschen waren überzeugt, dass Gott das Volk Israel planmäßig für die Ankunft des Messias (d. h. für die Menschwerdung seines eigenen Sohnes) vorbereitete (göttliche Heilspädagogik: Apg 2,14–36). Empirisch fassbar ist von dieser geistig-geistlichen Evolution die ständige Veredelung des Gottesbildes (s. Kapitel 2) und der Moralvorstellungen (s. Kapitel 6).

Ganzheitliches Denken

Existenzielles Denken = die Überzeugung, dass die Bibel den ganzen Menschen als leib-seelische Einheit ansieht (vgl. Kapitel 4).

Eschatologisches Denken = der Glaube, dass die biblische Botschaft über die Dauer des irdischen Menschenlebens hinausgreift (vgl. Kapitel 8).

1.1.2 Hauptkennzeichen des modernen Denkens

Vorherrschaft der „exakten" Wissenschaften

Das größte Ansehen genießen heutzutage die sog. exakten Wissenschaften (Mathematik und Naturwissenschaften) und deren praktische Anwendung, die Technik. Von den Geisteswissenschaften ist höchstens noch die Logik – als Hilfswissenschaft der exakten Wissenschaften – geschätzt. Die anderen Geisteswissenschaften haben einen schweren Stand, weil sich ihre Forschungsergebnisse nicht empirisch (im Labor und Experiment) beweisen lassen. Die Ethik – als normative Wissenschaft – hat wegen des modernen Meinungspluralismus schwer zu kämpfen, die Theologie wegen des derzeitigen Säkularismus.

Moderner Wissenschaftsbegriff

Damit sich eine menschliche Tätigkeit als Wissenschaft bezeichnen darf, muss sie in unserer Zeit folgenden fünf Anforderungen genügen:

1. Beschränkung auf ein festumrissenes Forschungsgebiet (d. h. Vermeidung von Grenzüberschreitungen)
2. Kenntnis der Voraussetzungen und Bedingungen, unter denen die betreffende Wissenschaft richtige Ergebnisse erzielen kann
3. Anwendung allgemeiner und fachspezifischer Methoden bei der wissenschaftlichen Tätigkeit
4. Erarbeitung immer neuer Forschungsergebnisse (ständige Erweiterung des Wissensbereichs)
5. Nachvollziehbarkeit und Überprüfbarkeit der Beweisverfahren und Forschungsergebnisse (zumindest durch Fachleute)

Anwendung dieser Kriterien auf die Theologie (zum Nachweis des Wissenschaftscharakters der christlichen Theologie):

1. *Ihr Forschungsgebiet*: der christliche Glaube (Herkunft, Inhalt und Entwicklung seit Christus)
2. *Voraussetzung*: die reale Existenz eines gelebten Glaubens, den die Theologie wissenschaftlich hinterfragen kann; *Bedingung:* die Wahrheit dieses Glaubens (Tatsache einer göttlichen Offenbarung; die Bibel als Wort Gottes)
3. *Ihre Fachmethoden*: dieselben wie bei den vergleichbaren säkularen Wissenschaften, v. a. die kritisch-exegetisch-hermeneutische Methode für die Bibelwissenschaft, die argumentativ-philosophische für die Dogmatik und die normative für die Moraltheologie; Näheres s. 6.2.4
4. *Neue Forschungsergebnisse*: fortlaufend veröffentlicht
5. *Überprüfbarkeit*: Theologische Aussagen sind ähnlich wie die der übrigen Geisteswissenschaften verifizierbar bzw. falsifizierbar. – Die letzten Grundlagen sind weder bei den Natur- noch bei den Geisteswissenschaften beweisbar. (Siehe folgenden Abschnitt.)

Neues Selbstverständnis der Naturwissenschaften

– *Beschränkung auf ein Naturbild statt eines Weltbildes*
Die heutige Naturwissenschaft behauptet nicht mehr, alles Seiende beschreiben zu können (d. h. ein Weltbild erstellen zu können), sondern sie beschreibt nur noch
  • das materielle Sein, und auch hierbei nur das,
  • was vom materiellen Sein bisher erkennbar ist.
Die Zusammenfassung dieser eingeschränkten Beschreibung des Seienden, bei der der ganze Bereich des Geistigen (Methaphysischen) fehlt, heißt *Naturbild*.
– *Ungelöste Grundfragen zum Naturbild*
Die moderne Naturwissenschaft gibt zu, mit ihrem derzeitigen Wissensstand die Grundfragen des materiellen Seins nicht beantworten zu können: Was sind Raum, Zeit, Materie und Naturgesetze?

Der Raum: Ist er unendlich oder (wahrscheinlicher) endlich? Gibt es etwas außerhalb des endlichen Raums, und was ist das? Gibt es mehrere Kosmen?
Die Zeit: Besteht das Weltall von Ewigkeit zu Ewigkeit oder existiert es, was wahrscheinlicher ist, seit 10 Milliarden Jahren und wird nach einer ebenso langen Zukunft wieder untergehen? Was war vor dem Kosmos und was wird nach ihm sein?
Die Materie: Was ist die Materie in ihren kleinsten Bausteinen, den Elementarteilchen?
– Die Materie hat eine Doppelnatur: Sie tritt manchmal als Masse (Körper, Korpuskel) in Erscheinung, manchmal als Energie (Welle).

– Materie ist nicht ein ruhendes (statisches) Sein, sondern sie ist im Innern eines Atoms (subatomar) ein Geschehen, das man erst abwarten muss, bevor man es beschreiben kann.

– Materie ist nichts Absolutes, sondern etwas, das von etwas anderem abhängt, ohne dass die Naturwissenschaft sagen kann, woher diese Abhängigkeit oder gar die Materie selbst kommt.

– Materie, Raum, Zeit sind nicht drei voneinander unabhängige Größen, sondern es besteht eine Beziehung (Relation) zwischen ihnen: Die Materie ist der Träger von Raum und Zeit; Raum und Zeit sind Eigenschaften der Materie (wie z. B. auch Form, Farbe, Wärme). In dem Augenblick, in dem die Materie entstand, gab es auch Raum und Zeit.

Ahnherr der heutigen Naturwissenschaft ist *Albert Einstein* mit seinen beiden berühmten (inzwischen bewiesenen) Theorien:

– *spezielle Relativitätstheorie* (1905): Masse und Energie sind gleichwertig (äquivalent). Die Art dieser Gleichwertigkeit drückt die bekannte Einsteinsche Formel aus: $E = mc^2$ (E = Energie, m = Masse und c = Lichtgeschwindigkeit)

– *allgemeine Relativitätstheorie* (1915): Die Welt ist ein vierdimensionales Raum-Zeit-Kontinuum, in dem die Gravitationskräfte gleich (äquivalent) den Fliehkräften sind. Lichtstrahlen verlaufen nur in schwerelosen Gebieten geradlinig, in einem Gravitationsfeld dagegen werden sie ein wenig gekrümmt („gekrümmte vierdimensionale Raumzeit").

Werner Heisenberg hat erkannt, dass der Naturwissenschaftler bei Forschungen im subatomaren Bereich nicht mehr die Rolle des unparteiischen, objektiven Beobachters spielen kann; er wird in die von ihm beobachteten inneratomaren Vorgänge einbezogen. Heisenbergs *Unschärferelation* besagt nämlich, dass der Ort und die Geschwindigkeit (Kraftstoß, Impuls) eines Atomteilchens nicht gleichzeitig scharf gemessen werden können: Je genauer man die Geschwindigkeit misst, eine desto verschwommenere Ortsbestimmung muss man in Kauf nehmen – und umgekehrt.

Die Naturgesetze: Warum funktionieren die Naturgesetze im makrophysikalischen Bereich, obwohl im mikrophysikalischen (= subatomaren) Bereich unberechenbare (indeterminierte) Bewegungen (Quantensprünge) vor sich gehen? (Quant = die Energiemenge, die von einem Atom ausgesendet oder aufgenommen wird.)

Die Bewegungen der Atomteilchen sind also nicht vorausberechenbar und werden es nach Ansicht führender heutiger Physiker auch nie sein: Die Bewegungen der Elementarteilchen können nur mit einer gewissen Wahrscheinlichkeit vorausberechnet werden. Erstaunlich aber ist, dass trotz dieser subatomaren Indeterminiertheit das Naturgeschehen im Großen vollständig determiniert ist, so dass die Naturgesetze im makrophysikalischen Bereich stets zuverlässig stimmen. Dieses Funktionieren beruht auf dem mathematischen *Gesetz der großen Zahl*: Die unterschiedlichen Reaktionen der ungeheuer vielen Elementarteilchen, die bei einem makrophysikalischen Vorgang zusammenwirken, verdichten sich zu einem ganz bestimmten Durchschnittsverhalten, das zur statistischen (aber nicht absoluten) Gültigkeit der Naturgesetze ausreicht. Die heutige Naturwissenschaft kann die Frage nicht beantworten, woher das Gesetz der großen Zahl kommt, warum sich also die unberechenbaren Bewegungen der Elementarteilchen des Atoms doch so verhalten, dass die Gültigkeit der bekannten makrophysikalischen Naturgesetze gewährleistet wird.

Exakte Wissenschaftssprache

Jede heutige Wissenschaft achtet auf eine klare Fachsprache, in der jeder Begriff seine genau definierte Bedeutung hat. – Zur Bezeichnung neuer Forschungsergebnisse verwendet sie aber gerne Metaphern, d. h. sie gebraucht bereits vorhandene Wörter in einem neuen, übertragenen Sinn (Welle, schneller Brüter, schwarze Löcher).

Wertneutralität und ethische Steuerlosigkeit

Da es der Naturwissenschaft nur um die Erforschung der Materie geht und diese an sich wertneutral, d. h. weder gut noch böse ist, gerät diese Wissenschaft immer wieder in die Versuchung, sich über die ethischen Normen erhaben zu fühlen und einfach alles zu machen, was ihr technisch möglich ist, ohne Rücksicht auf Wohl oder Wehe der heutigen und künftigen Menschheit. Um einer solchen ethischen Steuerlosigkeit der Naturwissenschaft entgegenzuwirken, raten ihr die wissenschaftliche Ethik und die Theologie, mit ihr ständig zusammenzuarbeiten.

Methodischer Atheismus

Um keine Grenzüberschreitung zu begehen, hat es sich die Naturwissenschaft zur Methode gemacht, jede Aussage über Nichtmaterielles, also auch über die Transzendenz zu vermeiden (sog. methodischer Atheismus). Eigentlich handelt es sich aber um keinen Atheismus, sondern um einen Agnostizismus: Die heutige Naturwissenschaft leugnet die Existenz Gottes nicht, sondern erklärt sich nur außerstande, über ihn eine Aussage machen zu können. Als Privatpersonen sind viele moderne Naturwissenschaftler religiös gläubige Menschen und treten als *Naturphilosophen* – nicht als *Naturwissenschaftler* – auch mit Argumenten der empirischen Wissenschaften für ihren Glauben an die Öffentlichkeit.

Evolutionistisches Denken der heutigen Wissenschaften

Die modernen Natur- und Humanwissenschaften haben die biblische Schöpfungsvorstellung vom göttlichen Sechs-Tage-Werk widerlegt: Materie, pflanz-

liches, tierisches und menschliches Leben entstanden nicht durch jeweils einen einzigen Schöpfungsakt Gottes und nicht in gleichen Zeitabständen hintereinander, sondern in einer komplizierten Entwicklung und z. T. nebeneinander.
Charles Darwin hat als Hauptfaktoren der biologischen Evolution bezeichnet:
- Mutation (zufällige, plötzliche Änderungen der Erbanlagen) und
- Selektion (Auslese der Besten durch den Untergang alles Schwachen im Überlebenskampf).

Bisher ungelöste Fragen der Evolution sind:
- die Entstehung des Lebens aus der toten Materie,
- die Entstehung des menschlichen Lebens aus dem tierischen,
- der Zusammenhang zwischen biologischer und geistiger Evolution des Menschen (Gebundenheit des menschlichen Geistes an die belebte Materie des Gehirns).

Praktischer Atheismus und Säkularismus der heutigen Gesellschaft

Der *praktische Atheist* bestreitet Gott nicht theoretisch, legt aber eine Lebenspraxis an den Tag, in der Gott nicht vorkommt. Der Gottesbegriff ist uninteressant und wird verdrängt.
Der *Säkularismus* ist ein Sammelbegriff für die Verweltlichung und Diesseitsorientierung unserer europäisch-nordamerikanischen Gesellschaft. (Näheres siehe 3.1.1.)

1.1.3 Das biblisch fundierte Aggiornamento-Denken des heutigen Christen

Das vor- und unwissenschaftliche Denken der biblischen Autoren und das streng wissenschaftliche und von den Naturwissenschaften dominierte Denken des modernen Menschen lassen sich im Glaubensleben des weltaufgeschlossenen heutigen Christen vereinbaren. Es entsteht dabei ein „aggiornamento" (= Auf-den-heutigen-Stand-Bringen) der alten biblischen Botschaft, d. h. der zeitlos gültigen göttlichen Offenbarung.

Spannung – aber nicht Widerspruch – zwischen Glauben und Wissen

Der Christ weiß, dass es zwischen Gottes Offenbarung und den gesicherten Aussagen der modernen weltlichen Wissenschaften keinen wirklichen Widerspruch geben kann,
- weil Glauben und Wissen in ein und demselben einen Schöpfergott ihren Ursprung haben,
- weil es in dem *einen* Gott nur *eine* Wirklichkeit und Wahrheit geben kann: Gott kann nicht in seiner Wortoffenbarung etwas für wahr erklären, was in seiner Naturordnung falsch ist – und umgekehrt.

Scheinbare Widersprüche kommen immer wieder vor, und zwar durch sog. Grenzüberschreitungen der Religion oder der Wissenschaft infolge Unwissenheit, Irrtums oder sogar in betrügerischer Absicht (wider besseres Wissen). Der moderne Christ ist kritisch aufgeschlossen für alle Wissenschaften.

Getrennte Anwendungsbereiche der exakten und bildlichen Sprache

Der Christ akzeptiert
- die Notwendigkeit exakter, rationaler Sprache im Wissenschaftsbereich,
- die Unentbehrlichkeit der symbolischen und metaphorischen Sprache in den nichtwissenschaftlichen Lebensbereichen: Vieles lässt sich in bildlicher Sprache (Metapher, Gleichnis, Mythos, Märchen, Poesie, Traumbeschreibungen) besser oder überhaupt erst ausdrücken.

Zur Darstellung von Gemütszuständen ist die nichtverbale Sprache (Gestik, Mimik, Pantomime, Tanz, Spiel, Musik) oft besser geeignet als die verbale Mitteilungsmöglichkeit. Im Glaubensleben ist die bildliche Sprache wegen der „Unanschaulichkeit" der Transzendenz schlechthin unverzichtbar. (S. u. 1.1.5.)

Die Bibel als Gottes Wort in und durch Menschenwort

Die Unterscheidung zwischen der zeitlos gültigen, unveränderlichen Offenbarung Gottes in der Bibel und den zeit- und kulturbedingten und darum fehlbaren und widersprüchlichen Ansichten der biblischen Autoren ist eine Wesens- und Überlebensfrage des Christentums in unserer Gesellschaft geworden (z. B. Gleichberechtigung der Frau, Wiederverheiratung Geschiedener). Hilfe und ggf. auch Korrektur bei dieser mühsamen, aber notwendigen und spannenden Aufgabe findet der Christ
- beim kirchlichen Lehramt („Amtskirche", „Hierarchie"),
- bei der Theologiewissenschaft,
- in der Tradition (Glaubensüberzeugung früherer Christen),
- in der kirchlichen Basis, die ebenso wie das kirchliche Lehramt vom Hl. Geist erleuchtet wird. – Die Ansicht der Mehrheit ist aber noch kein Wahrheitsbeweis (vgl. die Irrtümer von Ideologien).

Aufgeschlossenheit für die Evolutionslehre

Der weltaufgeschlossene Christ unserer Zeit weiß um die Ungeschichtlichkeit des biblischen Schöpfungshymnus (Gen 1,1–2,4) und erkennt die gesicherten Ergebnisse der Evolutionslehre an. Der heutige Christ vertraut aber auch dem Wort der Bibel, dass es über sie hinaus und an ihr vorbei keine neuartige göttliche Selbstoffenbarung und keinen neuen Bund zwischen Gott und den Menschen geben werde: 1 Kor 4,6; 1 Tim 6,20; Hebr 1ff. – Eine Evolution der göttlichen Offenbarung gibt es also seit dem Abschluss der ntl. Bücher nicht mehr. Evolutionsfähig sind nur:

- die quantitativ und qualitativ immer steigerungsfähige Erkenntnis der in der Bibel niedergelegten Offenbarungsbotschaft Gottes,
- die Anwendung dieser Botschaft auf die sich ständig ändernden Verhältnisse der menschlichen Lebenswelt – also „aggiornamento".

Existenzielles Denken und eschatologische Hoffnung

Die *existenziellen Aussagen der Bibel* betreffen v. a. die Gotteskindschaft, Erlösung, Nachfolge Christi als Modell eines gelingenden individuellen und sozialen Lebens.

Die *eschatologischen Aussagen der Bibel* beziehen sich auf das Schicksal der einzelnen Menschen und der ganzen Menschheit nach ihrem physischen Tod. (Näheres s. 8.2–3.)

Eschatologische Aussagen können die weltlichen Wissenschaften ohne Grenzüberschreitung überhaupt nicht machen, mit existenzieller Lebenshilfe ist zumindest die Naturwissenschaft überfordert.

Drei Haupthürden auf dem Weg zum Bibelglauben

- *Der Gegensatz „heute – damals",* d. h. die Schwierigkeit, in unserer traditionsfeindlichen Zeit Ehrfurcht für eine längst untergegangene Mittelmeerkultur aufzubringen und die Bibel als deren Produkt für Gottes Offenbarung zu halten;
- *die Kluft zwischen „sichtbar – unsichtbar",* d. h. die Notwendigkeit, den Bereich des empirisch Beweisbaren zu verlassen und statt dessen metaphysische und transzendente Lehren zu glauben. Dagegen sträubt sich unser modernes Absicherungsstreben;
- *die unendliche Distanz zwischen Mensch und Gott:* Der Bibelglauben verlangt die Annahme eines menschgewordenen Gottes, also eines Gottes, der aus seiner Unsichtbarkeit und Unnahbarkeit heraustrat und sich in die Menschheitsgeschichte eingliederte, bei seiner selbstgewählten Mission scheiterte und einen Verbrechertod starb. Dagegen sträubt sich unsere Vorstellung vom unendlich vollkommenen und in dauerndem Glück lebenden Gott, der weder leiden noch sterben kann.

1.1.4 Denkerische Entwürfe einer Synthese zwischen biblischem und modernem Denken

Pascual Jordans Synthese zwischen Naturwissenschaft und christlichem Glauben

P. Jordan, geb. 1902 in Hannover, gest. 1980 in Hamburg, war Hochschulprofessor für Physik und bekannte sich zeitlebens zum protestantischen Christentum. Als Atomphysiker von internationalem Rang wandte er sich nach 1960 religiösen Fragen zu und schrieb hierüber zwei allgemeinverständliche Bücher: „Der Naturwissenschaftler vor der religiösen Frage" (1963) und „Schöpfung und Geheimnis" (1970).

Jordan weist nach, dass kaum ein einziger Satz, der vor 1900 über das Verhältnis von Glauben und Wissen geschrieben wurde, heute noch vertretbar ist: Die von der Naturwissenschaft der Neuzeit hervorgebrachte atheistische Weltanschauung mit ihren beiden Grunddogmen ist unwissenschaftlich, nämlich:
- dass alles Naturgeschehen, auch das menschliche Leben, determiniert sei (Welt und Mensch als Maschine; mechanistisches Weltbild),
- dass das Weltall unerschaffen sei und von Ewigkeit zu Ewigkeit dauere.

Diese beiden naturwissenschaftlichen Grundsäulen des Atheismus sind durch die Atomphysik des 20. Jh. als Irrtum entlarvt worden. Die auf ihnen aufbauende Negation der Religion als Relikt einer vergangenen Zeit ist nun also ihrerseits zu negieren.

Die moderne Atomphysik hat – sozusagen nebenbei – den Menschen das Recht zurückgegeben, sich frei für eine Weltanschauung zu entscheiden und nicht glauben zu müssen, wer kein Atheist ist, sei rückständig und ungebildet.

Eine große Chance für das Christentum und neuen Raum für den Gottesglauben sieht Jordan in der Mitwirkung an der ethischen Evolution des Menschen, welche von den atheistischen Natur- und Humanwissenschaften der beiden letzten Jahrhunderte vernachlässigt worden sei. (Vgl. Teilhard de Chardin 9.2.3)

Fritjof Capras Synthese zwischen Naturwissenschaft und New Age

F. Capra, geb. 1939 in Wien, Atomphysiker. Seine bekanntesten religionsphilosophischen Werke sind: „Das Tao der Physik" (1977) und „Das neue Denken" (1992). (Näheres s. 5.3.1.)

1.1.5 Wie kann man von Gott reden?

Grundsätzliche Schwierigkeiten

- Eine *direkte* empirische Erkenntnis Gottes ist unmöglich. Wir können die Transzendenz nur soweit erkennen, wie sie ihre Spuren in der Immanenz zeigt und sich in der biblischen Offenbarung selbst zu erkennen gibt.
- Wir können demzufolge die Transzendenz nur mit den Begriffen unserer Erfahrungswelt beschreiben.
- Somit ist unser Sprechen über Gott immer metaphorisch; niemand kann Gottes Wesen adäquat ausdrücken, sondern nur d a s von seinem Wesen in

Worte fassen, was von ihm erkennbar ist. Unser Sprechen von Gott bleibt also immer quantitativ bruchstückhaft und qualitativ unvollkommen.

Grundsätzliche Möglichkeiten

– *Weg der Bejahung* = Weg der Wirkursache
Alles Wahre, Gute und Schöne, das es in der Schöpfung gibt, muss auch in Gott, der Wirkursache der Schöpfung, vorhanden sein, weil die Ursache nicht grundsätzlich geringer als die Wirkung sein kann. Darum können wir sagen: Gott ist gut, er liebt uns, er sorgt für uns usw.

– *Weg der Verneinung*
Das Böse ist das Fehlen des Guten, der Mangel das Fehlen der Vollkommenheit. – In Gott kann es aber kein Fehlen von etwas und keinen Mangel geben, sonst wäre er nicht in jeder Hinsicht unendlich groß und vollkommen. Darum können wir sagen: Gott ist unsterblich, sündelos. (Verneinende Silben un- und -los!)

– *Weg der Hervorhebung* = Weg der Steigerung
Alles Wahre, Gute, Schöne, das wir in der Immanenz feststellen, besitzt Gott in einem unendlich höheren Maß (Steigerung!), ja im höchstmöglichen (d. h. unendlichen) Maß (höchster Steigerungsgrad!). Darum können wir sagen: Gott ist allmächtig. (Höchste Hervorhebung durch die Vorsilbe all-!)

– *Weg der Ähnlichkeit* (Analogie, Entsprechung)
Da wir „Ebenbilder" Gottes sind (Gen 1,27), weist unser (geistiges) Sein eine entfernte Ähnlichkeit mit dem Wesen Gottes auf (analógia entis = Seinsentsprechung). Diese Ähnlichkeit besteht darin, dass Gott *und Mensch die drei Geisteskräfte Verstand, Willen und Gemüt* besitzen. So sind sinnvolle Aussagen über Gott, die aus dem menschlichen Bereich stammen, zumindest analog und metaphorisch richtig (z. B. Gott als „Vater"). Die Grenze des analogen Redens über Gott besteht in der fehlenden Adäquatheit (Angemessenheit): Jeder Vergleich mit Gott „hinkt" irgendwie. (S. Kapitel 2.)

1.1.6 Das größte Glaubensproblem für den modernen Menschen: die Theodizeefrage

Einführende Bemerkungen

Theodizee = Nachweis, dass sich das Übel und das Böse in der Welt mit der Existenz eines gerechten und menschenfreundlichen Gottes vereinbaren lassen.

Das *physische (körperliche) Übel* = ein vereinzelt vorkommender Defekt der Naturordnung: Ein Ding ist oder funktioniert nicht so, wie man es von ihm

erwarten kann, z. B. Blindheit = ein Defekt (Versagen) der Augenfunktion.
Zu den physischen Übeln gehören die Naturkatastrophen (Erdbeben, Überschwemmung, Vulkanausbruch usw.) Auch die psychischen (seelischen) Leiden, die die Folge physischer Übel sind (z. B. Depression wegen des Verlusts des ganzen Eigentumsoder wegen Heimatlosigkeit), gehören hierher.
Das *moralische Übel* = das Böse, die Sünde. Hierzu gehört alles, was dem Willen Gottes, der in der Naturordnung und in der Offenbarung niedergelegt ist, widerspricht.

Gott und das Leid

1　Gott bejaht das physische Übel um eines höheren Zweckes willen.
Gott will das physische Übel nicht als Selbstzweck, sonst wäre er ein Sadist.
Er setzt es aber ein als Mittel zu einem guten Zweck:
- in der Tierwelt, indem das kleinere und schwächere Tier dem größeren und stärkeren – und dem Menschen – zur Nahrung und somit zur Lebenserhaltung dient;
- im menschlichen Bereich:
  - zur Bestrafung der Sünder: Mt 21,41
  - zur Bekehrung und Besserung der Menschen: Spr 3,12
  - zur Prüfung und Bewährung des Glaubens und der Gottesliebe, vgl. die Glaubensprobe des Abraham: Gen 22,1–19
  - als höchste Form der Solidarität mit dem leidenden und sterbenden Jesus: Mk 8,34f; 1 Petr 2,21
  - zum Trost und Vorbild für andere leidende Menschen: Das Beispiel eines Menschen, der sein unabwendbares Leid tapfer trägt und dabei die Gottes- und Menschenliebe nicht verliert, gibt Mut zum Durchhalten im eigenen Leid: 2 Makk 7
  - als Appell an die Menschen zur sozialen Tat: Die Menschen sollen nach dem Vorbild Christi das Leid bekämpfen, soweit sie dazu in der Lage sind: Apg 6,1–7. – So dient das physische Übel auch dem inneren Aufbau des Gottesreiches.

Der gute Zweck, den die physischen Übel erzielen können, ist Gott offensichtlich wertvoller als ein völlig leidfreies irdisches Leben der Menschen; darum lässt er das Leid zu.

2　Gott bejaht das moralische Übel nicht, verhindert es aber nicht in jedem Fall.
- weil er sonst die menschliche Willensfreiheit aufheben müsste; die Existenz freier Geschöpfe, die ihn in freier Entscheidung lieben und ihm dienen, ist Gott offensichtlich wichtiger als die Verhinderung jeder Sünde in der bestehenden Welt; vgl. Mt 13,24–30;

- weil er die Folgen des moralischen Übels durch göttliche Allmacht jederzeit verhindern oder beseitigen kann: Gott kann auch auf krummen Zeilen gerade schreiben, ohne den freien Willen der Menschen aufzuheben: Mt 2,1–18 (Der göttliche Vater verhindert die Ermordung des Jesuskindes, ohne den freien Willen des Herodes außer Kraft zu setzen);
- weil er weiß, dass die Sünde am Ende der Welt ohnehin von der Erde verschwinden wird: Mt 13,36–43; 25,31–46. Die Sünde besitzt also nur eine eschatologische Vorläufigkeit. (Vgl. 8.2–3.)

3   Weiterführende Gedanken
- In der Bibel bietet nur das Buch Ijob (18,1 – 41,26) eine ausführliche Auseindersetzung mit dem Theodizeeproblem; Gott gibt aber dem Ijob das Geheimnis des Leides nicht preis, sondern fordert von ihm unbedingtes Vertrauen in die göttliche Vorsehung.

  Auch Jesus sprach nur wenig über den Sinn des Leidens, eher von dem Lohn, den die im Leid standhaften Menschen von Gott erhalten (Mt 5,3–10). Als Zweck seiner eigenen Passion gab er an: Lösegeld für die Rettung der Menschheit (Mt 20,28), Erfüllung des Willens seines Vaters (Mt 26,39–42), Bedingung für seine Aufnahme in die transzendente Herrlichkeit des Vaters (Lk 24,26). Näheres s. 10.4.4.
- Der Philosoph Leibnitz meinte, unsere Welt sei die denkbar beste, weil Gott wegen seiner unendlichen Vollkommenheit gar keine andere Welt als die bestmögliche schaffen konnte. – Auf Grund der modernen Evolutionslehre und der christlichen Eschatologie sind wir heutigen Christen eher der Auffassung, dass sich die Welt nach dem Willen ihres Schöpfers erst allmählich zu einer relativen Vollkommenheit entwickeln muss.
- Das meiste physische und psychische Leid kommt nicht völlig unmotiviert über die Menschen, sondern wird ihnen von ihren Mitmenschen zugefügt, beruht also auf einem moralischen Übel.
- Wenn wir bei den physischen Übeln ihren Sinn nicht – oder nicht sofort – erkennen können, ist dies kein Beweis, dass Gott mit ihnen nicht einen höheren Zweck verfolgt oder dass Gott gegenüber dem Leid machtlos oder teilnahmslos sei. Wir können auch vieles andere in unserer Welt nicht durchschauen, nicht einmal im materiellen Bereich (s. o. 1.1.2).
- Sicher ist nicht jedes Leid eine Strafe Gottes; sonst hätten Jesus und seine Jünger bei ihrem Kampf gegen das Leid dem Willen Gottes entgegengearbeitet (vgl. Joh 9,1–3).
- Paulus versichert, dass Gott keinem Menschen mehr Leid zumutet, als dieser tragen kann: 1 Kor 10,13.
- Wenn andere Menschen ein Leid trifft, halten wir das gern für eine gerechte Strafe Gottes. Wenn uns aber selbst ein Unglück heimsucht, sehen wir

darin sogleich eine ungerechte Härte Gottes („Womit habe ich das verdient?").

1.2   Das Gottesbild des Alten Testaments

Vorbemerkung

Da die Bücher des AT erst im Exil und in nachexilischer Zeit ihre endgültige Form erhielten (Endredaktion) oder zum Teil überhaupt da erst geschrieben wurden, spiegeln sie im Großen und Ganzen das Gottesbild der spätalttestamentlichen Zeit wider, auch wenn die Texte von viel früheren Zeitepochen berichten. Das Gottesbild der uns vorliegenden atl. Bücher ist also nicht im wissenschaftlichen Sinn historisch, sondern eine Rückprojektion. Die Arbeit der Redaktoren war aber nicht so radikal, dass sich in den atl. Schriften nicht noch genügend Spuren für eine Evolution des Gottesglaubens finden, und zwar führte die Entwicklungslinie vom Polytheismus (Ex 20,3) über den Henotheismus (Jahwe als Hochgott: Dtn 10,17) zum strengen Monotheismus (Jes 44,6; Jer 10,15).   Diese Evolution des Gottesgedankens zeigt, dass Gott seine Selbstoffenbarung heilspädagogisch auf die jeweilige religiöse und kulturelle Aufnahmefähigkeit Israels abstimmte. Das AT (in der uns vorliegenden, seit 2000 Jahren nicht mehr veränderten Endfassung) stellt folgende wichtige Wesenszüge Gottes heraus:

Biblische Urgeschichte: Erschaffung der Welt, Anfänge der Menschheit

1 *Das reale Dasein Gottes* (Gegenposition zum Atheismus): Ps 14,1.
2 *Die Einzigkeit Gottes* (Gegenposition zum Polytheismus): Dtn 6,4.
3 *Die Personalität Gottes* (Gegenposition zur unpersönlichen Gottesvorstellung der Naturreligionen): Gott besitzt Verstand, Willen und Gemüt analog zu einer menschlichen Person: Gen 1,27. Diese Gottesvorstellung führte allerdings immer wieder zum Anthropomorphismus (unstatthafte „Vermenschlichung" Gottes): Gen 6,6; Ex 32,14.
4 *Ewigkeit Gottes* (Gegenposition zu den Götterentstehungsmythen der Nachbarvölker): Ps 90,2; Jes 44,6.
5 *Die Unermesslichkeit, Raumlosigkeit und Allgegenwart Gottes* (Gegenposition zur polytheistischen Vorstellung von der räumlichen Begrenztheit und dem beschränkten Wirkungsbereich der Götter; Gott ist weltimmanent, d. h. ständig in seiner ganzen Schöpfung gegenwärtig: 1 Kön 8,27; Ps 139,7–10.
6 *Die Transzendenz und Unverfügbarkeit Gottes* (Gegenposition zum Pantheismus): Gott ist weder identisch mit dem Weltall noch dieses ein Teil von Gott: Gen 1,1; Ps 113,4.

7 *Gott als alleiniger Schöpfer der Immanenz* (Gegenposition zu den Weltent-
stehungsmythen der Nachbarvölker): Gen 1 – 2.

Die Patriarchenzeit (ca. 2000 bis 1400 v.C.)

8 *Der menschenfreundliche, partnerschaftliche Gott*: Er schließt Bündnisse
und Verträge mit Menschen (Gen 3,1 – 3,11; 9,1–17; 15,1–21; 17,19;. Ex
2,24). Gott wird der Stammesgott der Abrahamsippe.

Die Zeit des Mose (13. Jh. v.C.)

9 *Gott offenbart seinen Namen „Jahwe"*: Ex 3,14.
Der Name Jahwe („Ich-bin-da") kann verschieden gedeutet werden: (Ich
bin) der Zuverlässliche, Hilfsbereite; der Allmächtige, Absolute; der Einzige (vgl. o. Nr. 2); der Ewige, das unendliche Sein (vgl. Nr. 4 und 5).
10 *Der Retter- und Mitgehergott*: 2. – 5. Buch Mose
Er befreit die Israeliten aus ägyptischer Sklaverei (Ex 12 – 15) und begleitet
sie 40 Jahre lang (Dtn 2,7) auf der Wanderung ins Gelobte Land (Ex 13,21f.).
11 *Der Bundesgott vom Sinai*: Ex 19 – 34.
Der Bundesschluss am Sinai wurde von den Israeliten als Höhepunkt ihrer
Geschichte aufgefasst: Sie standen von da an als das auserwählte Volk unter
dem besonderen Schutz Gottes, aber auch in seiner Pflicht (Zehn Gebote:
Ex 20,1–17).
12 *Der geheimnisvolle, unverfügbare Gott*: Ex 20,4f.
Konsequenz der Unverfügbarkeit und transzendenten Unnahbarkeit Gottes ist das atl. Bilderverbot (Ex 20,4f.; 32,27f.). Es sollte den Anthropomorphismus verhindern (vgl. o. Nr. 3): Nur im Wort, nicht im Bild wollte sich
Gott im AT darstellen lassen.

Die Richterzeit (ca. 1200 – ca. 1020 v.C.)

13 *Jahwe als Richter Israels*: Ex 18,30; Jes 33,22.
Die menschlichen Richter sind seine Stellvertreter.
14 *Jahwe als der König von Israel*: Ri 8,23; 1 Sam 8,7.
Israels Staatsform war eine Theokratie (Gott als Staatsoberhaupt); deshalb
wurde auf die Einsetzung eines menschlichen Königs verzichtet.

Die Königszeit (ca. 1020 bis 587/86 v.C.) und die Periode der Propheten (9.–5. Jh v.C.)

15 *Gott als Hirte, Richter* (s. o. Nr. 13) *und transzendenter König* (s. o. Nr. 14)
Israels: Jes 40,11; Ps 23.
Der menschliche König galt als Stellvertreter Jahwes (1 Kön 11,28–38), als
sein (Adoptiv-) Sohn (Ps 2,7) und Gesalbter (Messias) (Ps 89,21). – „Hirte"
war in der damaligen Agrarkultur ein großer Ehrenname für Gott; wir
können das heute kaum mehr nachempfinden.

16 *Jahwe als geschichtlicher (geschichtsmächtiger) Gott*: Dtn 26,5–9 (das sog. „kleine atl. Credo"):
Jahwe schützt sein Volk gegen dessen Feinde (1 Sam, 17), tritt aber auch als Erzieher und Richter seines Volkes auf (vgl. das sog. deuteronomistische Geschichtsmodell: Geschichte Israels als Kreislauf von Sünde, Bestrafung durch Jahwe, Reue, Besserung, Verzeihung, Rückfall in die Sünde): 1 Sam 31; 1 Kön 17,1; 18,1.
Die Bevollmächtigen Jahwes bei der Erziehung und Besserung des Volkes und seiner Regierung sind die *Propheten* (Jer 2f); sie müssen König, Regierung und Volk ständig mahnen und warnen (1 Sam 12,1–15; Jer 2,8).

17 *Der heilige Gott*: Hos 11,9; Jes 6,3.
Gottes Heiligkeit im *objektiven* Sinn = seine Transzendenz, seine Andersartigkeit gegenüber der Immanenz (vgl. o. Nr. 6 und 12), seine unendliche Vollkommenheit; im *subjektiven* Sinn = sein stets auf das Gute gerichteter Wille (Hab 1,13; Ps 5,5).

18 *Gott als Bräutigam und Gemahl Israels*: Hos 1 – 2; Jes 6,3; Hld passim
Die Braut Israel erweist sich ihrem Gemahl gegenüber aber immer wieder als untreu und undankbar (Hos 1,2).

Die Exilszeit (587/86 – 538 v.C.)

Während des Zwangsaufenthalts der Juden in Babylonien ließ Gott sein reuiges und büßendes Volk durch neue Propheten trösten: Zweiter Jesaja, Ezechiel, Daniel. So lernten die Verbannten wieder an Gottes Güte und Hilfe glauben:

19 *Der väterlich und mütterlich liebende Gott*: Jer 31,9.20; Jes 49,15; Ez 16,1–7

20 *Gott als Retter aus dem Exil* (vgl. o. Nr. 10):
Er wird sein Volk in die Heimat zurückführen (Jes 40,1–14) und den Sinaibund (vgl. o. Nr. 11) mit ihm erneuern (Jer 31,31–34); dadurch wird in Juda der Wohlstand und das Ansehen der Israeliten unter den Völkern neu entstehen (Jes 45,25).

Die nachexilische Zeit (538 v.C. – 70 n.C.)

21 *Der universale Gott (Jahwe ist Gott für alle Völker)*: Jes 60.
Durch den enger werdenden Kontakt mit den Völkern des Mittelmeerraums kamen die Juden zur Einsicht, dass Gott seine Liebe nicht nur ihnen – als seinem auserwählten Volk – schenkt, sondern allen Menschen: Jes 66,23; Dan 7,13f.

22 *Jahwe, der Auftraggeber des Messias*: 2 Sam 7,16.
Ein politisch-militärisches Genie wird von Jahwe beauftragt, die politische Unabhängigkeit Judas gewaltsam wiederherzustellen und das Königreich Davids (durch die Inthronisierung eines seiner Nachkommen) aufzurichten.

Im AT wird dieser Beauftrage Jahwes kaum je „Messias" genannt, sondern „Menschensohn" (Dan 7,13f), „Gottesknecht" (Jes 42,1), „Friedensfürst" (Jes 9,6), „Sohn Gottes" (2 Sam 7,14.16), „starker Gott" (Jes 9,5).

Im letzten Jahrhundert v.C. kam im Judentum unter Berufung auf 2 Sam 7,16 die Meinung auf, der kommende Befreier müsse selber ein Nachkomme Davids sein und sich selbst zum König machen. So wurde – außerbiblisch! – der alte königliche Würdenamen „Messias" (s. o. Nr. 13) auf den erwarteten Retter bezogen.

Das Wirken des Messias wurde als ein eschatologisches und apokalyptisches Ereignis aufgefasst. (Näheres s. 8.2–3.)

1.3   Das Gottesbild des Neuen Testaments: Der Gott und Vater Jesu Christi

Jesus hat das Gottesbild des AT grundsätzlich bejaht, es aber von Anthropomorphismen gereinigt und durch die Offenbarung der innergöttlichen Trinität erweitert:

Die Korrektur des atl. Gottesbildes durch Jesus

– *Beseitigung des Anthropomorphismus:* Gott ist frei von allen menschlichen Charakterschwächen (Ungerechtigkeit: Joh 9,1–3; Pedanterie: Mt 23,1–18; Menschenverachtung: Lk 13,10–17; Unterdrückung der Freiheit: Joh 8,30–36).
– *Betonung der vertrauenschaffenden Wesenszüge Gottes:*
  • Bundesgott (vgl. atl. Gottesbild Nr. 8 und 11; Mt 20,1–16);
  • im Sohn sichtbar gewordener Gott (vgl. Nr. 12; Joh 14,7–9);
  • Der Retter- und Erlösergott, der seinen eigenen Sohn gesandt hat, um die ganze Welt (nicht nur das Volk Israel) mit ihm zu versöhnen (Joh 3,17). So zeigt sich Gott als Hirte und Vater aller Menschen (Mt 15, 21–28; Joh 10,16).
  • „Vater" war Jesu Lieblingsbezeichnung für Gott; er wählte hierfür den gefühlsbetonten Ausdruck der Kindersprache „abba/Papa". Diese familiäre Anrede Gottes wirkte auf Jesu Landsleute revolutionär: Vermieden sie es doch sogar, den biblischen Namen „Jahwe" auszusprechen (vgl. Nr. 9). Wo dieser Gottesname in der Bibel vorkam, ersetzten sie ihn beim (lauten) Lesen durch „adonai/Herr".
  • Zweck dieser Korrekturen Jesu war, den Menschen begreiflich zu machen, dass das Wesen Gottes die Liebe ist: Joh 3,16.

Die Erweiterung des atl. Gottesbildes durch Jesus

– *Selbstoffenbarung als wesensgleicher (nicht nur symbolischer) Sohn Jahwes:* Joh 1,18.

Mit dieser Offenbarung stellt sich Jesus selbst in den Mittelpunkt seiner Botschaft. Zur Legitimierung dieser – für die Juden blasphemisch wirkenden – Selbstbehauptung konnte Jesus hinweisen

- auf seine charakterliche Integrität (Sündelosigkeit): Joh 8,46;
- auf die ethische Unüberbietbarkeit seiner Lehre: Mt 24,35 (vgl. die Bergpredigt Mt 5 – 7 und das Doppelgebot der Liebe Mt 22,34–40);
- auf seine Wunder: Joh 4,48; 10, 38; vgl. auch 5,36. S. a. 6.2.4 und 10.3.

Infolge seines Selbstbewusstseins als Gottessohn beanspruchte er für sich die atl. Würdenamen des Messias (vgl. 1.2, Nr. 22): Mt 21,1–11. – Siehe aber 10.6.1.

Die Evangelien zeigen darüber hinaus, dass sich in Jesus die atl. Messiasprophezeiungen erfüllt haben, z. B. seine Abstammung von David (Jes 11,1; Lk 1,32), Zeit seiner Geburt (Dan 9,24f; Lk 1,2f; 3,1), Geburtsort (Mich 5,1f; Mt 2,5f). Vgl. auch Joh. 5,39.

– *Offenbarung, dass der „Geist Gottes" eine eigenständige, göttliche Person ist*: Mt 28,19

Vom Geist Gottes oder dem Heiligen Geist war auch im AT die Rede (z. B. Sach 7,12; Ps 50,13), aber die Juden fassten diesen Begriff nur als Bezeichnung für die unpersönliche Kraft auf, mit der Jahwe in seiner Schöpfung wirkt, also für eine *Eigenschaft Gottes.*

Jesus dagegen betont, dass der Hl. Geist auch wirklich eine eigene Person ist (Joh 16,13), und zwar eine Person mit göttlicher Machtfülle, also eine göttliche Person, wesensgleich mit dem Vater (Jahwe) und dem Sohn (Jesus) (Lk 1,35; Joh 16,13–15).

Mit der Betonung der Wesensgleichheit, aber personalen Verschiedenheit des Vaters (Jahwe), des Sohnes und des (Gottes-)Geistes hat Jesus indirekt das tiefste innergöttliche Geheimnis, *die Dreifaltigkeit (Trinität)*, gelehrt. Christus selbst hat zwar das Wort „Dreifaltigkeit" nicht gebraucht (es taucht als theologischer Fachbegriff erst im 2. Jh n.C. auf), aber er hat die Grundlagen für die spätere dogmatische Entfaltung dieses Glaubensmysteriums gegeben.

Mit seiner Lehre vom innigen Ineinandersein (Perichorése) der drei göttlichen Personen in dem *einen* göttlichen Wesen (Joh 14,10; 16,13f) verstößt Jesus weder gegen die Gesetze der Mathematik noch der Logik; denn er behauptet nicht, dass *eins* – im mathematischen Sinn – gleich *drei* sei: Er hat nicht behauptet, dass der eine Gott als drei miteinander identische Götter oder eine einzige göttliche Person als drei mit sich selbst identische Personen existieren, kurz: Er hat nicht gefordert, dass wir glauben sollten, dass im mathematischen Sinn 1 = 3 sei.

Die Dogmatik hat sich später auf folgende philosophisch klare Formulierung geeinigt: Das *eine* göttliche Wesen (= die göttliche Natur = die göttliche

Wesenheit) besteht (subsistiert) in drei selbständig, aber wegen der vollkommenen Übereinstimmung auf Grund ihrer unendlichen gegenseitigen Liebe stets harmonisch miteinander denkenden, wollenden und handelnden geistigen Substanzen. (Substanz = Person, Hypostase, Subjekt, Selbstand; Vgl. 4.3.1.)

„Wer dem Ruf der Liebe lauscht, weiß, dass es bei der Liebe um Einheit, Gemeinschaft und Einssein mit der geliebten Person geht. Im Grunde möchte man nicht mehr sagen: ‚Ich denke, ich will oder ich tue etwas', sondern: ‚Wir denken, wir wollen oder wir tun etwas'. Wenn das aber schon bei uns so ist, um wie viel mehr gilt es dann für den Vater, den Sohn und den Hl.Geist, die – als drei Personen und ein einziger Lebens- und Liebesgott – das wahre Urbild alles Seienden und Lebenden sind!" (Leonardo Boff)

Was bei 1.1.5 über die Schwierigkeit des Redens über Gott gesagt wurde, gilt sinngemäß auch für die Unmöglichkeit, das Geheimnis der Dreifaltigkeit rational durchschauen zu können.

Eindrucksvolle Dreifaltigkeitssymbole in der materiellen Immanenz sind die drei Aggregatzustände des (einen) Wassers (Flüssigkeit, Eis/fester Stoff, Dampf/Gas), die drei Farben des Edelsteins Amethyst (je nach Lichteinfallswinkel rosa, purpurn oder violett) und das Kleeblatt mit seinen drei Einzelblättern, ferner das gleichseitige Dreieck.

Weiterführende Literatur

Hans Rohrbach, *Naturwissenschaft, Weltbild, Glaube. Acht Variationen über ein Thema. Vom Sinn des Lebens*, Wuppertal (Brockhaus), 12. Auflage 1986

CGG 3, S. 5–85: K. Rawer/K. Rahner: *Weltall – Erde – Mensch*

CGG 20, S. 5–83: Richard Schaeffler: *Wissenschaftstheorie und Theologie*

CGG 4, S. 47–119: K. Rawer/O. H. Pesch: *Kausalität – Zufall – Vorsehung*

Th. Forum 4: *Religion und Wissenschaft*

Konzepte 11: *Religion – Glaube – Wissen*

Konzepte 2: *Gott und Gottesbilder*

Th. Forum 2: *Reden von Gott*

CGG 9, S. 147–201: L. Oeing-Hanhoff/W. Kasper: *Negativität und Böses (zum Theodizeeproblem)*

CGG 10, S. 5–50: J. B. Brantschen u. a.: *Leiden (zum Theodizeeproblem)*

Wege zum Ziel 8: *Mensch und Leid*

Alfons Deissler: *Der Gott des AT*, in: *Die Frage nach Gott*, hrsg. von J. Ratzinger, Freiburg (Herder), 2. Aufl. 1973

CGG 26, S. 127–168: J. Maier/J. J. Petuchowski/C. Thomas: *Judentum und Christentum* (darin auch: *Unterschiede in der Gottesvorstellung*)

Des Menschen Frage nach Gott, hrsg. von B. Casper, Donauwörth (Auer) 1976 (darin: *Beiträge zum atl. und ntl. Gottesbild*)

CGG 22, S. 59–116: W. Kern/Y. Congar: *Geist und Heiliger Geist*

Wer ist das eigentlich – Gott? Hrsg. von H. J. Schultz, München (Kösel) 1977

Wege zum Ziel 2: *Mensch und Gott*

2 Gotteserfahrung und Gotteserkenntnis

2.1 Gottesvorstellungen des heutigen Menschen

2.1.1 Schwierigkeiten des modernen Menschen, sich Gott vorzustellen und ihn zu erfahren

– Zu den grundsätzlichen Schwierigkeiten siehe 3.1.
– Statistische Belege für das moderne Gottesproblem:
   1959: 87 % der Deutschen glauben an eine jenseitige Macht (Gott, höheres Wesen, Schicksalsmacht u. ä.).
   1967: 66 % glauben noch an (irgend)einen Gott.
   1992: 56 % halten in den alten Bundesländern Gott für eine Realität, 27 % in den neuen Bundesländern.
   29 % der Deutschen halten Jesus für Gott: Nur noch jeder vierte ist ein Christ.
   1993: 59 % der Deutschen wollen das Wort „Gott" in der Präambel des Grundgesetzes beibehalten, 32 % wünschen seine Streichung.
– Zeugnisse in der modernen Dichtung und Literatur:
   Zum Beispiel Borchert, Draußen vor der Tür (1947); S. Beckett, Warten auf Godot (1952, Godot = Gott?); K. Marti, Die Passion des Wortes Gott (Gedicht); M. L. Kaschnitz, Du willst vielleicht gar nicht, dass von dir die Rede sei (in: Ausgewählte Gedichte 1928–65).

Zusammenfassung:
– Aggressive, polemische Gottesbestreitung kommt in der zeitgenössischen Literatur kaum vor.
– Die Autoren schweigen über Gott aus Unsicherheit, Ratlosigkeit oder Desinteresse und wenden sich lieber innerweltlichen Themen zu: politischen, sozialen, ökonomischen, ökologischen und ethischen Missständen und (Zukunfts-)Problemen.
– Das Schweigen über Gott darf nicht pauschal als Atheismus interpretiert werden. Viele vermeiden direkte religiöse Äußerungen, weil sie sonst die herkömmliche theologische Fachsprache verwenden müssten, die sie als veraltet ablehnen. Aber man kann Äußerungen in der modernen Literatur als indirekt religiös bezeichnen, die die Grundfragen der menschlichen Existenz berühren und nach einer höheren sinnstiftenden Instanz fragen bzw. sie suchen. – Vgl. a. 11.5.2 (Zusatz 2).

- Natürlich gibt es auch in unserer Zeit Literaten, die sich offen zum Christentum bekennen, z. B. Kurt Marti (s. o., geb. 1921), Peter Härtling (geb. 1933) und Gabriele Wohmann (geb. 1932, Pastorentochter).

Zeugnisse der zeitgenössischen bildenden Kunst

- Der Säkularismus erschwert es den Künstlern, Käufer für religiöse Werke zu finden, so dass sie oft allein schon aus ökonomischen Erwägungen auf solche Schöpfungen verzichten müssen, zumal die Kirchen als Auftraggeber nur noch wenig in Betracht kommen (siehe die kahlen modernen Gotteshäuser).
- Wie es aber „anonyme Christen" unter den Literaturschaffenden gibt, so kann man auch jene darstellenden Künstler so nennen, die in ihren Schöpfungen die Grundfragen und -probleme des heutigen Menschen ansprechen und gerade in der Darstellung des Hässlichen, Unästhetischen (J. Beuys, 1921–86) oder Absurden (S. Dali, 1904–89) ihre Sehnsucht nach einem transzendenten Sinn hinter allen Sinnwidrigkeiten unserer Lebenswelt ausdrücken – oder zumindest beim Betrachter ihrer Werke solche Gedanken hervorrufen.
- Selbstverständlich gibt es auch heute noch Künstler, die sich offen als Christen bezeichnen und ihr Publikum durch ihre Werke zu Glaubenserfahrungen anregen wollen, z. B. Walter Habdank (geb. 1930) mit seinen beliebten Holzschnitten, Thomas Zacharias (geb. 1930) oder der Priester Sieger Köder (geb. 1925).

2.1.2 Zerrbilder Gottes = fragwürdige Gottesvorstellungen in unserer Zeit

Einige typische Denkmuster:

Der Lückenbüßergott = Missbrauch Gottes zur unwissenschaftlichen Erklärung unerforschter Phänomene (Aids – früher: Pest, Cholera – als „Geißel Gottes") – Ein solcher Gott befindet sich ständig auf dem Rückzug und wird immer überflüssiger, je weiter die menschlichen Wissenschaften voranschreiten. – Zu diesem Gottesbild neigen besonders die Fundamentalisten und naiv Bibelgläubigen (Biblizisten).

Der funktionalisierte Gott = Missbrauch Gottes zur Legitimierung, Festigung und Erweiterung obrigkeitlicher Macht (die Könige leiten ihre Autorität „von Gottes Gnaden", nicht von der Beauftragung durch das souveräne Volk ab). Vgl. Ps 2,4ff; 11,4f; 2 Makk 13,4.

Der harmlose („liebe") Gott = Missbrauch der Liebe und der Langmut Gottes zur Verharmlosung der eigenen Sünden und als Legitimierung des Aufschubs von Bekehrung und Buße. – Jesus hat aber stets die Umkehrbereitschaft der Menschen als Voraussetzung für die Freundschaft des göttlichen Vaters gefordert (Mk 1,15; 16,16).

Der männliche bzw. weibliche Gott = Verzerrung der Geistigkeit (Körperlosigkeit) und Transzendenz Gottes in einem biologistischen Sinn. Die Patriachalisten und Feministinnen neigen zu einem solchen anthropomorphen Gottesbild.

Gott, der jenseitige Tröster und Belohner = Alibi für verweigerte menschliche Hilfeleistung und soziale Haltung; vgl. K. Marx' Vorwurf, die Religion sei „Opium des Volkes" (statt wirklicher Hilfe für die Notleidenden).

Gott als Lakai = Missbrauch der Menschenfreundlichkeit und Hilfsbereitschaft Gottes: Man ruft ihn nur, wenn man von ihm etwas braucht oder wenn man zu bequem ist, selbst für das eigene Wohl zu sorgen (Sünde der Vermessenheit = der übertriebenen, unberechtigten Hoffnung des Arbeitsunlustigen auf Gottes Hilfe).

2.1.3 Faktoren, die unser Gottesbild beeinflussen

Obwohl das christliche Gottesbild letztlich auf die Bibel zurückgeht, hat doch jeder Christ seine persönliche Glaubensgeschichte (= Entwicklung des Gottesglaubens), die hauptsächlich von folgenden Komponenten mitgeprägt wird:

Familiäre Situation: Charakterveranlagung, Erziehungsstil und Gottesvorstellung der Eltern; Art und Intensität der religiösen Atmosphäre in der Familie

Psychologische Struktur: persönlicher Charaktertyp: Sanguiniker (fröhliches Gottesbild), Melancholiker (düsteres Gottesbild), Choleriker (Vorstellung vom leicht erzürnbaren Gott), Phlegmatiker (harmloses Gottesbild oder Agnostizismus)

Soziokulturelle Faktoren: Das Gottesbild der Fremderzieher (Lehrer!) und „anonymen Miterzieher"; politische und soziale Verhältnisse der Umwelt (vgl. o. den funktionalisierten Gott)

Einfluss der religiösen Kunst (Dichtung und darstellende Kunst): Abbildung und Deutung biblischer und anderer religiöser Motive (z. B. Gottesdarstellungen in der Volksfrömmigkeit, etwa Kruzifixe) dringen bis ins Unterbewusste ein und prägen so das individuelle Gottesbild (zum Einfluss der säkularisierten Kunst s. o. 2.1.1).

2.2 Erfahrung und Gotteserfahrung

2.2.1 Wesen, Arten und Grenzen menschlicher Erfahrung

Erfahrung ist die ursprünglichste und leichteste Form, die Wirklichkeit zu erfassen: Erfahrung ist Wissensgewinnung durch Beobachtung sinnlich wahrnehmbarer Objekte und deren anschließende geistige Verarbeitung (Ordnen,
Deuten, Wiedererkennen, Kombinieren des Beobachteten). Erfahrungen kann
ein geistig gesunder Mensch – auch ein wissenschaftlich nicht gebildeter – in
jedem Lebensalter machen. **Erkenntnis** ist meist die Bezeichnung für die wissenschaftliche, also systematische und methodische Wissensgewinnung. Sie
setzt eine entsprechende Vorbildung voraus und ist deshalb nicht jedermann
zugänglich (zur wissenschaftlichen Wissensgewinnung s. 1.1.2).

Arten von Erfahrungen

– *Unmittelbare äußere = empirische Erfahrung*
  Unser Geist enthält nichts, was nicht vorher durch die Sinne gegangen ist.
  Aber ebenso richtig ist die Feststellung, dass wir uns keine Wahrnehmung
  bewusst machen können ohne den schon vorher vorhandenen Verstand.
– *Mittelbare äußere = experimentelle Erfahrung*
  Wissenszuwachs durch Experimentieren („trial and error") sucht nicht nur
  der Wissenschaftler, sondern jeder Mensch im Alltagsleben vom Kleinkind-
  alter an. Auch schlichte Experimente erfordern sinnvolle Planung, Vorberei-
  tung und Durchführung, wenn sie brauchbare Ergebnisse erzielen sollen.
– *Innere = geistige = metaphysische Erfahrung*
  Wissensgewinn auf rein denkerischem Weg (durch logisches Kombinieren,
  Schlussfolgern und Berechnen). Diese Art der Erfahrung heißt auch
  Verstehen, Einblick oder Einsicht. Die Körpersinne werden hier nicht
  (oder nicht unbedingt) benötigt. Zu dieser Art der Erfahrung gehören die
  Selbst-, Sinn- und Transzendenzerfahrung (s. u. 2.2.2).
– *Hermeneutische = vermittelte = indirekte Erfahrung*
  Ein Vermittler (Hermeneut) gibt seine eigenen Erfahrungen an einen ande-
  ren Menschen weiter. Die Gotteserfahrung eines Kindes ist in der Regel
  hermeneutisch, d. h. durch die Eltern vermittelt (vgl. o. 2.1.3).

Grenzen menschlicher Erfahrung

Qualitativ und quantitativ mangelhafte Erfahrungen macht der Mensch
– *infolge organischer Defekte*:
  fehlerhafte oder fehlende Funktion eines Sinnesorgans (Farbenblindheit –
  vollständige Blindheit)

– *infolge geistiger Begrenztheit und Defekte*:
Irrtum = Fehldeutung von Wahrnehmungen durch den Verstand (oft fälschlich „Sinnestäuschung" genannt);
begrenzte Intelligenz (geistige Aufnahmefähigkeit und Verarbeitungskraft): Der IQ ist individuell verschieden;
Selektivität (Auswahl) der Wahrnehmung: Was einen Menschen nicht interessiert, nimmt er nur oberflächlich oder gar nicht wahr; er selektiert nur den Sektor des Wahrnehmbaren, mit dem er geistig etwas anfangen kann;
– *infolge moralischen Defekts*:
Der Mensch erhält falsche Erfahrungen auf Grund von Lüge, Täuschung und Betrug von Seiten eines Mitmenschen. – Man kann sich auch selbst belügen (Selbstbetrug, -täuschung) und andere bewusst in die Irre führen;
– *infolge der Unbegreiflichkeit der Transzendenz;* vgl. hierzu o. 1.1.5.

2.2.2 Wege christlicher Gotteserfahrung

Voraussetzung jeder Gotteserfahrung

Diese besteht in Gottes Bereitschaft, sich von den Menschen wahrnehmen (erfahren, erkennen) zu lassen.

Dass Gott für uns nicht absolut unerkennbar sein will, können wir aus der Beobachtung seiner „Spuren" (Chiffren) im Kosmos mit Hilfe unserer Vernunft erschließen:

– *Die Existenz des Kosmos* ist nur als Werk eines unendlich vollkommenen und selbst unerschaffenen Schöpfers erklärbar (Näheres s. u. bei 2.2.2 und 2.3).
– Zur absoluten Vollkommenheit des Schöpfers gehören auch seine Liebe und Güte. Auf Grund dieser Eigenschaften kann Gott uns nicht zum Narren halten und in die Irre führen, wenn er uns als Naturanlage die Transzendierfähigkeit gegeben hat – sozusagen als „Antenne", die zur Kontaktaufnahme mit der göttlichen „Sendestation" dient;
wir unterscheiden
die Transzendierfähigkeit des Verstandes: Unsere Vernunft kann sich auf das absolute Wahre und das absolute Sein richten (vom geschaffenen Sein zu ihm hin transzendieren) und sich nach seiner immer genaueren Wahrnehmung sehnen;
die Transzendierfähigkeit des Willens: Unser Wille kann sich auf das absolute Gute richten (vom immanenten Guten zu ihm hin transzendieren) und sich nach immer größerer Gleichförmigkeit mit ihm sehnen.
– Die Naturwissenschaften enthüllen uns immer mehr Denk- und Zahlengesetze, nach denen Gott den Kosmos geschaffen hat (vgl. 1.1.2). Dass wir

Gottes Bauplan immer besser verstehen können, zeigt uns, dass es eine Seinsanalogie (vgl. 1.1.5) zwischen ihm und uns gibt, dass infolge dieser Entsprechung unsere Erfahrungen über ihn und mit ihm nicht grundsätzlich falsch sein können und dass sich Gott aus den Chiffren im Kosmos erkennen lassen will.

Gottes Plan, die materielle Welt zu erschaffen, wäre absurd, wenn er nicht von vornherein mitgeplant hätte, denkende Wesen zu erschaffen, die die Großartigkeit des Weltalls erkennen und daraus Rückschlüsse auf die Größe und Güte seines Schöpfers ziehen können.

Die Erkennbarkeit Gottes aus seiner Schöpfung mit Hilfe der menschlichen Vernunft (auch ohne Zuhilfenahme der Bibel) wird auch bezeugt
– in der Hl. Schrift (z. B: Weish 13,1–9; Apg 17,27f; Röm 1,20)
– durch das kirchliche Lehramt: „Wer sagt, … Gott … könne mit dem natürlichen Licht der menschlichen Vernunft durch das, was (von ihm) geschaffen (worden) ist, nicht mit Sicherheit erkannt werden, der sei (aus der kirchlichen Gemeinschaft) ausgeschlossen." (Dogma des I. Vatikanischen Konzils 1870)

1. Transzendierung von Immanenzerfahrungen (indirekte Verifizierung Gottes)

– Betrachtung der materiellen Welt
  Ihre Ordnung, Zielstrebigkeit und Schönheit weist sie aus als „Werk-" oder „Tatoffenbarung" eines überaus mächtigen und weisen Gottes. – Ihre Mängel aber zeigen uns, dass sie nicht selbst Gott ist und darum von ihrem Wesen her gar nicht absolut vollkommen sein kann (vgl. 1.1.6).
– Betrachtung der metaphysischen Immanenz
  a) Lebensumfeld des Menschen:
    • *Wahrheitsfähigkeit* des Menschen (Erkenntnis und Verteidigung der Wahrheit = des real Existierenden) als Geschenk (Naturanlage) Gottes, der höchsten Wahrheit;
    • Erfahrung des *Guten*
      als Urerfahrung (im Normalfall) von Geburt an, die das Urvertrauen in die Welt und die Menschen begründet. Die Menschen handeln gut wegen der Seinsanalogie mit Gott, dem unendlich guten Sein: Gott ist die Liebe (1 Joh 4,8);
      im menschlichen Gewissen, hinter dem sich Gott als höchster Gesetzgeber und Richter der Menschen zu erkennen gibt.
    • Erfahrung des *Schönen*
      Der Mensch besitzt Ästhetik, d. h. Freude an Farben, Formen und Tönen seiner Umwelt und ahmt diese in der Kunst nach. Die Äs-

thetik der Schöpfung lässt den Schluss auf einen Schöpfer zu, der die höchste Schönheit ist und damit der Maßstab für alle geschaffene Schönheit.

- Selbsterfahrung des Menschen als eines *religiösen Wesens*:
  Der Glaube gehört zur geistigen Grundausstattung und zum Schicksal eines jeden Menschens: Niemand kann alles empirisch überprüfen und beweisen, was ihn interessiert (z. B. die Liebe, Treue und Aufrichtigkeit eines Ehepartners oder Freundes); auch die Religiosität gehört zur geistigen Grundausstattung der Menschen: Jeder sehnt sich bewusst oder unbewusst nach dem Absoluten, Vollkommenen, das er lieben und verehren kann. Findet er nicht zum christlichen Gott hin, sucht er sich eine Ersatzreligion oder einen Religionsersatz (Sport, Politik usw.). **Fazit:** Man kann die Grunderfahrungen der Glaubensfähigkeit und Religiosität als Gaben Gottes deuten, mit denen sich dieser vom Menschen suchen und erfahren lassen will; andernfalls wären diese geistigen Anlagen des Menschen absurd.

- Transzendierung *negativer Erfahrungen* („Grenzerfahrungen"),
  zum Beispiel Schicksalsschläge, schlimme Folgen eigener oder fremder Schuld, Verlust des Glaubens an Gott, an den Sinn des Lebens oder des Seins überhaupt, Angst vor der völligen Vernichtung im Tod. Ein solches hilf- und machtloses Stehen vor den Grenzen des eigenen Wissens, Könnens und Seins muss den Menschen nicht notwendig in Verzweiflung stürzen, es bietet ihm auch die Chance einer (neuen) Gotteserfahrung: Gott als Ur-Sinn, Ur-Halt, Ur-Wert und Ur-Ziel des Menschen hinter allem (teil-)gestörten Sinn unserer Lebenswelt (vgl. auch 1.1.6).

b) Erfahrungen aus der *Geschichte*:
- Weltgeschichte: Die ethische Evolution der Menschheit steckt – im Gegensatz zur biologischen und wissenschaftlich-technischen – immer noch in den Anfängen. Diese Tatsache verweist auf das Angewiesensein der Menschen auf Sündenvergebung und Erlösung durch Gott;
- Religionsgeschichte: Es hat noch nie ein religionsloses Volk gegeben; die Suche nach Gott gehört zum Wesen des Menschen (vgl. oben Punkt a));
- Heilsgeschichte: planmäßiges Handeln Gottes an und mit seinem Bundesvolk im Alten und Neuen Bund (vgl. 1. 2 und 1.3);
- Kirchengeschichte: Weder die Unfähigkeit der Christen noch der Hass der Christenverfolger konnten in fast zwei Jahrtausenden die

Kirche zugrunde richten. Darin kann man die Erfüllung der Prophezeiung Jesu sehen, dass seine Kirche bis ans Ende der bestehenden Welt fortdauern werde. (Vgl. z. B. Mt 16,18; 28,20; Joh 14,16; 1 Kor 11,26.) – Vgl. Kapitel 11, bes. 11.5; 11.6; 11.8.

2. Meditative Gotteserfahrung

Meditation ist ein geistiges Training, durch das der Mensch mit Hilfe entspannter Körperhaltung, richtiger Atemtechnik und intensiver geistiger Konzentration zur vertieften Selbsterkenntnis kommt (naturale oder Existenzmeditation). Und von hier aus kann er auch zu religiösen Erfahrungen gelangen (Glaubensmeditation).

Meditation als Gotteserfahrung: Indem wir beim Meditieren die Rastlosigkeit (Aktionismus) des Arbeitslebens ablegen und uns die nichtrationalen, tiefen Schichten unserer Seele bewusst machen, werden wir durchlässig für Gott, in dem wir „leben, uns bewegen und sind" (Apg 17,28), und wir werden aufgeschlossen für Mitteilungen Gottes an uns.

3. Mystische Gotteserfahrung

Mystik ist die innigste Form der Gotteserfahrung. Sie kann mit rational nicht erklärbaren Phänomenen verbunden sein: Vision (= Sehen entfernter oder transzendenter Personen und Vorgänge), Audition (= Hören übernatürlicher Worte und Töne), Privatoffenbarung (= Mitteilungen durch Gott, Engel, Heilige), Stigmatisation (= Empfang der Wundmale Christi), Ekstase (= Verlust des äußeren Bewusstseins). – Trotz dieser Begleiterscheinungen ist auch die Mystik nur eine immanente, indirekte Gottesschau: Sie erfolgt im Diesseits und unter Beteiligung des Körpers, also der Materie. Somit unterscheidet sie sich nur dem Grad nach, nicht in ihrem Wesen von den anderen Formen der Gotteserfahrung. Wegen ihres extremen Intimcharakters ist die mystische Gotteserfahrung nur unzureichend erklärbar und sprachlich nur inadäquat beschreibbar und mitteilbar. Die Mystiker empfinden ihre Erlebnisse entweder als äußerst beglückend oder als sehr schmerzvoll (z. B. das Miterleben des Leidens Christi).

Manche Mystiker haben die Mystik in einem langen Reifeprozess erlernt (sie sprechen vom Weg der Reinigung, der Erleuchtung und der Vereinigung mit Gott), anderen Menschen schenkte Gott mystische Erlebnisse völlig überraschend (P. Claudel, A. Frossard).

Mystische Gotteserfahrungen in der Bibel sind z. B. die Gottesbegegnungen der Patriarchen und Propheten des AT (z. B. Gen 18; Ex 24,9–11; Jes 6,1–13) und einige Ereignisse im Leben Jesu (Taufe: Mk 1,9–11; Verklärung: Mk 9,2–10; Osterereignisse: Mk 16). Vergleiche ferner Apg 10,9–23a; 2 Kor 12,1–13 (mystische Erlebnisse des Petrus und Paulus).

4. Hermeneutische Gotteserfahrung

Zum Begriff der hermeneutischen Erfahrung siehe oben 2.2.1.

Die hermeneutische Gotteserfahrung des Christen ist gebunden an die Bibel als objektive Grundlage („Ur-Kunde von Christus"), an die Kirche als Gemeinschaft der Christusgläubigen (soziale Bindung) und an einzelne Christen als Hermeneuten (Eltern, Seelsorger, Lehrer: personale Bindung).

Die Kirche ist das allumfassende Sakrament (II. Vatik. Konzil); sie hütet die „Ur-Kunde von Christus", dem „Ursakrament". Deshalb vermittelt sie die meisten, wichtigsten, sichersten und genauesten Gotteserfahrungen (Joh 14,16f). Außerdem bietet sie aus psychologischen Gründen den leichtesten Zugang zu Gotteserfahrungen: „Lebenseinstellungen und -gestaltungen bewähren sich und überdauern eher in einem Geflecht sozialer Kontakte mit Gleichgesinnten." (K. H. Schmitt) – „Ohne die Erfahrung eines Angenommenseins durch Menschen scheint die Erfahrung eines Angenommenseins durch Gott schwierig zu sein." (H. Küng)

Zusätze

1. Beispiele der Hl. Schrift für die Hauptformen der Gotteserfahrung: Gotteserfahrung aus der Natur und Geschichte: Ps 136; meditative Gotteserfahrung: Lk 1,46–55; mystische Gotteserfahrung: Offb 1,9ff; hermeneutische Gotteserfahrung: Apg 2,14–36.
2. Subjektive Grundformen der Gotteserfahrung nach Rudolf Otto (1869–1937): Der Mensch erfährt Gott
   - als erschreckendes Geheimnis (mystérium treméndum), vgl. Jes 6,1–7;
   - als anziehendes, liebenswertes Geheimnis (mystérium fascinósum); vgl. Jes 49,15;
   - als erhabenes, ehrfurchtgebietendes Geheimnis (mystérium augústum), vgl. Dan 7,9f.

2.2.3 Gotteserfahrung im Islam

Für den Mohammedaner ist Gott (Allah)
- *der Transzendente* und deshalb nur soweit erfahrbar, wie er sich im Koran selbst geoffenbart hat. Der Koran ist von Gott im Wortlaut verfasst und vom Engel Gabriel dem Propheten Mohammed nach und nach diktiert worden (Sure 10,38; 25,33);
- *der Einzige (Einpersonale)*: In diesem Glauben sind sich Mohammedaner und Juden einig, beide verwerfen den christlichen Dreifaltigkeitsglauben als Polytheismus (Tritheismus = Dreigottglaube), Sure 4,172; 5,74; 19,36; „Gott zeugt nicht und wird nicht gezeugt" (Sure 112,4). Demnach ist

Christus nur ein menschlicher Prophet, von geringerer Bedeutung als Mohammed, aber immerhin verehrenswert. Sein Kreuzestod wird allerdings als eine von Christen erfundene Lüge bezeichnet;

– *der Träger der „neunundneunzig schönen Namen"*: Der Muslim betrachtet die 99 Ehrennamen Allahs mit Hilfe der Kugeln der arabischen Gebetsschnur. Unter diesen Bezeichnungen befinden sich höchst widersprüchliche Namen: Allerbarmer (er-rahman), Schöpfer, Lenker, aber auch: Tyrann, Rächer, Eifersüchtiger, Vernichter, Irreführer. Der Name „Vater" ist nicht darunter. Die islamische Mystik betont jedoch die Liebe Allahs zu den Menschen;

– *der Erlöser*: Allah hat den Menschen als gutes Wesen erschaffen; darum ist jedes neugeborene Kind grundsätzlich gut und durch keine Erbsünde verdorben. Wenn der Mensch in seinem Leben sündigt, vergibt ihm Gott jede Sünde direkt und individuell; er braucht dazu weder Jesus (als Mittler) noch ein Bußsakrament;

– *der Herr des Kismets*: Allah hat die gesamte Weltgeschichte und damit auch den Lebenslauf eines jeden einzelnen Menschen schon vorausbestimmt (prädestiniert). Der Mensch hat also nicht grundsätzlich einen freien Willen, sondern Allah gibt dem Menschen vor jeder einzelnen Tat die Freiheit, Allahs Prädestination zu bejahen und damit gut zu handeln, oder sie abzulehnen und dadurch zu sündigen. Ändern kann der Mensch Allahs Willen auf keinen Fall; das ist sein Schicksal (kismet). Moderne Richtungen des Islam neigen zur christlichen Auffassung, dass das göttliche *Vorherwissen* des gesamten Weltablaufs nicht identisch mit *Vorherbestimmung* (Prädestination) ist, dass also der Mensch eine echte Entscheidungsfreiheit zwischen Gut und Böse hat. – Vgl. a. 4.1–2.

Die islamische Gotteserfahrung in christlicher Sicht

– Die Ablehnung des Dreifaltigkeitsglaubens, insbesondere der Gottheit Christi und seines Erlösungstodes am Kreuz, bilden wohl eine unüberwindliche Barriere für eine gemeinsame Gotteserfahrung der Muslime und Christen.

– Manche Züge des islamischen Gottesbildes können wir Christen nicht bejahen (z. B. Tyrann, Irreführer).

– Mit der Leugnung des freien menschlichen Willens in der mohammedanischen Prädestinationslehre können wir nicht einverstanden sein.

Deshalb ist der christlich-islamische Dialog noch nicht über den Abbau gegenseitiger Vorurteile und Missverständnisse und über menschliche Annäherungen hinausgekommen. Zudem wird er in der Gegenwart durch den Christenhass islamischer Fundamentalisten schwer beeinträchtigt.

2.3 Aufweis der Existenz Gottes: Der christliche Glaube rechtfertigt sich vor der Vernunft

Die ältere Theologie spricht in diesem Zusammenhang von *Gottesbeweisen*. Da in unserer Zeit der Begriff „Beweis" meist nur für den empirischen Wahrheitsnachweis anerkannt wird, hat man die Wahrheitsfindung der Geisteswissenschaften mit den Bezeichnungen Argumentationsbeweis, Hypothesenbeweis, Wahrscheinlichkeitsbeweis oder Wahrheitsaufweis versehen. Die moderne Theologie bevorzugt die Bezeichnung *Gottesaufweis* oder *Gottesargumente*. Es werden die verschiedenen Arten von Gottesbeweisen/Gottesaufweisen im folgenden dargestellt.

2.3.1 Der noétische Gottesbeweis (Augustinus nach Platon)

Basis: die platonische Ideenlehre: Unsere Gedanken über das Wahre, Gute und Schöne müssen notwendigerweise Abbilder der göttlichen Gedanken sein (griech. nóema n. „Gedanke, Erkenntnis, Idee"); denn ohne absolute, vollkommene Ur-Idee könnten wir gar keine Vorstellungen von den Dingen der Transzendenz und der Immanenz haben: Ohne Original könnte es sozusagen keine Kopien geben.
Die Tatsache der menschlichen Erkenntnis (griech. nóesis f.) und ihrer Transzendierfähigkeit zum absoluten Wahren, Guten und Schönen beweist also philosophisch (nicht empirisch!) die Existenz Gottes als oberste Wahrheit, Güte und Schönheit.
Vertreter dieses Gottesbeweises in der Neuzeit: Descartes und Leibnitz.

2.3.2 Der historische Gottesbeweis (Cicero nach Aristoteles)

a) Aufweis Gottes aus der Tatsache, dass es kein religionsloses Volk gibt (vgl. o. 2.2.2).
b) (Christliche Version dieses Beweises:) Nachweis, dass Christus eine historische Person ist und dass seine Offenbarungen über Gott absolut zuverlässig sind.

2.3.3 Der ontologische Gottesbeweis (Anselm v. Canterbury)

Zur Vollkommenheit des höchsten denkbaren Wesens gehört auch notwendigerweise sein wirkliches Vorhandensein (griech. on n., „Sein, Existenz"). Denn andernfalls wäre es nicht das absolut höchste Wesen, sondern wir könnten uns ein noch höheres vorstellen, das nicht nur als unser Gedankenspiel, sondern unabhängig von uns real existiert. Darum nennt Anselm Gott „das Wesen, über das hinaus nichts Größeres gedacht werden kann".

2.3.4 Der kosmologische Gottesbeweis (Thomas v. Aquin nach griechischen, jüdischen und islamischen Philosophen)

Thomas baut seine drei kosmologischen Gottesargumente als Syllogismen (Drei-Satz-Schlussverfahren) auf:

1. Satz (Obersatz, Erste Prämisse): eine empirische Aussage, d. h. eine Feststellung über die materielle Welt:
- Überall in der Welt gibt es Bewegung (Bewegungsbeweis).
- Alles, was entsteht, hat hierfür eine hinreichende Ursache: Aus nichts wird nichts (Kausalitätsbeweis).
- Alles, was es in der Immanenz gibt, verdankt seine Entstehung einem anderen Wesen: Nichts kann sich selbst erschaffen. Außerdem ist jedes immanente Ding entbehrlich: Es existiert nicht notwendig, sondern kontingent (= nicht notwendig, nur auf Grund günstiger Umstände, lat. contingéntia n. Pl. „das zufällig Existierende") (Kontingenzbeweis).

2. Satz (Untersatz, Zweite Prämisse): eine metaphysische Aussage (Axiom). (Ein Axiom ist eine empirisch nicht beweisbare, aber auch nicht widerlegbare Aussage, deren Richtigkeit evident ist, d. h. ohne Beweis einleuchtet.)
Thomas verwendet folgende drei Axiome für seine „Wege zu Gott":
1. *das geistige (metaphysische) Kausalitätsprinzip*:
   Auch alles Geistige muss zu seiner Entstehung eine hinreichende Ursache haben (vgl. oben das materielle Kausalitätsgesetz);
2. *die Seinsanalogie* zwischen Schöpfer und Schöpfung (vgl. 1.1.5 und 2.2.2);
3. *den Ausschluss des regressus in infinitum* (regréssus in infinítum = Rückgriff auf eine *unendliche* Reihe immanenter Wirkursachen). Thomas argumentiert: Wenn eine *endliche* Kette immanenter Ursachen nicht ausreicht, die Existenz der bestehenden Welt zu erklären, dann nützt es auch nichts, wenn man diese Kette um beliebig viele Glieder erweitert und

schließlich zu einer unendlich langen Kette kommt. Denn dann kann man immer noch fragen: Woher hat das erste Glied dieser unendlich langen Kette seine Existenz? Es bleibt also nur die Alternative,

- entweder steht am Anfang der Kausalkette ein Wesen, das selbst unverursacht, unerschaffen und notwendig existent ist, das also die Fülle allen Seins und aller Vollkommenheit ist,
- oder es kann überhaupt nichts existieren, weil es keinen hinreichenden Grund für die Entstehung von irgend etwas Immanentem gibt. Da aber diese Behauptung durch die Empirie widerlegt wird, (es existiert die Welt unbestreitbar), kann nur das erste Glied der Alternative richtig sein.

3. Satz (Schlussfolgerung, conclusio):
Den ersten, selbst von niemand anderem in Bewegung gesetzten Beweger der Immanenz, die erste, von niemand anderem verursachte Ursache der bestehenden Welt, das einzig notwendig (= aus sich selbst) existierende Wesen **nennen wir Gott.**

2.3.5 Der Finalitätsbeweis = der teleologische Gottesbeweis (Thomas' „fünfter Weg zu Gott" nach griechischen Philosophen und Cicero)

Griech. télos n. = lat. finis m. „Zweck, Ordnung, Zielstrebigkeit, Zweckmäßigkeit):

Erste Prämisse: Der ganze Kosmos ist geordnet, zweckmäßig konstruiert und zielgerichtet.
Zweite Prämisse: Da der Rückgriff auf eine unendliche immanente Reihe von Begründungen für diese Teleologie nicht in Frage kommt (s. o.: regressus in infinitum), muss am Anfang des Kosmos eine höchste Ordnungsmacht stehen, die Ordnung, Sinn, Zweck und Ziel keinem anderen verdankt, sondern dies alles in sich selbst birgt, also alle Vollkommenheit aus sich selbst hat.
Schlussfolgerung: Diese unendlich vollkommene Wirk- und Zielursache der Immanenz **nennen wir Gott.**

2.3.6 Der moralische Gottesbeweis

Er geht davon aus, dass der Mensch von Natur aus zwischen Gut und Böse unterscheiden kann und dass ihm das Gewissen dabei hilft. Die Grundausstattung des Menschen verweist auf einen höchsten, absolut heiligen und gerechten Gesetzgeber und Richter (vgl. auch oben 2.2.2).

Der Stufenbeweis (Thomas' vierter „Weg zu Gott" nach Platon und Aristoteles), eine Form des moralischen Gottesbeweises:

Erste Prämisse: Überall in der Welt gibt es das Gute in verschiedenen Vollkommenheitsgraden.

Zweite Prämisse: Wegen des Ausschlusses des regressus in infinitum muss die oberste Stufe der Güte und Vollkommenheit ein Wesen sein, das sein Gut- und Vollendetsein niemand anderem verdankt, sondern diese Eigenschaften in unendlichem Maße in sich selber trägt.

Schlussfolgerung: Dieses unendlich gute und vollkommene Wesen **nennen wir Gott**.

2.3.7 Kants Gottespostulat

In seiner „Kritik der reinen Vernunft" (1781/87) stellt Kant den Grundsatz auf: Beweisbar ist nur ein empirisches Phänomen, d. h. ein Objekt, von dem wir Menschen eine sinnliche Erfahrung haben können. Da es von Gott keine empirische Erfahrung gibt, kann es weder eine (natur-)wissenschaftliche Gotteserkenntnis noch einen wissenschaftlichen Gottesbeweis geben: Gott ist unbeweisbar und unwiderlegbar, er kann nur im Glauben erkannt werden.

In seinem anderen Hauptwerk „Kritik der praktischen Vernunft" (1788; praktische Vernunft = sittliches Bewusstsein, Gewissen, Moral) zeigt Kant, wie man aber auch ohne Gottesbeweis zu einer sicheren Gotteserkenntnis gelangen kann, nämlich aus der absoluten Verpflichtung des Menschen, die sittlichen Forderungen einzuhalten. Die oberste und allgemeine ethische Pflicht nennt er den **kategorischen Imperativ** (kategorisch = unbedingt gültig): „Handle stets so, dass die Maxime deines Handelns jederzeit zugleich als Prinzip einer allgemeinen Gesetzgebung gelten könnte." (Maxime = ethischer Leitgedanke; Prinzip = Voraussetzung, Grundlage).

Kant vertritt eine Pflichtethik: Nur durch die Erfüllung des kategorischen Imperativs kann der Mensch im Diesseits relativ und im Jenseits vollkommen glücklich werden.

Die praktische Vernunft erkennt *drei Postulate* (Postulat = ethisches Axiom); ohne sie könnte es keine Moral geben; da es aber unbestreitbar eine Moral gibt, müssen diese drei Postulate – auch wenn sie empirisch durch den Verstand = die „reine Vernunft" nicht beweisbar sind – wahr sein:

1. **Die Unsterblichkeit der Seele**, weil es im Diesseits keine völlige Harmonie von Pflichterfüllung und Glücksstreben („Neigung") gibt. Also muss das vollkommene Glücklichwerden durch ethisches Handeln im Jenseits stattfinden und darf dort nie mehr enden, weil sonst das Glück auch in der Transzendenz nicht vollkommen wäre.

2. **Die Willensfreiheit des Menschen,** weil sonst der Mensch für seine Taten nicht verantwortlich wäre und somit die Existenz der Moralnormen und des Gewissens absurd und paradox wäre. Außerdem könnte sich der unfreie Mensch nicht durch Pflichterfüllung das ewige Glück im Jenseits verdienen.

3. **Die Existenz Gottes:** Der Mensch wäre von sich aus im Jenseits genauso unfähig, das „höchste Gut" (= die ewige Seligkeit durch die vollkommene Harmonie zwischen Moral und Glücksstreben) zu erreichen, wenn es dort nicht eine unendlich mächtige und gütige transzendente Macht gäbe, die dem Menschen zu dieser Harmonie verhilft. Kant hält also Gott zur Vollendung der Moral für unentbehrlich und seine Existenz infolgedessen für absolut sicher – auch ohne empirischen Beweis.

2.3.8 Kritik der Gottesbeweise

Die Gottesbeweise scheitern als Beweise an der Stelle, wo sie von empirischen Beobachtungen zu metaphysischen und transzendenten Schlussfolgerungen übergehen: Denn solche Aussagen sind nach dem seit Kant allgemein anerkannten Erkenntnisprinzip empirisch nicht mehr überprüfbar und deshalb auch nicht beweisbar:

– die *kosmologischen* Beweise scheitern an der Unmöglichkeit zu beweisen, dass unsere menschlichen Denkgesetze (z. B. das Kausalgesetz, dessen Gültigkeit ja schon in der modernen Mikrophysik umstritten ist, siehe 1.1.2) außerhalb unserer Erfahrungswelt ebenso gelten wie in ihr. Damit wird auch unbeweisbar, dass nur Gott als Ersturssache alles Immanenten in Frage kommt und der regressus in infinitum ausgeschlossen werden muss;

– der *ontologische* Beweis scheitert an der Unmöglichkeit zu beweisen, dass unseren Ideen (Denkinhalten, Begriffen) eine reale Existenz entsprechen *müsse,* und sei es auch nur hinsichtlich der Idee vom höchsten denkbaren Wesen. Anselms Begriffsrealismus ist ein idealistischer Optimismus, also ein Glaube, keine beweisbare Tatsache;

– die *moralischen* Argumente scheitern an der Unmöglichkeit zu beweisen, dass die menschliche Moral in der Transzendenz ihren Ursprung und ihre Vollendung haben *müsse.* Spätere Philosophen haben dieses Postulat Kants als ethischen Optimismus kritisiert. Außerdem kann man gegen die von Kant behauptete Stringenz seines Gottespostulates einwenden: Dass der Mensch seine Pflicht rigoros, d. h. ohne Rücksicht auf die konkreten Lebensumstände, erfüllen müsse, ist keineswegs ein evidentes ethisches Axiom. – Die vollkommene Harmonie von Pflicht und Neigung – von Kant als unabweisbares Postulat bezeichnet – kann man ebensogut als Desi-

derat auffassen, d. h. als Wunschdenken und Projektion der Unsterblich-
keitssehnsucht des Menschen. – Als Christ muss man bei Kant anfragen:
Warum schenkt Gott, der die Liebe ist, keinem einzigen Menschen die
vollkommene Harmonie von Pflicht und Neigung gnadenhaft schon hier
auf Erden?

2.4   Sinn und Zweck der kritischen Hinterfragung des Gottesglaubens

Berechtigung
– Der kritische Verstand gehört infolge der Gottesebenbildlichkeit zur geistigen Grundausstattung des Menschen. Jeder Mensch ist darum berechtigt, seine Kritikfähigkeit sinnvoll einzusetzen, vgl. Thess 5,21.
– „Fides quaerens intelléctum / Der Glaube sucht die Vernunft" (Anselm von
  Canterbury) bedeutet: Jeder geistig gesunde Mensch hat das Bedürfnis, seinen religiösen Glauben zu überprüfen, um sich vor Fehlformen des Glaubens zu schützen (Aberglaube, Irrglaube, Fanatismus, widervernünftiger
  Glaube): „Glaube ohne Denken ist unbedachter, unverantwortlicher Glaube. Ohne religiöse Reflexion ist religiöse Erfahrung blind." (H. Küng)

Nützlichkeit
– Stärkung des eigenen Glaubens durch Ausräumung von rationalen Ein-
  wänden gegen ihn: Die Ansicht des antiken Kirchenschriftstellers Tertul-
  lian „Credo, quia absúrdum / Ich glaube, gerade weil es widersinnig ist"
  war nie ein allgemeiner christlichern Glaubensgrundsatz. Das „sacrificium
  intelléctus / Opfer des Verstandes", das dem Christen abverlangt wird, besteht nicht darin, dass er etwas Widersinniges, Unlogisches glauben soll,
  sondern darin, dass er die Transzendenz als etwas Überrationales, die Fas-
  sungskraft der menschlichen Vernunft Übersteigendes anerkennen soll.
– Verteidigung des christlichen Glaubens gegen die Angriffe des heutigen –
  oft atheistischen – Pluralismus und Säkularismus: „Angesichts des Atheismus darf die Wirklichkeit Gottes nicht mit Hilfe der Bibel bloß behauptet
  werden." (H. Küng)
  • Die Gottesbeweise sind unwiderlegbare Denkmodelle, die der rationa-
    len Kritik des Atheismus standhalten (zu ihrer fehlenden Stringenz s. o.
    2.3.8).
    Der Christ kann aus der rationalen Beobachtung der Immanenz deren
    Ur-Grund, Ur-Halt, Ur-Sinn und ihr Ur-Ziel erkennen und dadurch
    Gott indirekt verifizieren. Die atheistische Erklärung der Immanenz
    aus sich selber ist weder stringent noch logisch (vgl. o. 2.3).

- Im Gegensatz zum Rationalisten und Szientisten vergötzt der Christ die menschliche Vernunft nicht: Er hält sie weder für allwissend noch für unfehlbar. Aber infolge der – aus der Immanenz erschließbaren – Seinsanalogie erkennt er, dass er der menschlichen Vernunft (ratio) grundsätzlich trauen darf. „Dass Gott ist, kann nur in einem – in der Wirklichkeit selbst begründeten – Vertrauen angenommen werden." (H. Küng)
  - Der Christ gewinnt gerade aus der Hinterfragung seines eigenen Glaubens die Einsicht, dass religiöser Glaube niemals bewiesen werden kann. (Grundirrtum der Gnosis, der Scientology Church!)
- Bereicherung des persönlichen Glaubenslebens:
  - Einsicht in die Unbegreiflichkeit und Unbeweisbarkeit Gottes: Er ist in jeder Hinsicht der „ganz Andere" (vgl. Jes 55,8f und 1.1.5; 2.2; 2.3).
  - Einsicht in die relative Notwendigkeit einer göttlichen Selbstoffenbarung zur Erweiterung des menschlichen Glaubenswissens über Gott: „Der Gott Abrahams, Isaaks und Jakobs" ist, wie z. B. B. Pascal erkannte, lebensvoller und anziehender als „der Gott der Philosophen"; denn die wissenschaftlichen Aussagen über ihn haben den kühlen Beigeschmack emotionslosen logischen Schlussfolgerns. Der Gott der Bibel dagegen zeigt sich als liebender und liebenswerter Freund der Menschen (vgl. 1.2–3; 2.2.2).
  - Geborgenheit, Trost und Freude im Alltagsleben: Der Preis, den der Glaubende für sein Ja zu Gott erhält, ist hoch: Er bekommt eine Sicherheit und Geborgenheit geschenkt, die ihm Gelassenheit in Glaubensschwierigkeiten verleiht und ihm Freude und Glücksgefühl trotz aller Widrigkeiten des irdischen Lebens gibt (vgl. Ps 23 und 27).

Weiterführende Literatur

CGG 18, S. 59–100: Ulrich Ruh: *Säkularisierung*
CGG 1, S. 5–59: Robert Scherer: *Wirklichkeit – Erfahrung – Sprache*
CGG 25, S. 39–72: Bernhard Casper: *Alltagserfahrung und Frömmigkeit*
CGG 25, S. 73–116: Eduard Schillebeeckx: *Erfahrung und Glaube*
Konzepte 9: *Erfahrung und Erkenntnis*
CGG 25, S. 119–164: F.-X. Kaufmann/G. Stachel: *Religiöse Sozialisation (Probleme der hermeneutischen Gotteserfahrung in der Kirche von heute)*
Hans Küng: *Existiert Gott?*, München (Piper), 1978, S. 583–606: *Gott beweisen?* – Jetzt auch als TB: SP (=Sammlung Piper) 2144, 1995
CGG 1, S. 87–131: Henri Bouillard: *Transzendenz und Gott des Glaubens (philosophische Hinterfragung des Gottesbegriffes)*
Wege zum Ziel 1: *Mensch und Glaube*
Forum Religion 5: *An Gott glauben.* Kurs Theologie

Hauptmerkmale

1	2	3

Menschen- und Bürgerrechte: v. a.
 	
• persönliche Freiheit, einschließlich Religions- und Gewissensfreiheit
• Rechtsgleichheit aller
• Gleichberechtigung der Frau
	Emanzipation des Subjekts (Recht auf Individualität)
	
	Übernahme von Meinungen und Normen nicht aufgrund der Weisung einer Amtsautorität (Staat, Kirche), sondern
	– in freier Gewissensentscheidung
	– aufgrund der Überzeugungskraft sachlicher Argumente
		Pluralität
		
		• Vielfalt der Werte, Weltanschauungen, Menschenbilder
		• Voraussetzung:
		  – Toleranz der Gesellschaft
		  – Wertneutralität des Staates

Arten von

1	2
Unmittelbare äußere = empirische E.	Mittelbare äußere = experimentelle E.
durch Zusammenwirken von Körpersinnen und menschlichem Verstand E. Körpersinne: Verstand: Reizaufnahme Bewusstmachen, Ordund -leitung nen, Deuten, Kombinieren der Reize	anspruchsvollere Art der Wissensgewinnung: Verwendung von – Versuch (Test) – Hilfsmittel (Werkzeuge, Instrumente)

Alle diese Arten von Erfahrung sind quantitativ und qualitativ begrenzt
– durch etwaige Defekte der Körpersinne
– durch etwaige geistige Defekte (Irrtum, geringer IQ, Geisteskrankheit usw.)

des Säkularismus

4	5	6
Gesellschaftliche Dynamik • Die Aufgabe des alten, statischen Weltbildes und die Annahme eines dynamischen Naturbilds fördern auch den Drang nach ständigem gesellschaftlichen Wandel • Die Tradition verliert an Bedeutung	Öffentlichkeit • Meinungsbildung durch öffentliche Diskussion und offene Auseinandersetzung • Beanspruchung einer umfassenden und öffentlichen Information über alle wichtigen Fragen, v. a. durch die Massenmedien	Entkirchlichung und Entchristlichung • Verlust der Bedeutung religiöser Sinngebung in allen Lebensbereichen • Entbehrlichkeit Gottes im Weltverständnis und Menschenbild • Loslösung der christlichen Ethik von ihrer religiösen Grundlage und ihre Praktizierung in säkularisierter Form, s. z. B. links Punkt 1
	nach Wolfgang Seibel (SJ)	

Erfahrung

3	4
geistige = metaphysische E.	vermittelte = indirekte = tradierte = hermeneutische E.
E. ohne Hilfe der Körpersinne (apriorisches Denken) – logisches Denken und Schlussfolgern – (Kopf-)Rechnen – philosophisches Spekulieren Die metaphysische E. setzt aber bestimmte empirische Erfahrungen und das Funktionieren der Gehirntätigkeit voraus, ist also nicht total unabhängig von der Empirie	Übernahme der E. eines anderen Menschen, der sie als Vermittler (Hermeneut) tradiert

– durch Selektion aufgrund der individuell verschiedenen Interessenlage und Anteilnahme an empirischen und metaphysischen Phänomenen und Vorgängen
– infolge der kollektiven Grenzen (Endlichkeit, Kreatürlichkeit) des menschlichen Verstandes und der menschlichen Körpersinne

Gottes-

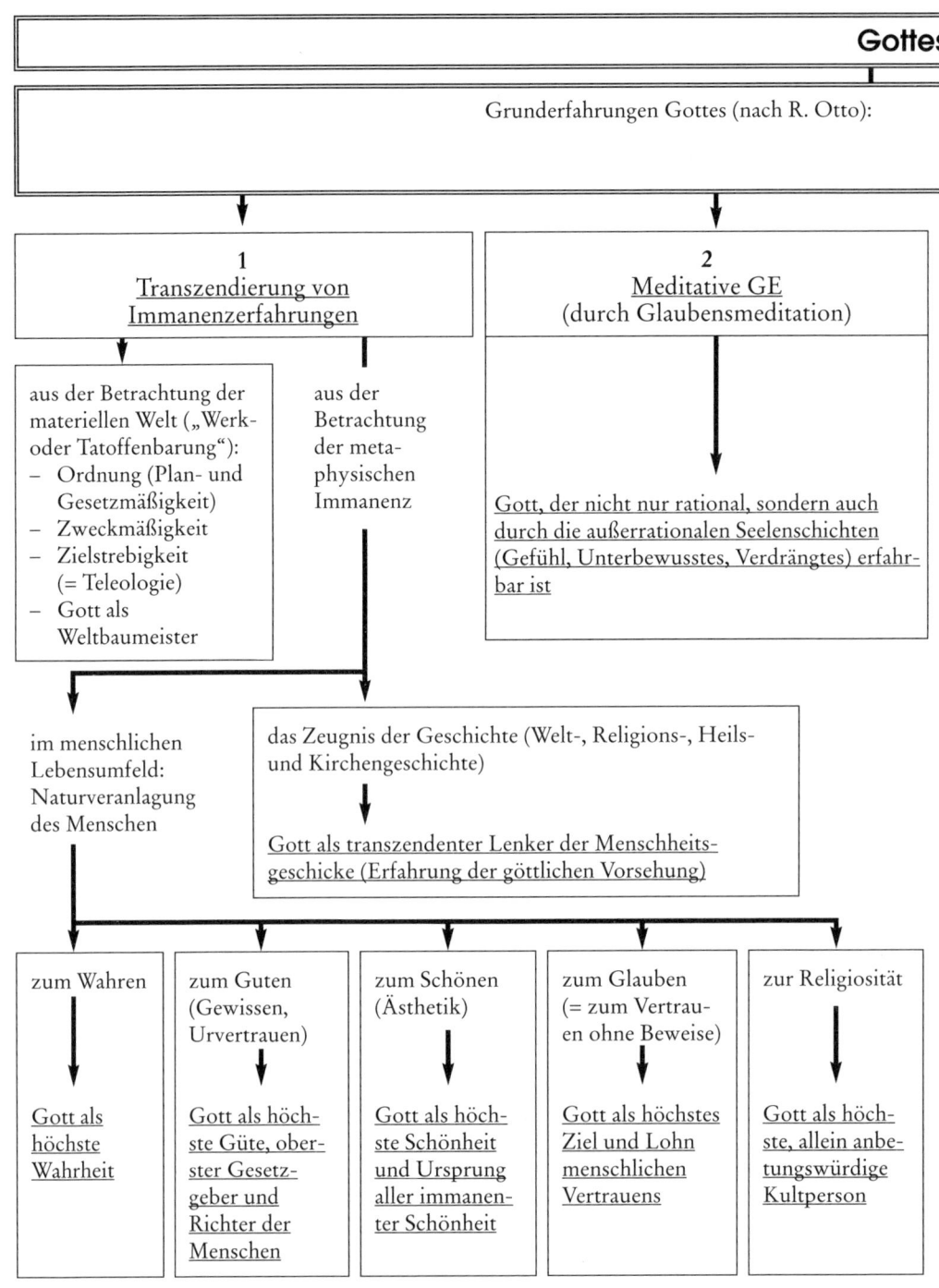

Grunderfahrungen Gottes (nach R. Otto):

1
Transzendierung von
Immanenzerfahrungen

2
Meditative GE
(durch Glaubensmeditation)

aus der Betrachtung der
materiellen Welt („Werk-
oder Tatoffenbarung"):
– Ordnung (Plan- und
  Gesetzmäßigkeit)
– Zweckmäßigkeit
– Zielstrebigkeit
  (= Teleologie)
– Gott als
  Weltbaumeister

aus der
Betrachtung
der meta-
physischen
Immanenz

Gott, der nicht nur rational, sondern auch
durch die außerrationalen Seelenschichten
(Gefühl, Unterbewusstes, Verdrängtes) erfahrbar ist

im menschlichen
Lebensumfeld:
Naturveranlagung
des Menschen

das Zeugnis der Geschichte (Welt-, Religions-, Heils-
und Kirchengeschichte)

Gott als transzendenter Lenker der Menschheits-
geschicke (Erfahrung der göttlichen Vorsehung)

zum Wahren

Gott als
höchste
Wahrheit

zum Guten
(Gewissen,
Urvertrauen)

Gott als höch-
ste Güte, ober-
ster Gesetz-
geber und
Richter der
Menschen

zum Schönen
(Ästhetik)

Gott als höch-
ste Schönheit
und Ursprung
aller immanen-
ter Schönheit

zum Glauben
(= zum Vertrau-
en ohne Beweise)

Gott als höchstes
Ziel und Lohn
menschlichen
Vertrauens

zur Religiosität

Gott als höch-
ste, allein anbe-
tungswürdige
Kultperson

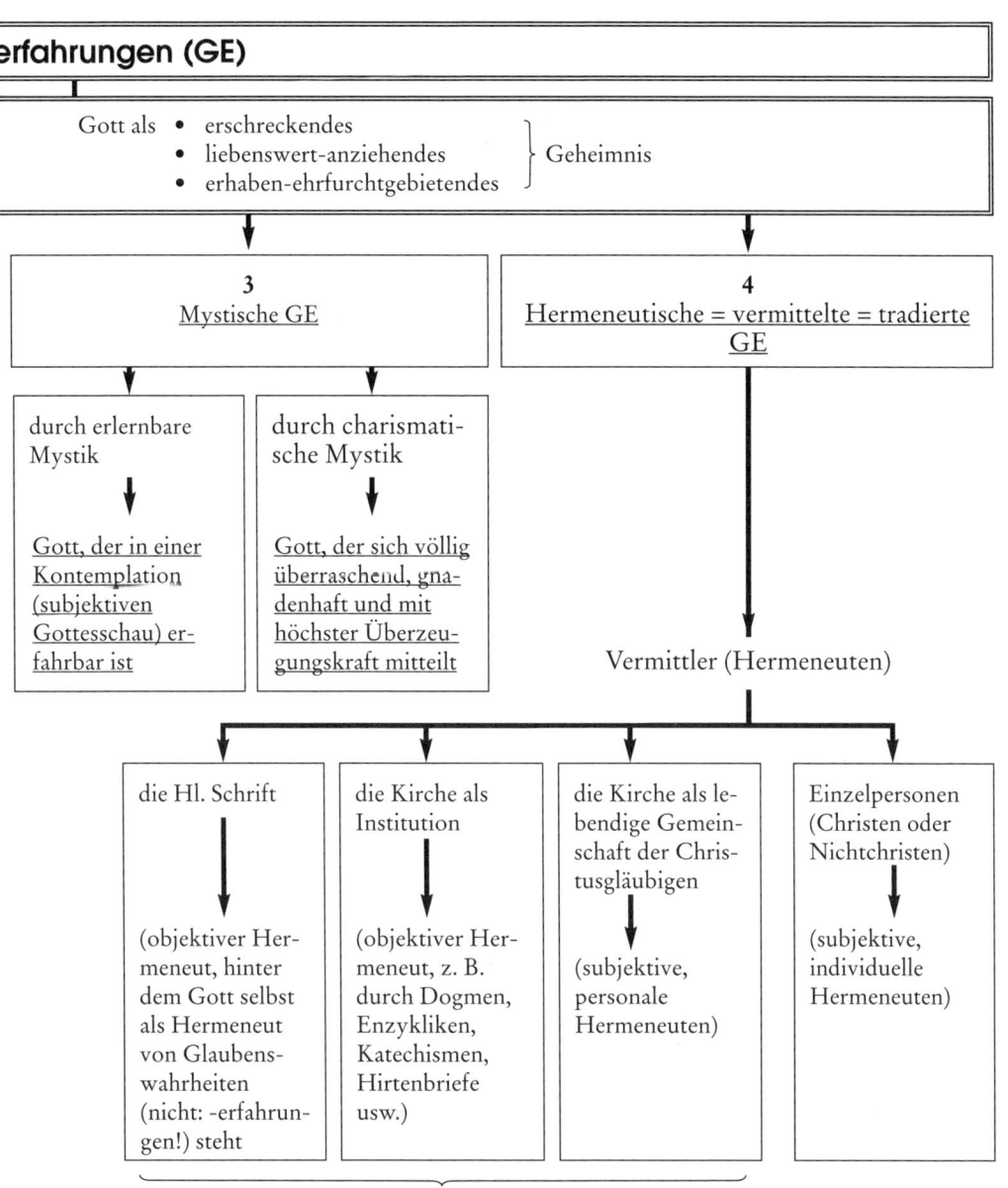

-erfahrungen (GE)

Gott als
- erschreckendes
- liebenswert-anziehendes
- erhaben-ehrfurchtgebietendes

  } Geheimnis

3
Mystische GE

4
Hermeneutische = vermittelte = tradierte GE

---

durch erlernbare Mystik

↓

Gott, der in einer Kontemplation (subjektiven Gottesschau) erfahrbar ist

durch charismatische Mystik

↓

Gott, der sich völlig überraschend, gnadenhaft und mit höchster Überzeugungskraft mitteilt

Vermittler (Hermeneuten)

---

die Hl. Schrift

↓

(objektiver Hermeneut, hinter dem Gott selbst als Hermeneut von Glaubenswahrheiten (nicht: -erfahrungen!) steht

die Kirche als Institution

↓

(objektiver Hermeneut, z. B. durch Dogmen, Enzykliken, Katechismen, Hirtenbriefe usw.)

die Kirche als lebendige Gemeinschaft der Christusgläubigen

↓

(subjektive, personale Hermeneuten)

Einzelpersonen (Christen oder Nichtchristen)

↓

(subjektive, individuelle Hermeneuten)

Die Kirche vermittelt GE mit Hilfe der ihr anvertrauten Hl. Schrift und durch den Beistand des Hl. Geistes
– am häufigsten,
– am leichtesten
– am genauesten (exaktesten)
– am sichersten (zuverlässigsten)
und zudem die für das ewige Heil wichtigsten GE.

Gottesargumente –

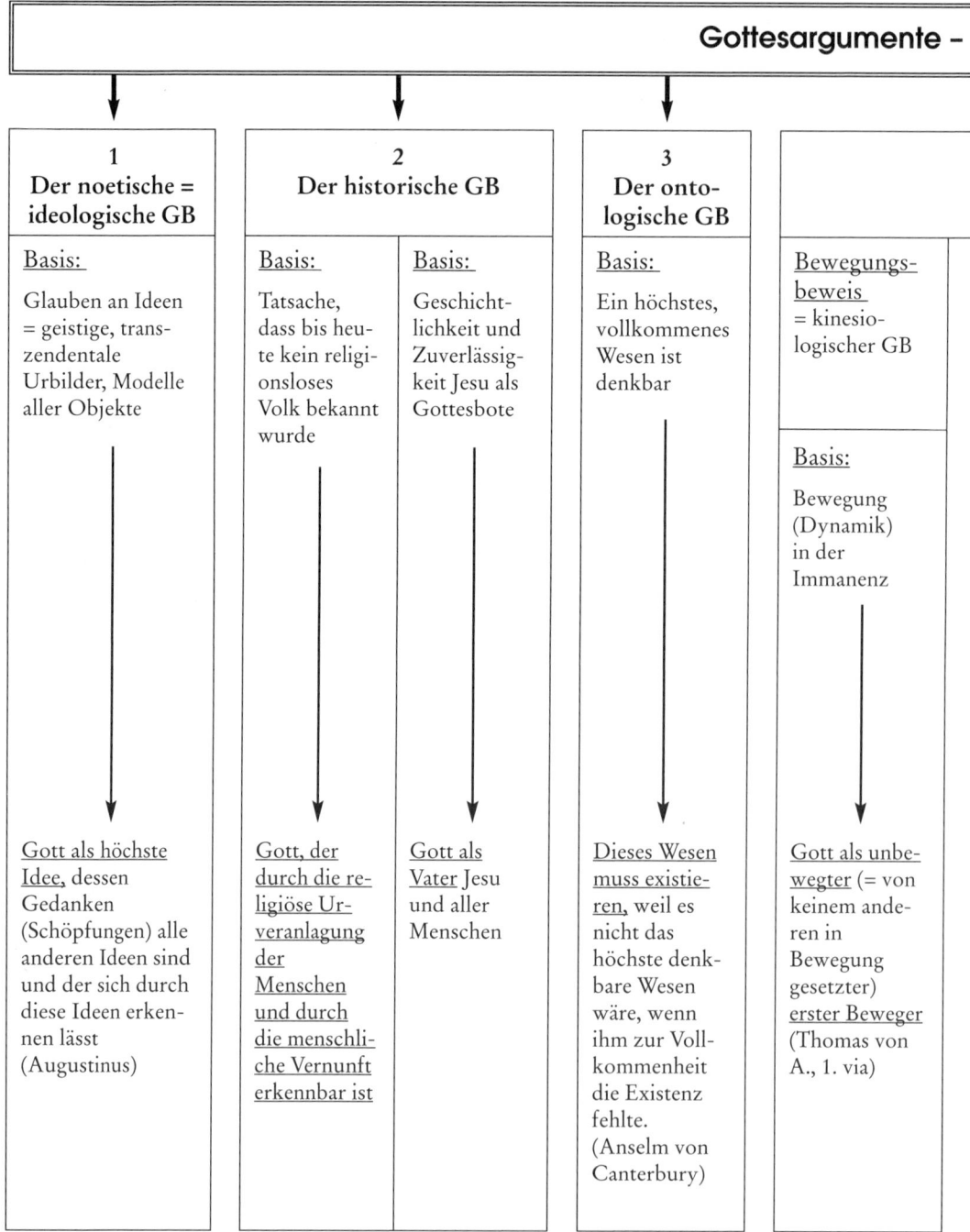

1 Der noetische = ideologische GB	2 Der historische GB		3 Der ontologische GB	Bewegungsbeweis = kinesiologischer GB
Basis: Glauben an Ideen = geistige, transzendentale Urbilder, Modelle aller Objekte	**Basis:** Tatsache, dass bis heute kein religionsloses Volk bekannt wurde	**Basis:** Geschichtlichkeit und Zuverlässigkeit Jesu als Gottesbote	**Basis:** Ein höchstes, vollkommenes Wesen ist denkbar	**Basis:** Bewegung (Dynamik) in der Immanenz
Gott als höchste Idee, dessen Gedanken (Schöpfungen) alle anderen Ideen sind und der sich durch diese Ideen erkennen lässt (Augustinus)	Gott, der durch die religiöse Urveranlagung der Menschen und durch die menschliche Vernunft erkennbar ist	Gott als Vater Jesu und aller Menschen	Dieses Wesen muss existieren, weil es nicht das höchste denkbare Wesen wäre, wenn ihm zur Vollkommenheit die Existenz fehlte. (Anselm von Canterbury)	Gott als unbewegter (= von keinem anderen in Bewegung gesetzter) erster Beweger (Thomas von A., 1. via)

(Gottesbeweise (GB))

4 Der kosmologische und teleologische GB			**5** Der moralische = ethikotheologische GB	
Kausal-beweis	Kontingenz-beweis	Finalitäts-beweis = physiko-theologischer = teleo-logischer GB	Der Stufenbeweis	Das Gottes-postulat
Basis: Das Kausalgesetz (Jede Wirkung hat ihre hinrei-chende Ursache)	**Basis:** Alles Imma-nente ver-dankt sein Dasein einem anderen Sein und ist des-halb kontin-gent und nicht notwendig existierend	**Basis:** Überall in der Immanenz herrschen Plan-, Gesetz-, Zweckmäßig-keit und Zielstrebigkeit	**Basis:** Die Tatsache der Abstufungen des Vollkommenen, d. h. des mehr oder weniger Wahren, Guten und Schönen in der Immanenz	**Basis:** Die Tatsache des Gewissens, das zur Pflichterfüllung an-treibt, auch wenn man dabei das per-sönliche Glücks-streben (Neigung) und die Glücks-erfüllung hintanstel-len muss
Gott als un-verursachter erster Verursacher aller imma-nenten Geschehens (Thomas von A., 2. via)	Gott als einzi-ges notwen-dig, d. h. ohne Hervorbrin-gung durch ein anderes Sein existie-rendes Wesen (Thomas von A., 3. via)	Gott als un-endlich voll-kommener und intelli-genter Welten-schöpfer und Erhalter (Thomas von A., 5. via)	Gott als das unend-lich vollkommene Wesen, die höchste Wahrheit, Güte und Schönheit (Thomas von A., 4. via)	Gott als Erfordernis (Postulat) der Moral (= der praktischen Vernunft), der im Jenseits Pflicht und Neigung des Menschen zur perfekten Über-einstimmung bringt und dem Menschen so das höchste Glück schenkt (I. Kant)

3   Gottesbestreitung und Religionskritik

3.1   Gründe für die Entfremdung heutiger Menschen vom christlichen Glauben

3.1.1 Der Säkularismus

„Säkularismus" ist die Sammelbezeichnung für alle Emanzipierungsbestrebungen und alle Opposition gegen christliche Dogmen und christliche Moral, zum Teil gegen jeden religiösen Glauben überhaupt (praktischer oder theoretischer Atheismus oder Agnostizismus).

Der Säkularismus ist ein Produkt der Aufklärung des 17./18. Jahrhunderts, erstarkte aber erst im letzten Jahrhundert. Die Weltanschauung des Säkularismus ist rationalisitsch, empiristisch und anthropozentrisch: Der menschliche Verstand ist der Maßstab aller Dinge und erkennt nur das als real existierend an, was letztlich auf eine Sinneserfahrung (Empirie) zurückgeführt werden kann (vgl. die gleichzeitigen philosophischen Richtungen des Positivismus, Naturalismus, Marxismus und Szientismus). Zum Säkularismus kann auch der Liberalismus gerechnet werden: Er fordert die strikte Trennung von Staat und Religion und erklärt die Religion zur ausschließlichen Privatsache: Der Glaube dürfe im öffentlichen Leben keine Bedeutung haben.

So reduziert der Säkularismus die Religion absichtlich oder indirekt zur Folklore (Verschönerung von Festen, Brauchtumspflege, Erzeugung nostalgischer Stimmung), die – wie andere Hobbys – bei entsprechendem „feeling" ausgeübt werden kann.

Die seit 1789 in Europa erstarkende demokratische Idee begünstigte die Verbreitung des Säkularismus.

Die katholische Amtskirche nahm die Herausforderung des Säkularismus zu spät und zunächst nur negativ auf (durch amtskirchliche Verurteilungen: Syllabus 1864, Antimodernisteneid 1910), nicht als Chance, ihn durch eigene bessere Leistungen zu besiegen (der erste derartige Versuch war die Enzyklika Rerum novarum 1891).

3.1.2 Der ethische Pluralismus

Er ist die Anwendung des Säkularismus auf die Ethik: Der autonome Mensch strebt die Liberalisierung aller ethischen Bereiche an; besonders einschneidend wurde die sexuelle Revolution (auch „Befreiungswelle" genannt) seit 1968.

Der ethische Pluralismus erzeugt zunehmend eine permissive, d. h. alle ethischen Anschauungen und Praktiken duldende Gesellschaft.

In der gegenwärtigen Vielfalt moralischer Grundeinstellungen sind ethische Wertsysteme wiedererstarkt, die bis in die Antike zurückreichen, in christlich geprägten Zeiten aber zurückgedrängt wurden und nur unterschwellig weiterlebten:

- *Eudaimonismus* (Glückseligkeits-, Beglückungslehre; seit Sokrates): Das Glück des Menschen wird zum obersten Wert erklärt, aber der Weg zum Glück verschieden angegeben:
  Sokrates: Handeln nach dem eigenen Gewissen (daimónion n.)
  Stoa und Kant: strenge Pflichterfüllung (deontologischer Eudaimonismus)
  Epikur: Die Lust ist der oberste Wert; sie wird erreicht, indem man alle Quellen von Unlust und Leid fernhält (Hedonismus). Näheres s. 5.2.1.
- *Utilitarismus* (seit dem Sophismus, 5. Jh v.C.; der Ausdruck „Utilitarismus" stammt von J. St. Mill, 1806–73): Der Nutzen (lat. útile n.) ist der oberste ethische Wert. – Je nach der Zielperson, welcher der Nutzen zugute kommen soll, unterscheidet man:
  - individueller (egoistischer, subjektiver) U.: Ziel der Handlung ist der persönliche Nutzen für den Handelnden (Eigennutz),
  - altruistischer U.: Ziel der Handlung ist der Nutzen für einen anderen (oder einige andere) Menschen,
  - sozialer U: (= Sozialeudaimonismus): Ziel ist „das größte Glück der größten Zahl (von Menschen)", J. Bentham (1748–1832).
  Was unter „Nutzen" zu verstehen sei, wird von den verschiedenen Richtungen des Utilitarismus unterschiedlich erklärt.
  Der ungehemmte Utilitarismus (der sog. Handlungs-U.) führt zur Leugnung in sich schlechter Handlungen und zum Handlungsgrundsatz: „Der Zweck heiligt jedes Mittel". Die Utilitaristen sahen ein, dass eine solche Einstellung eine ethische Verwilderung (Libertinismus) hervorbringen müsse; deshalb schränkten sie den Utilitarismus durch ethische Grundregeln ein: Man muss Normen suchen und befolgen, die mit der größtmöglichen Sicherheit das Glück erzeugen (Glücksmaximation im sog. Regel-U., siehe dazu auch 6.1.3).
- *Konsumismus*: Höchster Wert ist der unbeschränkte Lebensgenuss durch ständig steigenden Lebensstandard. Voraussetzung ist eine fortschreitende wirtschaftliche Prosperität; Ziel ist die vom Staat allseitig versorgte Wohlstandsgesellschaft („Überfluss- und Wegwerfgesellschaft").

Zusatz: Zur Bewertung des Säkularismus und ethischen Pluralismus:
Wir Christen dürfen diese Zeiterscheinungen nicht nur beklagen und als Bedrohung des christlichen Glaubens verurteilen: Wir genießen nicht wenige ih-

rer Errungenschaften ganz selbstverständlich mit, z. B. Gewissensfreiheit, Gleichstellung der Frau usw. Obwohl diese Werte schon in der Bibel verankert sind, konnten sie doch erst in den letzten Jahrhunderten – ohne nennenswerte Unterstützung durch die Kirchenleitungen, aber manchmal gegen ihren heftigen Widerstand – von toleranten und weltanschaulich neutralen Personen und Institutionen durchgesetzt werden.

Für uns Christen ist der Säkularismus – nach dem Zusammenbruch des Marxismus-Leninismus – die größte Herausforderung; er zwingt uns zur Selbstkritik und Intensivierung unserer ethischen, sozialen und kulturschaffenden Kräfte.

3.1.3 Die Werbekraft nichtchristlicher Gemeinschaften

Zeugen Jehovas (gegr. 1878)

Sie versprechen ihren Mitgliedern buchstäblich den Himmel auf Erden (ewiges Leben auf der von Jehova zum Paradies zurückverwandelten Erde). Die Zeugen Jehovas leugnen die Gottheit Christi und des Hl. Geistes und gehören deshalb nicht zu den christlichen Glaubensgemeinschaften.

New Age

Siehe 5.3.1.

Freimaurer (gegr. 1717)

Sie vertreten den Deismus, d. h. den Glauben an den Schöpfergott (l. deus), der den Kosmos so perfekt konstruiert hat, dass dieser für alle Zeiten präzis funktioniert. Gott braucht also sein Werk nicht zu „warten", darum hat Gott den Menschen weder eine Offenbarung noch Dogmen gegeben. Jeder Anspruch einer Religion, auf göttlicher Offenbarung zu beruhen, ist Unsinn. Die Freimaurer treten für die Menschenrechte, die Gewissensfreiheit und soziale Wohltätigkeit ein. Die katholische Kirche hat 1972 die Exkommunikationsstrafe für Katholiken, die in den Freimaurerbund eintreten, aufgehoben und den Dialog mit ihm aufgenommen, um womöglich eine Zusammenarbeit in humanitären und sozialen Angelegenheiten zu erreichen. Eine religiöse Annäherung im ökumenischen Sinn ist wegen der grundlegenden Glaubensunterschiede allerdings unmöglich.

3.1.4 Weitere Gründe

Bindungsscheu des modernen Menschen
Die Emanzipation des Individuums brachte die Abneigung mit sich, Bindungen einzugehen, die Opfer an Zeit und Geld sowie Einschränkungen der Selbstbestimmung erfordern; unverbindliche, lockere, gelegentliche Zusammenschlüsse werden bevorzugt. Diese Tendenz bekommen auch die Kirchen zu spüren – trotz ihres erheblich gesteigerten Bildungs- und Freizeitangebots.

Das Theodizeeproblem
Siehe hierzu Abschnitt 1.1.6.

Falsche, verzerrte Gottesvorstellungen
Siehe hierzu Abschnitt 2.1.2.

Falsche oder zu geringe religiöse Erziehung
Siehe hierzu Abschnitt 2.1.3.

3.2 Theoretischer Atheismus und Religionskritik

3.2.1 Überblick über den neuzeitlichen wissenschaftlichen Atheismus

Individueller und anthropologischer Atheismus
Ziel: das maximale Wohl des Menschen (des Individuums)
- *humanistischer A.* (seit 1830: L. Feuerbach)
  Ziel: wahre Menschlichkeit (Humanität, Philanthropie)
- *psychoanalytischer A.* (seit ca. 1895: S. Freud, A. Adler)
  Ziel: Mündigkeit und gesundes Seelenleben des Menschen
- *nihilistischer A.* (seit 1880: F. Nietzsche)
  Ziel: der neue Mensch = der Übermensch, der alle bisherigen Werte umstößt und sich neue schafft.
- *existenzieller A.* (seit ca. 1940: J.-P. Sartre)
  Ziel: Der autonome Mensch, der seine individuelle Moral und den Sinn seines Lebens ohne fremde Hilfe findet.

Sozialer Atheismus
Ziel: das maximale Wohl des Kollektivs (Gemeinschaft, Gesellschaft)
- *Marxismus* (seit ca. 1845: K. Marx, W. I. Lenin)
  Ziel: Aufhebung der menschlichen Selbstentfremdung, u. a. der religiösen („ideologischen") Selbstentfremdung

– *soziologischer A.*

Ziel: sozialer Fortschritt der Gesellschaft durch Überwindung der kapitalistischen Konsumgesellschaft:

- Die neue Linke (seit ca. 1960: R. Dutschke, L. Kolakowski, A. Schaff, M. Machovec)
- Die Frankfurter Schule (eigentlich: Frankfurter Institut für Sozialforschung, seit 1924: Sie betreibt Gesellschaftsanalyse und -kritik: M. Horkheimer, Th. Adorno, J. Habermas, H. Marcuse, A. Mitscherlich)

– *utopischer A.* (seit ca. 1918: E. Bloch, Prinzip Hoffnung, 1954/59; R. Garaudy)

Ziel: neue Zukunftshoffnung für die Menschheit

Szientistischer Atheismus

Ziel: Autonomie für die Wissenschaft (freie Forschungs- und Arbeitsmöglichkeit)

– *Positivismus* (seit ca. 1830: A. Comte)
– *Neopositivismus*

- Die Wiener Schule = der Wiener Kreis (seit 1922: R. Carnap; nahestehend: L. Wittgenstein, s. a. u. 3.3.2)
- Sprachanalytik = Sprachphilosophie (seit ca. 1920: F. Mauthner [Agnostizist])
- der englische Neo-Empirismus (seit 1910):
  a) der Logische Empirismus / Atomismus (B. Russell)
  b) die Logische Analytik (A. J. Ayer, A. Flew)
  c) der evolutionäre Humanismus (J. Huxley)
- Der Biologismus (J. Monod)

„Christlicher Atheismus" = Gott-ist-tot-Theologie

als Protesthaltung gegen die traditionelle christliche Theologie und Philosophie.

Ziel: Reinigung der christlichen Theologie und Philosophie von unnützem historischem Ballast; Methode: Religionskritik (seit ca. 1965: D. Sölle, H. Cox).

3.2.2 Klassiker der atheistischen Religionskritik

1. Ludwig Feuerbach (1804–72)

Feuerbach entwickelte sich vom Theologiestudenten zum Philosophen und Naturwissenschaftler (Selbstaussage: „Gott war mein erster Gedanke [als Theologe!], die Vernunft mein zweiter [als Philosoph!], der Mensch mein dritter und letzter Gedanke" [als Naturwissenschaftler und Humanist!]). 1832 ver-

lor er wegen seiner Religionskritik die Anstellung als Universitätslehrer und
arbeitete bis zu seinem Lebensende als freier philosophischer Schriftsteller. Er
wurde der Wegbereiter für alle späteren deutschen Religionskritiker.

Grundzüge seiner Religionskritik (atheistischer Humanismus)
– „Der Mensch schuf Gott nach seinem Bild":
  Gott ist das ins Unendliche vergrößerte (projizierte) Wunsch- und Ideal-
  bild des Menschen schlechthin, d. h. des Menschen als Gattungsbegriff,
  von dem alle Fehler und Unvollkommenheiten der einzelnen menschlichen
  Individuen abgezogen (subtrahiert) worden sind: „Was der Mensch nicht
  wirklich ist, aber zu sein wünscht, das macht er zu seinem Gotte."
  Motive des Menschen für die „Erschaffung Gottes" sind demnach
  • der Selbsterhaltungstrieb und Egoismus, der nach Absicherung des ir-
    dischen Lebens und nach dem ewigen Leben strebt;
  • Eitelkeit: Selbsterhöhung durch magische Verfügung über Gott oder
    als dessen Kind, Bruder, Freund;
  • Angst vor den unbeherrschbaren Naturkräften und den unberechenba-
    ren Zufällen des menschlichen Lebens.
  Gott ist also die Summe der personifizierten Wünsche und Ängste des
  Menschen.

– „Der Mensch ist für den Menschen Gott" (homo hómini deus)
  Da Gott nur eine erdachte Wunschfigur ist, rückt der Mensch zum höchsten real existierenden Wesen auf. Feuerbach schreibt der Gattung Mensch
  unendliche Kräfte und Eigenschaften zu und begründet dies mit der Tatsache, dass die Erkenntnisfähigkeit des menschlichen Geistes ohne Grenzen ist: Er kann grundsätzlich alles Existierende erkennen. Daraus schließt
  Feuerbach, dass das Wesen des Menschen unendlich ist – und neben dem
  unendlichen Menschen ist eine zweite, göttliche Unendlichkeit weder notwendig noch möglich.
  Wenn also ein Mensch Gott verehrt, betet er objektiv gesehen nur seine eigene Menschheit an.
  Deshalb hält Feuerbach die Aussagen der Theologie über die Eigenschaften Gottes inhaltlich für richtig, nur das Subjekt müsse geändert werden:
  Statt Gott müsse man den Menschen zum Träger der traditionellen Gottes-
  prädikate (= Aussagen über Gott) machen.
  Dementsprechend lässt Feuerbach auch Inhalte der christlichen Dogmen
  gelten, teilt ihnen aber als Subjekt den Menschen zu: Die Dreifaltigkeit
  Gottes ist in Wirklichkeit die Projektion der drei Geisteskräfte des Menschen (Verstand, Wille, Gemüt), die Menschwerdung Jesu nur eine Projektion des barmherzigen, mitfühlenden Wesens des Menschen.

- Bewertung der Religion (Religionskritik)

  Die Religion ist in ihren Aussagen wahr, insofern die Menschennatur tatsächlich die unendliche Vollkommenheit besitzt, welche die Religion Gott zuschreibt und derentwegen sie ihn anbetet. – Die Religion ist unwahr, insofern sie Gott zum Subjekt dieser Vollkommenheit macht, sie also in ein fiktives Jenseits hinausprojiziert.– Die Religion ist schädlich, weil sie den Menschen von sich selbst entfremdet, ihm das Bewusstsein seiner Göttlichkeit, die Liebe zu sich selbst und zur materiellen Welt raubt. Deshalb nennt Feuerbach die Religion ein „böses, liebetötendes Prinzip".

- Die Religion der Zukunft: Humanismus und Philanthropismus

  Dem Menschen muss seine göttliche Würde bewusst gemacht werden, er muss aus dem Gottesglauben (Theismus) zu einem Glauben an die eigene Göttlichkeit (Anthropotheismus) geführt werden: „Der Mensch ist der Anfang der Religion, der Mensch der Mittelpunkt der Religion, der Mensch das Ende der Religion."

  Wenn der Mensch die Gottesidee ablegt und sich von den leib- und lustfeindlichen Zwängen der Religion befreit, wird er frei für eine wahre Menschenliebe (Philanthropie), und es bricht eine schöne Zukunft an. Die Politik muss den entsprechenden Beitrag zur Schaffung einer besseren, menschenwürdigeren Zukunft leisten; Feuerbach nennt sie sogar die „Religion der Zukunft".

Kritische Stellungnahme zu Feuerbachs Atheismus

Positiv:

- Feuerbach ist der Begründer der wissenschaftlichen Religionskritik in Deutschland. Viele der von ihm geprägten Fachausdrücke sind inzwischen Allgemeingut geworden (Entfremdung, Projektion, Religion als Produkt menschlicher Infantilität, Entmythologisierung usw.).

- Feuerbach hat als erster genau analysiert, von welchen Faktoren und Wünschen unsere Gottesvorstellung bestimmt wird und wie leicht sich der menschliche Egoismus den Deckmantel der Religion umhängt und Heuchelei betreibt. Dadurch hat er die Christen zur Selbstbesinnung, -kritik und -korrektur angeregt.

- Feuerbach hat auch gezeigt, dass der Gottgläubige ständig in Gefahr ist, wegen seiner Ausrichtung auf das Jenseits das Diesseits zu vernachlässigen und dadurch inhuman zu werden.

Negativ:

- Obwohl Feuerbach Materialist (Naturalist: „Der Mensch ist, was er isst."), Positivist und Naturwissenschaftler war, konnte er seinen Atheismus nicht naturwissenschaftlich beweisen (was uns nicht wundert); seine Argumente gegen Gott sind überwiegend philosophischer, also geisteswissenschaftlicher Art.

– Bei seiner Erklärung der Gottesidee begeht er einen Fehler gegen die Logik: Er gibt das Wunschdenken, das bei der Gottesvorstellung eine Rolle spielt, als Beweis für die Nichtexistenz Gottes aus, setzt also die psychologische Ebene mit der ontologischen (= mit der Seinsebene) gleich. Aus der Erwünschtheit oder Unerwünschtheit eines Objekts kann man aber keine Rückschlüsse auf seine Existenz oder Nichtexistenz ziehen.

– Dass der Mensch mit seinem Verstand und seinem Willen zum Unendlichen transzendieren und sein Wissen ständig erweitern kann, ist kein Beweis für seine Göttlichkeit: Weder der Einzelmensch noch die Menschheit weiß alles, was real existiert; und selbst wenn dies der Fall wäre, kann die Menschheit weder alle Geheimnisse des Seins verstehen noch Unendliches vollbringen. Feuerbachs Gleichsetzung von menschlichem Bewusstsein und Wesen ist also ein Axiom, keine bewiesene Tatsache. Darum ist auch Feuerbachs These nicht stichhaltig, dass das unendliche Bewusstsein des Menschen die Existenz Gottes ausschließe.

– Die Ewigkeit der Materie ist Voraussetzung für Feuerbachs materialistische Philosophie, wurde von ihm aber niemals bewiesen; er forderte einfach die Anerkennung dieser Theorie.

– Feuerbachs „Gattung Mensch" ist ein Phantasieprodukt, ein Gedankenspiel, aber kein empirisches Wesen: Die Menschheit besteht aus zahlenmäßig und in ihren Möglichkeiten und Fähigkeiten begrenzten Individuen. Selbst F. Engels nannte Feuerbachs irrealen Kunstmenschen eine „Spukgestalt".

Insgesamt kann man sagen, dass Feuerbach genau das gleiche tat, was er den gottgläubigen Menschen vorwarf: Er projizierte seine Wunschvorstellungen ins Grandiose, Unendliche und gab sie als göttliches Wesen und bewiesene Tatsachen aus. So muss er sich den Vorwurf der Projektion auch selbst gefallen lassen.

– Auch als Prophet, der 1843 den baldigen gänzlichen Untergang des Christentums voraussagte, ist Feuerbach gescheitert.

2. Karl Marx (1818–83) in der religionskritischen Nachfolge Feuerbachs

Marx hat keine neuen Argumente gegen die Existenz Gottes beigebracht; er verließ sich auf die „Beweise" Feuerbachs und hielt durch diese die Religion für endgültig widerlegt: „Es gibt keinen anderen Weg für euch zur Wahrheit und Freiheit als durch den Feuer-Bach."

Marx interessierten nur die ökonomischen und historischen Verhältnisse, die
als ideologischen „Überbau" die Religion hervorbringen und am Leben erhalten konnten. Er kam zu dem Ergebnis, dass nur die Not der Unterdrückten
die Religion möglich und subjektiv notwendig gemacht habe: Religion ist der
Ausdruck von Zuständen, in denen der Mensch zerrissen und sich selbst entfremdet ist. Mit der Religion kommen aber die Unterdrückten vom Regen in
die Traufe: Statt **eines** Herrn (die herrschende Klasse) haben sie noch einen
zweiten (Gott).

Besonders dem Christentum macht Marx schwere Vorwürfe:
– Es hat sich zum Helfershelfer der Unterdrücker gemacht, indem es diese
  unterstützte, ihre Macht zu sichern.
– Es fördert den Egoismus durch die Fixierung auf das eigene Seelenheil; der
  Mitmensch dient nur als Mittel zu diesem frommen Zweck.
– Es lenkt den Blick der Gläubigen auf die ewige Seligkeit statt auf die drän-
  genden Zeitprobleme und wirkt deshalb wie eine starke Beruhigungs- und
  Glücksdroge („Opium des Volkes").
Aber nicht nur das Christentum, sondern jede Religion ist von ihrem Wesen
her die „faule Frucht einer verwesenden Gesellschaftsform", von der sich die
Menschheit emanzipieren müsse.
Darum muss die Gesellschaftskritik und der Klassenkampf auch Kritik an der
Religion und Kampf gegen den Gottesglauben einschließen. (Näheres siehe
4.4.2.)
Aber auch an Feuerbach übt Marx Kritik: Er war ihm zu theoretisch und zu
wenig revolutionär: „Die Philosophen habe die Welt nur verschieden interpre-
tiert, es kommt (aber) darauf an, sie zu verändern."

3. Friedrich Nietzsche (1844–1900)

F. Nietzsche stammte aus einer protestantischen Pfarrersfamilie. Als Theo-
logiestudent bekam er Glaubenszweifel und wechselte zur Altphilologie über.
Sein Amt als Griechischprofessor musste er 1879 aus gesundheitlichen Gründen aufgeben. Bis zum Ausbruch seiner Geisteskrankheit (1889) lebte er als
freier philosophischer Schriftsteller.
Als Philosoph war er zu wenig systematisch und objektiv. Aber als Kultur-
kritiker des 19. Jh. ist er unübertroffen und sah schärfer als seine Zeitgenossen
die Gefahren der Industrie- und Massengesellschaft voraus.

Der Tod Gottes

In Nietzsches Werk „Fröhliche Wissenschaft" (1882) steht der berühmte Satz:
„Gott ist tot! Und wir haben ihn getötet." Eine argumentative Begründung –
oder gar einen Beweis – für diese provozierende These bleibt Nietzsche aber

schuldig. In seinem letzten vollendeten Werk („Der Antichrist", 1888) äußert er glühenden Hass gegen den christlichen Gott („Krankengott, Spinne, Gespenst"). In seinem Nachlass („Der Wille zur Macht", 1901/06) liest man aber ganz anderes: Er habe Gott nur als moralische Instanz, als Gesetzgeber und Hüter der bisherigen Moral erledigen wollen. Diese Zersetzung Gottes sei aber nur seine Häutung: Der totgesagte Gott werde „jenseits von Gut und Böse" – als moralfreier Gott – auferstehen.

Die christliche Kirche ist Verrat an Jesus

Für den historischen Jesus hegte Nietzsche große Hochachtung: Christus verkündete die frohe Botschaft der Lebensbejahung und wollte ein angst- und gewaltfreies irdisches Gottesreich gründen. Paulus verfälschte die Lehre Jesu und interpretierte das Reich Gottes als transzendente Größe. So entstand durch Paulus die christliche Kirche als eine Institution, welche die Lebensfreude unterdrückt, alles Kraft- und Freudvolle befeindet. Dieser dekadenten Religion, diesem „Irrenhaus", erklärt Nietzsche den „Todkrieg" und prophezeit ihr den Untergang innerhalb von zwei Jahrhunderten.

Die Geburt des Übermenschen

In seinem als Anti-Bibel gedachten Werk „Also sprach Zarathustra" (1883/91) kündigte Nietzsche – unter der Maske des persischen Religionsstifters Zoroaster/Zarathustra (erste Hälfte des 1. Jahrtausends v.C.) – den neuen Menschen an, den „Übermenschen" (Übernahme von Darwins biologischem Evolutionismus in die Philosophie!). Der Übermensch wird Atheist, Immoralist und Nihilist sein, d. h. frei von allen Bindungen an Gott, an die bisherige Moral und an die traditionellen Vorstellungen vom Sinn und Wert des Seins. – Sich selbst sah Nietzsche als Vorläufer des Übermenschen an.

Der Übermensch wird sich eine neue, atheistische Moral schaffen: eine Ethik des Kraft- und Machtmenschen: Gut ist, was dem Starken nützt. Das Kranke und Schwache soll nicht gepflegt, sondern vernichtet werden, um Platz für das Gesunde und Kräftige zu schaffen. Deshalb ist die Nächstenliebe die „größte Lüge des Christentums".

Weil die Gottesidee der Züchtung dieses Herrenmenschen im Wege stand, sah sich Nietzsche berechtigt, ja genötigt, Gott „zu töten".

Umwertung aller Werte (totaler Nihilismus)

Nachdem Nietzsche Gott, den absoluten Wert, „getötet" und mit der Entwertung der bisherigen Moral einen ethischen Nihilismus (Immoralismus) propagiert hat, verschärft er in „Jenseits von Gut und Böse" (1886) seine Kulturkritik: Es gibt überhaupt keinen Wert und keine Wahrheit; deshalb muss man an allem zweifeln, sogar an Descartes' Axiom „Cógito, ergo sum / Ich kann denken, also existiere ich". Falsch ist auch der Glaube an die Existenz des Geistes (des Immateriellen, Metaphysischen); so ist z. B. die Menschenseele nur ein Wort „für etwas am Leibe". Auch die bisherige Erklärung der Materie (die Nietzsche als „Erdenrest- und Klümpchen-Atom-Physik" verspottet) ist falsch. Nietzsche will der Menschheit den Weg zeigen, auf dem sie „jenseits" des bisher Wahren, Guten und Schönen ans Ziel gelangen kann.

Neuer Wert und neue Lebensfreude: Der Vitalismus

Nietzsche litt selbst unter dem Nihilismus, den er den Menschen verkündet hatte; er erkannte, dass die Verneinung aller Werte nicht der Weisheit letzter Schluss sein könne und dass man angesichts einer solchen Lebenssituation keine Liebe zum Schicksal (amor fati) aufbringen könne. Auch seine in „Zarathustra" dargestellte Lehre von der ewigen Wiederkehr des Gleichen, d. h. vom ewigen Kreislauf des Werdens und Vergehens der Welt (diese Auffassung findet sich schon im antiken Hinduismus und Buddhismus und bei Plato) ist keine Erlösungslehre; denn wenn es kein absolutes Ende gibt, kehrt alles Sinn- und Wertlose immer wieder.

Je kränker Nietzsche körperlich und seelisch wurde, desto mehr klammerte er sich an den Gedanken, dass die Erlösung aus dem Dilemma im menschlichen Selbsterhaltungstrieb liege: Man müsse diesen Trieb frei ausleben in Form des Willens zur Macht, zur Lebensfreude, zum Lebensgenuss und zur Vernichtung alles Lebensfeindlichen, vor allem der bisherigen Religion, Moral, Metaphysik und Kultur. Selbst der ewige Kreislauf der Welten bekommt dann einen positiven Sinn: Jedes Weltzeitalter kann wieder aufs neue den Übermenschen hervorbringen.

Kritische Stellungnahme zu Nietzsches Religionskritik

Positiv
- Als Analytiker des Nihilismus und der modernen Kultur überhaupt ist Nietzsche unentbehrlich geworden.
- Seine Proklamation vom Tode des (moralischen) Gottes zwingt uns Christen zur Überprüfung unseres Gottesbildes; vgl 2.1.2–3.
- Ebenso provoziert uns Nietzsches These vom Verrat der heutigen Kirchen an Jesu Gottesreich-Idee zur Selbstüberprüfung. – Vgl. Kapitel 11.

Negativ
- Obwohl auch Nietzsche sich als Materialist bezeichnete, blieb er ebenso wie Feuerbach (auf dessen Lehre er sich stützte) einen naturwissenschaftlichen Beweis für die Nichtexistenz Gottes schuldig; er setzt den Atheismus voraus, statt ihn zu beweisen. – Wie Feuerbach ist er stark an den psychologischen Wurzeln des Gottesglaubens interessiert; den Glauben an einen moralischen Gott – der von Menschen Selbstverleugnung und Verzicht

fordert – bezeichnete Nietzsche als „Verrat am Leben" (d. h. am Vitalismus). – Doch kam Nietzsche vom angeblich toten Gott zeitlebens nicht los; im Jahr vor dem Ausbruch seiner Geisteskrankheit dichtete er: „O komm zurück, mein unbekannter Gott! mein Schmerz! mein letztes Glück!"

- Der Nihilismus ist ein metaphysischer Standpunkt; die Naturwisssenschaft kann ihn weder beweisen noch widerlegen; aber auch der Philosophie ist kein Argumentationsbeweis pro oder contra Sinnhaftigkeit des Kosmos möglich, weil es evident ist, dass in ihm Sinn und Sinnlosigkeit, Wert und Wertlosigkeit nebeneinander existieren. Aber zumindest spricht die Wahrscheinlichkeit für das Überwiegen von Sinn und Wert im Kosmos, weil es absurd und völlig unerklärlich wäre, dass und warum ein total sinnloses und wertloses Sein nicht schon längst an seiner eigenen Nichtigkeit zugrunde gegangen ist. – Ferner: Wenn die Nichtigkeit des Kosmos evident wäre, hätte sich Nietzsche nicht soviel Mühe geben müssen, sie zu entdecken und zu erklären. – Der gläubige Mensch vertraut darauf, dass Gott, der als einziger die Vielfalt der Immanenz überblickt, auch da einen Sinn und Wert sieht, wo wir nur Sinnlosigkeit und Chaos entdecken können. (Vgl. 1.1.6.)

- Die Theorie von der ewigen zyklischen Wiederkehr des Gleichen ist reine Spekulation und basiert auf den Mythen altorientalischer Religionen. Als es Nietzsche nicht gelang, die Richtigkeit dieser Lehre naturwissenschaftlich zu beweisen, gab er sie als persönliche mystische Offenbarung aus, die seiner „Intuition" (Eingebung) entsprungen sei. Aus Beweisnot führt er also hier den metaphysischen Begriff Intuition ein, während er sonst die Metaphysik leugnet und bekämpft. Ebenso widersprüchlich ist seine Behauptung, es habe bisher noch **nie** einen Übermenschen gegeben; diese These lässt sich mit seiner Lehre von der ewigen Wiederkehr des Gleichen nicht vereinbaren. Solche Inkonsequenzen lassen sich bei Nietzsche öfters nachweisen.

- Abschließend sei auch noch erwähnt, dass Nietzsches Kenntnisse in der Naturwissenschaft, Psychologie und Theologie mittelmäßig waren. Die Widerlegung aller davon herrührenden Irrtümer und Halbwahrheiten würden, zusammen mit den Berichtigungen seiner absichtlichen Verdrehungen, nach Ansicht von H. Küng ganze Bände füllen.

4. Sigmund Freud (1856–1939)

Sig(is)mund Freund entstammte einer jüdischen Kaufmannsfamilie. Als Medizinstudent wurde er mechanistischer Atheist, d. h. er fasste die Welt als eine von selbst – ohne Gott – funktionierende Maschine auf. Nach einigen Jahren als Krankenhausarzt eröffnete er 1886 eine eigene nervenärztliche Praxis und entwickelte eine neue Therapiemethode, die er ab 1896 Psychoanalyse nannte.

Ab 1920 widmete er sich zunehmend der Kultur- und Religionskritik. Dass er sich dabei auf das Gebiet der Spekulation begab, war ihm bewusst; er schrieb schon 1900: „Ich bin nämlich kein Mann der Wissenschaft, kein Beobachter, kein Experimentator. Ich bin nichts als ein Conquistadorentemperament, ein Abenteurer … mit der Neugierde, der Kühnheit und Zähigkeit eines solchen."

Religion als ausschließlich psychologisches Phänomen

Freud versuchte die Existenz Gottes nicht direkt zu widerlegen. Er war überzeugt, wenn er die Religion als eine rein psychologische Erscheinung erklärt habe, dass dann Gott von selbst als Illusion entlarvt werde und sich die Gottesidee in Nichts auflöse.

Psychologische Wurzeln der Religion

Die Religion entspringt dem Unbewussten (dem „Es") des Menschen; individuell entsteht sie im Kindesalter, kollektiv entstand sie in einer infantilen Entwicklungsphase der frühen Menschheit.

Die Religion fordert und gibt:

- Sie fordert Triebverzicht (Gott fungiert als Über-Ich: Er gebietet, belohnt, droht und straft).
- Sie gibt Trost und Lust (Ersatzbefriedigungen):
  Zuflucht gegen die Schrecken der Natur und gegen die Grausamkeit des Schicksals sowie Lohn für die Opfer, welche die Kultur dem Individuum abverlangt (dreifache Trostfunktion der Religion).

Infantile Wunsch- und Angstvorstellungen sind also die Wurzeln jeder Religion. Gott löst die Vater-Kind-Bindung ab: Für das Kleinkind ist der Vater zugleich eine anziehende, liebenswerte wie auch eine angsteinflößende, schreckliche Gestalt. Mit zunehmendem Alter projiziert der Mensch diese Vatervorstellung in eine fiktive Transzendenz: „Gott ist nichts anderes als ein erhöhter Vater", der fordert und gibt (ambivalente Vaterrolle). Freud formt also Feuerbachs Projektionstheorie nach entwicklungspsychologischen Gesichtspunkten um.

Wenn ein Mensch geistig mündig wird und sich von der Autorität des leiblichen Vaters emanzipiert, verblasst in ihm auch die Gottesidee – außer er bleibt religiös lebenslang infantil (aus Angst oder aus Wunschdenken).

Die historische Wurzel der Religion: ein Vatermord

Am Anfang der Menschheit ermordete die Urhorde ihren Vater und Führer, den sie einerseits bewunderte, andererseits wegen seiner tyrannischen Strenge fürchtete und hasste. Um sich seine Kräfte einzuverleiben, verspeiste sie den Ermordeten. Darin sieht Freud die historische Wurzel des Ödipuskomplexes und der christlichen Erbsünde- und Abendmahlslehre.

Spätere Horden wiederholten den Vatermord nur noch symbolisch: Sie schlachteten und aßen ein Totemtier.

In dieser Tradition sieht Freud auch die Person Christi: Er tötete geistigerweise den Vatergott, indem er sich selbst für Gott ausgab, leistete am Kreuz dem Vater Sühne für diese Entthronung und bot sich stellvertretend für den Vater seiner Gemeinde als Speise und Trank an.

Mit dieser Spekulation untermauerte Freud seine Theorie, dass die Religion grundsätzlich eine **Zwangsneurose** sei, also eine krankhafte Angelegenheit, nämlich die Verdrängung statt Bewältigung eines seit Urzeiten mitgeschleppten Schuldkomplexes (wegen des Vatermordes).

Gottesglaube und Religion als schädliche Illusion

Freud definiert die Illusion als ein Wunschdenken, das den Menschen so stark beherrscht, dass er in Konflikt mit der realen Welt gerät und der Illusion mehr vertraut als den Tatsachen. In diesem Sinne hält Freud auch die Religion für eine Illusion, vermeidet aber eine klare Aussage, ob er ihr den Realitätsbezug vollständig abspricht, so dass sie ein religiöses Hirngespinst wäre.

Für schädlich hält er die Religion auf jeden Fall, weil sie nach seiner Ansicht krank macht: Der religiöse Mensch verliert den Realitätssinn, besonders den Blick für die tatsächlichen Aufgaben und Gefahren des Lebens; der Zwang zu dauerhaften Leistungen, zu Opfer und Triebverzicht vergiftet das Seelenleben. Die Religion ist deshalb eine Zwangsneurose mit reichem Ritual (= den religiösen Handlungen). – Zwangsneurotisierung, Unfähigkeit zur richtigen Weltsicht und Verweigerung der Mitarbeit an einer besseren diesseitigen Welt sind nach Freud die schädlichen Einflüsse der Religion auf den Menschen. Diese Gefährlichkeit der Religion sei umso größer, als sie eine der stärksten und ältesten Illusionen der Menschheit ist. – In seinen letzten Lebensjahren wurde Freud vorsichtiger mit seiner Behauptung, die Religion sei eine universelle (= bei allen Gläubigen vorhandene) Zwangsneurose.

Ablösung der Religion duch Vernunft und Wissenschaft

Die Religion hat versagt: Sie hat die Menschheit in so vielen Jahrhunderten weder glücklich noch seelisch gesund machen können; dadurch habe sie sich selbst widerlegt und ihre Nutzlosigkeit erwiesen.

Deshalb muss die Religion durch Vernünftigkeit (Rationalismus!) und Wissenschaft (Szientismus!) abgelöst werden. Die wissenschaftlich kontrollierte Vernunft werde die Menschheit kulturell **und** moralisch voranbringen. Und selbst wenn sich herausstellen sollte, dass die Wissenschaft als Heilbringerin selber auch nur eine Illusion ist, so wäre sie doch immerhin keine schädliche wie die Religion.

Wissenschaftliche Realitätsbewältigung hilft dem Menschen, sein Wesen und seine Rolle richtig einzuschätzen und nicht mit Hilfe transzendenter Illusionen mehr aus sich machen zu wollen, als er ist. Der Mensch spielt nun einmal im Kosmos nur eine winzige Rolle. Mit dieser Bedeutungslosigkeit hat er sich abzufinden und darf nicht mit dem Gedanken an ein ewiges jenseitiges Leben liebäugeln: „Was soll ihm die Vorspiegelung eines großen Grundbesitzes auf dem Mond, von dessen Ertrag doch niemand je etwas gesehen hat?" Sein Schicksal, dass er nur ein diesseitiges Leben hat, in Demut und Ergebung zu tragen, ist nach Freud die vom Menschen geforderte Wirklichkeitsbewältigung. – Die Energie, die der religionslose Mensch spart, kann er einem philanthropischen Humanismus zuwenden.

Kritk an Freuds psychoanalytischem Atheimus

Positiv

– Freud hat der Menschheit die Psychoanalyse geschenkt. Ihm selbst war bewusst, dass diese Methode der Seelenheilkunde nicht mit einer atheistischen Weltanschauung gekoppelt sein muss. Inzwischen wird sie auch von christlichen Psychotherapeuten angewandt.

– Freud hat den Christen die Augen geöffnet über ekklesiogene Neurosen (= von der Kirche herrührende seelische Erkrankungen) und hat den Einfluss psychologischer Faktoren auf das individuelle Gottesbild analysiert (Gott als ambivalente Vaterfigur). – Vgl. 2.1.3.

Negativ

– Abhängigkeit von Feuerbach:
Freud liefert für den Atheismus keine besseren Argumente als Feuerbach, nur andere: Er führt die Ergebnisse der Psychoanalyse ins Feld. Aber wie Feuerbach und Nietzsche flüchtet er sich in metaphysische Spekulation, wenn die naturwissenschaftlichen Belege nicht ausreichen, obwohl er als Materialist die Metaphysik nach außen hin ablehnt. Und wie Feuerbach setzt er die psychologische Ebene (Wunsch- und Angstdenken) mit der ontologischen gleich. Deshalb urteilt H. Küng über ihn: „Aus dem tiefen menschlichen Wunsch nach Gott und ewigem Leben folgen – da irren manche Theologen – zweifellos noch nicht die Existenz Gottes und die Realität des ewigen Lebens und Glückes. Daraus folgen aber auch nicht – da irren manche Atheisten – Nichtexistenz und Nichtrealität." Das bedeutet: Auch nach Freuds psychologischer Analyse der Gottesidee muss die Frage nach der Existenz Gottes offen bleiben. Freud selbst sagte, er wolle die Untersuchung des Wahrheitsgehalts der Illusion „Religion" ausklammern und nur deren Entstehung und Schädlichkeit aufzeigen. So entpuppt sich Freuds Atheismus als unbewiesene Hypothese.

– Gegen Freuds Gottesbild:
Sicherlich gibt es Erwachsene mit einem infantilen, anthropomorphen Gottesbild. Aber daraus folgt nicht, dass **jeder** erwachsene Gläubige ein in-

fantiles Gottesbild haben müsse und unter der Zwangsneurose leide, Alltagsprobleme durch Wunschdenken lösen zu wollen. Ferner kann Freud mit seiner globalen These von Gott als erhöhtem Vaterbild die Entstehung von Muttergottheiten, -religionen und -kulturen nicht erklären. Hier setzt sich Freud selbst dem Verdacht aus, seinen eigenen strengen, gefürchteten Vater zum Gott projiziert zu haben.

- Gegen Freuds Entwicklungsgeschichte der Religionen:
Die Theorie, dass sich die Religionen geradlinig aus primitiven Anfängen entwickelt haben, ist von der modernen Religionswissenschaft widerlegt worden; die Entwicklung erfolgte viel komplizierter, als sich dies Freud vorstellte. Somit sind Freuds Behauptungen vom Vatermord und Totemmahl Spekulation oder, anders ausgedrückt, selber Mythen.

- Gegen Freuds humanistischen Szientismus:
Die derzeitige Weltlage zeigt, dass (Natur-)Wissenschaft und Technik als Glücks- und Heilsbringer versagen und dass das Christentum als Ordnungsfaktor im Bemühen um eine menschenwürdige Zukunft noch keineswegs ausgespielt hat. Gerade der eschatologische Vorbehalt bewahrt den Christen vor unberechtigtem Optimismus wie vor Pessimismus (Näheres siehe Kapitel 8 und 9). Somit ist Freud als Prophet des Untergangs der Religion ebenso gescheitert wie Feuerbach, Marx und Nietzsche.
Die Ambivalenz der Wissenschaft und Technik erkannte Freud sehr wohl; er sagt, der (von ihm analysierte) Todestrieb (Thánatos, Destruktionstrieb) könne Gewalt über die Wissenschaft und Technik gewinnen und so den Untergang unserer Kultur herbeiführen. – Vgl. 9.1.2.

- Gegen die Definition der Religion als Zwangsneurose:
Dass die Religion von ihrem Wesen her eine Zwangsneurose sein müsse, ist eine unstatthafte Verallgemeinerung, zu der Freud dadurch angeregt wurde, dass er in seiner Arztpraxis meist Menschen mit neurotischer Religiosität kennenlernte.

- Abschließend sei auch nicht verschwiegen, dass Freud selbst neurotische Charakterzüge aufwies (Gründlichkeitsfanatismus, Pedanterie, Eisenbahnphobie, sexuelle Hemmungen, Minderbewertung der Frau u. a.).

Name	Ludwig Feuerbach	Karl Marx
Lebens-daten	* 28.07.1804 Landshut + 13.09.1872 Rechenberg b. Nürnberg	* 05.05.1818 Trier + 14.03.1883 London
Eltern-haus	Aufgeklärt protestantisch, Ludwig katholisch getauft, aber protestantisch erzogen	Jüdisch. Alle Familienmitglieder konvertieren nach und nach zum Protestantismus; Karl mit 6 J. protestantisch getauft
Übergang zum Atheis-mus	1830 als junger Privatdozent der Universität Erlangen	1841 als Student in Berlin unter dem Einfluss der Hegelschüler („Junghegelianer"), bes. des ehemaligen Theologen Bruno Bauer
Art des Atheis-mus	Humanist., philanthropischer Atheismus. Ziel: Das Wohl des Individuums; Naturalismus (materialistischer A.): „Der Mensch ist, was er isst."	soziologisch ausgerichteter A. in Verbindung mit dialektischem und historischem Materialismus. Ziel: Das Wohl der Gesellschaft.
Gottes-bild	Gott = das ins Unendliche vergrößerte („projizierte") Wunsch- und Idealbild des Menschen an sich (= der Gattung Mensch), die zur Person gemachten Wünsche und Ängste der Menschheit	Gottesbild identisch mit dem von Feuerbach: „Es gibt keinen anderen Weg ... zur Wahrheit und Freiheit als durch den Feuer-Bach."
Theorie über die Ent-stehung der Religion	Psychologische Erklärung: R. entsteht – aus Wunschdenken, Eitelkeit, Egoismus (Selbsterhöhung des Menschen mit Hilfe des gedachten Gottes) – aus Angst (Suche nach einem Beschützer) „Der Mensch schuf Gott nach seinem Bild." In Wirklichkeit ist der Mensch selbst das höchste, dem Geiste nach unendliche Wesen (Anthropotheismus): „Der Mensch ist der Anfang, der Mittelpunkt und das Ende der R."	Soziologische Erklärung: R. ist der ideologische Überbau, die wirtschaftlichen Verhältnisse sind die Basis dafür. Sozialpsychologische Erklärung: Die Not der unterdrückten Gesellschaftsklasse (= ihre Entfremdung von sich selbst) machte R. möglich und bisher notwendig: „R. ist der Seufzer der bedrängten Kreatur, das Gemüt einer herzlosen Welt, ... der Geist geistloser Zustände. Sie ist das Opium des Volkes".
Bewer-tung der Religion	R. ist wahr, wenn man bei all ihren Gottesaussagen „Mensch" statt „Gott" einsetzt (Subjektwechsel, Beibehaltung der Prädikate). R. ist schädlich, wenn sie Gott für real nimmt: Sie raubt dann dem Menschen Freiheit, Selbstachtung, Lebensfreude und verhindert wahre Menschenliebe.	R. ist schädlich („eine faule Frucht"): – sie stützt die Macht der Ausbeuter, verhindert Klassenkampf und Revolution, zementiert dadurch die Selbstentfremdung der Menschen, beruhigt und betrügt sie durch Jenseitsvertröstungen – sie fördert den Egoismus: Jeder denkt nur ans eigene Heil und benützt die Mitmenschen als Mittel zu diesem Zweck.

Friedrich Nietzsche	Sigmund Freud
* 15.10.1844 Röcken (Preuß.-Sachsen) + 25.08.1900 Weimar	* 06.05.1856 Příbor (Freiberg in Mähren) + 23.09.1939 London
Vater protest. Pfarrer, Mutter protest. Pfarrerstochter. Streng protestantisches, überfrommes Elternhaus	Vater als orthodoxer (= strenggläubiger) Jude erzogen, beide Elternteile Sigmunds praktizierende Juden, die Mutter naiv fromm
1864/65 als Student in Bonn, bes. durch das Buch „Das Leben Jesu, kritisch bearbeitet" von David Friedrich Strauß (1835), vgl. 10.2.2	Genaue autobiograph. Mitteilungen fehlen. Jedenfalls während der Studentenzeit (1873-81) in Wien, bes. durch den Einfluss seines materialistischen Lehrers E. W. v. Brücke
nihilistischer A., später Vitalismus (= Überwindung des Nihilismus durch Lebensbejahung und Übermenschentum). Ziel: Wohl des gesunden und starken Menschen	psychologischer (genauer: psychoanalytischer) A. Ziel: Befreiung und Heilung neurotischer Menschen
Gott = (im Sinne Feuerbachs) die Projektion der Wünsche und Ängste der Menschheit; diese erzeugten ein grässliches Gespenst („Spinne", „Gott der Kranken", „Feind des Lebens und der Freude"). – Diesen Gott hat Nietzsche widerlegt („Gott ist tot"). – Die Möglichkeit, dass ein nichtprojizierter Gott existiert, besteht.	Gott „ist nichts anderes als ein erhöhter Vater": Gott trägt die Züge des irdischen Vaters. Die Identifizierung beider Vatergestalten erfolgt in der Kindheit im Unterbewussten als Projektion aller Wünsche und Ängste des Kindes. – Über dieses infantile Gott-Vater-Bild kommt lebenslang kein Gläubiger hinaus.
R. ist aus den Wünschen und Ängsten der Menschheit entstanden als Mittel der Lebensverneinung (Unterdrückung von Selbstbewusstsein, Lebensfreude und Sexualität) mit Hilfe einer wirklichkeitsfernen, selbstentfremdenden Moral. – Deshalb ist R. etwas Dekadentes, sie macht krank: die katholische Kirche ist ein „Irrenhaus".	Psychologische Erklärung: Wünsche und Ängste steigen ins Unterbewusstsein zurück. Die 3 Funktionen der R. sind: 1. Befriedigung der Wissbegierde: Lösung der Menschheitsfragen, 2. Spendung von Trost und Hilfe gegen Natur(kräfte) und Schicksal, 3. Regulierung des moralisch und kulturell notwendigen Triebverzichts (Aussicht auf ewigen Lohn hierfür!) Religionsgeschichtliche Erklärung: R. ist Folge des urmenschlichen Vatermordes: Beruhigung des schlechten Gewissens der Menschheit durch Rituale, die den ermordeten Vater ehren (Totemmahl, christliche Abendmahlsfeier usw.)
R. ist schädlich (s.a. obige Spalte): sie verhinderte bisher und verzögert gegenwärtig die Entstehung des Übermenschen = den von Gesundheit, Kraft, Lebensfreude und Selbstwertgefühl strotzenden, absolut autonomen Voll- und Idealmenschen.	R. ist eine schädliche Illusion: der Gläubige zieht sich in eine Scheinwelt zurück, verliert dadurch den Realitätssinn und wird seelisch krank (neurotisch). R. ist daher eine allgemeine Zwangsneurose: Jeder Gläubige vollzieht, um Gott gnädig zu stimmen, zwanghafte Rituale und bringt unsinnige Opfer (= Triebverzichte).

Name	Ludwig Feuerbach	Karl Marx
Zukunft der Religion	R. wird der Vernunft und Wissenschaft weichen; Naturwissenschaft und Politik werden eine menschenwürdigere Zukunft schaffen (Szientismus!).	R. wird von selbst verschwinden, wenn durch die Errichtung der klassenlosen kommunistischen Gesellschaft die Selbstentfremdung des Menschen aufgehoben sein wird.
Allgemeine Gegenkritik	1. Alle vier Religionskritiker behaupten, Materalisten zu sein und die Metaphysik infolgedessen als Hirngespinst zu verabscheuen. Trotzdem gelingt es keinem von ihnen, einen unumstößlichen empirischen Beweis gegen die Existenz Gottes zu führen. (Der Christ weiß auch, warum jeder solche Versuch scheitern muss.) 2. Obwohl sie also Antimetaphysiker sind, treten sie doch als Religionsphilosophen auf, d. h. sie machen ständig Aussagen (Theorien, Dogmen, Postulate), die über das empirisch Nachprüfbare hinausgehen und deshalb metaphysisch sind (z. B. Gott als bloße menschliche Projektion), und die dann durch empirische oder wiederum metaphysische Argumente als wahr bewiesen werden sollen. 3. Sie machen alle vier allgemeine (d. h. die ganze Menschheit betreffende) empirische Aussagen (z. B.: Jeder Gläubige ist neurotisch). Eine allgemeine empirische Aussage ist aber niemals empirisch vollständig überprüfbar (Man kann nicht alle lebenden und schon gar nicht die verstorbenen Menschen testen, ob sie neurotisch sind bzw. waren). Deshalb haben sie keinen Beweischarakter, sondern nur eine mehr oder weniger große statistische Wahrscheinlichkeit. 4. Alle vier verwenden die Projektionstheorie. Dabei begehen sie aber alle den gleichen Denkfehler: Sie sagen, weil der Gläubige sehnlichst wünscht, dass Gott existiere, (gerade) deswegen kann Gott nicht existieren. Sie setzen dabei zwei Realitätsebenen identisch: die psychologische (Gott als Wunschobjekt) und die ontologische (Gott als unabhängig vom Menschen und seinen Wünschen existierendes absolutes Sein). Beide kann man nicht	
Spezielle Gegenkritik	(Gegen die Selbstvergottung des Menschen:) Dass der Mensch Unendliches denken kann, ist noch kein Beweis, dass er selber unendlich ist: Denn dann müsste er die Unendlichkeit auch völlig verstehen und Unendliches erschaffen können, was aber offensichtlich nicht der Fall ist. (Gegen den Idealmenschen:) „Die Gattung Mensch", d. h. den Idealtyp Mensch, der die guten Eigenschaften aller wirklichen Menschen, aber nicht deren Schwächen und Fehler besitzt, gibt es nicht. Er ist eine metaphysische Konstruktion Feuerbachs (worauf schon Marx und Engels hinwiesen).	(Gegen das Gottesbild von Marx:) Aus dem Einfluss wirtschaftlicher und sozialer Faktoren auf das Gottesbild einer Gesellschaftsklasse und aus dem Missbrauch der Religion zur billigen Vertröstung und Unterdrückung der sozial Schwachen (also von der sozialen und psychologischen Ebene aus) kann kein Schluss auf die Existenz oder Nichtexistenz eines absoluten, transzendenten Gottes gezogen werden (also auf die ontologische Ebene).

Friedrich Nietzsche	Sigmund Freud
R. wird binnen 200 Jahren verschwunden und durch die Herrschaft des Übermenschen ersetzt sein.	R. verschwindet individuell, wenn sich ein Mensch von der infantilen Illusion des Vater-Gottes befreit bzw. sich davon therapieren lässt. Damit wird er auch von seinen religiös bedingten Zwangsneurosen geheilt. Allgemein wird die R. durch Vernunft u. (Natur-) Wissenschaft abgelöst und durch einen wahrhaft humanen Philanthropismus ersetzt.

in einen Kausalzusammenhang bringen: Wunsch oder Ekel sind keine Kriterien für die wirkliche Existenz des erwünschten bzw. verabscheuten Objekts. Nur umgekehrt kann man zu Recht sagen: Weil bzw. wenn ein Objekte gewünscht wird, ist das noch kein Beweis, dass es auch tatsächlich existiert.

5. In ihrer Prophezeiung vom nahen Untergang der Religion bzw. des Christentums haben sich alle vier geirrt. Trotz der krisenhaften Umbruchsphase der abendländischen Kirche nimmt die Zahl der Kirchenmitglieder insgesamt (dank der Dritten Welt) zu. Auch die Verheißung, dass Vernunft (Logik, Mathematik), Naturwissenschaft und Technik ein menschenfreundlicheres Zeitalter heraufführen werden, als es die religiöse Menschheitsperiode war, ist nicht eingetroffen, und ihre Erfüllung ist heutzutage in der Zeit der globalen Umweltprobleme, der atomaren, biologischen und chemischen Bedrohung unwahrscheinlicher denn je.

6. Positiv ist zu vermerken, dass alle vier Religionskritiker die religiösen Menschen, bes. die Christen, zur ständigen Selbstkontrolle und Selbstkorrektur zwingen:
– Wird Gott zur Projektion egoistischer Wünsche erniedrigt oder als Erfüllungsgehilfe für individual- bzw. gruppenegoistische Zwecke missbraucht?
– Hat die praktizierte Religionsform krankhafte und krankmachende Züge, z.B. die Ausbeutung (Verdinglichung) des Mitmenschen unter dem Mantel der Nächstenliebe?
  Erzeugt die Kirche wirklich „ekklesiogene Neurosen"?

7. Der leidenschaftliche Kampf aller vier Religionskritiker um mehr Menschlichkeit u. Freiheit ist achtenswert.

Nietzsche muss sich aufgrund seines eigenen Lebenslaufs (Hass auf das frömmlerische Elternhaus, Sehnsucht des kränklichen Stubengelehrten nach Gesundheit und Kraft) den Vorwurf der Projektion gefallen lassen (Weil ihm Gott und Religion auf dem Weg zum Übermenschentum im Wege waren, deshalb durfte es beide nicht geben?!) Positiv: Als Analytiker unserer industriellen Spätkultur ist N. heute noch aktuell.	Freud muss sich aufgrund seines eigenen Lebenslaufs (Reaktion auf den österreichischen Antisemitismus, Neurosen, Starrsinn) den Vorwurf der Projektion gefallen lassen. (Weil er einen strengen Vater hatte, erklärt er jedes Gottesbild zur Vaterprojektion. Wie ist es aber dann, wenn ein Kind eine überstrenge, dominierende Mutter und einen schwächlichen Vater hat?!). Eine empirisch unbeweisbare Behauptung ist auch, dass kein einziger Gläubiger über das infantile Vater-Gott-Bild hinausgelangen kann, außer er wird Atheist. Freuds historische Erklärung der Religion (Vatermord, Totemkult) ist bis heute unbewiesen und aufgrund der neuesten Erkenntnisse der Religionswissenschaft auch äußerst unwahrscheinlich. Positiv: Freud hat der Menschheit die psychoanalytische Seelenheilmethode geschenkt, die nicht an den Atheismus gebunden sein muss, sondern inzwischen auch von gläubigen Therapeuten bei gläubigen Patienten angewandt wird.

3.3 Das Verschwinden der Gottesfrage in gegenwärtigen Denksystemen

3.3.1 Neopositivismus und Neo-Empirismus

1. Bertrand Russell (1872–1970)

Seine Philosophie wird als logischer Atomismus, Neurealismus und englischer (Neo-)Empirismus bezeichnet. – Seine Religionskritik:

– Die Gottesbeweise des Thomas von Aquin sind falsch: Wenn alles verursacht ist, muss es auch Gott sein. Wenn nicht alles verursacht ist, ist nicht einzusehen, warum es nur ein einziges unverursachtes Wesen (Gott) geben soll und, wenn es wirklich nur ein einziges Unverursachtes gibt, warum dieses gerade Gott sein soll.

– „Gotteserfahrungen" sind in Wirklichkeit nur Immanenzerfahrungen: Der Mensch kann nur Objekte aus unserer empirischen Welt erfassen und täuscht sich also, wenn er meint, er habe die Transzendenz erreicht. Deshalb empfiehlt Russell den Agnostizismus.

– Jesus Christus war nicht Gott und auch als Mensch nur von mittelmäßiger Intelligenz und Ethik (er wies Züge von Rachsucht und Grausamkeit und andere negative Eigenschaften auf). – Vgl. Kap. 10

– Religion ist schädlich. (Vgl. die deutschen Religionskritiker des 19. Jh.)

2. Der Wiener Kreis = Die Wiener Schule (1922–38)

Diese entstand durch den Zusammenschluss logischer Empiristen der Wiener Universität („Vienna Dynasty").

Durch Sprachanalysen (Untersuchung der Sprache auf ihre Logik hin) wollte die Wiener Schule sinnvolle (= empirische und logisch richtige) von sinnlosen (= metaphysischen und logisch falschen) menschlichen Aussagen unterscheiden.

Theologische Sätze sind weder wahr noch falsch, sondern einfach sinnlos („Scheinsätze"):

Entweder verwenden sie sinnlose (= metaphysische) Begriffe, oder sie verstoßen gegen die logische Syntax, d. h. die verwendeten Begriffe sind an sich sinnvoll, aber ihre Verbindung zu einem Satz ist falsch („Jesus ist der Menschensohn": Die beiden verwendeten Begriffe sind an sich empirisch, aber im theologischen, also metaphysischen Satzsinn ergibt sich etwas Sinnloses; denn mit „Menschensohn" ist in der christlichen Theologie gemeint: „Gottessohn, göttliche Person").

Die bedeutendsten Mitglieder des Wiener Kreises waren
- Moritz Schlick (1882–1936, ermordet von einem Studenten),
- Otto Neurath (1882–1945) und
- Rudolf Carnap (1891–1970).

Die Mitglieder des Wiener Kreises wollten nicht als „Neopositivisten" bezeichnet werden; der Begriff „positum / das Gegebene" erschien ihnen als zu verschwommen. Mit dem Wiener Kreis befreundet war der englische Neo-Empirismus = Logische (Sprach-)Analytik (Alfred Jules Ayer, 1919–89, er studierte eine Zeit lang an der Wiener Universität).

3. Ludwig Wittgenstein (1889–1951)

Bezeichnungen für sein Denksystem: (sprach-)analytische Philosophie, Sprachanalytik, Pragmatismus. Wittgenstein war Katholik (Mutter katholisch, Vater ein zum Protestantismus übergetretener Jude; Ludwig war zwar Schüler von B. Russell, aber selbst nie Atheist).

Schaffensperioden:
- „Wittgenstein I" (1910–19): Sprachanalytik ähnlich dem englischen Neo-Empirismus: die Sprache als Abbild der Welt;
- Zwischen- oder Umbruchsphase (1919–26); Entstehung des berühmtesten Werkes: tractatus logico-philosophicus (1922);
- „Wittgenstein II" (1927–51): Ordinary Language Philosophy (Analyse der Alltagssprache): Philosophie der „Sprachspiele" (= die durch Regeln festgelegten Anwendungsarten und -bereiche der Sprache, z. B. Information, Appell, Gefühlsäußerungen usw.); Entstehung des zweiten Hauptwerkes: Philosophische Untersuchungen (postum 1953 erschienen).

Es gibt im „tractatus" Stellen, die positivistisch oder agnostizistisch klingen, z. B. „Gott offenbart sich nicht in der Welt" oder „Was sich überhaupt sagen lässt, lässt sich klar sagen; und wovon man nicht reden kann, darüber muss man schweigen." Aber es finden sich darin auch Sätze wie folgende: „Es gibt allerdings Unaussprechliches. Dies zeigt sich, es ist das Mystische" (= die Transzendenz); „Der Sinn der Welt muss außerhalb ihrer liegen." Später setzte Wittgenstein die Begriffe „Sinn der Welt / des Lebens" mit Vatergott gleich.

„Wittgenstein II" mildert überhaupt manches ab, was bei „Wittgenstein I" positivistisch geklungen hatte. Er rückt vom Empirismus ab und unterscheidet nun auch innerhalb der religiösen (also metaphysischen) Aussagen sinnvolle und sinnlose. Das Unterscheidungskriterium ist die „Praxis": Theologische Rede ist wahr, wenn bzw. weil sie für die Bewältigung ethischer Aufgaben im Alltag tauglich ist. Wäre sie ohne solchen praktischen Nutzen, bliebe sie sinnlos. (Daher die Bezeichnung „Pragmatismus" für Wittgensteins Philosophie!)

4. Zusammenfassung und Kritik

– Die führenden philosophischen Strömungen unseres Jahrhunderts sind Feinde der Metaphysik („Antimetaphysiker"); sie stellen zwei Postulate auf:

1. Wissenschaftlich anerkannte Begriffe müssen entweder formale Begriffe sein (= Begriffe der Logik und Mathematik) oder empirische Begriffe, die allgemein (intersubjektiv) gelten.

2. Wissenschaftliche Aussagen müssen also entweder logisch begründbar oder empirisch nachprüfbar sein. – Somit ist der Begriff „Gott" kein Wort, über das man wissenschaftlich reden kann, sondern eine sinn- und inhaltslose Leerformel, eine Scheinwirklichkeit, eine leere Worthülse. Eine logische Begründung des Gottesbegriffes scheitert daran, dass man hierbei metaphysische (also sinnlose) Begriffe verwenden müsste (höchstes Gut, unerschaffenes Sein usw.).

– Ausnahmen bilden L. Wittgenstein und Niklas Luhmann (geb. 1927): Wittgenstein ist kein Atheist, und Luhmann lässt – obwohl er Gott nicht für existent hält – die empirische Wirkung der Religion gelten: Sie gibt den Menschen Trost und Halt und motiviert die Masse zur Loyalität gegenüber der jeweiligen Obrigkeit: Wegen ihrer sozialethischen Unentbehrlichkeit soll sie deshalb weiter bestehen.

– Zur Kritik:

Die Forderung der empirischen Überprüfbarkeit sinnvoller Sätze ist utopisch: Eine lückenlose Nachprüfung ist teils theoretisch unmöglich (Gründe siehe bei 1.1.2), teils praktisch undurchführbar (bei allgemeinen Äußerungen wie z. B. „Das Gebiss des Menschen besteht aus 32 Zähnen"). Deshalb gestehen manche Sprachanalytiker inzwischen auch ein, dass ihre Sätze nur Wahrscheinlichkeit beanspruchen können, dass sie keine absoluten Wahrheitscharakter haben, sondern nur einen statistischen.

Die Grundthese der Neo-Empiristen und Neopositivisten, dass es grundsätzlich nur zwei Arten von wahren Sätzen geben könne, die analytischen (= logischen und mathematischen) und synthetischen (= empirischen), ist ein Postulat, aber keine mit empirisch-positivistischen Methoden bewiesene Tatsache. Ebenso ist die Behauptung ein Postulat, dass Gott, wenn es ihn gäbe, nur mit empirischen Mitteln zu erkennen wäre (vgl. die berühmte Gärtnerparabel des englischen Sprachanalytikers Anthony Flew).

Die Widersprüchlichkeit dieses Denksystems besteht also darin, dass seine Vertreter einerseits die Metaphysik strikt ablehnen, selbst aber um metaphysische Aussagen nicht herumkommen und dadurch ungewollt die Unentbehrlichkeit und Wahrheit der Metaphysik verifizieren.

3.3.2 Postmoderne Beliebigkeit

Das Adjektiv „postmodern" geht auf den Kulturphilosophen Rudolf Pann-
witz (1917) zurück; es drang 1934 in die Literaturwissenschaft und 1945 in die
Architektur ein. 1947 verwendete es der englische Geschichtsphilosoph Arnold
Toynbee als Sammelbegriff für die gegenwärtige (schon 1875 beginnende)
Phase der abendländischen Kultur. Heutzutage versteht man unter der Be-
zeichnung „Postmoderne" gewöhnlich das Kulturleben seit 1960, dessen her-
vorstechendes Kennzeichen der Pluralismus und die durch ihn sanktionierte
Beliebigkeit der Meinungen und Interessen ist.
Man unterscheidet:

1. Die radikale Postmoderne

Sie ist extrem nihilistisch, skeptizistisch und agnostizistisch, d. h. sie stellt die
ganze Wirklichkeit, nicht nur die Kultur, in Frage und erklärt alle Ansichten
hierüber für gleich wertlos, da sie alle illusionär und vergänglich sind. In der
Geschichtswissenschaft tritt sie unter dem Namen „Posthistoire / Nach-
geschichte" auf und vertritt einen geschichtspessimistischen Standpunkt: „Die
Geschichte ist aus" (A. Gehlen). Diese universale Postmoderne bezeichnet
sich selbst als anarchisch (zügel- und ziellos), amorph (formlos) und horizontal strukturiert (= ohne metaphysische, ethische und ästhetische Rangunter-
schiede).
Nach dem Philosophen Wolfgang Welsch (geb. 1946) ist sie die „exoterische (=
für die Allgemeinheit bestimmte) Alltagsform der einst esoterischen (= nur für
Eingeweihte bestimmten) Moderne" (die unser Kulturleben von 1918–60 be-
herrschte). Damit will Welsch sagen, dass die Postmoderne bewusst auf Popu-
larität ausgeht.
Im religiösen Bereich vertritt diese Form der Postmoderne den Standpunkt:
„Nichts ist möglich, weil alles möglich ist." Berufung auf das Absolute, meint
Welsch, ist Anmaßung; denn der Begriff „Gott" hat keinen Wert in sich mehr,
sondern ist ein beliebig veränderbares Versatzstück unserer Kultur geworden.
Kein einziger religiöser Standpunkt ist absolut wahr und ernst zu nehmen. Ob
jemand einer Religion angehört und welcher, ist letztlich gleichgültig.

2. Die gemäßigte Postmoderne

Auch diese Spielart der Postmoderne spricht jeder menschlichen Instanz die
Fähigkeit ab, die absolute Wahrheit zu verkünden, gleich, ob es sich um ein
politisches System, eine Ideologie (Szientismus) oder eine Religion handelt.
Die moderate Postmoderne möchte aber weniger kulturpessimistisch als die
radikale sein; sie will die gegenwärtige Kulturphase als Chance und positive
Aufgabe sehen und auch die Tradition früheren Kulturgutes einbeziehen. Der

Politik, den Geisteswissenschaften und der Religion weist sie dabei sogar eine wichtigere Rolle zu als den Naturwissenschaften und der Technik. Aber auf dem religiösen Sektor lehrt sie einen Eklektizismus (Auswahl geeigneter Elemente aus mehreren Religionen), Synkretismus (Vermischung mehrerer Religionen zu einer neuen) und die pluralistische Beliebigkeit.

Der Hauptvertreter dieser Richtung, der französische Philosoph Jean-François Lyotard (geb. 1924), empfiehlt sogar die Wiedereinführung des Polytheismus als die einer pluralistischen Gesellschaft angemessenste Religionsform. Immerhin betrachtet die gemäßigte Postmoderne das Reden von Gott nicht als sinnlos: Gott ist verborgen im Endlichen anwesend, und der religiöse Mensch als Gottsucher ist keine lächerliche Figur. – Zu den postmodernen Autoren gehört auch Umberto Eco (geb. 1932).

Weiterführende Literatur

CGG 18, S. 59–100: Ulrich Ruh: *Säkularisierung*
CGG 19, S. 143–211: Alexander Schwan: *Pluralismus und Wahrheit*
CGG 22, S. 5–57: W. Kern/W. Kasper: *Atheismus und Gottes Verborgenheit*
Th. Forum 1: *Gespräch mit dem Atheismus*
Hans Küng: *Existiert Gott?*, S. 221–380: *Die Herausforderung des Atheismus*; S. 381–469: *Nihilismus – Konsequenz des Atheismus*
    (Von S. 471 bis zum Ende seines Buches widerlegt dann Küng den Atheismus und Nihilismus.)
Reihe Kurswissen Religion: Heinz Fastenrath: *Religionskritik*, Stuttgart (Klett), 1993
Konzepte 8: *Religionskritik*

B Die Frage nach dem Menschen

4 Grundzüge des christlichen Menschenbildes der Gegenwart

4.1 Der Mensch zwischen Freiheit und Bindung (philosophische Anthropologie)

4.1.1 Erfahrungen von Freiheit, Unfreiheit und Verantwortung

Der Mensch in unserem Kulturkreis erfährt auf Schritt und Tritt den staatlichen Schutz seiner persönlichen Freiheit im Rahmen der bürgerlichen Grundrechte, z. B. freie Entfaltung der Persönlichkeit, Gewissens- und Glaubensfreiheit, Schulgeldfreiheit für Schüler und Studenten, freie Berufs- und Arbeitsplatzwahl usw.

Der Staat setzt der Freiheit eines Bürgers nur dann eine Grenze, wenn die berechtigten Interessen anderer Bürger gefährdet sind. Vgl. die französische Menschenrechtserklärung von 1789: „Die Freiheit besteht darin, alles tun zu können, was keinem anderen schadet." Doch verlangt der Staat vom Bürger für die Garantie der Grundrechte die Erfüllung von Grundpflichten (z. B. Schulpflicht, Steuerpflicht). In solchen Situationen erfährt auch der demokratische Staatsbürger, dass es keine absolute Autonomie und Freiheit gibt, sondern die Begriffe Freiheit, Pflicht und Verantwortung zueinander in Wechselbeziehung stehen.
Unfreiheit erfährt der demokratische unbescholtene Staatsbürger kaum am eigenen Leibe, sondern hört davon in der Regel nur durch Medienberichte über Länder mit undemokratischer Staatsform.

4.1.2 Die Willensfreiheit – Voraussetzung aller anderen Freiheiten

„Willensfreiheit" ist ein Sammelbegriff für alle Möglichkeiten personaler Selbstbestimmung und -verwirklichung. Er bezeichnet also die Fähigkeit des Menschen, sich gegen Fremdbestimmung (durch andere Menschen und durch Dinge) zu behaupten.

Der Begriff der „Willensfreiheit" umfasst

- die *Handlungsfreiheit* = die Möglichkeit, etwas zu tun oder es zu unterlassen;
- die *Wahlfreiheit* = die Möglichkeit, sich zwischen zwei oder mehr Alternativen zu entscheiden;
- die *Entscheidungsfreiheit für die Zukunf*t = die Fähigkeit, Entscheidungen vorzunehmen, die weit in die Zukunft reichen (z. B. Berufswahl) oder sich erst in ferner Zukunft auswirken (z. B. Abschluss einer Lebensversicherung).

Die Willensfreiheit gehört zur Grundausstattung des Menschen; er kann darauf gar nicht verzichten (Sartre: „Der Mensch ist zur Freiheit *verdammt!*"), denn auch freiwillige totale Unterwerfung unter einen fremden Willen ist eine freie Tat.

Die Bestreitung der Willensfreiheit

Der *Determinismus* behauptet, dass alle unsere Handlungen durch von außen und/oder innen kommende Wirkkräfte nicht nur mehr oder weniger stark motiviert oder konditioniert, sondern vollständig determiniert (fremdbestimmt) werden. Man unterscheidet folgende Richtungen:

Der **naturphilosophische (materialistische) Determinismus** (z. B. Stoa, Nietzsche, Freud, Russell, Behaviorismus, extremer Empirismus und Positivismus) lehrt:
Der menschliche Wille wird vollständig bestimmt durch
- die Erbanlagen (Gene) und den Körper (z. B. Stoffwechsel),
- die Umwelt (z. B. Nahrung, Klima, wirtschaftliche Verhältnisse),
- das Gesetz von Reiz und Reaktion (materielles Ursache-Wirkungs-Gesetz), nach dem unsere bewussten und unbewussten Persönlichkeitsschichten (Triebe, Instinkte, Tiefenbereich der Psyche) gesteuert werden.

Der **theologische Determinismus** (z. B. Fatalismus, Pantheismus) nimmt die vollständige Beherrschung aller menschlichen Handlungen
- durch einen oder mehrere Götter,
- durch ein über Gott bzw. den Göttern stehendes Schicksal an.
Eine deterministische Religion ist z. B. der Islam (s. 2.2.3). Ins Christentum drang der Determinismus im 5. Jh. als *Vorherbestimmungslehre* (= *Prädestinatianismus*) ein, die im 16. Jh. von J. Calvin wieder aufgenommen wurde.
Spielarten davon sind der **mythologische Determinismus**, der an die vollständige und lebenslange Fremdbestimmung des Menschen durch ihm feindlich gesinnte überirdische Wesen (Dämonen) glaubt, sowie der Glaube an **Besessenheit** (= zeitweilige völlige Beherrschung des menschlichen Willens durch dämonische Kräfte, z. B. bei Hexen, Werwölfen). – Vgl. 11.6.2 (Exorzist).

Die Verteidigung der Willensfreiheit

Die Willensfreiheit ist zwar nicht absolut: Der Mensch ist teildeterminiert
- durch übermächtige Leidenschaften und Affekte (Liebe, Zorn, Rachsucht, Angst),
- durch seine leiblich-geistige Grundausstattung (z. B. Geschlecht, Rasse, Körpertyp, biochemische Vorgänge im Körper [hormonale Reize, Beeinflussung durch Psychopharmaka und Drogen], Charaktertyp und Temperament),
- durch körperliche und psychische Krankheiten (z. B. Alzheimersche Krankheit, Zwangsneurosen, Geisteskrankheit),
- durch äußeren Zwang (z. B. Folter, Todesandrohung).

Aber: Mit Hilfe seines Verstandes kann der Mensch diese Determinierungen zum Teil mildern oder ausgleichen („die Natur überlisten"), d. h. sie durch die Humanwissenschaften, insbesondere die Medizin, durchschauen und durchbrechen.

Die materiellen Voraussetzungen des freien Wollens, das Gehirn und die Nervenbahnen, sind den materiellen Naturgesetzen (dem materiellen Kausalgesetz) unterworfen. Aber die Einprogrammierung von Inhalten und Verknüpfungsregeln in das menschliche Gehirn ist daran nicht gebunden: Es können auch unlogische, nichtkausale und dem Menschen schädliche Abläufe einprogrammiert werden. (Beispiel für einen unlogischen Ablauf: die Verdrängung unliebsamer Erlebnisse, also Selbstbetrug; für einen nichtkausalen: die Liebe zu einem Feind; für einen schädlichen: Drogenmissbrauch).

Obwohl also die Bausteine menschlichen Denkens und Wollens, das zentrale Nervensystem, determiniert sind, gilt dies für die bewussten menschlichen Vorgänge keineswegs; denn die Willensfreiheit ist mehr als die Funktion dieser materiellen Bausteine, sie ist eine Sache ihrer Programmierung, und diese Steuerung erfolgt weitgehend durch den freien, vom biochemischen Kausalgesetz unabhängigen Geist.

Die Grenzen zwischen vollkommener, teilweiser und vollständig aufgehobener Willensfreiheit sind auf Grund der modernen Erkenntnisse der Humanwissenschaften so schwer zu ziehen, dass Willensfreiheit und Determiniertheit heutzutage nicht mehr als unversöhnliche Gegensätze gesehen werden. Der Mensch lebt infolge seiner Leib-Seele-Einheit in zwei Seinsebenen: in der materiellen, in der alles determiniert ist und deshalb nach dem Ursache-Wirkungsgesetz abläuft, und in der geistigen, in der Freiheit besteht. Aufgrund seines freien Geistes kann der Mensch – mit zunehmenden wissenschaftlichen Kenntnissen immer mehr – die determinierte Ebene beeinflussen (vorbeugen, korrigieren, heilen). Vgl. aber 1.1.2 (Quantensprünge)

Zu unterscheiden ist zwischen **Motivation** und **Determination**. Die körperlichen Vorgänge im Menschen sind an sich determiniert. Aber der freie Mensch steht ihnen nicht machtlos gegenüber: Sie stellen für ihn (An-)Reize (= Motivation) dar, die er im Normalfall auf ihre utilitaristischen und ethischen Folgen abwägen kann (nützlich/gut – gleichgültig – schädlich/schlecht). Dann entscheidet sich der Wille bei mehreren Motivationen für diejenige Alternative, die ihm am erstrebenswertesten erscheint. Daraus folgt,

– dass es kein motivloses Wollen gibt und
– dass der Mensch gern den Neigungen seines Charaktertyps und seiner Gewohnheit nachgibt, weil der Widerstand gegen sie meist Unlust und Stress erzeugt. Aber grundsätzlich wäre das gegenteilige Handeln möglich. Somit ist die Tatsache der Motivation keine Widerlegung der Willensfreiheit.

Zusammenfassung

Argumente gegen den naturwissenschaftlichen und naturphilosophischen Determinismus

1. Die Willensfreiheit ist eine metaphysische Erscheinung und kann deshalb durch die Naturwissenschaft weder widerlegt noch bewiesen werden: Sie fällt nicht unter das Ursache-Wirkungs-Gesetz der Materie.

2. Die Willensfreiheit kann nur durch das Zeugnis des menschlichen Selbstbewusstseins erfahren und verifiziert werden: Der Mensch versteht sich als freies Wesen – auch die Deterministen nehmen diese Freiheit in Anspruch (was sie zu Inkonsequenzen zwischen Lehre und Leben zwingt):

   – Auch die Deterministen bejahen Ethik und Strafjustiz. Sie geben damit zu, dass es Verantwortung gibt; diese setzt aber die Willensfreiheit voraus.

   – Auch Deterministen planen in die Zukunft. Das wäre großenteils sinnlos, wenn alle zukünftigen Dinge und Ereignisse determiniert wären. Auch kann ein Denken und Wollen von Dingen, die erst in weiter Zukunft existieren werden, nicht mit dem materiell-mechanistischen Reiz-Reaktions-Schema erklärt werden.

   – Auch Deterministen versuchen, andere Menschen zu beeinflussen (durch Bitte, Befehl, Warnung, Verbot usw.). Das wäre sinnlos, wenn der Angesprochene gar nicht die Freiheit hätte, auf einen solchen Appell einzugehen.

   – Das biochemische Kausalgesetz mit seinem Reiz-Reaktions-Schema arbeitet nach dem Nützlichkeitsprinzip der Selbst- und Arterhaltung. Der Mensch kann aber grundsätzlich jederzeit Handlungen setzen, die diesem Prinzip entgegenstehen (z. B. Selbstmord, Martyrium, Drogenmissbrauch, vgl. oben).

– Der Mensch ist mit dem vital Nützlichen nicht zufrieden, er strebt zum absolut Vollkommenen hin: Deshalb beherrschen ihn auch die materiellen Güter seiner Lebenswelt nicht vollständig, er kann sich ihnen gegenüber frei verhalten und zum höchsten Gut (Gott) transzendieren. Vgl. 2.2.2.

Argumente gegen den theologisch begründeten Determinismus

1. Bei ihm wird das göttliche **Vorherwissen** (prae-sciéntia) mit göttlicher **Vorherbestimmung** (prae-destinátio) identisch gesetzt, was aber unstatthaft ist.
2. Gerade weil Gott alle wirklichen und möglichen (aber nie realisierten) Dinge der Zukunft vorhersehen kann (die futúra und futuribília), ist er imstande, seinen Weltplan so zu steuern, dass einerseits der freie Wille des Menschen erhalten bleibt und andererseits der Mensch durch den Missbrauch seines freien Willens den von Gott gewollten Weltablauf nicht vereiteln kann. Gott stehen unbegrenzt viele Möglichkeiten zur Verfügung, Menschen zu beeinflussen, ohne ihre Willensfreiheit dabei aufzuheben (z. B. durch die Sendung menschlicher Ratgeber, Mahner und Warner, vgl. im AT die Propheten).

Gott weiß natürlich auch voraus, welche Menschen so leben, dass sie der ewigen Seligkeit würdig werden. Man kann deshalb nur sagen, dass Gott jeden zur Seligkeit vorherbestimmt, der dieses Geschenk verdient, aber nicht, dass Gott willkürlich die einen Menschen zur Seligkeit, die anderen zur Verdammnis prädestiniert, unabhängig von ihrer ethischen Lebensführung.

Zusatz

Für Kant ist die Freiheit genauso unbeweisbar wie alle anderen metaphysischen Begriffe; sie muss aber – ebenso wie der Gottesbegriff – von der praktischen Vernunft (= der Ethik) postuliert werden, weil ohne sie keine Moral, kein Recht, ja überhaupt kein menschenwürdiges soziales Leben denkbar ist und weil sie die Voraussetzung für das Postulat der Existenz Gottes bildet. (s. 2.3.7.)

4.2 Freiheit – ein Schlüsselbegriff der Bibel

Die Freiheit der Person

Der **politische und soziale Freiheitsbegriff (Freiheit der Person)** wird in der Bibel als Menschenrecht und Ziel von Gesellschaft und Politik betrachtet, vor allem

- die Freiheit von Fremdherrschaft (vgl. Buch Exodus),
- die Freiheit von Sklaverei und Schuldknechtschaft (Sabbat- und Jobeljahr!).

Die Willensfreiheit

Der **psychologische und ethische Freiheitsbegriff (Willensfreiheit)** wird in der Bibel vorausgesetzt:
- Der Mensch kann Gut und Böse erkennen und unterscheiden.
- Der Mensch ist für seine Taten verantwortlich.

Freiheit als Gabe Gottes

Freiheit ist Loslösung *von* Übeln:
- Befreiung von der Erbsünde durch Christus: Röm 5,12–21 (synonyme Ausdrücke für Befreiung im NT: Rechtfertigung, Vergebung, Heilung, Wiedergeburt, Heiligung, Reinigung, Rettung, Leben),
- Befreiung von den persönlichen Sünden und den Sündenstrafen,
- Befreiung von unnötigen atl. Bindungen: Aufhebung oder Humanisierung der jüdischen Kult- und Strafgesetzgebung (z. B. Reinheitsvorschriften, s. 6.2.4 und 6.3.2),
- Befreiung der verstorbenen Gerechten von allen Lasten des irdischen Lebens.

Freiheit als Aufgabe und Chance für den Menschen

Befreit sein durch Christus bedeutet Kraft gewinnen *für* das Gute:
- Freiheit zur Nachfolge Christi: Mk 8,34–37
  Befreiung zur Nachfolge Christi ist kein passiver Zustand oder steriler Besitz, sondern ständige Dynamik zum Gottes- und Menschendienst.
- Freiheit der Entschiedenheit und Zielfreiheit: Die Nachfolge Christi hat für den Menschen nur dann einen Wert, wenn er sich frei für sie entscheidet und sie sich ohne Zwang zum Lebensziel wählt. Wegen ihrer Bindung an den Gottessohn ist die Nachfolge Jesu trotz aller Freiheit keine beliebige, willkürliche Ethik (im Gegensatz zur Ethik der Postmoderne, vgl. 3.3.2 und 5.4).

4.3 Der Mensch als Geschöpf, Abbild und Kind Gottes

4.3.1 Der Mensch als Person und Subjekt

Der Begriff **Person** (*Hypostase*) bezeichnet ein unteilbares, geistbegabtes Einzelwesen (Individuum).
- Notwendig zum Personenbegriff gehören die drei Geisteskräfte *Verstand*, *Wille* (und damit freie Selbstbestimmung) und *Gemüt* (geistige Affekte,

Emotionen, Gefühle), nicht notwendig die Leiblichkeit (auch Engel sind Personen!).

– Infolge ihres freien Geistes und freien Willens ist die Person selber Zweck und Ziel ihres Daseins, d. h. sie darf nicht zum bloßen Mittel für fremde Zwecke missbraucht (verdinglicht, objektiviert) werden (z. B. durch Versklavung und Ausbeutung).

– Freiheit, Selbstzweck und Selbstziel verleihen der Person ihre Menschenwürde, kraft deren sie von den anderen Personen Achtung beansprucht und Rechte einfordern kann.

– Theologisch gesehen besteht die Menschenwürde in der Ähnlichkeit (Analogie) der menschlichen Person mit Gott (Gen 1,27), s. o. 2.2.2.

– Die menschliche Person existiert in zwei Seinsformen („Naturen"):
  • als Für-sich-Sein (Individualnatur); davon handeln Kapitel 4 und 5;
  • als Für-andere-Sein (Sozialnatur); davon handelt Kapitel 7.

Die menschliche Person wird seit Descartes **Subjekt** genannt, weil sie selbst Ursache (Subjekt) der Erkenntnis und des Handelns ist. Der Mensch ist also nicht auf die Rolle eines Objekts fremder Subjekte beschränkt, er besitzt nicht nur Sachhaftigkeit, sondern auch Subjekthaftigkeit (= Personalität, Handlungsfreiheit).

4.3.2 Der Mensch als Einheit von Leib und Seele

Einheit oder Dualismus?

Während die Bibel den Menschen als lebendige Einheit von Leib und Seele (bzw. von Leib, Seele und Geist, s. u.) sieht, betonte man im ersten christlichen Jahrtausend (unter dem Einfluss der Philosophie Platons) zunehmend den Gegensatz zwischen Leib und Seele; man bezeichnete den Leib als minderwertig, ja als grundsätzlich schlecht (weil er aus Materie besteht), als Gefängnis oder Grab der in sich guten Seele.

Als sich im hohen Mittelalter die Philosophie des Aristoteles gegen den Platonismus durchsetzte, sah man wieder mehr die engen Beziehungen zwischen Leib und Seele, wobei aber die Seele nach wie vor für wertvoller galt. Nach Aristoteles ist die Geistseele die Formkraft (*morphé* = Wesensform) des Leibes; sie bildet aus der rohen Materie (*hýle*) den hochorganisierten, lebendigen Leib und hält ihn funktionstüchtig. (Diese Theorie heißt Hylemorphismus.) Im Tod endet die Einwirkung der Seele auf den Leib, er löst sich in die Bestandteile der toten Materie auf.

Begründung der Einheit von Leib und Seele

Der Mensch empfindet sich nicht als Konglomerat von zwei oder gar drei voneinander unabhängigen Seinsformen (Naturen), sondern als einheitliches „Ich", das seine körperlichen und geistigen Vorgänge steuert: Er erlebt sich selbst als leib-seelische Einheit (z. B. in seiner Sexualität). Denn zwischen Leib und Seele bestehen ständige, vielfache Wechselbeziehungen:

- kein geistiger Prozess läuft ohne Beteiligung des Körpers ab (Gehirntätigkeit, Nervensystem),
- Mangel oder Überfluss bestimmter materieller Substanzen im Körper (Nahrungs- oder Genussmittel, Hormone, Vitamine, Spurenelemente) können zu seelischen Verstimmungen (Depression, Neurose) oder geistiger Unter- bzw. Überaktivität führen,
- seelische Erschütterungen (z. B. Angst, Leid, Stress) können den Körper krank machen.

Mit diesen Wechselwirkungen beschäftigt sich die psychosomatische Medizin. Vgl. a. o. 4.1.2.

Zweiteilung oder Dreiteilung der menschlichen Natur?

Manche Bibelstellen sprechen von einer Zweiteilung (Dichotomie: **Leib und Seele**, z. B. Gen 2,7; Mt 10,28), andere von einer Dreiteilung (Trichotomie: **Leib – Seele – Geist**, z. B. Lk 1,46f; 1 Kor 2,14f; 1 Thess 5,23). In letzterem Fall werden die zwei Hauptfunktionen der *einen* Geistseele getrennt betrachtet:

- die „Seele" (*psyché*, anima) steuert die biologischen Vorgänge im Körper,
- der „Geist" (*pnêuma*, animus, ratio) ist für die psychischen Vorgänge zuständig.

Somit besteht kein sachlicher Widerspruch zwischen Dichotomie und Trichotomie.

Auswirkungen der Leib-Seele-Einheit des Menschen

Sprache

Die Sprache ist das wichtigste Merkmal der freien menschlichen Person; sie hebt den Menschen aus der Umweltabhängigkeit des Tieres heraus und macht ihn weltoffen. Der Mensch ist das einzige Lebewesen auf der Erde, das anderen komplizierte Gedankengänge übermitteln kann (nicht nur einfache Signale wie das Tier). Deshalb spiegelt die Sprache das leiblich-geistige Wesen des Menschen am deutlichsten wider. Ohne Sprache gäbe es keine menschliche Kultur. Die Sprache des Menschen ist (nach K. Bühler) „Organon" (= Werkzeug, Instrument) für

1. *Darstellung* (sachbezogene Sprache: Beschreibung von Dingen und Vorgängen),

2. *Appell* (partnerbezogene Sprache: Beeinflussung eines anderen Menschen, z. B. durch Bitte, Rat, Befehl),
3. *Ausdruck* (ichbezogene Sprache: Beschreibung eigener seelischer Vorgänge, z. B. in der Form eines lyrischen Gedichtes).

Weltoffenheit und Transzendierfähigkeit

Neugierde, Wissensdurst und Forscherdrang sind dem Menschen angeboren und begleiten ihn lebenslang; das ist nur möglich, weil er die ganze Lebenszeit hindurch lern- und merkfähig bleibt. Es gibt keinen Seinsbereich, der ihn nicht interessiert.

Infolge seiner Weltoffenheit transzendiert der Mensch auch über sich selbst hinaus: Er wendet sich nicht nur der dinglichen Umwelt zu, sondern auch der personalen (Transzendierung zum Du), ja sogar dem absoluten nichtimmanenten Sein (Transzendierung zu Gott). In der Religion sucht der Mensch Kontakt mit diesem absoluten Wesen. Dabei erfährt er schmerzlich seine eigene moralische Schwäche (Sündhaftigkeit); er spürt, dass er die Gnade Gottes benötigt, um das höchste Wesen wenigstens unvollkommen nachahmen zu können, sehnt sich nach der Befreiung vom Bösen und freut sich auf die endgültige Vereinigung mit dem guten Gott im Jenseits. (Vgl. 2.2.2 und 8.2–3.)

Geschichtlichkeit

Der Mensch ist sich seiner Geschichtlichkeit (= seiner Begrenzung durch Geburt und Tod) bewusst: Er erkennt sich selbst als kontingentes Wesen und Kind seiner Gegenwart (d. h. einer begrenzten Zeitära). Er hat aber die Fähigkeit, auch die Vergangenheit zu erfragen und zu erforschen und aus ihr Lehren für Gegenwart und Zukunft zu ziehen. Und er kann die Zukunft gestalten, indem für lange Zeiträume vorausplant und vorsorgt. (Vgl. 9.1.)

4.3.3 Das Menschenbild der Bibel (biblische Anthropologie)

Das AT und NT bezeichnen den Menschen als

Geschöpf: Die Erkenntnis seiner Geschöpflichkeit zeigt dem Menschen, dass er nicht „das Maß aller Dinge" (Protagoras) ist, sondern
- ein kontingentes und geschichtliches Wesen (s. o. 2.3.4 und 4.3.2),
- ein Wesen mit begrenzter Autonomie: Der Mensch ist an den Willen seines Schöpfers gebunden (theo-nom), ohne dass ihm aber Gott die Willensfreiheit entzieht, selbst bei Missbrauch nicht (s. 6.1.5).

Ebenbild Gottes: Nur vom Menschen sagt die Bibel, dass er ein Ebenbild Gottes auf Erden sei. Der Mensch besitzt diese Sonderstellung auf Grund seiner Geistigkeit (Personalität). In religiöser Sicht ist die Gottebenbildlichkeit das Fundament für die Menschenwürde und die Menschenrechte. Wegen der Leib-Seele-Einheit des Menschen – nicht von sich aus – hat auch der Leib Anteil an der Gottebenbildlichkeit der menschlichen Person. – Vgl. 1.1.5 und 2.2.2.

Stellvertreter und Partner Gottes: (Gen 1,28: Ps 8,7; Sir 17,4). Der Mensch ist Gottes Mitarbeiter bei der Erschaffung neuen menschlichen Lebens (Elternschaft) und wurde zum Verwalter und Nutznießer der übrigen Kreatur eingesetzt (s. den Kulturauftrag Gen 1,28 und 2,15). – Mit „Unterwerfung der Erde" (Gen 1,28) ist nicht hemmungslose Ausbeutung gemeint. (S. 7.3 und 9.1.) – Als Partner steht der Mensch in ständigem und vielgestaltigem Dialog mit Gott und in Freundschaft zu ihm.

Kind Gottes: Gott steigert seine Freundschaft zum Menschen so weit, dass er den durch Jesus erlösten Menschen als sein Kind anerkennt. Das bedeutet für den Menschen die ständige Fürsorge des väterlich und mütterlich liebenden Gottes und das Anrecht auf die ewige Gemeinschaft mit ihm in der Transzendenz („Erbrecht" auf den Himmel: Röm 8,17; 1 Petr 1,4). (Näheres s. 1.2–3 und 8.2–3.)

Bruder/Schwester Jesu Christi: Jesus ist einerseits unser Mitmensch („Bruder"), andererseits aber auch unser Vorbild („Meister"). Er ist das Ur- und Idealbild des Menschen, „der Erstgeborene der ganzen Schöpfung" (Kol 1,15). „Alles ist durch ihn und auf ihn hin geschaffen" (Kol 1,16; Hebr 1,2). Als erbsündeloser, exemplarischer Mensch zeigt Jesus, wie die Menschheit sein könnte, wenn sie nicht durch die Erbsünde verwundet wäre. Christ sein heißt also, Christus immer ähnlicher werden (Nachfolge Christi). (Näheres s. 5.4.)

Paulus vergleicht unser enges Verhältnis zu Christus
– mit der lebendigen Verbindung der Glieder mit dem Leib, z. B. Röm 12,4f,
– mit der notwendigen Beziehung zwischen Leib und Kopf (Christus das Haupt, wir sein Leib, z. B. Eph 4,15f). S. 11.4.1.

Ein Wesen mit Schattenseiten: Die Bibel sieht auch die dunklen Seiten (C. G. Jung: die „Schatten") der menschlichen Existenz: sowohl seine Kontingenz als auch seine Sündhaftigkeit. Trotz seiner Adoption zum Kind Gottes und Geschwister Jesu Christi, trotz seiner Erlösung aus der Sünde durch Jesus neigt der Mensch auf Grund seiner erbsündlichen Verwundung immer wieder zum Bösen und braucht daher auch ständig neu die Sündenvergebung.

4.4 Beispiele moderner nichtchristlicher Menschenbilder und ihre Beurteilung aus christlicher Sicht

4.4.1 Ein soziologisches Menschenbild: Der Mensch als Mängelwesen (Arnold Gehlen)

Biographische Anmerkung: Arnold Gehlen (1904–1976), Universitätsprofessor, Hauptvertreter der philosophischen Anthropologie (die er als empirische Wissenschaft verstand) und der modernen Soziologie. – Hauptwerk: *Der Mensch. Seine Natur und Stellung in der Welt* (1940).

Das Menschenbild: Gehlen gewinnt sein Menschenbild aus dem Vergleich zwischen Mensch und Tier:

Der Mensch ist ein Mängelwesen, das unfertig und hilflos zur Welt kommt, unentwickelter als alle höheren Säugetiere. Er besitzt auch nicht die Instinktsicherheit der Tiere; diese überschreiten von sich aus nie ihre stabile Umwelt. Er hat außerdem die hochentwickelten Spezialorgane seiner tierischen Ahnen eingebüßt. Deshalb kann man ihn nicht ein „Tier mit Geist" nennen. Er könnte in seiner natürlichen Umwelt gar nicht existieren, sondern überlebt nur in der von ihm geschaffenen künstlichen Umwelt, der Kulturwelt.

Ausgleich der Mängel: Infolge seines freien Geistes ist der Mensch aber in der Lage, seine Benachteiligung gegenüber dem Tier nicht nur auszugleichen, sondern dieses weit zu übertreffen: Der Mensch schafft sich *Organersatz, Organverstärkung und Organentlastung:* „Wer im Flugzeug reist, kann alle drei Prinzipien in einem haben: Es ersetzt die uns nicht gewachsenen Flügel, überbietet weit alle organischen Flugleistungen überhaupt und erspart unserer Fortbewegung über ungeheure Entfernungen jegliche Eigenbemühung (= Organausschaltung, Arbeitsersparnis)." (Gehlen)
Grundlagen für jeden Organersatz sind der aufrechte Gang des Menschen, die Ausbildung der Hände und die menschliche Sprache. *Organverstärkung* und *Organentlastung* werden erreicht durch die Erfindung von Werkzeugen und Maschinen. Kein Tier verwendet z. B. das Feuer als Werkzeug. – Da in der griechischen Sage der Gott Prometheus seinen Geschöpfen, den Menschen, das Feuer und die anderen Kulturgüter gebracht hat, spricht Gehlen von einer „prometheischen Natur des Menschen": Der Mensch schafft sich Kultur als seine „zweite Natur", als „Nest", in dem er gegen die feindliche Umwelt geborgen ist. Darum gibt es keine kulturlosen Menschen: Sie wären nicht lebensfähig.

Zur Entlastung hat der Mensch auch den *„Handlungskreis"* geschaffen: Eine Tätigkeit wird immer wieder durch die Erfahrung von Erfolg bzw. Misserfolg korrigiert und verfeinert, bis sie zur automatischen Gewohnheit wird.

Führungssysteme: Jede Kulturgemeinschaft hat ihre Führungssysteme entwickelt (Staat, Religion, Weltanschauung, Ethik, Recht u. ä) und mit entsprechenden Führungseinrichtungen versehen (z. B. Regierung, Gerichte, Kirchen). Das Führungssystem bietet dem Menschen eine umfassende Weltdeutung und Normen für sein praktisches Verhalten, also Lebenshilfe und Halt. Das Führungssystem ersetzt so dem Menschen die fehlende stabile Umwelt. Die Religion als Führungssystem nimmt dem Menschen sein Gefühl der Ohnmacht gegenüber den Naturgewalten und den Grenzsituationen.

Beurteilung aus christlicher Sicht

– Gehlen warnt den Menschen vor Selbstüberschätzung: „Krone der Schöpfung" ist er keinesfalls in biologischer Hinsicht, sondern hierin vielmehr ein Mängelwesen gegenüber dem Tier.
– Gehlen klammert die Frage nach der Existenz Gottes und nach der absoluten Wahrheit einer Religion aus und weigert sich sogar ausdrücklich, Metaphysik zu betreiben, obwohl ihm diese Distanzierung nicht durchweg gelingt: Indirekt greift er doch immer wieder auf die Metaphysik zurück, um überhaupt Aussagen über die Geistnatur des Menschen machen zu können.
– Sein methodischer Atheismus zwingt Gehlen, den Menschen nur als immanentes Wesen zu sehen: Selbsterhaltung und Steigerung der Lebensqualität sind für Gehlen die höchsten Ziele (Sinnerfüllung) des Menschen. Warum der Mensch keine höheren Ziele haben kann oder darf, beantwortet Gehlen nicht.
– Gehlen sieht in der Religion nur ein soziologisches, nützliches Führungssystem, eine Leitidee, die entsprechende Führungsinstitutionen hervorbringt. Je archaischer eine Gesellschaftsform ist, desto notwendiger braucht sie die Religion. Das bedeutet aber konsequenterweise, dass der Mensch mit fortschreitender Kultivierung und Emanzipierung immer weniger Religion braucht und dass diese eines Tages völlig überflüssig sein wird. Er wiederholt also eine These der klassischen Religionskritik, kann sie aber ebensowenig wie seine Vorgänger beweisen. (Vgl. 3.2.2)

4.4.2 Ein materialistisches Menschenbild: Der kollektive Mensch als Produkt und Produzent der Wirtschaft (Karl Marx)

Biographische Anmerkung: Karl Marx (1818–1883) stammte aus einer zum Protestantismus übergetretenen jüdischen Rechtsanwaltsfamilie. Er studierte Jura, Philosophie und Geschichte. Bis 1848 war er Zeitungsredakteur und freier politischer Journalist, zuerst mit liberaler, dann sozialistischer und schließlich kommunistischer Weltanschauung. Wegen seiner Beteiligung an der Revolution von 1848 musste er 1849 ins Exil gehen. Er wählte London als Wohnsitz, schrieb dort sein Hauptwerk *Das Kapital* und studierte nebenbei Nationalökonomie (= Volkswirtschaft). Er erlebte nur die Veröffentlichung des 1. Bandes von *Das Kapital* (1867). Die beiden restlichen gab sein Freund Friedrich Engels (1820–95) postum 1885 und 1894 heraus.

Das Menschenbild: Zusammen mit Feuerbachs Gotteskritik übernahm Marx auch dessen Menschenbild: Da Gott nur die Selbstspiegelung (Projektion) des Menschen ist, stellt der Mensch die absolute Krone des Kosmos dar. Vgl. a. 3.2.2.

Der Mensch als Teil der Natur und des Wirtschaftsprozesses

1. Der ganze Mensch besteht nur aus *Materie* – wie das Tier. Aber er unterscheidet sich von diesem durch seine *verfeinerte Arbeitsfähigkeit*: Er kann Güter produzieren und mit ihnen Handel treiben. Seine wesentlichsten Eigenschaften sind also seine Arbeitskraft (*homo faber*) und seine wirtschaftliche Begabung (*homo oeconómicus*). Diese Eigenschaften machen ihn zum Menschen.

2. Arbeit und Wirtschaft sind der *Unterbau der Kultur*: Zur Arbeit benötigt der Mensch *Produktionsmittel* (Grund und Boden, Kapital, Werkzeuge usw.). Durch die Arbeit bilden sich *Produktionsverhältnisse* heraus: die Überlegenheit der Besitzenden gegenüber den besitzlosen Arbeitern. Je nach der vorhandenen Wirtschaftsform und in ihrem Interesse schafft sich der Mensch eine entsprechende Kultur.
   Die gesamte Kultur ist also restlos aus ihren materiellen Grundlagen zu erklären, und das, was traditionsgemäß „Geist" genannt wird, stellt nur das Arbeitsergebnis (Funktion) der belebten menschlichen Materie dar.

Der Mensch als gesellschaftliches Wesen (*ánimal sociále*). Individuum und Gesellschaft stehen in einer schicksalhaften Wechselbeziehung (Korrelation): Die Gesellschaft produziert und erzieht den Einzelmenschen, dieser arbeitet mit an der Wohlfahrt der Gesellschaft und an der Produktion der zu-

künftigen Gesellschaft; so ist der Mensch das „Ensemble der gesellschaftlichen Verhältnisse". Hinter all dieser Dynamik steht als eigentliche Triebfeder das Wirtschaftsleben.

Der Mensch als geschichtliches Wesen (historischer Materialismus/Histomat). Die ungerechten Produktionsverhältnisse erzeugten im Lauf der Menschheitsgeschichte die *Klassenunterschiede* und *Klassenkämpfe*. Marx teilt die Weltgeschichte in *5 Formationen* (Zeiträume) ein, die er nach der jeweils vorherrschenden Wirtschaftsform benennt und von denen er behauptet, dass die jeweils nächste aus den Klassenkämpfen der vorhergehenden entstanden sei:
1. klassenlose Urgesellschaft (mit Urkommunismus),
2. Sklavenhaltergesellschaft der Antike,
3. Feudalgesellschaft des Mittelalters (mit Leibeigenen und Halbfreien),
4. Kapitalismus der Neuzeit (mit der Entstehung des Proletariats),
5. Sozialismus (als Vorstufe des Kommunismus): Diktatur des Proletariats (Alleinherrschaft der Arbeiterklasse), Verstaatlichung aller Produktionsmittel; dann Kommunismus: klassenlose Gesellschaft ohne Privateigentum und Staatsapparat = die unüberbietbare Zukunftsgesellschaft.

Der Mensch als werdendes Wesen: Emanzipation vom „wirklichen" zum „wahren" Menschen:
– Die Einführung des Sozialismus/Kommunismus bringt nicht nur die wirtschaftliche Emanzipierung, sondern eine gesamtmenschliche (humanistische) Selbstverwirklichung. Denn dann gibt es keine Unterdrücker mehr, die wie in den ersten vier Formationen der Menschheitsgeschichte die Masse der Besitzlosen an ihrer Selbstentfaltung hindern können. (Der „wirkliche" Mensch ist also der abhängige Arbeiter in den ersten vier Formationen, der „wahre" Mensch der Arbeiter im Sozialismus und – bisher noch nirgends etablierten – Kommunismus.)
– Dieser Entwicklungsprozess erfolgt dialektisch (dialektischer Materialismus/Diamat), also in drei Stufen:
   • Selbstentfremdung (als Ausgangsthese),
   • Emanzipation/Klassenkampf (als Antithese),
   • Selbstverwirklichung (als Synthese).
– Die Selbstentfremdung besteht hauptsächlich in dreierlei Zwängen:
   • *die ökonomische Selbstentfremdung*:
      Entfremdung des Arbeiters vom Produkt seiner Arbeit (sein Ausbeuter nimmt es ihm weg, sobald es fertig ist); sie ist auch eine Entfremdung von der Menschenwürde (der Arbeiter wird zum Sklaven der Maschine [Fließbandarbeit!], die er bedient, und des Kapitalisten, dem er sich [d. h. seine Arbeitskraft] verkaufen muss; Marx nennt diesen Sachverhalt auch „soziale Selbstentfremdung");

- die *politische Selbstentfremdung* infolge von Staats- und Regierungs-
  formen der ersten vier Formationen, welche die Besitzenden und
  Reichen gegenüber den abhängigen Arbeitern bevorzugen;
- die *ideologische (= religiöse) Selbstentfremdung* infolge des schädlichen
  Einflusses des Gottesglaubens und insbesondere des Christentums.
- Die Befreiung erfolgt nicht in friedlicher Entwicklung, sondern in bluti-
  gem Klassenkampf, der vom Hass auf die Ausbeuter ausgelöst wird. Diese
  Revolution fegt den Kapitalismus hinweg, errichtet den Sozialismus, der
  sich nach dem Gesetz der Dialektik zum Kommunismus entwickeln wird.
  In dieser neuen, klassenlosen Gesellschaft kann sich der „wahre" Mensch
  frei entfalten; dann hat auch die erzwungene Arbeitsteilung ein Ende: Jeder
  Mensch verrichtet freiwillig und gerne jede Arbeit, die für die Gemeinschaft gerade nötig ist.

Der Mensch als teilweise determiniertes Wesen: Nur die sozialistisch-
kommunistische Partei und der von ihr geführte Staat haben als Organe der
gesamten Gesellschaft die Fähigkeit, völlig freie und richtige Entscheidungen
zu treffen. Das Individuum hat diese Möglichkeit nur in begrenztem Maße.
Seine Freiheit besteht hauptsächlich in der Einsicht der Notwendigkeit, dem
Aufbau der sozialistisch-kommunistischen Gesellschaft zu dienen.

Beurteilung aus christlicher Sicht

Der angewandte Marxismus übte jahrzehntelang eine große Faszination auf
unsere säkularisierte Gesellschaft aus: Zum erste Mal in der Neuzeit wurde
dem Christentum eine mächtige Alternative entgegengesetzt,
- die für die Volksmassen verständlich war,
- die sich mit allen Mitteln für die Habenichtse einsetzte und
- die eine herrliche Zukunft versprach.

Positive Würdigung

- Der Marxismus hat die Geringschätzung der Materie bekämpft, die seit
  Platon durch die europäische Kulturgeschichte geisterte. – Doch ist er dabei über das Ziel hinausgeschossen, indem er die Materie verabsolutierte.
- Der Marxismus hat die große Bedeutung der Wirtschaft für das individuelle und soziale Leben der Menschen aufgezeigt (vgl. B. Brechts vulgäres
  Schlagwort: „Erst kommt das Fressen, dann kommt die Moral" [Dreigro-
  schenoper]).
  Manche ökonomischen Erkenntnisse von Marx wurden auch in die
  katholische Soziallehre aufgenommen (vgl. Oswald v. Nell-Breuning SJ
  [1890–1991]: „Wir alle stehen auf den Schultern von Marx.").
- Der Marxismus hat das Christentum gezwungen, sich mehr als bisher um
  das diesseitige Wohl der Menschen zu kümmern und nicht nur um ihr jen-

seitiges Heil. In die Rolle der Konkurrentin des Marxismus gedrängt, leistet die Kirche mehr und bessere Sozialarbeit als früher; sie kümmert sich nicht nur punktuell um die Notleidenden (durch Almosen an einzelne Arme), bekämpft also nicht nur die Symptome der Armut, sondern arbeitet mit an Strukturveränderungen, welche die Ursachen dieser Symptome beseitigen.

Negative Kritik

– Abzulehnen sind die Grundlagen des Marxismus:
  • materialistischer Monismus und damit die Leugnung des Geistes und der Metaphysik,
  • Atheismus (eigentlich: Vergötzung der Materie).
– Abzulehnen ist auch die marxistische Lehre, dass nur das Kollektiv (repräsentiert durch Staat und Partei) volle Willensfreiheit besitze. Grundlage dieser These ist eine irrige Überbewertung der Gesellschaft gegenüber dem Individuum, wonach der einzelne nur „Zukunftsfutter" ist, Mittel zum Zweck der Errichtung des Kommunismus. Das widerstreitet fundamental der christlichen Anthropologie, nach welcher jeder einzelne Mensch Freiheit, Wert und Würde in sich besitzt. Vgl. o. 4.1.2.
– Der atheistische Marxismus kann die Grundfragen der Menschheit (Woher – Wozu – Wohin?) nicht lösen. Er versagt völlig vor dem Problem des Leides und des Todes.
– Abzulehnen ist ferner der Totalitarismus und Unfehlbarkeitsanspruch des Marxismus sowie sein Menschenhass und seine Aggressivität. Er tritt als menschenverachtende Ideologie auf und verfolgt blutig jede Hinterfragung seiner Dogmen (Revisionismus gilt bei ihm als Verbrechen!). Kurz: Er nimmt die Züge einer dogmatischen, undynamischen und intoleranten Ersatzreligion an.

4.5   Das Menschenbild in der modernen Kunst

Korrelation von Zeitgeist, Menschenbild und Kunst

Jede kreative Kunst ist Ausdruck des Zeitgeistes, d. h. der vorherrschenden Ideen und Ideale einer Menschengeneration; zugleich ist sie Mitgestalterin des Zeitgeistes der nächsten Periode. Das bedeutet unter anderem: Die wahre Kunst stellt das Menschenbild ihrer Zeit dar (wenn auch vielleicht in historischer, exotischer, surrealistischer oder abstrakter Verfremdung), und geniale Künstler sehen intuitiv das Menschenbild von morgen voraus und schildern es visionär, womit sie bei den Zeitgenossen oft auf Unverständnis und Ablehnung stoßen.

Der säkularisierte heutige Mensch kann bei religiösen Kunstwerken häufig nur noch den künstlerischen und finanziellen Wert („Ausstellungswert") taxieren, das Verständnis für deren religiöse Aussage („Kultwert") hat er verloren.

Der Mensch als Rätsel und Widerspruch

Der Mensch wird sich immer mehr selbst zum Rätsel. Dementsprechend begegnen wir in der modernen Kunst Marionetten statt Menschen oder Figuren mit leeren Gesichtern: Menschen ohne individuelle Eigenschaften. Robert Musil stellte in seinem Roman *Der Mann ohne Eigenschaften* (1930/52) fest: „Es ist eine Welt von Eigenschaften ohne Mann entstanden, von Erlebnissen ohne den, der sie erlebt." Musil spielt hier darauf an, dass in der modernen Kunst das Bild vom Menschen sekundär geworden ist; an seine Stelle sind die „Objekte" getreten; es entstand die „Objektkunst". Die Materie, nicht mehr die geistige Natur des Menschen, steht im Zentrum moderner Wirklichkeit – ein seltsamer Widerspruch zu den Hauptzielen der Moderne: Autonomie und Selbstvergottung des Menschen.

Seitdem sich der Mensch nicht mehr als Ebenbild des guten Gottes fühlt, das in einem wohlgeordneten Kosmos leben darf, ist sich der Mensch zum Rätsel, ja zum Ekel geworden. Konsequenterweise haben die Künstler ihrem Publikum den Menschen in seiner Abscheulichkeit, Erbärmlichkeit und Einsamkeit dargestellt, als Bewohner einer hässlichen und hassenswerten Welt, in die er von einem menschenverachtenden Schicksal, von der Natur oder vom puren Zufall geworfen wurde, vgl. die surrealistische Periode Picassos oder S. Dalis „*Zerrinnende Zeit*" (1931) und „*Die brennende Giraffe*" (1935). Diese Entwicklung steht in einem grotesken Widerspruch zum Kult des schönen und jungen Körpers, der in der Sport- und Konsumindustrie gleichzeitig getrieben wird. Die Postmoderne rückt von diesem Hässlichkeitskult wieder ab: „Hässlichkeit ist das wahre Gift für den Menschen" (Friedensreich Hundertwasser, geb. 1928).

Lösungsversuche des Rätsels „Mensch"

Manche zeitgenössischen Künstler bemühen sich um einen positiven Beitrag zur Aufklärung des Rätsels „Mensch"; ihnen genügt eine satirische oder pessimistische Bestandsaufnahme der Rätselhaftigkeit des Menschseins nicht. So will die surrealistische Malerei in bewusster Anlehnung an S. Freuds Psychoanalyse die „Wirklichkeit des Unterbewussten" darstellen und dadurch dem eigentlich Humanen auf die Spur kommen. Beim Surrealisten S. Dali finden wir auch direkte religiöse Motive (Kreuzigungen, symbolistische Madonnen, Illustrationen zu Dantes „Göttlicher Komödie" u. a.).

Die *abstrakte Malerei* stellt zunächst die *Innenwelt* des Künstlers selbst dar, seinen geistigen Mikrokosmos. Darüber hinaus versucht sie aber jenseits dieser subjektiven Erfahrungen etwas Absolutes, Allgemeingültiges auszudrücken – Metaphysik durch Farbe und Form „sichtbar" zu machen.

Dem *Surrealismus* geht es vorrangig um die Bewältigung der *Außenwelt* des Menschen (deren Eindrücke er im Unterbewusstsein speichert), der *abstrakten Kunst* mehr um die Aufarbeitung der *Innenwelt*. Beide Kunstrichtungen suchen nach einem Sinn in diesen zwei humanen Bereichen.

Die Pop-Art

In programmatischem Gegensatz zur abstrakten Kunst steht die Pop-Art. Sie will „populär" sein und bietet daher auch die banalen Objekte des Massenkonsums als Kunst an. Pop-Art ist direkt und leicht verständlich, gewollt antikontemplativ, anti-nuanciert, anti-mysteriös und gegen das maltechnisch Elitäre gerichtet. Dadurch will die Pop-Art die Kunst aus ihrer derzeitigen Isolation herausführen und dem modernen Menschen nahebringen. Infolge dieser Zielsetzung erhalten auch so alltägliche Gegenstände wie Coca-Cola-Dosen oder Zahnbürsten einen Darstellungs-, Ausstellungs- und Mitteilungswert. „Everything is pretty" urteilt A. Warhol, und der Objektkünstler J. Beuys meint ganz ähnlich: „Alles ist ein Kunstwerk, und jeder Mensch ein Künstler." Das Menschenbild der Pop-Art ist fröhlicher, gegenwartsbejahender als das der Moderne, kann aber auch gesellschaftlich revolutionäre Züge annehmen.

Als Reaktion auf Pop-Art und abstrakte Kunst entwickelte sich in den sechziger Jahren der **Fotorealismus**, der mit Vorliebe eine starre, bedeutungsentleerte Alltagsszene so realistisch und detailgetreu darstellt, als wäre sie abfotografiert.

Beurteilung aus christlicher Sicht

– Ein Teil der modernen und postmodernen Künstler bezeichnet sich als Atheisten oder Nihilisten. Das Menschenbild, das sie in Wort, Form und Farbe darstellen, kann deshalb nur diesseitsorientiert sein, oft auch vom Utilitarismus und Determinismus beeinflusst. Die außerrationalen Kräfte des Menschen, die wir mit „Herz, Gefühle, Emotionen, Affekte" bezeichnen, kommen bei diesen Künstlern infolge ihrer auf Produktivität und Profit ausgerichteten Ideologie zu kurz; auch die Tradition – die gewachsene Kultur – ignorieren sie.

Ein derart verkürztes Menschenbild entspricht nicht der christlichen Anthropologie und findet auch das Missfallen S. Dalis, der darüber urteilt: „Unsere Zivilisation glaubt sich von jedem Zwang befreit zu haben: Doch sie tut sich selbst Zwang an durch ihre Bedürfnisse nach rein zweckmäßigen, wertlosen Produkten maschineller und industrieller Art. Alles materialistische Denken jedoch ist ein reiner Mechanismus der Ketten. Die

Freiheit dagegen liegt in der religiösen Einsicht, und es kann keine intellektuelle Größe ohne ... transzendente Lebensauffassung geben."

- Es befinden sich unter den heutigen Künstlern auch religiös stark interessierte Persönlichkeiten. Sie bekennen sich entweder offen zum Christentum oder sind zumindest „anonyme Christen". Für sie gilt das Wort des jüdischen Malers Marc Chagall: „Die Kunst, die Malerei ist ihrer Natur nach religiös – wie alles Schöpferische. – Die Malerei, wie alle Poesie, hat teil am Göttlichen; das spüren die Menschen heute genauso, wie sie es früher taten." Etwas allgemeiner drückt dies M. Seuphor, der Theoretiker der abstrakten Malerei, aus: „Jede Kunst ist Metaphysik."

- Der Säkularismus wirkt sich innerhalb der christlichen Kirchen manchmal in der Weise aus, dass man glaubt, auf künstlerisch ausgestaltete Kirchen (Kulträume) und Bildsymbole, da sie keinen Nutzwert haben, verzichten zu können. Wenn aber der Christ die künstlerische Formung seines religiösen Lebensraumes aufgibt, ist die christliche Existenz in der dann allein noch übrigbleibenden Konsumwelt kaum noch zu verwirklichen. Denn der Mensch ist kein reines Geistwesen, sondern auch Sinnenwesen, das ohne kultivierten Raum und ohne Symbole religiös schwerlich überleben kann. (S. o. 4.3.2.)

  Eine nur profitorientierte Gesellschaft, die Kunst und Symbolik verachtet, ist inhuman und bedroht nicht nur die religiöse Existenz ihrer Mitglieder, sondern über kurz oder lang auch deren psychisches und physisches Leben (vgl. die chinesische „Kulturrevolution" 1966–69).

Weiterführende Literatur

CGG 4, S. 5–45: Klaus M. Meyer-Abich: *Determination und Freiheit*
CGG 18, S. 148–179: Trutz Rentorff: *Emanzipation und christliche Freiheit*
CGG 18, S. 101–148: W. Kern/C. Link: *Autonomie und Geschöpflichkeit (autonome oder theonome Ethik)*
CGG 23, S. 127–161: Paulus Engelhardt: *Versöhnung und Erlösung*
CGG 24, S. 5–55: A. Raffelt/K. Rahner: *Anthropologie und Theologie*
CGG 24, S. 57–99: I. U. Dalferth/E. Jüngel: *Person und Gottebenbildlichkeit*
CGG 25, S. 5–38: Th. Luckmann/H. Döring/ P. M. Zulehner: *Anonymität und persönliche Identität (Selbstfindung des Individuums)*
CGG 5, S. 5–61: Raphael Schulte: *Leib und Seele*
CGG 19, S. 5–63: Alexander Schwan: *Humanismen und Christentum (Menschenbilder)*
Th. Forum 15: *Menschenbilder*
Forum Religion 2: *Laßt uns den Menschen machen. Kurs Anthropologie*
CGG 2, S. 43–70: A. Halder/W. Welsch: *Kunst und Religion*

Das christliche Menschenbil

Geschöpf Gottes **1**

Ebenbild Gottes **2**

Stellvertreter Gottes **3**

Bündnispartner Gottes **4**

Bruder/Schwester Jesu Christi **5**

Kind Gottes,
„Erbe" des Himmels **6**

Glied am mystischen

= denkbar
innigstes Einssein
mit Jesus Christus

Joh
1,12

Röm 12,4f **7**

Röm
8,29

Bedingung: Annahme der Erlösung, **6**

Jesus Christus als Urbild, Idealbild, Vorbild, **5**

Gen 1, 15–17, 9; 15; 28,13–15; **4**

Gen 1, 28; **3**

Gen 1, 27; **2**

Gen 1,1.26f; **1**

ein Überblick

gemeinsam mit der ganzen belebten und unbelebten Immanenz
und den transzendenten Kreaturen (Engel, Dämonen)

gemeinsam mit den anderen geistbegabten Geschöpfen
(Engeln und Dämonen)

bei der Verwaltung der materiellen Schöpfung
(Erde, zunehmend auch das Weltall)

Alter Bund mit Adam und Eva, Noach, Patriarchen, Mose und Israel
Neuer Bund mit der ganzen Menschheit

auf Grund der Menschwerdung
des ewigen Gottessohnes

auf Grund der Erlösung
durch Jesus Christus

Leib Christi

= höchste Form
der Nachfolge Christi

Gal
4,
5–7

Eph 4,15f

Eingliederung in das Neue Gottesreich

Hebr
2,17

Helfer und Ziel des Menschen:
Nachfolge Christi als Sinnerfüllung

Joh 15,15f

Sir 17, 4

1 Kor 11,7

Ps 8,5–9

5 Grenzerfahrung und Sinnfrage

5.1 Sinnbegriff – Sinnerfahrung – Grenzerfahrung

Von Sinn oder von der Sinnhaftigkeit einer menschlichen Aktion spricht man, wenn diese einen ausreichenden, berechtigten Grund hat und ein vernünftiges Ziel verfolgt, wenn sie einen materiellen oder geistigen Nutzen bringt und wenn ein ethischer Wert hinter ihr steht.

Sinnvolle Handlungen erzeugen Glücksgefühle, Zufriedenheit, Erhöhung der Lebensqualität. (Zu den negativen Auswirkungen der Erfahrung von Sinnlosigkeit s. unten 5.1.2.)

In der Hl. Schrift gibt es noch keine einheitliche Bezeichnung für „Sinn" als philosophisch-theologischen Fachbegriff, nur Metaphern, z. B. „Speise" = Sinnerfüllung des Lebens (Joh 4,34), „Hunger und Durst nach Gerechtigkeit" = Sinnsuche (Mt 5,6), „Gottverlassenheit" = Sinnleere (Mt 27,46). Oft erscheint das Wort „Sinn" erst in neueren Bibelübersetzungen, z. B. Lk 12,15 „Leben" → EÜ: „Sinn des Lebens"; Lk 24,32 „Schriften" → EÜ: „Sinn der Schrift".

5.1.1 Einteilung des Sinnbegriffs (Arten von Sinn)

Man unterscheidet:

a) *punktueller Sinn* = kurzdauernder Sinn: Er bildet nur einen kleinen, angenehmen „Punkt" im Leben, z. B. Freude über eine ehrlich erarbeitete Schulnote;

b) *partikulärer Sinn* = Sinnerlebnis von längerer Dauer, aber beschränktem Umfang: Der Sinn erfasst nur Teile der eigenen Person und Umwelt; in anderen Teilbereichen kann gleichzeitig die Erfahrung von Sinnlosigkeit bestehen, z. B. schulische Erfolge bei gleichzeitigem Krach im Elternhaus. Immanente Sinnerfüllungen können von ihrem Wesen her nur partikulär sein: Ihre Dauer ist schicksalhaft ungewiss, und sie befriedigen den mit der Transzendierfähigkeit ausgestatteten Menschen nie vollständig. Vgl. 4.3.2. Allerdings wird nicht selten ein partikulärer Sinn für den absoluten ausgegeben (z. B. Einsatz für eine Ideologie, eine Partei, ein Idol, die eigene Karriere usw.).

c) *universaler Sinn* = ganzheitlicher Sinn. Hier geht es um das Grundvertrauen, dass auch hinter scheinbar sinnlosen und sinnwidrigen Erfahrungen ein letzter, transzendenter Sinn steht. Gott gibt auch solchen Handlungen, die nach menschlichen Maßstäben sinnlos erscheinen, einen die

Immanenz übersteigenden Sinn. Dieser Universalsinn kann nur im Glauben erkannt werden. Vgl. auch 5.4.3.

„Sinn" ist ein metaphysischer, kein empirischer Begriff: Sinn erfährt nur, wer bereit ist, an ihn zu glauben. Wer sich diesem Glauben verschließt, kann auch bei Ereignissen, die anderen evident sinnvoll erscheinen, nur letztlich einen sinnlosen, wenn auch momentan angenehmen oder vorteilhaften Zufall sehen.

5.1.2 Sinngefährdung durch Grenzerfahrung

Die bewusste Frage nach dem Sinn wird gewöhnlich bei einer „Grenzsituation" (= bei einer sinngefährdenden Lebenskrise) gestellt, in der ein einzelner seine Grenzen schmerzlich erfahren muss. Sie laufen dem gewünschten Ziel einzelner Handlungen oder des ganzen Lebens zuwider und werden deshalb als *sinn*los und *sinn*widrig empfunden; sie können eine Glaubens- und Lebenskrise auslösen.

Anmerkung: Der Begriff „Grenzsituation" stammt aus der Existenzphilosophie von Karl Jaspers (1912) und wird durch folgende Faktoren bestimmt: Unvermeidlichkeit, Unveränderbarkeit, Unableitbarkeit und Endgültigkeit. – Vgl. 1.1.6 und 2.2.2.

Die häufigsten Reaktion der Menschen auf Grenzsituationen:
- Verdrängung (Nicht-wahr-haben-Wollen) der Grenzsituation,
- Ablenkung (Arbeitswut, Kunst, Hobby, Sport),
- Flucht in eine psychogene oder psychosomatische Krankheit,
- Resignation (stumpfe Ergebung ins Unvermeidliche),
- Verzweiflung bis hin zum Selbstmord(versuch),
- Ergebung in den Willen Gottes bzw. in das Schicksal,
- Heroisches Ankämpfen gegen die Situation oder zumindest gegen ihre Auswirkungen; vgl. Beethoven nach seiner Ertaubung: „Ich will dem Schicksal in den Rachen greifen, ganz niederbeugen soll es mich gewiss nicht."

Ein Mensch kann wegen einer Grenzsituation das Urvertrauen völlig verlieren, dass die Welt in sich etwas Gutes ist und dass Gott es gut mit uns meint. Ein solcher Totalverlust des Sinns ist aber nur subjektiv; objektiv gibt es für den Menschen niemals einen völligen Sinn- und Wertverlust: Die menschliche Person hat Sinn und Wert in sich, die ihr durch keine Katastrophe geraubt werden können. Immer besitzt sie Menschenwürde und hat Anspruch auf die Menschenrechte (das gilt auch für den ungeborenen und den schwer behinderten Menschen). Vgl. 4.3.1. – Ebensowenig ist die Hoffnung sinnlos, dass trotz oder nach einer Grenzsituation wieder bessere Tage anbrechen (vgl. „Dum spiro, spero – solange ich atme, hoffe ich"). Für den Christen kommt die Glaubensgewissheit hinzu, dass wir in Gottes Hand geborgen sind (Mt 6,32f; 10,29-32).

5.1.3 Ansatzpunkte zur Sinnerfahrung verdankten Lebens

Das Leben verdankt sich nicht selbst, sondern einem Schöpfer. Diese Erfahrung schließt auch die Erkenntnis der eigenen Endlichkeit (Sterblichkeit) und Begrenztheit ein und kann deshalb ebensogut Ansatzpunkt einer Grenzerfahrung wie einer Gottes- und Sinnerfahrung werden.

Gewöhnlich tragen zum Gelingen des Lebens wohlgesinnte Menschen bei, denen man deshalb Dank schuldet, z. B.

– für Freude, die man von ihnen bzw. durch sie erfährt,
– für positive Erfahrungen im Berufs- und Alltagsleben und in der Freizeit, die man nur mit Hilfe guter Menschen gewinnen konnte,
– für geistige Bereicherung durch Literatur und Kunst,
– für Lebensrettung im empirischen Sinn (Rettung aus lebensgefährlichen Situationen, z. B. Heilung von Drogensucht; Hilfe bei einem Verkehrsunfall).

5.2 Philosophische und psychologische Antworten auf die Sinnfrage

5.2.1 Die Sinnantwort des Epikureismus

Leben und Wirkung Epikurs. Epikur (geb. 342/41 auf Samos, gest. 271/70 in Athen) entwickelte im Anschluss an Demokrit (460–370 v.C.), den Hauptbegründer der Atomlehre, eine materialistische und praktisch atheistische Glückslehre. Der Epikureismus bestand bis zum 4. Jh. n.C.

Ungestörter Lustgenuss (Ataraxie). Epikurs Ethik ist ein individualistischer Hedonismus und Eudaimonismus; denn seine Philosophie stellt eine Anleitung zu einem intensiv ausgekosteten Leben dar: Epikur zeigt, wie man das Leben in dauernder Freude verbringen kann. Dabei soll die Vernunft ständig kontrollieren, ob man sich nicht falschen Freuden hingibt. (Seine Gegner warfen ihm also zu Unrecht vor, er rede einer zügellosen, ausschweifenden Lebensweise das Wort.)

Als Konsequenz eines von der Vernunft gesteuerten Lustgenusses ergibt sich die Ataraxie (gr. „Ungestörtheit, Unverwirrtheit"), d. h. seelische Ruhe und Ausgeglichenheit, das Freisein von peinigenden Begierden, Aufregungen, von

Schmerzen und Ängsten, kurzum: ein stressfreies Leben. Zur Erreichung und Bewahrung der Ataraxie empfiehlt Epikur die Beachtung der vier Kardinaltugenden:

1. Klugheit (= Weisheit, Vernünftigkeit)
Die Klugheit beherrscht die „Messkunst", alles nach dem Lustprinzip abzuwägen: Was mehr Lust als Unlust bringt, ist zu tun; was früher oder später mehr Unlust erzeugt, als die Ausführung der Handlung an momentanem Lustgenuss einbringt, ist zu meiden.

2. Gerechtigkeit
Durch Ungerechtigkeit schafft man sich Ärger mit den Mitmenschen, Gerechtigkeit dagegen macht angesehen und beliebt, verschafft also Lust und gefährdet die Ataraxie nicht.

3. Tapferkeit
Für Epikur bedeutet Tapferkeit, sich den falschen Ansichten der Masse entgegenzustellen und sie zu überwinden, weil sie die Ataraxie stören, nämlich:

- die Angst vor dem Schmerz: Unvermeidliche Schmerzen soll man ertragen. Wenn sie unbezwingbar werden, empfiehlt Epikur den Selbstmord;
- die Angst vor dem Tod: Die Seele ist materiell: Sie besteht aus Atomen, die sich im Augenblick des Todes trennen. Die Seele löst sich also im Tod auf und verliert ihr Bewusstsein; deshalb kann sie den Zustand des Todes gar nicht mehr wahrnehmen. Folglich ist es unvernünftig, sich vor ihm oder vor einem Leben nach dem Tode zu fürchten;
- die Angst vor den Göttern: Als Materialist stellt sich Epikur die Götter als körperliche Wesen vor, die im Kosmos in vollendeter Ataraxie wohnen. Um diese Ruhe nicht zu gefährden, kümmern sie sich nicht um die Welt und die Menschen, die auch nicht ihre Geschöpfe sind, da die Materie ewig ist. Es gibt also keine göttliche Weltenlenkung (Vorsehung) und Fürsorge für die Menschen, aber auch keine Bestrafung durch die Götter; keiner braucht sich vor dem Hades zu fürchten. Die Menschen sind somit den Göttern gegenüber zu nichts verpflichtet, die Religion ist überflüssig;
- die Angst vor dem Schicksal (lat. fatum): Epikur leugnet die Existenz einer Schicksalsmacht, die, den Göttern übergeordnet oder im Bund mit ihnen, den Ablauf der Welt determiniert. Somit gibt es auch keine Einschränkung der menschlichen Willensfreiheit.

4. Mäßigkeit (Genügsamkeit)
Unmäßigkeit bewirkt Beschwerden, also Unlust und Ataraxieverlust. Deshalb soll man sich möglichst auf die Befriedigung der notwendigen Begierden beschränken, z. B. auf Stillung des Hungers. Von den nicht-notwendigen Begierden soll man sich nicht beherrschen lassen, man kann ihnen aber gelegentlich nachgeben, soweit sie die Ataraxie nicht gefährden.

Der Weise soll keine öffentlichen Ämter annehmen: Sie verderben die Ataraxie (Lebensmotto: Lebe im Verborgenen.) Der Epikureer erwartet zwar vom Staat den Schutz seines ungestörten Privatlebens, ist aber außer Steuerzahlung zu keiner Gegenleistung bereit. Sogar von der Familiengründung rät Epikur ab. Dagegen schätzt er die Freundschaft sehr hoch ein: „Ein Leben ohne Freunde ist voller Unsicherheit und Angst".

Beurteilung der epikureischen Sinnantwort aus christlicher Sicht

– Die Praxis der epikureischen Glückslehre stimmt in manchen Punkten mit der christlichen Moral und Asketik überein, z. B. die Hochschätzung der vier Kardinaltugenden. Epikurs Rat zu einem verborgenen Leben wird im christlichen Ordensstand praktiziert.

– Völlig abzulehnen ist aber die Grundlage der epikureischen Philosophie: der praktische Atheismus, der materialistische Monismus, die Leugnung der Unsterblichkeit der Seele, die Geringschätzung der Religion.

– Die Sozialnatur des Menschen wird von Epikur stark unterbewertet: Seine Philosophie ist extrem individualistisch. Die Nächstenliebe stellt für ihn keinen selbstständigen Wert dar, sondern nur ein Mittel zur Erreichung der eigenen Ataraxie.

– Nach der christlichen Güterordnung ist nicht die Lust oder die Seelenruhe der höchste Wert, sondern die Liebe zu Gott und zu den Mitmenschen.

5.2.2 Die Sinnantwort des Stoizismus

Leben und Philosophie Zenons. Zenon (geb. um 334 v.C. in Kition/Zypern, gest. um 263 in Athen durch Selbstmord) schloss sich in Athen zunächst den Kynikern an, gründete aber um 300 eine eigene Schule. Seine Philosophie ist ein materialistischer und pantheistischer Rationalismus mit Entlehnungen aus Heraklit, Platon, Aristoteles und dem Kynismus. Der Stoizismus bestand bis ca. 200 n.C.

Zenon lehrt: Alles, was existiert, ist körperlich (materiell). Infolgedessen bestehen Gott und die Welt aus dem gleichen (wenn auch unterschiedlich feinen) Stoff, sind also vom Wesen her identisch. Alles Geschehen wird determiniert durch den Willen (= die Vorsehung) Gottes, für den die Stoa viele Namen verwendet: Weltgeist, Weltvernunft (Logos), Weltseele, Lebenshauch (Pneuma), Urfeuer, Urkraft, Schicksal, Notwendigkeit, Vorsehung, Zeus. – Gott ist also nicht transzendent, sondern höchst immanent: Er durchdringt und belebt alle Dinge und Lebewesen des Kosmos; es gibt deshalb keine „tote" Materie.

Gott kümmert sich allumfassend um seine Schöpfung; er sorgt dafür, dass alles Geschehen im Kosmos nach dem Ursache-Wirkungs-Gesetz (= kausal), mit einem vernünftigen Plan und Ziel (= teleologisch) verläuft; nichts überlässt er dem Zufall. Weltschöpfung und Weltuntergang wiederholen sich in ewigen zyklischen Abläufen. Dem Menschen bleibt nur die Freiheit, diese göttliche Determination zu bejahen oder sie abzulehnen – ändern oder auch nur beeinflussen kann er sie nicht.

Das Sinnangebot der älteren Stoa (300–150 v.C.)

Wer ein Weiser – d. h. ein vollkommener und glücklicher Mensch – werden möchte, muss folgenden Anforderungen genügen:

– *Naturgemäß = vernünftig leben*

Da die Natur von der göttlichen Weltvernunft durchdrungen ist, ist sie auch selbst vernünftig. Ein weiser Mensch begreift diese Identität von Natur und Vernunft und weiß auch, dass die göttliche Vernunft immer nur das Gute will und tut. So gilt die Gleichung: **natürlich = vernünftig = göttlich = gut.**

– *Tugendhaft leben = pflichtgemäß handeln*

Im Gegensatz zu den Epikureern erkennen die Stoiker die Lust nicht als eigenständigen Wert an, sondern als vernunftwidrigen Affekt, wenn sie direkt als Ziel und Zweck einer Handlung gesucht wird. Es gibt auch eine erlaubte Lust; aber sie ist nur eine Sekundärerscheinung des pflichtgemäßen Handelns: Sie besteht in einer spontanen Freude über eine ausgeführte ethisch wertvolle Handlung.

Da die Tugend göttlich ist, hat der Mensch die Pflicht zum tugendhaften Handeln; Antriebskraft hierfür ist das Gewissen (in der Stoa „Dämon" oder „Natur" genannt).

Die Veranlagung zur Tugend ist dem Menschen angeboren, nicht aber die Tugend selbst; sie muss erst mühsam gelernt werden wie jedes andere Wissen auch. Dann aber ist sie ein unverlierbarer Besitz auf Lebenszeit.

In der moralischen Praxis folgen die Stoiker der Gesinnungsethik: Es kommt bei einer Tat nur auf die lautere Gesinnung (Absicht) an, nicht auf den äußeren Erfolg oder die Folgen der Tat.

– *Ungestört und frei leben = Apathie und Ataraxie besitzen*

Zum tugendhaften Leben gehört notwendig der Kampf gegen die Affekte. Ein Affekt (lat. afféctus m., gr. páthos n.) ist eine vernunftwidrige, also schlechte Triebregung. Die Stoa unterscheidet vier Grundaffekte, auf die alle übrigen zurückzuführen sind:

1. Lust – als bewusst gesuchter Selbstzweck, nicht als sekundäre Freude (s. o.)
2. Unlust (Trauer, Depressivität)
3. Begierde (Gier nach bösen oder ethisch gleichgültigen Dingen)
4. Angst

Das Böse an den Affekten besteht darin, dass sie wider besseres Wissen, aus einer Schwäche der Vernunft heraus, befriedigt werden. Da sie schlecht sind, müssen sie ausgerottet, nicht nur gezügelt werden. Dann erringt man Apathie (gr. apátheia f. „Schmerzfreiheit, Unempfindlichkeit") und Ataraxie (diesen Fachausdruck übernahm die Stoa von Epikur).

Wer Apathie und Ataraxie besitzt, ist ein Weiser. Allerdings gelangen nur wenige, besonders charakterstarke Menschen bis zu diesem Gipfel der Tugend; die anderen bleiben unterwegs stecken oder machen sich gar nicht auf den Weg zur Tugend und bleiben deshalb ihr Leben lang Toren.

Der Weise ist genügsam (autark) und bedürfnislos, über körperliche Zustände (Krankheit) und äußere Verhältnisse (Schicksalsschläge) erhaben. Er lebt aber keineswegs als Menschenfeind oder Einsiedler und verachtet auch materielle Güter nicht, solange sie Apathie und Ataraxie nicht gefährden.

Die höchste Form der Weisheit und Freiheit ist die Möglichkeit, seinem Leben ein Ende zu setzen, wenn der Selbstmord vernünftiger erscheint als ein Weiterleben. (Diese Lehre befolgte Zenon auch selbst: Er machte als hochbetagter Greis nach einem erlittenen Unfall seinem Leben durch Nahrungsverweigerung ein Ende.)

– *In Gemeinschaft und für die Gemeinschaft leben*

Der Weise sieht den ganzen Kosmos als einheitlichen göttlichen Organismus. Daher weiß er auch, dass alle Menschen miteinander wesensgleich und verwandt sind. Der Stoiker nimmt hierbei die Sklaven, die Nichtgriechen (also die „Barbaren") und die Feinde keineswegs aus: Alle haben ihren Persönlichkeitswert und ihre Persönlichkeitsrechte.

Seine soziale Natur drängt den Menschen zur Gemeinschaftsbildung (Familie, Staat, Weltbürgertum: Alle Menschen gehören zur einen großen Völkerfamilie: Kosmopolitismus). Besonders hoch bewerteten die Stoiker (wie auch die Epikureer) die Männerfreundschaft.

– *Religiös leben*

Die Stoiker brachten den Polytheismus der griechisch-römischen Staatsreligion mit ihrem Pantheismus in Einklang, indem sie lehrten:

Alles ist vom Hauch und Feuer des einen Gottes durchdrungen; demnach ist alles belebt, und überall in der Natur kann sich Gott zeigen. Wenn also die Menschen in den Naturkräften und -erscheinungen Götter sehen, haben sie nicht unrecht. Deshalb kann auch ein Stoiker am herkömmlichen Götterkult teilnehmen; er soll sich aber von allem Unsinnigen und Abergläubischen der primitiven Volksreligion fernhalten.

Die dem Weisen angemessene Religionsform ist ein philosophischer Vernunftglaube. Der Stoiker sieht als Hauptziele der wahren Religion an:

• Erkenntnisse über die Götter und den richtigen Kult zu sammeln,
• dem Willen der Götter – d. h. der Vernunft – zu gehorchen,
• die unendliche Vollkommenheit des Weltgeistes nachzuahmen.

Der Gehorsam gegenüber dem göttlichen Willen schließt auch die Ergebung in das Schicksal ein; der Stoiker lehnt sich nicht gegen seine Determiniertheit auf (s. o.), sondern vertraut darauf, dass die göttliche Vorsehung (Wille, Weltlenkung) das Beste für jeden einzelnen Menschen verfügt.

Beurteilung aus christlicher Sicht

- Viele Einzelzüge der stoischen und der christlichen Theologie stimmen überein, z. B. der Monotheismus, die göttliche Vorsehung, Gott als Vater aller Menschen usw.
- Gemeinsamkeiten und Ähnlichkeiten in ethischen Fragen:
  - Die stoische Tugend- und Pflichtmoral passte gut in die christliche Asketik (= Lehre von der strengen, gottgefälligen Lebensführung), besonders auch die Geringschätzung äußerlicher Güter.
  - Der stoische Apathie- und Ataraxiebegriff ist verwandt mit dem christlichen Lebensideal der heiteren Gelassenheit, die auf dem Vertrauen in Gottes gütige Vorsehung beruht.
  - Humanität, Menschenliebe (Philanthropie) und Arbeit für das Gemeinwohl sind auch christliche Grundwerte. Die Stoa hat das unsterbliche Verdienst, den Personenbegriff geklärt und sich als erstes philosophisches System für die Würde und Rechte *aller* Menschen eingesetzt zu haben.
- Radikal abzulehnen ist die materialistische und pantheistische Grundlage der stoischen Lehre.
- Es ist der Stoa niemals gelungen, die menschliche Willensfreiheit angesichts der absoluten Determiniertheit des Weltgeschehens glaubhaft zu verteidigen.
- Nach christlicher Auffassung ist die höchste Tugend weder die Weisheit noch die Apathie oder Ataraxie, sondern die Liebe, vgl. 1 Kor 13,1–13.
- Elitären Tugendstolz gab es auch im Christentum immer wieder. Allgemeine katholische Lehre ist aber, dass die christliche Vollkommenheit grundsätzlich jedem Getauften möglich ist, nicht nur einem Zirkel besonders Begnadeter (Mystiker, Charismatiker, Asketen, Ordenspersonen) und dass Heiligkeit nicht die ausschließlich Leistung des Menschen ist, sondern in erster Linie ein Gnadenschenk (Chárisma) Gottes.

5.2.3 Eine Sinnantwort der Psychologie: V. E. Frankls Logotherapie

Leben und Werk Frankls. Viktor Emil Frankl (geb. 1905 in Wien, gest. 1997) ist der Begründer der 3. Wiener Richtung („Schule") der Psychotherapie (nach Freud und Adler), die er „Logotherapie" nannte (= Seelenheilkunde durch

Sinnvermittlung). Sie kann noogene Neurosen heilen (= seelische Erkrankungen, die aus geistiger Not – nämlich durch Sinnverlust – entstanden sind; gr. nóos und nus m. „Geist, Verstand", lógos m. „Bedeutung, Sinn").
Frankl war Professor an der Universität Wien und an verschiedenen Hochschulen der USA. Als Jude war er Häftling in vier Konzentrationslagern.
– Sein bekanntestes Buch: *Der Mensch auf der Suche nach Sinn* (1959).

Das Sinnangebot der Logotherapie. Zur lebenserhaltenden Notwendigkeit der Sinnfindung sagt Frankl: „Findet der Mensch einen Sinn, dann ist er auch bereit zu leiden, wenn es nötig sein sollte. Umgekehrt aber, wenn er um keinen Sinn des Lebens weiß, dann pfeift er aufs Leben, auch wenn es ihm äußerlich noch so gut gehen mag." Der Therapeut muss also zu Beginn der Behandlung Gründe und Folgen der Sinnkrise bzw. des Sinnverlusts aufdecken und bewusst machen (d. h. eine Existenzanalyse vornehmen). Solche Gründe können sein:
–   Instinktverlust (Wissenschaft und Technik lösen den Selbsterhaltungstrieb und die Instinkte als Motivgeber immer mehr ab),
–   Traditionsverlust (infolge des Säkularismus),
–   spannungsloses Leben auf Grund der allseitigen Absicherung durch die Wohlstandsgesellschaft. Die Menschen wissen nicht, wofür sie leben sollen; höherer Lebensstandard schafft keineswegs mehr Glück und Sinn.
Das existentielle Vakuum tritt besonders häufig zutage in der Midlife-Crisis, beim Eintritt ins Rentner- und Pensionistenleben und als sog. Sonntagsneurose (depressive Verstimmtheit an arbeitsfreien Tagen).

Folgen der Sinnkrise:
–   Neurosen
–   psychosomatische Erkrankungen (z. B. Managerkrankheit)
–   Flucht in Ersatzbefriedigungen (z. B. Lust, Rausch und Macht)
–   Trotzreaktion (z. B. bewusste Produktion von Unsinn, etwa in der zeitgenössischen Kunst)
–   Konformismus = Mitläufertum bei einer Mode, beim Starkult u. ä.
–   Totalitarismus = totale Unterwerfung unter die Diktatur eines Befehlsgebers oder unter eine diktatorische Ideologie

Überwindung der Sinnkrise:
–   durch den Willen zum Sinn:
    Jeder Mensch möchte das verwirklicht sehen, was er als Wert ansieht. So ist der Mensch schicksalhaft zum Sinnglauben und Sinnstreben bestimmt;

- durch den Glauben an Sinn:
Um zu einem gesunden Seelenleben zu gelangen bzw. es zu erhalten, muss
jeder Mensch grundsätzlich an das Vorhandensein von Sinn glauben und in
den sich ständig verändernden Lebenssituationen seinen individuellen Sinn
– den Grund zum Glücklichsein – entdecken. Wenn er das selbständig
nicht fertigbringt, hilft ihm dabei die *Logotherapie;*
- durch Selbsttranszendierung (Selbstüberschreitung):
Der Mensch muss über sich selbst hinauswachsen, indem er sich (geeigne-
ten) Dingen und/oder Personen zuwendet. In diesem Sich-selbst-Verges-
sen, d. h. in der Überwindung seiner Isoliertheit, entdeckt der Mensch einen Sinn des Lebens, der ihm bisher verborgen geblieben war:
  • durch Arbeit verwirklicht der Mensch seinen Lebenssinn als kreatives
    Wesen (homo faber),
  • durch positives Erleben und Lieben verwirklicht er seinen Lebenssinn
    als zur Liebe fähiges Wesen (homo amans),
  • durch die Bewältigung von Leid kann er die negative Einstellung zum
    Leid „modulieren" und dadurch, wie Frankl sich ausdrückt, „die Tra-
    gödie zum Triumph der Seele umwandeln". Eine entscheidende Hilfe
    für die Leidbewältigung ist der Gottesglaube. – Frankl zitiert in diesem
    Zusammenhang Nietzsche: „Wer ein Warum zu leben hat, erträgt fast
    jedes Wie". In der Leidbewältigung verwirklicht der Mensch seinen
    Lebenssinn als ein leidensfähiges Wesen (homo pátiens).

Beurteilung der Logotherapie aus christlicher Sicht

- Frankl vermeidet Freuds und Adlers Enge (Reduktionismus) in seinem
Menschenbild: Er erblickt im Menschen nicht eindimensional den triebge-
störten Neurotiker, sondern ein mehrdimensionales, lebendiges Ganzes.
- Frankls Behauptung, dass jeder Mensch Sinn finden kann, auch der
Atheist, muss aus christlicher Sicht eingeschränkt werden: Die absolute
Transzendenz als Universalsinn ist dem Ungläubigen verschlossen; er muss
sich mit dem punktuellen und partikulären Sinn begnügen. S. o. 5.1.5.
- In der christlichen Werteordnung ist nicht die Leidbewältigung die höchste
ethische Leistung des Menschen, sondern die Liebe, zumindest ihre hero-
ischen Formen (Liebe zu Kranken, Behinderten; Feindesliebe).
- Frankl meint, kein Mensch könne sagen, was Sinn ist, nur, dass das Leben
einen Sinn hat. – Als Christen sind wir dagegen überzeugt, dass Christus
uns genügend Hinweise hinterlassen hat, um die Frage nach dem eigentlichen Sinn mit Hilfe der Bibel zu lösen. S. u. 5.4.

5.3 Die Sinnfrage aus nichtchristlicher religiöser Sicht

5.3.1 Die Sinnantwort des New Age

New Age als neureligiöse Bewegung und Ersatzreligion. Der Name „New Age – Neues Zeitalter" kommt aus der Theosophie; dort glaubt man, dass alle 2000 Jahre ein anderes Weltzeitalter anbricht und dass zwischen 1960 und 2070 der Übergang vom christlich geprägten Zeitalter der Fische (Fisch = altkirchliches Christussymbol!) in das Zeitalter des Wassermanns erfolgen wird. Dieses Tierkreiszeichen wird paradiesische Zustände auf die Erde bringen: vgl. das Loblied auf den Wassermann im Musical „Hair" (1967).

New Age entstand in den sechziger Jahren in Kalifornien und trat 1975 an die breite Öffentlichkeit. Es sieht sich selbst als „lockeres Netzwerk Gleichgesinnter". Eine eigentliche Gründerpersönlichkeit ist nicht bekannt, ebenso fehlt eine Zentralverwaltung (es gibt nur Tausende miteinander vernetzter [kooperierender] Organisationen, eine Hierarchie (es gibt nur Gurus, Astrologen, Wunderheiler und andere Okkultisten in Führungsfunktionen) und ein einheitlicher Kult. In dieser Buntscheckigkeit und Unverbindlichkeit zeigt sich das New Age als Modeerscheinung unseres gegenwärtigen postmodernen Pluralismus, aber gerade dieser Umstand begünstigte den großen Zulauf zum New Age als Sammelbecken der religiös und ideologisch Unbefriedigten.

Auch die Lehre ist nicht einheitlich, sondern ein Eklektizismus (Auswahl aus den Glaubenslehren verschiedener Religionen) und Synkretismus (Vermischung mehrerer Religionen). So finden wir im New Age den antiken Pantheismus, den hinduistischen und buddhistischen Wiedergeburtsglauben (Reinkarnation) und die Lehre dieser Religionen vom ewigen Kreislauf der Welten, gnostische Ansichten über Jesus Christus (er ist nur eine der vielen Materialisationen des göttlichen Weltganzen und damit seinsmäßig kein höheres Wesen als der Mensch).

Die Gottesvorstellung des New Age ist unpersönlich und pantheistisch: Gott ist die Gesamtheit der Energie im Kosmos, die Selbstorganisationsdynamik (Baugesetz und Lebenskraft) des Universums, die erst im Menschen zum personalen Bewusstsein gelangt und wegen der weltweiten Vernetzung der Menschen auch „kosmisches Bewusstsein" genannt wird.

F. Capra nennt *vier Grundanliegen* (Hauptziele) des New Age:

1. eine neue Ökologie (besserer Umgang mit der Natur),
2. Feminismus (Höherbewertung der Frau, was auch eine Ehrenrettung der sogenannten Hexen einschließt),

3. eine neue Spiritualität (= pantheistische Frömmigkeit),
4. Pazifismus. – Vgl. a. 1.1.4.

Sinnerfüllung durch Vereinigung mit dem Weltgeist

Pantheistische Vereinigung durch „Transformation".

Sinn und Glück erwartet sich der New-Age-Anhänger durch Bewusstseins-verwandlung (Transformation): Der Mensch muss ein neues Denkmuster (Paradigma) annehmen, nämlich die Erkenntnis, dass der einzelne Mensch ein Teil des Weltganzen (Weltgeistes) ist und somit von göttlicher Natur. Zu diesem neuen Paradigma gehören folgende Erkenntnisse:

– Das gesamte Sein ist letztlich Energie, lebendige Kraft. Geist und Materie sind infolgedessen wesensmäßig ein und dasselbe, sie sind nur zwei komplementäre Aspekte (Betrachtungsweisen) der einen lebendigen Energie: Geist ist die feinere Energie („Prozess des Lebens"), Materie die gröbere, dichtere („Struktur des Lebens"). Da Gott die Gesamtheit dieser Energie ist, ist alles letztlich göttlich und miteinander vernetzt. Eine empirische Analogie dieser Vernetzung ist das moderne Computersystem, das tatsächlich bereits einen Teil des Kosmos durchdringt und vernetzt.

– Jeder einzelne Baustein des Kosmos – und damit auch das menschliche Gehirn – enthält alle Informationen des Weltalls, ist also mit allen anderen vernetzt und steht mit ihnen in Wechselwirkung.

– Dieses mystische Wissen der Verbundenheit mit dem Weltganzen bringt ein holistisches (ganzheitliches) Denken mit sich: Man ist aufgeschlossen für alles Sein im Kosmos und wünscht allen Wesen im Weltganzen eine ungestörte Entfaltung.

Menschliche Sinnerfüllung durch Mitarbeit bei folgenden weltweiten Aufgaben

– Schaffung des Seelenfriedens für alle Menschen durch Befreiung und Emanzipierung von jeder Manipulierung durch andere Menschen (vor allem von der Manipulierung durch das Christentum) und durch Herstellung der Harmonie mit sich selbst infolge des Besitzes der „mystischen Wahrheit" = neue Identität.

– Frieden mit der ganzen Umwelt durch Philanthropismus und Kosmopolitismus und durch Versöhnung mit der bisher misshandelten und ausgebeuteten Natur. Das bedeutet eine Kurskorrektur von Wissenschaft und Technik.

– Schaffung einer glücklichen Zukunft durch die Verwirklichung von Gerechtigkeit, Liebe und Frieden und durch Verwandlung unseres Planeten in ein Paradies.

Das Sinnangebot des New Age ist also eine Selbsterlösungslehre nach dem Vorbild des Hinajana-Buddhismus. Ein persönlicher Gott, ein Erlöser und

Mittler zwischen Gott und den Menschen sind bei dieser Lehre überflüssig. Wenn einem Menschen diese Sinnerfüllung bis zum Lebensende nicht zufriedenstellend gelingt, braucht er sich nicht zu ängstigen: Er bekommt so viele Wiedergeburten, wie er braucht, um das Versäumte nachzuholen und die völlige Vereinigung mit Gott zu erreichen.

Beurteilung aus christlicher Sicht

- Es gibt gemeinsame Werte und Hoffnungen im New Age und Christentum:
  - Sehnsucht nach Einheit, Ganzheit und Harmonie, z. B. zwischen Leib und Seele, zwischen Mensch und Umwelt (Natur);
  - Hoffnung auf eine menschenwürdigere Zukunft;
  - Frieden unter allen Religionen und Konfessionen, unter allen Staaten, Rassen und Volksgruppen;
  - Versöhnung zwischen Verstand und Gemüt, zwischen Wissenschaft und Mystik;
  - eine neue Spiritualität.
- New Age regt die Christen an,
  - den außerrationalen Seelenkräften wieder mehr Beachtung zu schenken durch Meditation, Mystik, das Gemüt ansprechende Gebets- und Frömmigkeitsformen, mehr Fantasie, Spontaneität und Begeisterung in Liturgie und Gemeindeleben;
  - die den Menschen anvertraute Schöpfung besser zu verwalten.
- Den Anhängern von New Age drohen aber Verlust der personalen Unabhängigkeit durch totale Unterwerfung unter einen Guru und dessen Geheimlehre sowie Verlust des Realitätsbezugs, d. h. Lebensuntüchtigkeit durch unkritische Übernahme von Mythen, Okkultem und Utopischem.
- Hauptunterschiede zwischen New Age und Christentum:

New Age	Christentum
Gotteslehre Gott als • göttlicher Geist • kosmische Gesamtenergie	**Gotteslehre** Gott als • persönliches Gegenüber • Einheit von Vater, Sohn und Geist • Schöpfer, nicht mit Schöpfung identisch
Jesus • Prophet, also ein bloßer Mensch • Verkörperung des göttlichen Geistes (eine unter vielen Materialisationen Gottes)	**Jesus** • Sohn Gottes • der Weg, die Wahrheit und das Leben für die ganze Menschheit

New Age	Christentum
Geist Gottes • unpersönliches kosmisches Bewusstsein, mit dem der Mensch von sich aus eins werden kann durch Bewusstseinsänderung	**Geist Gottes = Heiliger Geist** • Kraft der ungeteilten Gottheit (= des *einen* göttlichen Wesens) • als persönliche Kraft wirksam und als Du ansprechbar (als eine der drei göttlichen Personen)
Menschenbild • Mensch muss das Göttliche nur durch allmähliche Verwandlung seines Bewusstseins entfalten	**Menschenbild** • Mensch als Geschöpf Gottes verstanden • einmalig, fehlbar, unvollkommen • nicht wesensgleich mit Gott
Welt • Spielraum für die zeitlose Entwicklung des kosmischen Lebens in ewigem Kreislauf	**Welt** • Schöpfung Gottes • mit einem Anfang und einem Ende
Weltveränderung • Welt wird besser, wenn genügend Leute einzeln ihr Bewusstsein verändern	**Weltveränderung** • nach ethischer Veränderung sind auch soziale und politische Schritte nötig, um zu einer gerechteren und friedlicheren Welt zu gelangen • durch Verwirklichung der Liebes- und Friedensbotschaft Jesu
Schuld und Sünde • Böses = Zustand, in dem man „nicht erleuchtet" ist (intellektuell-gnostische Auffassung der Begriffe „Übel und Sünde")	**Schuld und Sünde** • Sünde nicht durch perfektes Bewusstseinstraining aus der Welt zu schaffen, sondern durch Willensänderung (Absage an das Böse)
Erlösung • durch Umwandlung des Bewusstseins • und durch Vereinigung desselben mit dem göttlichen Geist	**Erlösung** • der Mensch soll sich, so gut er kann, aktiv um das Gute bemühen, • ist aber letztlich auf die Gnade und die Barmherzigkeit Gottes angewiesen • Jesus ist der einzige Vermittler der Erlösung
Leben und Tod Wiedergeburt im biologischen Sinn • Tod ist überwunden, wenn die Verschmelzung zw. kosmischem Geist und menschlichem Bewusstsein glückt	**Leben und Tod** • geistige Wiedergeburt (durch Bekehrung und Taufe) • Mensch ist einmalig vor Gott • Jesu Tod → Auferstehung auch für uns

Fortsetzung →

New Age	Christentum
Freiheit oder Abhängigkeit	**Freiheit oder Abhängigkeit**
• Gefolgschaft eines Gurus, Wunderheilers, Astrologen o. ä. in bedingungsloser Unterwerfung	• Nachfolge Christi macht frei: für die Zuwendung zum Mitmenschen und zu Gott
	• Recht der Vernunft auf ständige kritische Hinterfragung christlicher Lehre und Lebenspraxis
Nach: Hermann Schulze-Berndt: New Age und Christentum? Steyler Verlag, Nettetal 1989	• Gefahr des Verlusts der personalen Freiheit in „christlichen" Sekten, aber nicht in den Großkirchen

5.3.2 Die Sinnantwort des Islam

Hauptpunkte der islamischen Sinnerfüllung

– Der Mensch soll so leben, wie Allah ihn geschaffen hat und ihn will.

– Der Mensch ist von Allah gut erschaffen und trotz der Sünden seiner Vorfahren mit keiner Erbsünde behaftet. Deshalb braucht er keinen fremden Erlöser: Jeder Mensch erhält auf Grund seines Glaubens, seiner Gebete und guten Werke unmittelbar die Erlösung von seinen persönlichen Sünden.

– Der Mensch muss sich nach den heiligen Schriften (strenge Gesetzestreue wie im Judentum!) richten. Insbesondere muss er die „Fünf Säulen (arkán) des Islam" genau beachten:
   1. Schahadá = Glaube und Bekenntnis zum Monotheismus und zu Mohammed als höchstem Propheten Allahs;
   2. Salát = das fünfmalige tägliche Gebet;
   3. Sakát = Armensteuer (rund 10 % des Einkommens);
   4. Sa-úm = Fasten im Monat Ramadan;
   5. Hadsch = wenigstens einmal im Leben eine Wallfahrt nach Mekka.

– Der andere Hauptaspekt der immanenten Sinnfindung im Islam besteht in der bedingungslosen Bejahung der Vorherbestimmung Allahs, also totales Einverständnis mit der Determination. – In dieser Ergebung in Allahs Willen sieht der Islam die Verwirklichung der menschlichen Willensfreiheit. – Vgl. 4.1.

– Die eschatologische Sinnerfüllung des Moslems besteht in der Aufnahme in einen der sieben Himmel Allahs. Die Chancen hierfür hängen von der ethischen Qualität des vorangegangenen Lebens ab:
   • Die Seelen von Allahs Lieblingen, besonders von den im Heiligen Krieg (dschihád) Gefallenen, kommen unmittelbar nach dem Tod in ein transzendentes Paradies.

- Die Seelen der übrigen Gerechten ruhen friedlich im Grab bis zur allgemeinen Auferstehung.
- Die Seelen der Sünder werden im Grab gefoltert und wandern nach dem Jüngsten Gericht zeitweilig oder ewig in die Hölle (dschehenna); vor allem die Ungläubigen werden ewig verdammt.

Beurteilung aus christlicher Sicht

– Nur im ersten Hauptpunkt stimmen christliche und islamische Sinnvorstellung überein: Der Mensch soll naturgemäß und nach Gottes Geboten leben.

– Bei den übrigen vier Punkten bestehen unüberbrückbare Unterschiede zu folgenden christlichen Grundlehren:
  - Erbsündelehre,
  - Erlösungsbedürftigkeit der Menschheit und damit zusammenhängend die Rolle Jesu als Welterlöser und Mittler bei Gott,
  - Liebesethik statt legalistischer Ethik,
  - Willensfreiheit (Indeterminismus),
  - Seelengericht, Belohnung und Bestrafung der Seele unmittelbar nach dem Tod; Auferstehung aller Leiber am Jüngsten Tag; nach dem Jüngsten Gericht Ende des zeitweiligen Straf- und Reinigungszustandes (Fegefeuer): Es gibt nur noch einen ewigen Himmel und eine ewige Hölle. Näheres s. 8.2–3.

5.4   Christlicher Glaube als Sinnantwort

5.4.1 Die unterscheidend christliche Sinnantwort

Christlich handeln heißt in der Nachfolge Christi leben und tätig sein. Von Christus und von seiner Frohbotschaft her erwarten die Christen Sinn, Glück und Heil. Eine Kurzformel für die christliche Sinnantwort kann deshalb lauten: *Christliche Sinnerfüllung besteht in der Reich-Gottes-Arbeit gemäß den drei göttlichen Tugenden (Glaube, Hoffnung, Liebe) und den vier Kardinaltugenden nach dem Vorbild und in der Nachfolge Jesu Christi.* Christlicher Sinn hört mit dem Tod nicht auf: Er reicht in die Transzendenz hinein.

Gerade wegen ihrer Christozentrik hat die christliche Sinnerfüllung – nach dem Beispiel Jesu – einen stark sozialen Akzent:

– sie bezieht den Mitmenschen stets mit ein;

– sie muss grundsätzlich vor dem Urteil der Mitmenschen bestehen können, d. h., sie darf das Hauptgebot der Nächstenliebe nicht verletzen: „Der tiefste Sinn liegt im Geben und Empfangen von Liebe" (Bischof G. Moser);

– sie vollzieht sich grundsätzlich in der Gemeinschaft der Kirche. (S. 2.2.2.)

5.4.2 Ein Modell christlicher Sinnauskunft

Der Münchener Religionspädagoge Walter Lang hat eine eingängige Beschreibung der Dimensionen christlicher Sinnantwort zusammengestellt:
– *Sinnvollzug ist áctio (Tätigkeit):*
d. h. verantwortungsvolles Handeln in der Nachfolge des für das Gottesreich wirkenden Herrn. Die Reich-Gottes-Arbeit zielt auf die Ehre Gottes und das Wohl der Mitmenschen: Wir sollen für sie sorgen wie für uns selbst. Vgl. Jesu Gleichnis von den anvertrauten Talenten (Mt 25,14–30).

– *Sinnvollzug ist pássio (Leiden):*
d. h. das Kreuz des Lebens tragen (vgl. Mk 8,34) in der Nachfolge des leidenden und sterbenden Herrn. Diese Kreuzesnachfolge Jesu kann konkret bedeuten:
• Verzicht, Opfer bis zur Selbsthingabe für andere Menschen,
• Ertragen von Unrecht aus dem Geist der Bergpredigt, nämlich um des Gewaltverzichts und des Friedens willen (vgl. Mt 5, 3–12),
• Ertragen von schicksalhaften, unvermeidlichen Grenzsituationen.

– *Sinnvollzug ist resurréctio (Auferstehung):*
Durch sein eigenes Leiden und Sterben, das in seine Auferstehung mündete, hat Jesus uns erlöst, so dass nun unser eigenes Tun und Leiden durch die uns von Christus verdiente Gnade (grátia) Ewigkeitswert erlangen. Wir erhalten die Auferstehung gnadenhaft geschenkt in einem dreifachen Sinn:
• Auferstehung von den Sünden (immanenter, ethischer Aspekt),
• Auferstehung unmittelbar nach dem leiblichen Tod, d. h. Hineinnahme unserer Seele in das neue, unvergängliche Leben (individuell-eschatologischer Aspekt), vgl. 10.5.3,
• Auferstehung aller Leiber beim Letzten Gericht (universal-eschatologischer Aspekt). S. 8.2–3.
Für das Anrecht auf diese Auferstehung alles andere zu opfern, lehrt uns Jesu Gleichnis vom Schatz im Acker und von der kostbaren Perle (Mt 13,44–46).

5.4.3 „Sinn" und „Heil" – identische Begriffe?

Der Begriff „Heil" in der Bibel
AT:
– Heil = Sicherheit bzw. Rettung aus äußerer Bedrohung (z. B. Krieg) durch die Hilfe Gottes,
– Ethisches Heil = Gerechtfertigtsein vor Gott

NT:
– (meist:) Erlösung durch Christus, vgl. Apg 4,12; Röm 5,18.

– Die Vollendung des Heils ist das ewige Leben in der Transzendenz (eschatologisches Heil), s. 8.2–3.

„Sinn" und „Heil" in der christlichen Theologie

Begriffliche Trennung in anthropologischer Sicht:
„Heil ist das Universalziel des Christen, das allen seinen Handlungen und Leiden partikulären und totalen Sinn verleiht. So gesehen verhalten sich „Heil" und „Sinn" wie Ursache und Wirkung, stehen miteinander also in einem Kausalverhältnis.

Realkoinzidenz (Zusammenfallen) beider Begriffe in Gott

In theologischer Sicht fallen die Begriffe Heil, Sinn und Gott in eins: Gott schenkt Heil, und dieses Heil ist letztlich er selber. Gottes Heil gibt unserer Existenz totalen Sinn, und dieser Sinn ist wiederum letztendlich er selber. Beide Begriffe sind in Gottes Wesen enthalten: Sie sind Ausdruck der Liebe, die er uns Menschen erweist. Deshalb dürfen beide Ausdrücke in der Theologie synonym gebraucht werden:
Gott = Heil = absoluter Sinn für uns Menschen.

Weiterführende Literatur

CGG 9, S. 5–67: H. Döring/F.-X. Kaufmann: *Kontingenzerfahrung und Sinnfrage*
Th. Forum 14: *Neues Bewußtsein – neue Religiosität (zur Sinnfrage)*
Bernhard Grom/Josef Schmidt: *Auf der Suche nach dem Sinn des Lebens,* Freiburg (Herder-TB Nr. 519), 1975
Georg Moser: *Wie finde ich den Sinn des Lebens?* Freiburg (Herder), 1978
Über Epikur und Zenon:
Eduard Zeller: *Grundriß der Geschichte der griechischen Philosophie,* Leipzig (Reisland), 13. Aufl. 1928, S. 255–334
Hans Meyer: *Geschichte der abendländischen Weltanschauung,* I. Band: *Die Weltanschauung des Altertums,* Würzburg (Schöningh), 1947, S. 310–346
Wilhelm Weischedel: *Die philosophische Hintertreppe,* München (dtv-TB 1119), 1975, S. 60–69. 1994 erschien eine neue Auflage.
Hermann Schulze-Berndt: *New Age und Christentum?,* Nettetal (Steyler Verlag), 1989
Die vielen Wege zum Heil. Heilsanspruch und Heilsbedeutung nichtchristlicher Religionen, hrsg. von Waldemar Molinski, München (Pfeiffer), 1996 *(darin auch die Behandlung des islamischen Sinnangebots)*
Th. Forum 8: *Weltreligionen* (S. 68–97: *Islam*)
CGG 9, S. 101–146: Gisbert Greshake: *Glück und Heil*
Th. Forum 13: *Glück und Heil*
Konzepte 10: *Glück und christliches Leben*

C Die Frage nach den Werten

6 Werte und Normen

(Grundlagen der Fundamentalethik und der moraltheologischen Prinzipienlehre)

Grundbegriffe jeder Ethik

Ethik = Lehre vom richtigen sittlichen Handeln des einzelnen (Individualethik) und der Gemeinschaften (Sozialethik)

Sittliches Handeln = jeder güter- und wertverwirklichende Akt (s. u. 6.1.1)

Deskriptive Ethik = Beschreibung der für das sittliche Handeln wichtigen Begriffe (z. B. Wert, Gut, Übel, Norm, s. u. 6.1.1)

Normative Ethik = Normen vorschreibende und Normen begründende Ethik.
  – Grundfragen: *Was* ist zu tun, *was* ist zu meiden? (Frage der Normenfindung)
  – *Warum* ist das eine zu tun und das andere zu meiden? (Frage der Normenbegründung = Normenlegitimierung, s. u. 6.2)

6.1 Unterschiedliche Auffassungen von Werten und Normen

6.1.1 Erklärung der Grundbegriffe

Güter (bona phýsica et psýchica) = dem menschlichen Handeln von der Natur vorgegebene (präsittliche) Objekte, die dem Wohl des Menschen dienen, z. B. Leben, Sexualität, Freiheit, Glück. Was der Mensch mit diesen vorgegebenen Dingen anfängt, ist seine sittliche Leistung.

Wert (ältere Bezeichnungen: **Gut** (bonum morále), **Tugend**, **Vollkommenheit**) ist ein Seinsmerkmal (eine Seinsvollkommenheit) an einem Menschen oder Ding, das ethische Verbindlichkeit besitzt, d. h. von allen oder wenigstens vielen Menschen als gut, nützlich, wichtig, sinnvoll, achtens-, liebens- und erstrebenswert anerkannt wird. Jeder Kulturbereich besitzt seine eigenen Werte; deshalb spricht man z. B. von religiösen, ethischen, politischen, wirtschaftlichen, ästhetischen Werten. Die Werte sind Motive und Ziele des ethischen Handelns und die Grundlagen der Normen.

Rangordnung (Hierarchie) der Werte:
- absoluter Wert: Gott
- transzendente Werte: z. B. Heil, ewige Seligkeit
- immanente Werte:
  - Grundwerte = Fundamentalwerte: z. B. Menschenrechte
  - sekundäre Werte = aus den Grundwerten abgeleitete Werte: z. B. eine Urlaubsreise

Im Gegensatz zu den Gütern sind die Werte (bona morália) ethische Gegebenheiten, die nur durch das richtige freie Handeln des Menschen zustande kommen (z. B. Treue, Gerechtigkeit, Solidarität) und für die der Mensch im Gewissen unmittelbar verantwortlich ist.

(Ethische) **Norm** (Synonyme: Gesetz, Gebot, Regel, Weisung, Vorschrift, Maxime, Postulat): Regel für das sittliche Verhalten der Menschen, für den richtigen Umgang mit den Gütern und für die Verwirklichung der Werte. Ethische Normen verpflichten im Gewissen, auch den Atheisten.

Einteilung der Normen
- **Einteilung nach der Weite des Geltungsbereichs:**
  - universale Norm (für alle Menschen ohne Ausnahme gültig); die oberste universale Norm lautet: „Meide das Böse und tue das Gute" (Ps 34,15);
  - generelle Norm (im allgemeinen gültig);
  - partikuläre Norm (für einen Teil der Gemeinschaft gültig);
- **Einteilung nach dem Grad der Konstanz (Beständigkeit):**
  - konstante Norm (unveränderlich, d. h. immer gültig);
  - variable Norm (veränderlich, deshalb nur relativ gültig);
- **Einteilung nach der Strenge der Verbindlichkeit:**
  - absolute Norm (unbedingt gültig, Abschaffung und Ausnahme unmöglich);
  - relative Norm (bedingt gültig, Abschaffung, Ausnahme, Dispens und Epikie möglich) vgl. 6.1.3;
- **Einteilung nach sprachlicher Formulierung:**
  - positive = affirmative Norm (Befehl u. ä.);
  - negative Norm (Verbot u. ä.), vgl. 6.2.4;
- **Einteilung nach dem Normgeber/Gesetzgeber:**
  - heteronome Norm (von einem fremden Gesetzgeber gegebene Norm; griech. héteros „der andere");
  - theonome Norm (von Gott gegebene Norm, Sonderfall der heteronomen Norm);
  - autonome = individuelle Norm (von einer Person sich selbst auferlegte Norm, griech. autós „selbst");

– **andere Einteilungen:**
  - **objektive Norm** (das natürliche Sittengesetz, das geoffenbarte göttliche Gesetz, kirchliche und staatliche Gesetze, d. h. mündlich oder schriftlich ausformulierte Normen);
  - **subjektive Norm** (die Anweisungen des persönlichen Gewissens);
  - **Gesetz** = eine juristische Norm (Rechtsnorm), die gerichtlich einklagbar und deren Missachtung strafbar ist. Die Einhaltung bloß ethischer Normen überlässt der Staat der Verantwortung des einzelnen Bürgers, sie verpflichten aber den Menschen im Gewissen. Vgl. u. 6.1.5 – Das Gesetz ist eine positive Norm, die von der rechtmäßigen Obrigkeit (Gott, Kirche, Staat) in der richtigen Form niedergelegt (lat. pósitus) wurde. Vgl. 7.4.1.

Anmerkung: Der Begriff „Norm" kommt auch außerhalb der Ethik, Theologie und des Rechtswesens vor, z. B. in der Technik: DIN (Deutsche Industrie-Normen) = Normen des Deutschen Instituts für Normung e. V. – Ursprünglich bedeutete „Norm" (lat. norma f.) das Winkelmaß des Bauhandwerkers.

6.1.2 Werte und Normen der heutigen Jugend

Religiöse Werte und Normen:
– Caritatives und soziales Engagement (z. B. Zivildienst)
– Bewahrung der Schöpfung (Natur- und Umweltschutz)
– asketische und spirituelle (charismatische) Normen, die zur Zeit lieber außerhalb der Großkirchen praktiziert werden (vgl. New Age).

Tradierte christliche Moralnormen, deren Sinn der heutigen Jugend nicht einsichtig erscheint, werden von ihr u. U. ignoriert, z. B. voreheliche sexuelle Enthaltsamkeit.

Säkulare (profane, weltliche) Normen (vgl. 3.1.2):
Säkulare Werte sind in christlicher Sicht nicht von vornherein abzulehnen; sie werden erst zu Übeln, wenn sie dem Handelnden und/oder seinen Mitmenschen schaden (z. B. *übertriebener* Sport). Zur Begründung säkularer Werte und Normen s. u. 6.1.3.

6.1.3 Begründungen von Werten und Normen: Ethische Modelle in Geschichte und Gegenwart

Historische Modelle, vgl. a. 3.1.2

– **Hedonismus** (seit dem 4. Jh v.C.; Begründer: Aristipp)
  Mit dem Hedonismus verwandte Modelle:
  Eudaimonismus (5./4. Jh v.C.: Sokrates, Platon, Aristoteles)
  Epikureismus, s. 5.2.1
  Stoizismus, s. 5.2.2

  Höchster Wert: die Lust = der ungestörte Lebensgenuss.
  Lust wird verschieden gedeutet, nämlich als
  • Freude am Wahren, Guten und Schönen (Platon),
  • Freude am vernunftgemäßen Handeln (Aristoteles, Epikur),
  • Freude am tugendhaften Handeln (Stoa),
  • Befriedigung durch die rasche Erfüllung möglichst vieler Wünsche (Aristipp).
  Normenbegründung: Gut ist, was Lust verursacht, schlecht, was Unlust erzeugt. Also muss die Lust durch geeignete Normen geschützt werden.

– **Utilitarismus** (seit dem 5. Jh v.C.; Begründer: die Sophisten; in England seit dem 18. Jh. erneuert: J. Bentham, J. St. Mill [19. Jh])
  Höchster Wert: das Nützliche; denn es bringt Glück, Freude, Vorteil und Gewinn.
  Nützlich ist, was dem Wohl des einzelnen (Individual-Utilitarismus) oder dem Wohl einer größtmöglichen Zahl von Menschen dient (Sozial-Utilitarismus = altruistischer Utilitarismus = Sozial-Eudaimonismus).
  Der Handlungs-Utilitarismus sieht den höchsten Nutzen in der einzelnen Handlung, der Regel-Utilitarismus in Normen (Regeln), nach denen sich alle richten und so in gleichen Situationen auch gleich handeln.
  Normenbegründung: Gut ist, was nützt. Deshalb muss das Nützliche durch Normen angeordnet und geschützt werden.

– **Marxistischer Sozialismus und Kommunismus,** s. a. 3.2.2 und 4.4.2
  Höchster Wert: Das Wohl (= die Bedürfnisse und Interessen) des Kollektivs, d. h. der Arbeiterklasse (im Sozialismus) bzw. der klassenlosen Gesellschaft (im Kommunismus).
  Der Marxismus ist also mit dem Sozial-Eudaimonismus und dem Utilitarismus verwandt.
  Normenbegründung: Die Interessen des Kollektivs müssen durchgesetzt werden, bei Widerstand der Reichen und Mächtigen auch durch Gewalt.
  Nächstliegende Normenbegründung: Das wirtschaftliche Bewusstsein der

Menschen. Gut ist, was der Wirtschaft dient; denn sie ist die Basis (Unterbau) für alle anderen Bedürfnisse (= für den Überbau).

Höchste Normenbegründung: Die im Histomat bewiesenen naturgesetzlichen Zusammenhänge (Determinanten) von Wirtschaft, Gesellschaft und Geschichte: Soziale und politische Veränderungen entwickeln sich mit Naturnotwendigkeit aus den wirtschaftlichen Produktionsverhältnissen.

Die Ethik gilt im Marxismus als Naturwissenschaft, ihre Postulate demnach als empirisch beweisbar. Jede metaphysische Ethik wird als unwissenschaftlich abgelehnt. – Zur Kritik am Marxismus s. 3.2.2 und 4.4.2.

Wichtige Normenbegründungsmodelle unserer Gegenwart

1. Gesinnungsethik

(= deontologische Ethik, Pflicht-, Liebesethik, Intentionsmodell)

– *Zentraler* Wert: die ethisch richtige Gesinnung.

Was Vernunft und Gewissen als sittlich richtig erkennen, muss man tun ohne Rücksicht auf die Folgen, Auswirkungen und Umstände der Handlung. – Standpunkt: Der Christ handelt gut und überlässt die Folgen seiner Handlung der göttlichen Vorsehung.

Gesinnungsethik ist Pflichtethik: Es ist Pflicht (gr. déon n.), das als gut Erkannte auszuführen.

– *Wichtiger Begriff:* die in sich schlechten Handlungen. Sie müssen auf jeden Fall gemieden werden, auch wenn aus ihnen gute Folgen hervorgehen könnten. (Beispiel: Die Enzyklika „Humanae vitae" [1968] bezeichnet die künstliche Empfängnisverhütung als in sich schlechte Handlung – obwohl sie die Bevölkerungsexplosion eindämmen helfen könnte.)

Als in sich schlechte Handlungen gelten in der Gesinnungsethik vor allem Gotteslästerung, Mord und Selbstmord, Lüge und Untreue sowie Verführung anderer zu einer Sünde. Sie sind in sich schlecht, weil sie den unwandelbaren Normen des natürlichen Sittengesetzes und des geoffenbarten göttlichen Gesetzes widersprechen (Dekalog!).

– *Die Vorzüge dieses Modells* bestehen darin, dass die innere Gesinnung und nicht die bloß äußerliche Pflichterfüllung (Legalismus) im Mittelpunkt der Ethik steht. Es bekämpft dadurch jede starre (rigoristische) Gesetzerfüllungsmoral, die aus blindem, vor der Vernunft nicht zu rechtfertigendem Gehorsam handelt.

– *Die Schwächen der Gesinnungsethik* bestehen in den großen Konflikten, die ihre Anwendung im alltäglichen Leben erzeugt (vgl. die Diskussion um „Humanae vitae"!).

Die Kritiker der deontologischen Ethik bezweifeln, ob jede von dieser als „in sich schlecht" bezeichnete Handlung auch wirklich eine solche ist, ob nicht vielmehr manche dieser Akte durch die Umstände und Wirkungen (Folgen) zu erlaubten Handlungen oder zumindest zu kleineren Übeln als ihre Unterlassung werden; vgl. Handlungen mit Doppelwirkung. Die Gegner der Pflichtethik fordern solche Überlegungen zumindest bei Sünden, durch die ein präsittliches Gut verletzt wird, z. B. manche sexuelle Verfehlungen.

Das kirchliche Lehramt hat bisher überwiegend – aber nicht ausschließlich – deontologisch argumentiert.

2. Verantwortungsethik

(= teleologische Ethik, Zweckethik, Konsequentialismus)

– *Zentraler Wert:* die gewollten oder zumindest voraussehbaren Folgen einer Handlung.

Eine Handlung ist gut, wenn sie voraussichtlich nur gute Folgen bringt oder wenn die guten Folgen die schlechten überwiegen oder wenigstens aufwiegen. Eine Handlung ist also von ihrem Ende, Ziel und Zweck (gr. télos n.) her zu beurteilen.

In christlicher Sicht: Jede sittlich richtige Tat muss in irgendeiner Weise dem Guten dienen (Ehre Gottes und Wohl der Menschen im Sinne des christlichen Hauptgebotes Mt 22,37–40).

– *Normenbegründung:* Der ethische Zweck sittlicher menschlicher Handlungen muss durch geeignete Normen bewusstgemacht und geschützt werden, so dass die Menschen davor bewahrt bleiben, Handlungen zu setzen, die von ihren Folgen her nicht zu verantworten sind.

– *Die Vorzüge dieses Modells:* Es hält die gesunde Mitte zwischen der Gesinnungsethik (welche die Folgen der Handlung völlig vernachlässigt) und dem Utilitarismus (bei dem es nur auf den messbaren Erfolg ankommt).

– *Die Schwächen der Zweckethik:* Sie läuft Gefahr, nur noch nach dem Grundsatz „Der Zweck heiligt die Mittel" (= sog. „Jesuitenmoral") zu verfahren, also opportunistisch, pragmatisch, utilitaristisch und relativistisch zu argumentieren und auch in sich schlechte Handlungen teleologisch zu rechtfertigen.

Ein solcher teleologischer Relativismus führt letztlich zur völligen Leugnung in sich schlechter Handlungen.

– *Güterabwägung (Dignitätsprinzip) und Wertvorzugsregeln*

Die Verwirklichung der bestmöglichen Folge(n) einer Handlung erfordert oft die Abwägung mehrerer in Frage kommender Handlungsalternativen in Hinsicht auf ihre voraussehbaren Konsequenzen und damit auch bezüglich ihres ethischen Wertes. Die wichtigsten Wertvorzugsregeln bei dieser sog. Güterabwägung sind:

- Der höhere Wert ist dem niederen vorzuziehen (qualitatives Kriterium), z. B. Menschenleben dem Tierleben.
- Nach demselben Prinzip gehen Grundwerte den abgeleiteten Werten vor, z. B. Rettung eines Menschenlebens dem Recht auf Freizeit.
- Die Sorge für eine größere Anzahl Menschen geht – bei gleich großer Hilfsbedürftigkeit – der Sorge für eine kleinere Zahl vor (quantitatives Kriterium).
- Die Handlung mit größerer Erfolgsaussicht geht einer Handlung mit geringerer Erfolgschance vor, z. B. passiver Widerstand einer fast aussichtslosen Revolution (vgl. Gandhi).
- Die dringlichere Handlung geht der weniger wichtigen vor, z. B. die Rettung eines Verunglückten vor der Sorge für die eigene Familie, die sich nicht in einer gleich großen Notlage befindet; bei gleicher Hilfsbedürftigkeit geht allerdings die Sorge für die nächsten Angehörigen der Sorge für Fernerstehende vor („Nächstenliebe vor Fernstenliebe").
- Der besser Geeignete ist eher zu einer bestimmten Handlung verpflichtet als der weniger Geeignete, z. B. ein guter Schwimmer eher zur Rettung eines Ertrinkenden als ein ungeübter.
- Gemeinnutz geht vor Eigennutz, solange nicht die Grundrechte des einzelnen missachtet werden, z. B. Umweltschutz geht privatem Naturgenuss vor (etwa in einem Naturschutzgebiet). Näheres s. Kapitel 7.
- Bei Handlungen mit Doppelwirkung (= mit guter und schlechter Folge) darf die ethisch schlechte (Neben-)Wirkung in Kauf genommen werden, wenn
  a) die Handlung, aus der sie hervorgeht, nicht in sich schlecht ist;
  b) wenn die schlechte Wirkung sich ebenso unvermeidlich wie die gute aus der Handlung ergibt, wenn sie also nicht direkt und um ihrer selbst willen gewollt ist, sondern sich als nicht zu verhinderndes Übel einstellt, ohne das die gesamte Handlung und damit auch die beabsichtigte gute Wirkung undurchführbar wären;
  c) wenn sie nicht stärker ist als die gute Wirkung, wenn also aus der Unterlassung der gesamten Handlung mehr Unheil entstünde als durch ihre Ausführung. Ein Beispiel für eine Handlung mit Doppelwirkung ist die Schwangerschaftsunterbrechung aufgrund der medizinischen Indikation: Das Leben der werdenden Mutter ist nur durch Abtreibung zu retten; unterlässt man diese, sterben die Mutter *und* das ungeborene Kind.

- Wenn die Gültigkeit einer Norm zweifelhaft ist, ist sie zu befolgen, wenn ihre Gültigkeit wahrscheinlicher ist als das Gegenteil, z. B. Gehorsamspflicht gegenüber einem Diktator. Diesen Standpunkt vertritt das Moralsystem des Probabiliorismus (lat. probabílior „wahrscheinlicher"). Der Probabilismus (lat. probábilis „wahrscheinlich") gibt noch mehr Spielraum; er sagt: Eine Norm ist im Zweifelsfall nicht bindend, wenn gute Gründe für ihre Ungültigkeit sprechen, auch wenn die Gegengründe stärker sind.

– Epikie = Selbstbefreiung (Selbstdispensierung) von einer veränderlichen Norm in dem (Ausnahme-)Fall, dass man im Gewissen überzeugt ist, im betreffenden Sonderfall würde die Einhaltung der Norm ihrem eigentlichen Sinn zuwiderlaufen und würde schaden, statt zu nützen, und der Schöpfer der Norm (der Gesetzgeber) hätte hier von sich aus eine Ausnahme zugelassen, wenn er die betreffende Notsituation gekannt hätte. – Epikie kann um eines höheren ethischen Wertes und Zieles willen für den Christen zur Pflicht werden.

In neuester Zeit gewinnt die Verantwortungsethik in unserer Kirche zunehmend an Bedeutung.

3. Situationsethik (Individual-, Persönlichkeitsethik)

– *Zentraler Wert:* die Einzelhandlung als Reaktion auf die Erfordernisse der augenblicklichen inneren und äußeren Lage (= der Situation) des Handelnden.

Da sich die Situation alle Augenblicke ändern kann, gibt es weder immer in sich gute noch immer in sich schlechte Handlungen: Jede neue Situation kann die ethische Qualität ein und derselben Handlung verändern: Was heute schlecht ist, kann morgen gut, ja verpflichtend werden – und umgekehrt. Ebensowenig kann es universale, absolute Normen geben.

– *Normbegriff und Normenbegründung:*
Norm ist eine situative, individuelle und subjektive Regel: Jeder (mündige) Handelnde schafft sich bei jeder einzelnen Handlung die hierfür passende Norm selbst. Objektive Normen sind nur „Ratgeber ohne Einspruchsrecht" bei der persönlichen ethischen Entscheidung. Dass jede Norm nur für eine bestimmte, einzige, unwiederholbare Situation gilt, ist der eigentliche Grund für die Nichtexistenz ewiggültiger Normen und immer in sich guter bzw. schlechter Handlungen. Alles ist relativ: Verabreichung von Opium an einen Drogenkonsumenten kann schlecht sein, an einen Schwerkranken (zur Schmerzbekämpfung) eine Tat höchster Nächstenliebe.

– *Normenbegründung:* Von der Vernunft und der Intuition („Herz") erkannte Normen sind subjektiv notwendig und verpflichtend, da ohne sie überhaupt kein ethisches Handeln möglich ist.
Sie gelten aber weder subjektiv noch objektiv auf Dauer. Heteronome Normen können nur Ratgeber, nicht Befehlsgeber beim ethischen Handeln der freien (Einzel-)Persönlichkeit sein.

- *Normenschöpfung:* Der personale ethische Instinkt („das Herz", d. h. das Gewissen) sagt dem Menschen in jeder Situation neu, wie er handeln soll.
- *Die Stärke dieses Modells* besteht in seiner Kritik am Extremismus anderer moralischer Systeme, vor allem der Gesetzerfüllungsethik (Legalismus), wie auch an der übertriebenen Strenge (moralischer Rigorismus), zu der die Wert- und Pflichtethik neigen. Ferner rückt die Situationsethik den Augenblick als Kairos (gr. kairós m. „Gelegenheit, Chance"), Gutes zu tun, ins Bewusstsein.
- *Die Schwächen der Situationsethik:*
  - Leugnung in sich guter bzw. schlechter Handlungen;
  - Leugnung ewiggültiger Normen;
  - ethische und psychische Überforderung des Menschen, der lebenslang ständig alle subjektiv erforderlichen Normen selbst erfinden soll;
  - Realitätsferne; denn Empirie und Evidenz zeigen, dass das Leben nicht aus lauter unzusammenhängenden „Situationen" besteht, sondern dass die Mehrzahl unserer Lebensereignisse sich gegenseitig verursachen und bedingen, also kausal und konditional miteinander verknüpft sind. Auch das lebenslang (grundsätzlich) gleichbleibende Ich-Bewusstsein des Menschen (Selbsterfahrung von der ständigen Identität des Menschen als Person und Subjekt) spricht gegen die Zersplitterung des menschlichen Lebens in lauter zusammenhanglose Situationen;
  - die Behauptung, dass Liebe jedes Mittel heilige; dieser Standpunkt führt zum Antinomismus (= Ablehnung objektiver Normen), Pragmatismus, Opportunismus und letztlich zum Immoralismus. Außerdem ist er utopisch;
  - Verabsolutierung des subjektiven Gewissensentscheids und damit Proklamierung der absoluten Autonomie des Menschen.
- *Situationsethik und christliche Ethik:*
  Die Individualethik basiert auf der Weltanschauung des atheistischen Existentialismus und steht daher in grundsätzlichem Widerspruch zum Christentum.
  Was von ihr für einen Christen annehmbar ist, hat K. Rahner unter dem Namen *„christliche Existentialethik"* zusammengefasst: Jede Situation ist ein Anruf Gottes an den Menschen zur Selbstverwirklichung durch gutes Handeln. Situationsethische Überlegungen kommen für den Christen in ethischer Entscheidungs- und Handlungsnot in Frage, wenn objektive Normen entweder fehlen oder für die betreffende Ausnahmesituation nicht hilfreich erscheinen, z. B. bei der Frage, ob eine neue Partnerschaft nach einer Ehescheidung verantwortbar ist. Vgl. Epikie.

Die Grenze liegt für den Christen in der Existenz allgemein- und ewiggültiger Normen, die keine Ausnahme zulassen. Ein Christ, der eine solche Norm in schuldloser Unkenntnis ihrer universalen Gültigkeit guten Gewissens übertritt, bleibt zwar subjektiv ohne Sünde, verletzt aber objektiv (durch die Übertretung einer Norm) die sittliche Ordnung.

6.1.4 Die Frage nach einem ethischen Grundkonsens

Ein großer Teil unserer westlichen Kulturgemeinschaft vertritt einen ethischen Relativismus, dem zufolge kein ethisches Prinzip unantastbar ist; diese ethische Einstellung zeigt, dass der Glaube an ewiggültige Güter, Werte und Normen geschwunden ist. Als ethischen Minimalkonsens der heutigen Menschheit kann man am ehesten noch die 30 Menschenrechtsartikel der UN-Charta von 1948 bezeichnen. Die meisten Staaten der Erde erkennen zumindest theoretisch an, dass die Menschenrechte zur geistigen Grundausstattung des Menschen gehören, dass sie also angeboren sind und von der Staatsgewalt weder verliehen noch entzogen werden können (Art. 1) und dass sie jedem Menschen unabhängig von seiner Rasse, seinem Geschlecht, seiner Kulturform, seiner religiösen und politischen Überzeugung, seiner Staatszugehörigkeit und seinem gesellschaftlichen Rang zustehen (Art. 2, vgl. Gal 3,28). Sie gehören – christlich gesprochen – zum natürlichen Sittengesetz. Vgl. u. 6.2.1

Die Menschenrechte schützen primär die Individualnatur des Menschen, sekundär aber auch seine Sozialnatur; denn nur ihre Beachtung ermöglicht ein menschenwürdiges soziales Leben.

Die Bestimmungen dieser UN-Charta sind in die Verfassungen der demokratischen Staaten eingegangen (soweit sie dort nicht schon früher verankert waren), aber auch z. B. in die Verfassung der sozialistischen DDR (1949). Erweiterungen der UN-Charta sind die europäische Menschenrechtskonvention (1950), die beiden Menschenrechtspakte der UN von 1966 („über bürgerliche und politische Rechte" und „über wirtschaftliche, soziale und kulturelle Rechte") sowie die europäische Sozialcharta (1961).

Alle diese Menschenrechtsdeklarationen gehen auf die griechische Philosophie (bes. Stoa), die amerikanische Unabhängigkeitserklärung (1776) und die Menschen- und Bürgerrechtserklärung der französischen Nationalversammlung (1789) zurück.

In einem gemeinsamen Hirtenwort vom 07. 05. 1976 bedauern die deutschen katholischen Bischöfe, dass der Grundkonsens von Werten immer schmäler wird, besonders auf folgenden Gebieten: Schutz von Ehe und Familie, Bereitschaft zu sozialem Engagement, zu Subsidiarität und Solidarität, Recht auf Leben (bes. für das ungeborene Leben), Recht der Alten und unheilbar Kran-

ken auf ein menschenwürdiges Sterben, Schutz der Grundwerte vor Ideologi-
sierung, besonders im Erziehungs- und Bildungsbereich.
Vgl. auch das Dokument „Die Kirche und die Menschenrechte" des Päpstlichen Rates „Iustitia et Pax" (1975).

6.1.5 Letztbegründung der Ethik in Gott

Theonome Ethik. Für den Christen ist die Ethik ein Stück gelebten Glau-
bens (Orthopraxie) und von der Religion nicht zu trennen. Darin besteht das
Unterscheidende zu jeder nur anthropologisch begründeten Ethik.
Die Letztbegründung sittlichen Handelns kann also aus christlicher Sicht kei-
ne anthropologische, sondern nur eine theologische Aussage sein: Sein und
Sollen des Menschen sind Schöpfungen Gottes. Von ihm kommt jede Moral,
auf ihn weist sie bewusst oder unbewusst zurück:
- Gutsein ist das Wesen Gottes, er ist die absolute Güte (summum bonum).
  Aus unserer Seinsanalogie zum Schöpfer folgt daraus für uns Menschen:
  Wir sind vom guten Gott gut erschaffen, da Gott nur Gutes hervorbringen
  kann, und von Gott zum Gutsein befähigt und berufen (s. Transzendierfähigkeit des menschlichen Willens, 2.2.2 und 4.3.2).
- Gutsein entspringt dem Willen Gottes. Das Axiom „Das Handeln entspricht dem Sein/Ágere séquitur esse" trifft auch auf Gott zu: Er als die
  wesenhafte Güte kann nur Gutes wollen. Wir bezeichnen diesen ewigen,
  unwandelbaren Willen Gottes zum Guten als das ewige göttliche Gesetz
  (lex aetérna). Dieses Gesetz war das Prinzip Gottes bei der Erschaffung
  der Immanenz.
Wir können den auf das Gute ausgerichteten Willen Gottes erkennen
  - in der Naturordnung, besonders in der Struktur der menschlichen
    Natur, im Naturrecht und im Gewissen, das Gottes Willen zum Guten
    widerspiegelt;
  - in den von Gott geoffenbarten Normen der Bibel, dem positiven gött-
    lichen Gesetz (lex divína positíva).
Man kann Gottes Willen zum Guten auch Liebe nennen. Analog hierzu ist
die theonome Ethik auch eine Liebesethik, bei der aber wegen der Unvollkommenheit der menschlichen Liebe die Gerechtigkeit und die Klugheit
als Kontrollkräfte zur Liebe hinzutreten müssen, damit die Liebesethik
nicht zur irrationalen Sentimentalität und Schwärmerei absinkt.

Weitere Argumente für die theonome Verankerung der menschlichen Ethik

- Das Gewissen ist durch keine menschliche Anstrengung ausrottbar: Es gehört zur geistigen Grundausstattung des Menschen, die der einzelne
  Mensch weder sich noch seiner Erziehung verdankt.

- Ebensowenig kann die Ethik abgeschafft werden: Sie ist schicksalhaft mit unserer leiblichen und geistigen Existenz verbunden und für diese notwendig: Ohne Ethik entstünde der Krieg aller gegen alle. – Wäre die Ethik eine menschliche Erfindung, könnte sie auch wieder aufgehoben werden.
- Wäre der Mensch sein eigener oberster Gesetzgeber und Richter, müsste er autonom alle Schuld und Schuldgefühle beseitigen können (durch Strafe, Begnadigung, Verzeihung). Aber menschliche Vergebung befreit nicht von dem Bewusstsein, einem transzendenten Gesetzgeber und Richter gegenüber schuldig zu sein und unabhängig von jedem menschlichen Schulderlass seiner Vergebung zu bedürfen.

Relativ autonome Ethik. Die grundsätzliche, totale Abhängigkeit des Menschen vom Schöpfergott verhindert die menschliche Autonomie nicht, sondern begründet sie vielmehr und fordert sie heraus: Gott will die vernunftgesteuerte Selbstverwirklichung des Menschen. So erhält die menschliche – wenn auch nicht absolute – Autonomie durch ihre Verankerung im ewigen göttlichen Gesetz einen transzendenten, absoluten Grund. Daher ist gerade die theonome Ethik der beste Garant für die menschliche Freiheit.

Die theonome Ethik ist eben nicht gleichzusetzen mit einer heteronomen menschlichen Ethik: Diese schränkt die individuelle Autonomie ein oder unterdrückt sie völlig, jene ermöglicht und fördert sie auf jede mögliche Weise; denn Gott will die Menschen nicht in Sklaverei halten, sondern er erwartet von ihnen eine freigewählte Gefolgschaft (Joh 8,32ff; Gal 5,1-12).

Manche moderne Moraltheologen sprechen statt von einer Theonomie in der christlichen Ethik von einer durch Gott geschenkten (nicht vom Menschen blasphemisch beanspruchten) Autonomie. Natürlich bleibt diese Autonomie immer relativ und gnadenhaft, weil wir als Geschöpfe keinen Rechtsanspruch auf sie haben; der Schöpfer gibt sie uns in seiner Liebe als ungeschuldetes Geschenk. So hebt Gott in seiner Menschenliebe den scheinbar unversöhnlichen Gegensatz zwischenTheonomie und menschlicher Autonomie auf.

6.2 Die Quellen der christlichen Ethik

Die christliche Ethik (Moral) wird aus der menschlichen Natur, Vernunft, Erfahrung und aus der göttlichen Offenbarung erschlossen.

6.2.1 Die Natur als Ethikquelle

Der philosophisch-theologische Naturbegriff
Natur ist
- die sichtbare Schöpfung; sie gliedert sich in den untermenschlichen Bereich (materielle Schöpfung): unbelebte Natur (physikalisch-chemischer Bereich) und belebte Natur (Pflanzen- und Tierwelt) und in den menschlichen Bereich: menschliche (Doppel-)Natur; sie besteht in der Leib-Seele-Einheit, s. 4.3.2. Zur Individual- und Sozialnatur des Menschen s. 7.4, zur Willensfreiheit 4.1.2.
- das Wesen einer Person oder eines Dings (ontologisch-metaphysischer Aspekt des Naturbegriffs). Das Wesen des Menschen und seine Sonderstellung innerhalb der gesamten (uns bekannten) Schöpfung besteht in seiner oben erwähnten Doppelnatur als materielles *und* geistiges Geschöpf Gottes.

Einfluss der untermenschlichen Natur auf die menschliche Ethik
Die Naturgesetze für den untermenschlichen Bereich können nicht von sich aus normative Kraft auf den Menschen ausüben. Aus ihnen können also nicht unmittelbar ethische Normen abgeleitet werden. Aber da der Mensch infolge seiner Leiblichkeit schicksalhaft in diese untermenschlichen Seinsbereiche eingebunden ist, können Naturgesetze indirekt für den Menschen normative Kraft erhalten; so verlangt z. B. das 5. Gebot des Dekalogs den Verzicht auf gesundheitsschädliche Substanzen (Drogen, Gifte): Sie sind somit indirekt etwas Schlechtes für den Menschen. – Ähnlich steht es mit den animalischen Grundtrieben (Selbst- und Arterhaltung durch Fortpflanzung, Kampf, Flucht und Unterwerfung): Tierische Verhaltensweisen können nicht ohne weiteres als ethische Normen für den menschlichen Bereich ausgegeben werden. Sie können aber als Analogien zu menschlichen Verhaltensweisen Anregungen zur Normenschöpfung geben (z. B. die „Treue" eines Hundes). Grundsätzlich gilt im Sinne der Güterabwägung: Personale (= humane) Werte haben stets vor den vitalen (= biologischen) den Vorrang, z. B. Nächstenliebe vor animalischem Egoismus (vgl. den Futterneid der Tiere). Vgl. o. 6.1.3 (Güterabwägung)

Natürliches Sittengesetz und Naturrecht
Das natürliche Sittengesetz = das sittliche Naturgesetz

Es ist *der* Teil des *einen* göttlichen Gesetzes (lex aetérna), der von der menschlichen Vernunft erkannt werden kann. Es ist also primär ein Vernunftgesetz, kein „gesetztes" (= positives) Gesetz, wenn auch viele Normen des natürlichen Sittengesetzes von Gott selbst sekundär in der biblischen Offenbarung zu positiven göttlichen Gesetzen gemacht wurden und viele Bestimmungen des natürlichen Sittengesetzes in die Gesetzgebung von Kirche und Staat eingegangen sind. – Thomas v. Aquin nennt das sittliche Naturgesetz „die Teilhabe der vernunftbegabten Geschöpfe am ewigen Gesetz Gottes".

Inhalt des natürlichen Sittengesetzes:
– die universalen, absoluten, konstanten Grund- und Leitsätze des menschlichen Handelns (vgl. o. 6.1.1). Sie sind dem Menschen wesensgemäß („natürlich"), unentbehrlich für das ethische und kulturelle Leben; darum sind sie allgemeinverbindlich und von Gott gewollt; vgl. 6.1.5 und Röm 2,14f.
Die meisten Gebote des Dekalogs sind Aufzeichnungen (Kodifizierungen) des natürlichen Sittengesetzes: 4. Gebot: Schutz der sozial Schwachen; 5.: Schutz des Lebens; 6.: Schutz von Ehe und Familie; 7.: Schutz des Eigentums; 8.: Schutz der Treue und Wahrheit. Nicht zu den unveränderlichen Grundnormen des natürlichen Sittengesetzes gehören das Bilderverbot des 1. Gebots und die Sabbatheiligung (3. Gebot), wohl aber das 1. und 2. Gebot, insofern es Glauben und Gottesverehrung (Kult) zur grundsätzlichen Pflicht macht, von der es keine objektiv begründete Dispens gibt;
– die je nach den Zeitumständen veränderbaren Ableitungen der unwandelbaren obersten Normen, s. u. 6.3.2.

Das Naturrecht
Es ist *der* Teil des natürlichen Sittengesetzes, der sich auf die Ordnung des sozialen Lebens bezieht; dementsprechend ist sein Grundwert die Gerechtigkeit („Jedem das Seine" = Jedem das ihm rechtlich Zustehende), sein besonderes Aufgabengebiet der Schutz der Menschenrechte und Menschenwürde.
Das Naturrecht regelt die Rechtsordnung zwischen Einzelpersonen, zwischen Einzelpersonen und einer Gemeinschaft und zwischen unterschiedlichen Gemeinschaften.
Soweit das sittliche Naturgesetz und das Naturrecht kodifiziert (= in die kirchlichen und staatlichen Gesetzessammlungen aufgenommen) wurden, sind sie auch gerichtlich einklagbar und ihre Beachtung erzwingbar. Vgl. 6.1.1

6.2.2 Die Vernunft als Ethikquelle

Solange das natürliche Sittengesetz und das Naturrecht bloß ungeschriebene (Röm 2,15: „ins Herz geschriebene") Normen waren, konnten sie von den Menschen nur mit Hilfe der Vernunft durch Reflexion und Schlussfolgerung erkannt werden.

Große Verstandesschärfe, Klugheit und psychologisches Geschick sind insbesondere erforderlich, wenn die Ableitungen und Anwendungen (Konkretisierungen) des natürlichen Sittengesetzes infolge gewandelter Lebensumstände abgeändert werden müssen – oft gegen den Widerstand einflussreicher konservativer Gruppen.

Den Grund für die Befähigung und Bereitschaft („Neigung") des Menschen, Normen zu erkennen, sie anzuerkennen, sie berechtigt zu ändern und neue zu schöpfen, sieht Thomas v. Aquin in der Seinsanalogie (Gottebenbildlichkeit) des Menschen: Der Mensch besitzt wesen- und gnadenhaft Anteil an Gottes absolutem Willen zum Guten (s. o. 6.1.5).

Da die menschliche Vernunft nicht unfehlbar ist, haben sich menschliche Autoritäten bei der Unterscheidung von unwandelbaren und veränderlichen Normen des natürlichen Sittengesetzes und bei dessen Konkretisierungen mitunter auch geirrt. Aber die Kritikfähigkeit der menschlichen Vernunft erkennt solche Irrtümer und Fehler früher oder später und sorgt und für ihre Beseitigung.

6.2.3 Die Erfahrung als Ethikquelle

Menschliche Erfahrung ist das Ergebnis häufiger gezielter Vernunfttätigkeit, durch die sich der Mensch einen jederzeit verfügbaren Datenvorrat (Erfahrungshorizont) anlegt. Die Erfahrung ist somit eine Basis der sittlichen Erkenntnis. – Vgl. 2.2.1.

Normenfindung kann angeregt werden durch
- negative Erfahrungen (Konsequenzen aus dem Misslingen von Handlungen und aus der Enttäuschung hierüber)
- positive Erfahrungen = Sinnerfahrungen (Werterlebnis durch das Gelingen von Handlungen und durch die Bewährung von Handlungsmodellen im Alltagsleben. Positive Erfahrungen motivieren zur Wiederholung und Intensivierung erfolgreicher Handlungen.)

Erfahrung ist eine Hilfe für die Vernunft
- bei der Erkenntnis von Gütern und Werten = beim Wertfeststellungsurteil,
- bei der Normenschöpfung zum Schutz dieser Güter und Werte,
- bei der ethischen Bewertung menschlicher Akte = beim Handlungsurteil.

6.2.4 Die göttliche Offenbarung als Ethikquelle

Zum Zusammenhang von positivem und natürlichem Sittengesetz s. o. 6.2.1. Der Grund für diese doppelte Gesetzgebung ist die Liebe Gottes: Als geschriebenes Gesetz (lex positíva et scripta) ist das göttliche Gesetz unserem begrenzten und irrtumsgefährdeten Verstand leichter und präziser verständlich, Gott konnte die entscheidenden Normen, besonders die Liebe als ethischen Zentralbegriff, deutlicher ins Bewusstsein der Menschen rücken. Das natürliche Sittengesetz hat Gott den Menschen „ins Herz geschrieben", die keinen Zugang zum geschriebenen Gesetz haben, damit auch diese nicht ohne ethische Führung sind. – Vgl. o. 6.2.2.

Da das natürliche wie das geoffenbarte Sittengesetz auf das ewige göttliche Gesetz (lex aetérna) zurückgehen und Gott sich nicht selbst widersprechen kann, gibt es zwischen beiden Arten von göttlichen Normen keinen qualitativen Unterschied oder gar einen Widerspruch. (Vgl. 1.1.3)

Das alttestamentliche Gesetz (lex vetus)

Einteilung nach literarischen Gattungen:
- **Tora** = Gesetz des Mose = die Normen der 5 Bücher Mose, bes. der Dekalog Ex 20, 2–17,
- **Propheten** (ältere Propheten = Tatpropheten: Sie geben Normen für König und Regierung; jüngere Propheten = Schriftpropheten: Sie schaffen Normen und Warnungen an das ganze Volk Israel, aber auch Normen für das neue Heil (Versöhnung mit Jahwe, neuer Bund mit ihm); vgl. 1.2; 4.3.3; 5.4; 8.2–3,
- **Weisheitsliteratur** (Normen für die Individual- und Sozialethik).

Inhaltliche Einteilung:
- Moralgesetz, das vor allem in der Tora enthalten ist,
- Zeremonialgesetz = Anweisungen für den Jahwekult, (Monotheismus, Gottesdienstordnung, Opfer-, Speise- und Reinheitsvorschriften)
- Judizialgesetz = bürgerliches und Strafrecht

Einteilung nach der sprachlichen Formulierung:
- Kasuistische Rechtssätze (Konditionalsätze: Wenn …, dann …, z. B. Ez 14,7–11; Relativsätze: Wer …, der …, z. B. Lev 17,3)
  Die Kasuistik, die sich in allen religiös orientierten Ethiken findet, wendet die gültigen Normen auf alle denkbaren Einzelfälle (lat. casus) an.
- apodiktische Sätze = Gebote und Verbote, z. B. der Dekalog

Größere Gesetzessammlungen finden sich in Ex 20 – 23; Lev 17 – 26; Dtn 12 – 26 und im sog. Priesterkodex (in Ex, Lev und Num eingearbeitet, z. B. Ex 25,1 – 31,17; 35 – 40).

Alttestamentliches Gesetz im Neuen Bund

Beim *Moralgesetz* legte Jesus das Kriterium des Doppelgebotes der Liebe an: Was dieser Norm entsprach, erkannte er als wirklichen Willen des Vaters an; das Übrige erklärte er für menschliche Erfindung oder Verfälschung. Jesus stellte den ursprünglichen Sinn einer Moralnorm wieder her oder ersetzte sie durch eine vollkommenere. So erreichte Jesus teils eine Vertiefung und Verinnerlichung, teils eine Radikalisierung der atl. Moral, vgl. die Antithesen der Bergpredigt Mt 5,21–47.

Das *Zeremonialgesetz* wurde z. T. von Jesus aufgehoben (Mk 7,19), z. T. verlor es infolge der Zerstörung des Tempels 70 n.C. seinen Sinn.

Das Judizialgesetz büßte seine Geltung mit dem Ende des jüdischen Staates und des Alten Bundes ein, soweit es Jesus nicht in das Neue Gottesreich übernahm (vgl. Mt 18,15–20 mit Dtn 19,15).

Aus der Kritik Jesu am atl. Gesetz sehen wir,
– dass nicht alle Normen des AT eine göttliche Offenbarung sind,
– und dass auch manche von Gott geoffenbarten Normen nur für die Dauer des Alten Bundes Gültigkeit haben sollten.

Das neutestamentliche Gesetz (lex nova) – Das Gesetz Christi

Die sittliche Botschaft Jesu ist untrennbar mit seiner Person verbunden: Sein Leben und Handeln sind Vorbild und Norm für seine Jünger. Die Nachfolge Jesu besteht in einer Lebensführung, deren Ethik sich aus dem Grundmotiv der Liebe entfaltet. (Vgl. 1.3; 4.2; 5.4.2.)

Die Normgebung Jesu ist eingebettet in seine Verkündigung vom Neuen Gottesreich. Als Vorbedingung für die Aufnahme in dieses Reich fordert Jesus Umkehr, d. h. Gesinnungswandel (Mk 1,15). – Vgl. a. 10.3.1.

Jesus bezeichnet sein neues Gesetz als die Erfüllung und Vollendung des atl. Gesetzes (Mt 5,17f); inhaltlich geht Jesus deshalb nirgends über die Grenzen einer atl.-jüdischen Ethik hinaus.

Trotzdem ist am Gesetz Jesu neu
– die Zentrierung auf ihn, den Messias und Gottessohn: Sein Wort besitzt die gleiche Autorität wie eine Offenbarung Jahwes;
– die Erklärung der Gottes- und Menschenliebe zum Grundwert der Ethik (Radikalisierung von Dtn 6,5 und Lev 19,18);
– der eschatologische Charakter: Jesu Botschaft ist das letzte, endgültige Wort Gottes an die Menschheit (Mk 13,31). Vgl. 8.2–3.

Jesus verkündete eine dem Verstand einleuchtende Ethik (Vernunftmoral), keine mystisch verschleierten Normen. Die Gesetzerfüllungsmoral (Legalismus) des AT ersetzte er durch eine Liebesethik. Auf kasuistische Details ließ er sich nur selten ein (z. B. Mt 18,15–17), er beschränkte sich meist auf allgemeine Verhaltens- und Handlungsnormen.

Trotz seiner klaren, allgemeinverständlichen (univoken) Sprache ist aber doch bei manchen Normen Jesu aus der Formulierung nicht zu erkennen, ob es sich um wörtlich zu nehmende, also *Erfüllungsgebote* handelt (wie sicherlich Mk 12,17) oder um *Ziel- = Richtungsgebote*, die weder wörtlich noch vollständig zu erfüllen sind, sondern Ziele und Richtungen ethischen Handelns anzeigen, denen man nur sinngemäß (metaphorisch) und annäherungsweise (approximativ) gerecht werden kann. Die meisten radikalen Forderungen der Bergpredigt (v. a. die Hyperbeln [gr. hyperbolé f. „Übertreibung"] = absichtlich überspitzte Formulierungen, z. B. Mt 5,29f) sind nach Ansicht moderner Theologen als Zielgebote zu verstehen.

Normen der Urkirche. Die junge Kirche vermied es gewissenhaft, die Grenzen der Normen Jesu zu überschreiten; sie wollte diese nur interpretieren und – teils kasuistisch – auf die konkreten Situationen der damaligen Christen anwenden. – Vgl. 11.4; 11.5.1.

Grundsätzlich hatten Normen Jesu die gleiche Autorität wie die atl. Gebote Jahwes. Aber die frühen Christen merkten bald, dass die von Jesus hinterlassenen konkreten Handlungsnormen quantitativ für das Alltagsleben nicht ausreichen. Deshalb mussten sie im Vertrauen auf den Beistand des Hl. Geistes und auf ihre Glaubensvernunft aus den von Jesus überlieferten allgemeinen Normen konkrete Handlungsanweisungen ableiten. Dabei übernahmen sie nicht nur Normen des AT, sondern auch der hellenistischen Popularethik (bes. der stoischen).

Bibeltheologie und Ethik: Das Problem der richtigen Auslegung biblischer Normen

(Wir unterscheiden: Hermeneutik = Theorie der richtigen Bibelauslegung; Exegese = wissenschaftliche Bibelauslegung [der praktische Teil der Hermeneutik]; Bibelwissenschaft/Bibeltheologie = systematische Zusammenfassung und Auswertung der Forschungsergebnisse von Hermeneutik und Exegese.)

Im Laufe der Theologiegeschichte sah man den Sinn eines biblischen Textes immer wieder unter neuen Aspekten und mit neuen Methoden (Wortsinn, Vollsinn, typologischer Sinn, allegorischer Sinn, Glaubensanalogie, moralischer Sinn, mystischer Sinn).

Für die Erkenntnis verbindlicher biblischer Ethikaussagen kommt nur der Wortsinn in Frage; denn nur er kann zuverlässig ermitteln, welche göttliche Norm ein biblischer Autor seinen Lesern überliefern wollte bzw. welche konkreten Anweisungen er aus einer göttlichen Norm ableiten wollte. Schon Thomas v. Aquin sagte: Nur aus dem Wortsinn kann ein theologischer Beweis geführt werden. Vgl. die Konzilskonstitution „Über die göttliche Offenbarung" (1965), bes. das 3. Kapitel: „Die göttliche Inspiration und die Auslegung der Hl. Schrift" (= Art.11–13).

Der Wortsinn wird durch die historisch-kritischen Methoden der modernen Exegese ermittelt; zu diesem Zweck muss ein Text je nach Sachlage mehrere oder alle folgenden Untersuchungsbereiche durchlaufen:

– **Textkritik** = bestmögliche Rekonstruktion der nicht mehr vorhandenen Urschrift (Autograph) des Autors,
– **Literarkritik** = Frage nach Person, Umwelt, Zeit, Quellen und Hilfsmitteln des Autors,
– **Formkritik** = Erforschung der literarischen Gattung(en) und Kleinform(en) eines Textes sowie der religiösen und kulturellen Gründe *(„Sitz im Leben")* für die Wahl der betreffenden Gattung und Form durch den Autor,
– **Traditionskritik** = Rekonstruktion der mündlichen Überlieferungsgeschichte eines Textes vor seiner schriftlichen Fassung,
– **Redaktionskritik** = Entwicklung eines Textes von seiner ersten schriftlichen Aufzeichnung bis zu der uns in der Bibel vorliegenden Endfassung (Endredaktion),
– **linguistisch-sprachwissenschaftliche Kritik** = Untersuchung von Wortschatz, Grammatik, Stil; Ermittlung des genauen Sinns eines Textes (Hermeneutik im engeren Sinn).

Bisher hat das kirchliche Lehramt noch keine Bibelstelle, die eine konkrete ethische Handlungsnorm enthält, zum Dogma erklärt. Daher können die Forschungsergebnisse der modernen Bibeltheologie, die in die Moraltheologie und in das kirchliche Lehramt eingingen, nur den höchsten Grad von Wahrscheinlichkeit und Zuverlässigkeit beanspruchen, nicht aber eine dogmatische Unfehlbarkeit. (S. a. u. 6.3.1.)

6.3 Unveränderliche und veränderliche christliche Normen

6.3.1 Das kirchliche Lehramt als oberste Entscheidungsinstanz in Moralfragen

Das kirchliche Lehramt gliedert sich in das *ordentliche Lehramt* (= die Leitung der Weltkirche durch den Papst und die Gesamtheit der Bischöfe), und in das *außerordentliche Lehramt* (= Papst und Konzil [bei Tod oder Amtsunfähigkeit des Papstes das Konzil allein] bei der Verkündigung eines neuen Dogmas). Den normativen Bereich der obersten Kirchenleitung nennt man auch das Hirtenamt oder neuerdings Amtskirche. Er umfasst gesetzgebende, richterliche und strafende Gewalt und hat folgende Hauptaufgaben:

Normenschöpfung = Gesetzgebung auf der Grundlage des natürlichen Sittengesetzes, des geoffenbarten göttlichen Gesetzes und mit Integration moderner wissenschaftlicher Erkenntnisse.

Normenkritik: Überprüfung kirchlicher Normen und nichtkirchlicher Normen auf ihre Übereinstimmung mit dem Gesetz Christi und auf ihre Reformbedürftigkeit.

Diese Aufgaben sind in konkreten Einzelfällen (Kasuistik) äußerst schwierig. Deshalb hat Christus das kirchliche Lehramt grundsätzlich mit Unfehlbarkeit ausgestattet. Da aber die oberste Kirchenleitung, wie erwähnt, von ihrer Unfehlbarkeit bei konkreten ethischen Handlungsnormen bisher noch nie Gebrauch gemacht hat, gehören alle diesbezüglichen Äußerungen von Papst, Konzilien und dem Gesamtepiskopat zur sogenannten fehlbaren Lehrverkündigung; bei dieser ist das Lehramt angewiesen auf die Zusammenarbeit

– mit der wissenschaftlichen Theologie, bes. Bibel- und Moraltheologie,
– mit dem gesunden Glaubenssinn (sensus ecclésiae) der Gesamtheit der Gläubigen, die vom selben Hl. Geist erleuchtet sind wie das Lehramt,
– mit den profanen Wissenschaften, v. a. Ethik und Humanwissenschaften.

Diese Zusammenarbeit ergibt den höchstmöglichen menschlichen Gewissheitsgrad für die Richtigkeit lehramtlicher ethischer Normgebung. Deshalb hat das kirchliche Lehramt zunächst einmal die Wahrscheinlichkeit für sich, dass sie bei Konflikten mit einzelnen Gläubigen oder größeren Gruppen die ethische Wahrheit vertritt. Darum hat der gegen das Lehramt Protestierende die Beweislast, nachzuweisen, dass das Unwahrscheinliche eingetreten ist, d. h. dass das Lehramt in einem bestimmten Fall unrecht hat und er als einzelner das Richtige erkannt hat. Dabei ist zwar sein Gewissen für ihn die höchste subjektive Entscheidungsinstanz, aber er kann sich nur dann auf sein Gewissen berufen, wenn er sich so umfassend wie möglich über den Standpunkt der Amtskirche informiert hat und trotzdem zu der Überzeugung gekommen ist, er müsse seinem Gewissen folgen und deshalb eine gegenteilige Position beziehen. (Vgl. a. o. 6.1.3.)

6.3.2 Normenkonstanz und Normenwandel

Kern- und Randschichten in der menschlichen Natur und im natürlichen Sittengesetz

„Ágere séquitur esse": Der Mensch handelt (im Normalfall) so, wie es seinem Wesen entspricht. Das Wesen des Menschen ist aber z. T. unveränderlich (Kernschicht der menschlichen Natur, s. 6.2.1), z. T. durch äußere und innere Einflüsse veränderbar (Randschichten der menschlichen Natur, vgl. 4.1.2). *Allgemeine, abstrakte Normen,* welche die Kernschicht der menschlichen Natur schützen (z. B. seine Menschenwürde), sind unveränderlich (konstant), *Normen, welche sich auf die Randschichten der menschlichen Natur beziehen,* sind ebenso wandelbar (variabel) wie diese.

Konstanz und Wandel im natürlichen Sittengesetz

Unwandelbarer Kern: die allgemeinsten, abstrakten (d. h. an konkreten Handlungsanweisungen armen bzw. leeren) Normen.
Die oberste, allgemeinste Norm nennt Ps 34,15: Meide das Böse und tue das Gute.
Andere allgemeine, konstante Normen:
–   die Goldene Regel (Tob 4,15 und Mt 7,12),
–   Verträge sind zu halten (pacta sunt servánda),
–   die Menschenrechte (vgl. o. 6.1.4).

Wandelbare Ableitungen (Konkretisierungen) der obersten Normen

Ableitungen 1. Grades: das 4. bis 8. Gebot des Dekalogs (diese Zuweisung ist aber umstritten: Die ältere Moraltheologie zählt Mord, Selbstmord [5. Gebot], den Missbrauch der Sexualität [6. Gebot] und die Lüge [als Missbrauch der Treue und der Sprache, 8. Gebot] zu den in sich schlechten Handlungen und die diesbezüglichen Gebote des Dekalogs zu den unveränderlichen Normen); die je sieben Werke der leiblichen und geistigen Barmherzigkeit, und zwar:
die leiblichen Werke: 1. den Hungrigen zu essen geben; 2. den Durstigen zu trinken geben; 3. die Nackten bekleiden; 4. die Fremden beherbergen; 5. die unschuldig Gefangenen befreien; 6. die Kranken besuchen; 7. die Toten bestatten (vgl. Mt 25,35f und Tob 12,13)
die geistigen Werke: 1. die Unwissenden belehren; 2. den Zweifelnden richtig raten; 3. die Sünder zurechtweisen; 4. Unrecht geduldig leiden; 5. den Beleidigern gerne verzeihen; 6. die Betrübten trösten; 7. für die Lebenden und Verstorbenen beten.
Die Ableitungen des zweiten und der weiteren Grade werden immer konkreter, dadurch aber auch immer relativer und entsprechend den sich wandelnden Zeitumständen immer veränderungsbedürftiger, z. B. 1 Tim 2,11–13.

Eine geltende variable Norm ist zugleich absolut und relativ verbindlich: absolut für alle Personen und Orte in ihrem Geltungsbereich, relativ hinsichtlich ihrer Geltungsdauer. Beispiel: der Zölibat der katholischen Priester (endgültig durchgesetzt erst auf dem 2. Laterankonzil 1139).

Konstanz und Wandel im positiven göttlichen Gesetz = im Bereich der geoffenbarten, biblischen Normen

Unwandelbarer Kern: alle göttlichen Normen, die mit dem unwandelbaren Kern des natürlichen Sittengesetzes inhaltlich gleich sind; dazu aber auch die an sich variablen Normen des natürlichen Sittengesetzes, die Gott zu immer gültigen Normen der biblischen Ethik gemacht hat, z.B. die Zielgebote der Bergpredigt (nicht aber ihre Konkretisierungen, z.B. das Eidverbot Mt 5,33–37).

Wandelbare Normen: s. Jesu Normenkritik am AT (6.2.4) und das Bilderverbot (1. Gebot des Dekalogs), von dem die Kirche seit dem 2. Jh. n.C. annimmt, dass Gott selbst es durch die Menschwerdung seines Sohnes außer Kraft gesetzt hat, vgl. Joh 14,9; Kol 1,15.

Konstanz und Wandel im Bereich menschlicher Normen = im Bereich der kirchlichen und staatlichen Gesetzgebung

Unwandelbarer Kern: Aufzeichnungen (Kodifizierungen) des unwandelbaren Kerns des natürlichen Sittengesetzes und der zeitlos gültigen Normen des geoffenbarten göttlichen Gesetzes.

Wandelbare Normen/Gesetze: alle übrigen, d. h. alle Ableitungen (konkrete Handlungsnormen) aus dem unwandelbaren Kern der beiden obengenannten Normenquellen.

Anmerkung: Christus hat seiner Kirche keine Vollmacht gegeben, neue unwandelbare Normen zu schaffen oder variable Normen in konstante umzuwandeln; vgl. Mt 17,26; Joh 8,32–36.

Ein Beispiel für Normenwandel im Christentum:

Die Einstellung zum Krieg

Christliches Altertum: Die Urchristen waren strikte Pazifisten (sie nahmen am Jüdischen Krieg gegen die Römer 67–70 n.C. nicht teil). Von 70 n.C. bis zur Konstantinischen Wende (313 n.C.) nahmen sie eine zwiespältige Haltung zum Kriegsdienst im Römerreich ein (keine grundsätzlichen Einwände, aber Bedenken wegen der Pflicht der Soldaten, sich am heidnischen Götter- und Kaiserkult zu beteiligen; Offiziere wie der hl. Mauritius und der hl. Sebastian erlitten, weil sie die Teilnahme verweigerten, den Märtyrertod). – Der hl. Augustinus stellt die bis in unser Jahrhundert anerkannten Grundsätze für einen gerechten, erlaubten Krieg auf:

- Kriegserklärung und -führung durch die rechtmäßige staatliche Autorität;
- die Ursache für den Kriegsbeginn muss so wichtig sein, dass sie die Greuel des Krieges aufwiegt oder übersteigt;
- gerechte, humane Kriegsführung;
- guter Zweck des Krieges (Landesverteidigung, Schutz der Grundwerte, Hilfe für einen verbündeten Staat).

Mittelalter: Thomas v. Aquin übernimmt die Kriegsrechtslehre des Augustinus und verleiht ihr dadurch höchste Anerkennung in der katholischen Kirche. Nur die Sekten der Katharer, Albigenser und Waldenser verweigern den Kriegsdienst und werden (auch aus anderen Gründen) von Staat und Kirche verfolgt. Unbehelligt ruft dagegen Franz v. Assisi zum Pazifismus auf.

Neuzeit: Der größte Pazifist unter den Humanisten ist Erasmus von Rotterdam. Aber er kann die Lehre vom gerechten Krieg nicht erschüttern. – Für heutige Begriffe zynisch klingt hingegen der Grundsatz des preußischen Generals C. v. Clausewitz (1780–1831): „Krieg ist nichts anderes als eine Fortsetzung des politischen Verkehrs mit Einmischung anderer Mittel."

Aus dem Zweiten Weltkrieg sind (bis jetzt) nur sieben katholische Kriegsdienstverweigerer bekannt; sie wurden alle hingerichtet (z. B. Franz Jägerstätter 1943). – Erst durch die Verheerungen des totalen Kriegs und des Atomkriegs kommt es zu einem Meinungsumschwung: Die Berechtigung eines Atomkriegs wird vollständig verneint, die Bedingungen für einen erlaubten konventionellen Krieg eingeschränkt:
- Ein gerechter Grund für den Krieg kann nur die fortdauernde und schwere Verletzung der wichtigsten Rechtsgüter sein;
- Krieg muss das letzte Mittel (última rátio) sein, nachdem alle vernünftigen Mittel der Friedenserhaltung gescheitert sind;
- Die Kriegsschäden dürfen kein größeres Übel darstellen als die Rechtsverletzungen, die den Grund zum Krieg bildeten;
- Es muss reale Aussicht auf Sieg bestehen (weil sonst die Kriegsgreuel durch kein höheres Gut aufgewogen werden);
- Der Zweck des Krieges muss ethisch untadelig sein (Wiederherstellung des Friedens und der Rechtsordnung, nicht aber Imperialismus und Kolonialismus). Vgl. KKK 2309.

Wichtige Dokumente seit 1945 zur Ächtung des Krieges:
- Veröffentlichungen der Pax-Christi-Bewegung (seit 1945),
- Päpstliche Enzykliken: Pacem in terris/Über den Frieden unter allen Völkern (Johannes XXIII. 1963), Populorum progressio/Über die Entwicklung der Völker (Paul VI. 1967),
- das Konzilsdokument „Kirche und Welt" (Art. 79 – 82) (1965),

- Rede Pauls VI. vor der Vollversammlung der UN in New York 1966 („Kein Krieg mehr, niemals mehr!"),
- Beschluss der Synode der deutschen Bistümer 1975 „Der Beitrag der katholischen Kirche in der Bundesrepublik für Entwicklung und Frieden" (Wehrdienst und Wehrersatzdienst sind ethisch gleichberechtigt),
- Schlussdokument der Europäischen ökumenischen Versammlung in Basel 1989 „Frieden in Gerechtigkeit": Aufforderung zur völkerrechtlichen Verurteilung der Herstellung, des Besitzes und der Anwendung von Massenvernichtungswaffen sowie des internationalen Waffenhandels.

Weiterführende Literatur

CGG 12, S. 37–89: Franz Böckle: *Werte und Normbegründungen*
CGG12, S. 5–36: Gerhard Otte: *Recht und Moral*
CGG 18, S. 101–148: W. Kern/C. Link: *Autonomie und Geschöpflichkeit*
CGG 27, S. 5–57: Heinz Eduard Tödt: *Menschenrechte – Grundrechte*
Franz Böckle, *Fundamentalmoral*, München (Kösel), 1977, [5]1991
Alternativen 1: *Moral – was ist das?*
Forum Religion 6: *Den Nächsten lieben. Kurs Ethik*
Konzepte 5: *Moral und Gewissen*
CGG 12, S. 137–184: Dietmar Mieth: *Gewissen*
Sittliche Normen. Zum Problem ihrer allgemeinen und unwandelbaren Geltung, hrsg. von Walter Kerber, Düsseldorf (Patmos Paperbacks), 1982
Katholischer Erwachsenen-Katechismus, 2. Band: *Leben aus dem Glauben*, S. 92–118: *Maßstäbe christlichen Handelns* (Normen; kirchliches Lehramt)
CGG 13, S. 79–119: Heinz Eduard Tödt: *Frieden*
Alternativen 3: *Mit Konflikten leben* (S. 29–46: *Un-Friede, Krieg, Frieden*)
Alternativen 10: *Friede – die notwendige Utopie*
Th. Forum 5: *Frieden auf Erden*

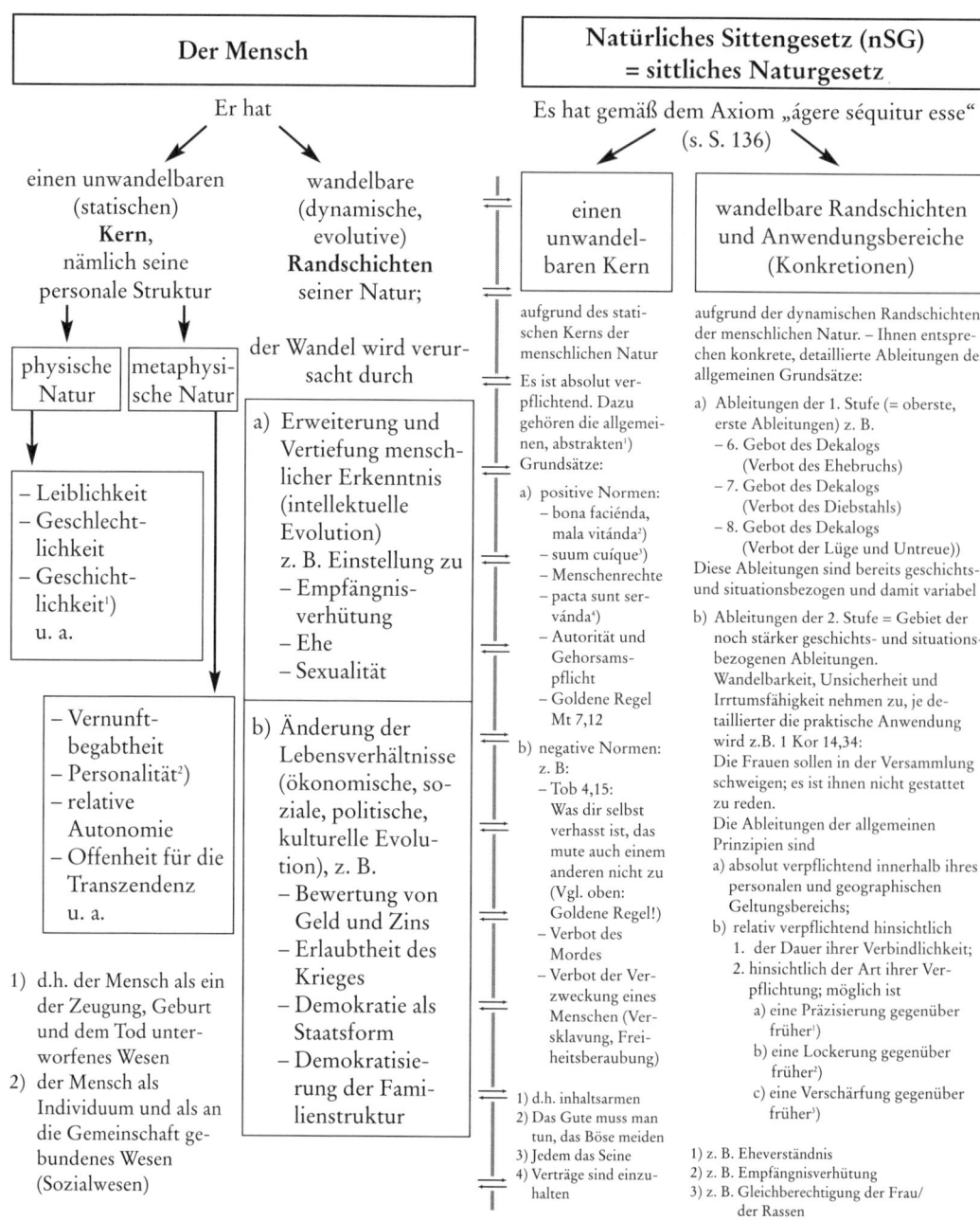

Der Mensch

Er hat

einen unwandelbaren (statischen) **Kern**, nämlich seine personale Struktur

wandelbare (dynamische, evolutive) **Randschichten** seiner Natur;

physische Natur	metaphysische Natur

der Wandel wird verursacht durch

– Leiblichkeit
– Geschlechtlichkeit
– Geschichtlichkeit[1])
u. a.

– Vernunftbegabtheit
– Personalität[2])
– relative Autonomie
– Offenheit für die Transzendenz
u. a.

a) Erweiterung und Vertiefung menschlicher Erkenntnis (intellektuelle Evolution) z. B. Einstellung zu
  – Empfängnisverhütung
  – Ehe
  – Sexualität

b) Änderung der Lebensverhältnisse (ökonomische, soziale, politische, kulturelle Evolution), z. B.
  – Bewertung von Geld und Zins
  – Erlaubtheit des Krieges
  – Demokratie als Staatsform
  – Demokratisierung der Familienstruktur

1) d.h. der Mensch als ein der Zeugung, Geburt und dem Tod unterworfenes Wesen
2) der Mensch als Individuum und als an die Gemeinschaft gebundenes Wesen (Sozialwesen)

Natürliches Sittengesetz (nSG) = sittliches Naturgesetz

Es hat gemäß dem Axiom „ágere séquitur esse" (s. S. 136)

einen unwandelbaren Kern

wandelbare Randschichten und Anwendungsbereiche (Konkretionen)

aufgrund des statischen Kerns der menschlichen Natur
Es ist absolut verpflichtend. Dazu gehören die allgemeinen, abstrakten[1]) Grundsätze:

a) positive Normen:
  – bona faciénda, mala vitánda[2])
  – suum cuíque[3])
  – Menschenrechte
  – pacta sunt servánda[4])
  – Autorität und Gehorsamspflicht
  – Goldene Regel Mt 7,12

b) negative Normen: z. B:
  – Tob 4,15:
    Was dir selbst verhasst ist, das mute auch einem anderen nicht zu (Vgl. oben: Goldene Regel!)
  – Verbot des Mordes
  – Verbot der Verzweckung eines Menschen (Versklavung, Freiheitsberaubung)

1) d.h. inhaltsarmen
2) Das Gute muss man tun, das Böse meiden
3) Jedem das Seine
4) Verträge sind einzuhalten

aufgrund der dynamischen Randschichten der menschlichen Natur. – Ihnen entsprechen konkrete, detaillierte Ableitungen der allgemeinen Grundsätze:

a) Ableitungen der 1. Stufe (= oberste, erste Ableitungen) z. B.
  – 6. Gebot des Dekalogs (Verbot des Ehebruchs)
  – 7. Gebot des Dekalogs (Verbot des Diebstahls)
  – 8. Gebot des Dekalogs (Verbot der Lüge und Untreue))
  Diese Ableitungen sind bereits geschichts- und situationsbezogen und damit variabel

b) Ableitungen der 2. Stufe = Gebiet der noch stärker geschichts- und situationsbezogenen Ableitungen. Wandelbarkeit, Unsicherheit und Irrtumsfähigkeit nehmen zu, je detaillierter die praktische Anwendung wird z.B. 1 Kor 14,34:
Die Frauen sollen in der Versammlung schweigen; es ist ihnen nicht gestattet zu reden.
Die Ableitungen der allgemeinen Prinzipien sind
a) absolut verpflichtend innerhalb ihres personalen und geographischen Geltungsbereichs;
b) relativ verpflichtend hinsichtlich
  1. der Dauer ihrer Verbindlichkeit;
  2. hinsichtlich der Art ihrer Verpflichtung; möglich ist
    a) eine Präzisierung gegenüber früher[1])
    b) eine Lockerung gegenüber früher[2])
    c) eine Verschärfung gegenüber früher[3])

1) z. B. Eheverständnis
2) z. B. Empfängnisverhütung
3) z. B. Gleichberechtigung der Frau/ der Rassen

nach M. Auer, Grundwissen für das 4. Semester des Grundkurses Kath. Religionslehre, 1988, S. 56–59

Normenvariabilität im Überblick

Das positive göttliche Gesetz = Offenbarungsgesetz (pgG)

Es hat gemäß dem Willen des gesetzgebenden Gottes

eine konstante Schicht

Zu ihr gehören:

1) Normen, die eine Promulgierung des natürlichen Sittengesetzes darstellen und zu dessen unwandelbarem Kern gehören, z. B. das Recht auf Leben (Mt 5,21f)

2) Normen, die über das natürliche Sittengesetz hinausgehen, d.h. die nur mit dem Licht des menschlichen Verstandes (lúmine ratiónis) nicht als göttliche Normen erkennbar wären, z. B.
   a) das atl. Moralgesetz zum Teil
   b) das ntl. Moralgesetz fast ganz, v. a. das Gesetz Christi, z.B. Feindesliebe, Gewaltverzicht

eine variable Schicht

Zu ihr gehören:

1) das atl. Zeremonialgesetz, d. h.
   – Opfer-
   – Speisen-
   – Reinheits-   } Vorschriften insgesamt
   – Kult-

2) das atl. Judizialgesetz z. größten Teil (z. B. Bannfluch (Dtn 7))

3) das atl. Moralgesetz zum Teil (z. B. Ehescheidung (Dtn 24,1))

4) zeit- und kulturbedingte Normen des ntl. Moralgesetzes (meist in den Apostelbriefen enthalten, kaum in den Evangelien), z. B. 1 Kor 14,34; Eph 5,22; 1 Petr 3,1.5 und die Konkretisierungen von Jesu Zielgeboten, bes. in der Bergpredigt (z. B. Eidverbot Mt 5,34)

Positives kirchliches Gesetz

Es hat

eine konstante Schicht

Sie besteht in der
– Kodifizierung bzw.
– Präzisierung (Konkretisierung)
a) des konstanten Kerns des natürlichen Sittengesetzes
b) des konstanten Kerns des positiven göttlichen Gesetzes (= Offenbarungsgesetz)

eine variable Schicht

Sie besteht in der
– Kodifizierung bzw.
– Präzisierung (Konkretisierung)
a) der variablen Randschicht des natürlichen Sittengesetzes
b) der variablen Schicht des positiven göttlichen Gesetzes (= des Offenbarungsgesetzes)
c) von Bestimmungen, die nur entfernt mit dem nSG oder dem pgG zusammenhängen (z. B. im alten CIC: Ausschluss von Priestern unehelicher Geburt vom Bischofsamt und von der Kardinalswürde)

Die Kirche hat keine Vollmacht, variable Gesetze zu konstanten zu machen. – Sie ist auch nicht berechtigt, zur Einhaltung bloß kirchlicher Gesetze unter schwerer Sünde zu verpflichten oder aus eigener Macht konstante Gesetze zu schöpfen.

7 Ethik der Lebensbereiche

7.1 Persönlichkeitsentfaltung in Ehe und Familie

7.1.1 Wesen und Aufgaben der Ehe und Familie in christlicher Sicht

Objektiver Zweck: Geschlechtsgemeinschaft zwischen Mann und Frau zur Erzeugung und Erziehung von Kindern (Arterhaltung). Darum schließt die christliche Ehe grundsätzlich den Willen zum Kind, aber auch die verantwortete Elternschaft ein, d. h. die im Gewissensentscheid festgelegte Kinderzahl.
Subjektiver Zweck: Lebensgemeinschaft (Solidar- und Kommunikationsgemeinschaft: gemeinsame Wohnung und Haushaltsführung)
– zur gegenseitigen Hilfeleistung in Liebe;
– zur geordneten und größtmöglichen Persönlichkeitsentfaltung; dabei ständige Spannung zwischen den Polen Autonomie und Sozialisation (Eingliederung in das soziale Leben mit der damit verbundenen Rücksichtnahme auf die Mitmenschen): Autonomie setzt Ichstärke (Durchsetzungsvermögen gegenüber den anderen) voraus, Sozialisation aber erfordert Verzichtbereitschaft (die eigenen Rechte haben ihre Grenze bei der Würde und den Rechten der anderen Menschen) und Dialogbereitschaft (bes. bei Konflikten; s. 7.1.3).

7.1.2 Die Familie im Wandel der Zeiten

Die im 19. Jh. entstandene Theorie, dass die Urmenschen nicht in Familienverbänden, sondern in *Urhorden* gelebt hätten (vgl. S. Freud: s. 3.3.2), ist von der modernen Völkerkunde widerlegt worden.
Die alttestamentliche Familie entwickelte sich von der Polygamie der Nomaden- und Königszeit zur Monogamie (Normal-, aber nicht Pflichtform zur Zeit Jesu) mit patriarchalischer Struktur. (Spr 31,10–31; Sir 26,1–27.)
Die christliche Familie bis zum 20. Jh. wurde als Abbild des Liebesbundes zwischen Christus und der Kirche aufgefasst (Eph 5,22–32); der Familienvater erhielt deshalb eine christusähnliche Vorrangstellung in der Familie (Paternalismus; hierarchische Familienstruktur). Regelform war die Großfamilie (Drei-Generationen-Familie unter Einschluss weiterer Verwandter und des Dienstpersonals). Im 19. Jh. entstand die *bürgerliche Familie* als paternalistische Familienform der Mittel- und Oberschicht; sie wurde der wichtigste Faktor zur Bewahrung der bestehenden Verhältnisse in Gesellschaft, Politik und Moral (Konservativismus).

Als Spätfolge der Aufklärung und der Industrialisierung sowie unter dem Einfluss der modernen Humanwissenschaften löste sich im 20. Jh. die hierarchische Familienstruktur auf; gleichzeitig kam es zur Bildung der *egalitären Familie* (kameradschaftlicher Umgangsstil aller Familienmitglieder; Ziel: Gleichberechtigung); Reduzierung der Familie zur *Kleinfamilie* (= Kernfamilie: Eltern mit wenigen, unmündigen bzw. unversorgten Kindern; derzeit Form für 86 % aller deutschen Familien). Gleichzeitig Funktionsverlust und Funktionswandel in der Familie: Übernahme mancher bisheriger Familienaufgaben durch den Staat (z. B. Öffnung der höheren Schulen für Mädchen seit 1870, erweitert 1908), steigende Ansprüche der Kinder an die Eltern infolge des wachsenden Lebensstandards der Wohlstandsgesellschaft. Deshalb verdienen immer mehr Mütter außer Haus Geld hinzu.

Seit ca. 1965 Zunahme der *Ersatzformen des Familienmodells:*
- *Kommunen* (Wohngemeinschaften für Singles und/oder Familien);
- *„Ehen ohne Trauschein"* (eheähnliche Gemeinschaften, „Ehen auf Zeit/auf Probe" ohne standesamtliche und kirchliche Trauung, derzeit von ca. 25 % der jungen Erwachsenen praktiziert; jährlich nur noch 5,3 Eheschließungen auf 1000 Einwohner);
- *Patchwork-Familien* (Partnerschaft eines geschiedenen Mannes und einer geschiedenen Frau, wobei beide ihre Kinder aus früheren Ehen mitbringen);
- *Alleinerziehende* (derzeit ca. 210 000 alleinerziehende Väter und rund zehnmal soviel alleinerziehende Mütter in Deutschland);
- *Leben als Single* (35 % der Bundesbürger leben solo);
- gewollt *kinderlose Ehen bzw. Partnerschaften:* Von den bis zu 24 Jahre alten Männern lehnen 31 %, von den Frauen 13 % eigene Kinder ab, bei den Älteren 12,3 % der Männer und 5,5 % der Frauen. Deutschland liegt in der Geburtenstatistik weltweit an letzter Stelle; die deutsche Familie hat – statistisch gesehen – 1,3 Kinder.

7.1.3 Ehe und Familie unter dem Schutz und der Aufsicht von Staat und Kirche

Der *Staat* schätzt die Familie als *Keimzelle ("Primärgruppe")* des gesamten sozialen Lebens, s. Art. 6 GG, und schützt sie deshalb. Als Vermittlerin zwischen Individuum und Gesellschaft ist sie unentbehrlich. Deshalb betreibt der Staat in Deutschland seit ca. 1920 eine gezielte Familienpolitik (z. B. Familienlastenausgleich: Kindergeld, Steuerermäßigung, Wohngeld, Bafög, Mutterschutz). Den eheähnlichen Gemeinschaften dagegen verweigert er die rechtliche und finanzielle Gleichstellung mit den Familien.

Die *Kirche* sieht (unter Berufung auf 1 Kor 7,10.39 und Eph 5,32) in der Ehe ein *Sakrament* (erste diesbezügliche Äußerung des Lehramts: II. Laterankonzil 1139). Zum Zustandekommen dieses Sakramentes müssen folgende Bedingungen erfüllt werden:
– Konsens (Einwilligung) der Brautleute über die drei Wesensbestandteile der christlichen Ehe:
  1. Wille zum Kind (primärer Ehezweck, s. 7.1.1)
  2. Wille zur Monogamie (= Anerkennung des Ausschließlichkeitscharakters der christlichen Ehegemeinschaft)
  3. Wille zu lebenslanger Ehegemeinschaft (= Anerkennung des Beständigkeitscharakters der Ehe und damit auch der ehelichen Treue und der Unauflöslichkeit der Ehe)
– Einhaltung der Formpflicht, nämlich Eheschließung vor einem hierzu bevollmächtigten Priester und zwei Zeugen.

Die Ehe ist ein *Dauersakrament*, d. h. sie vermittelt dem Empfänger lebenslang die zur christlichen Ehe- und Familienführung nötigen Gnadengaben Gottes; diese Dauerwirkung ist mit ein Grund für die Unwiederholbarkeit des Empfangs zu Lebzeiten des Ehepartners und damit auch für die Unauflöslichkeit der sakramentalen Ehe. Sie ist außerdem ein *soziales Sakrament:* Sie dient dem äußeren und inneren Aufbau des Gottesreiches auf Erden.

Da jedes Kind von Natur aus ein Recht auf eine vollständige, funktionierende Familie hat, beschränkt das kirchliche Lehramt das *Recht der Kinderzeugung* (und damit mittelbar auch den Geschlechtsakt) auf die Eheleute; es leitet diese Begrenzung aus dem natürlichen Sittengesetz und dem positiven göttlichen Gesetz ab.

Seit dem 19. Jh. leistet die Kirche eine betont familienfreundliche Sozialarbeit (z. B. Caritas), die auf ihrer Soziallehre beruht, s. u. 7.4.

7.2 Der Mensch als Person in Beruf und Arbeitswelt

Der Mensch ist das Subjekt der Arbeit: Die Arbeit verrichtet sich nicht von allein. Darum muss sie – unabhängig von ihrem objektiven Inhalt – dem Wohl ihres Subjektes dienen, das ihre personale Wirkursache ist, während sie selbst nur Instrumentalursache im Produktionsvorgang sein kann. Auf Grund der Sozialnatur des Menschen muss die Arbeit aber auch dem Gemeinwohl nützen.

7.2.1 Arbeit im Dienst von Privat- und Gemeinwohl

– *Arbeit ist nicht das höchste Gut*
Die Arbeit ist eine *fundamentale Erscheinungsform des Menschseins,* macht aber nicht das ganze Menschsein und den einzigen Lebenssinn aus. (Zum diesbezüglichen Irrtum des Marxismus s. 4.4.2 und 6.1.3.) Die Arbeit ist für den Menschen da – nicht umgekehrt. Nach christlichem Glauben ist die Sicherung des individuellen und sozialen Wohls durch die Arbeit zwar wichtig, aber nicht das Wichtigste: Wichtiger noch ist die Sicherung des Heils (= der seelisch-religiösen Existenz [Übernatur]) für Zeit und Ewigkeit. – Vgl. 5.4.4.

– *Unentbehrlichkeit der Arbeit*
Selbstverständlich ist die *Arbeit unentbehrlich für das Wohl des Individuums und der Gemeinschaft;* anders als in arbeitsteiliger Zusammenarbeit ist individuelles wie gemeinschaftliches Wohl nicht zu erreichen. Niemand wäre lebensfähig, wenn nicht schon in der Vergangenheit andere für ihn gearbeitet hätten (Proexistenz der Mitmenschen) und in der Gegenwart für ihn und mit ihm arbeiteten (Koexistenz der Zeitgenossen). Darum ist Arbeit auch Pflichterfüllung gegenüber der Gesellschaft als Solidargemeinschaft und Dankabstattung an sie.

– *Arbeitsethik*
Aber nicht jede Arbeit ist auch eine *ethisch erlaubte Arbeit;* die Art der Ausführung und die Wirkung ihrer Produkte müssen ethischen Maßstäben genügen (umstritten: Arbeit für die Rüstungsindustrie). Die besondere ethische Pflicht der Arbeitgeber liegt in der Humanisierung der Arbeitsvorgänge und in der gerechten Entlohnung.

– *Gegensatz von Kapital und Arbeit ist nicht unüberbrückbar*
Der Marxismus lehrt, der Gegensatz zwischen Arbeit und Kapital (konkret: zwischen den Arbeitern und Proletariern im einen Lager und den Kapitalbesitzern [Fabrikanten, Aktionäre usw.] im anderen) sei unversöhnlich und nur durch die Verstaatlichung der Wirtschaft zu lösen (s. 4.4.2 und 6.1.3). Die katholische Soziallehre sieht in den Begriffen Arbeit und Kapital keine unüberbrückbare Antinomie. Zum sozialen Frieden genügt es, den Primat der Arbeit vor dem Kapital anzuerkennen: Die Arbeit ist die Ursache der Produktion und somit der höhere, fundamentalere Begriff; das Kapital an sich ist nur das Instrument (Mittel und Werkzeug) der Produktion oder ein Ergebnis der Arbeit, also ein untergeordneter Begriff. Durch Beachtung dieser Vorzugsregel ist der Gegensatz zwischen Arbeit und Kapital also auch ohne Sozialisierung der Produktionsmittel zu entschärfen.

Jeder braucht jeden zu einem menschenwürdigen Leben. Gerade auf dem Arbeitssektor sind das individuelle und das allgemeine Wohl in Wechselwirkung aufeinander angewiesen und voneinander abhängig. So ist der Friede auf dem Arbeitsmarkt ein wesentlicher Schlüssel zur Lösung der anderen sozialen Probleme.

7.2.2 Lohn der Arbeit: Privateigentum

Privateigentum ist die wirtschaftliche Grundlage für die freie Persönlichkeitsentfaltung und für die Familiengründung. Aussicht auf Lohn ist der beste Anreiz für gute Arbeitsleistung und Verantwortungsfreude; Abschaffung des Privateigentums dagegen lähmt den Arbeitsprozess und das Wirtschaftsleben.

Das *Recht auf Privateigentum* kann aus dem Naturrecht und dem positiven göttlichen Gesetz abgeleitet werden (7. und 10. Gebot des Dekalogs). Das Eigentumsrecht ist aber kein absolutes, unantastbares Recht; was über die berechtigten persönlichen Bedürfnisse hinaus an Eigentum vorhanden ist, muss zum Teil für das Gemeinwohl zur Verfügung gestellt werden, sei es in Form von pflichtmäßigen Abgaben (Steuern), sei es durch freiwillige Spenden. Diese Einschränkung des „Eigentümerbeliebens" nennt man die *soziale Pflichtigkeit des Eigentums*, vgl. Art. 14 (2) GG: „Eigentum verpflichtet. Sein Gebrauch soll zugleich dem Wohle der Allgemeinheit dienen." Zur Begründung dieser Sozialpflichtigkeit wird angeführt: Das Privateigentum kommt nicht allein durch die Tüchtigkeit seines Eigentümers zustande; immer ist auch die Pro- und Koexistenz der Gesellschaft als einer Solidargemeinschaft daran beteiligt (s. 7.2.1). Darum hat die Gesellschaft auch Anspruch auf einen angemessenen Teil des Privateigentums ihrer einzelnen Glieder.

7.2.3 Biblische Grundlagen der Arbeitsethik

Gott wird in der Hl. Schrift als *„arbeitender"* Schöpfer dargestellt, bes. im Schöpfungsmythos Gen 1 – 2, dem sogenannten „Evangelium der Arbeit". Infolge seiner Gottebenbildlichkeit ist die Arbeit auch dem Menschen wesensgemäß: *Der Mensch hat ein Recht auf Arbeit und eine Pflicht zu arbeiten* (vgl. 2 Thess 3,10). Gott hat dem Menschen die Arbeit als unentbehrliche Grundlage seiner irdischen Existenz zugedacht (Gen 1,26f), nach dem Sündenfall aber auch als Strafe (Gen 3,17–19). Diese *Ambivalenz (Arbeit als Lust und als Last)* gilt auch in neutestamentlicher Zeit. Auch Jesus ging vor seiner Messiastätigkeit einer geregelten Arbeit nach (Mk 6,3) und entnahm den Sachinhalt vieler Gleichnisse der damaligen Arbeitswelt (Bauern, Hirten, Fischer, Winzer, Kaufleute, Diener/Sklaven usw.).

Die Bibel garantiert dem Menschen aber auch die nötige *Erholung von der Arbeit*: Gott selbst „ruhte" am 7. Schöpfungstag (Gen 2,3) und verlangt eine analoge Pause von den Menschen; auch die Sklaven haben ein Recht auf Arbeitsruhe (Ex 20,8.11). – Zum Menschen als Verwalter der Schöpfung Gottes s. 4.3.3.

7.2.4 Gefährdung des Menschen in seiner naturwissen-schaftlich-technisch geprägten Umwelt

Ambivalenz von Technik und Wirtschaftssystem

Die Technik als Gesamtheit der Arbeitsinstrumente und eine hochentwickelte Wirtschaft sind an sich Verbündete des Menschen: Sie erleichtern ihm die Arbeit und bereichern die Freizeitgestaltung und Persönlichkeitsentfaltung. – Aber sowohl die Planwirtschaft des Staatssozialismus wie auch die freie Marktwirtschaft des demokratischen Rechtsstaates versucht mit Hilfe von (Natur-)Wissenschaft und Technik bei sparsamsten Produktionskosten möglichst große Gewinne zu erzielen.

In beiden Wirtschaftssystemen besteht die Gefahr, dass der einzelne Arbeitnehmer zum *wehr- und (fast) willenlosen Arbeitssklaven* degradiert wird. Die monotone, ständig gleiche („repetitive") Arbeit im hoch arbeitsteilig organisierten Wirtschaftssystem kann die Bewegungs-, Handlungs- und Entscheidungsfreiheit des einzelnen in menschenunwürdiger Weise beschränken, sodass sich der Arbeiter eher wie ein Produktionsmittel als wie ein freies Subjekt der Arbeit fühlt.

Der Sozialismus hält zwar aus ideologischen Gründen unter allen Umständen an der Vollbeschäftigung der Arbeitnehmer fest, aber auf Kosten der Wirtschaftsrentabilität. Im Kapitalismus dagegen werden in Zeiten der Rezession schonungslos Arbeitsplätze wegrationalisiert; in beiden Wirtschaftssystemen wird auf diese Weise die *Existenzsicherung der Arbeitnehmer gefährdet.*

Humanisierung und Demokratisierung der Arbeitswelt

Zur Verbesserung der Arbeitsbedingungen werden gegenwärtig folgende drei Vorschläge in die Diskussion eingebracht:
- *job rotation* = öfterer Arbeitsstellenwechsel innerhalb des Betriebs. Vorteil: Vermeidung von Monotonie und Stress, Erhöhung des Fachwissens und damit vermehrte Einsatzmöglichkeit des Arbeiters in seiner Firma;
- *job enlargement* = Aufgabenerweiterung, Ausführung von möglichst vielen Teilarbeiten im selben Betrieb;
- *job enrichment* = Aufgabenbereicherung durch Mitsprache- und Mitentscheidungsrecht im Teamwork, v. a. bei der Produktionsplanung, -fertigung (Arbeitsverteilung, -rhythmus), bei der Produktionskontrolle und der Entlohnung. Ziel dieser Reformvorschläge ist die emanzipierte, teilautonome Belegschaft, die mit dem Arbeitgeber so weit wie möglich partnerschaftlich kooperiert und in der eine hohe Arbeitszufriedenheit herrscht.

Randgruppen der Gesellschaft als Meistgefährdete

Am raschesten kommen die Randgruppen der Gesellschaft unter die Räder der Wirtschafts- und Finanzpolitik: die „Unproduktiven", die nicht am Wirtschaftsleben teilnehmen können (Arbeitslose, Invalide, Behinderte, Kranke, Alkohol- und Drogenabhängige, Rentner, Asylanten) und die sozial schwer Einzugliedernden (Gastarbeiter [„Arbeitsemigranten"], Obdachlose, Strafentlassene, kriminelle Jugendbanden und Nichtsesshafte). Gerade die Christen in unserer Gesellschaft haben die aktuelle Aufgabe, diese Mitmenschen nicht abzuschreiben, sondern ihnen aufgrund der christlichen Sozialprinzipien Hilfe anzubieten.

Arbeitnehmervereinigungen und Streikrecht

Die Arbeitnehmer haben das Recht und u. U. sogar die Pflicht, sich zu Berufs- und Standesvereinigungen (Gewerkschaften, Genossenschaften, Vereine) zusammenzuschließen und so ihren berechtigten Interessen gegenüber Wirtschaft und Staat Nachdruck zu verleihen. Als katholische Arbeitnehmerverbände sind zu nennen die KAB (Katholische Arbeitnehmerbewegung) und das Kolpingwerk, ferner die ständige päpstliche Kommission „Iustitia et Pax/ Gerechtigkeit und Frieden" zur Lösung aktueller sozialer Probleme in aller Welt. Seit 1959 gibt es in Deutschland den interkonfessionellen Christlichen Gewerkschaftsbund (CGB). Diese christlichen Arbeitnehmervertretungen sehen – in Zusammenarbeit mit den Kirchenleitungen – ihre Aufgabe, Anwälte der bedrohten Arbeiter und Wächter gegenüber Gesellschaft, Wirtschaft und Staat zu sein, als Arbeit zur Ehre Gottes, zum Heil der Seelen und für das irdische Wohl der Menschen an. Die Humanisierung und Demokratisierung der Arbeitswelt erscheint ihnen als zeitgemäße Konkretisierung des Liebesgebots und auch als wichtiger Aspekt christlicher Sinnfindung.

Die christliche Arbeitsethik bejaht auch das Streikrecht der Arbeitnehmer als äußerste Kampfmaßnahme gegen die Arbeitgeber (Tarifpartner) bzw. gegen eine ungerechte, arbeiterfeindliche Verfügung der Staatsgewalt. Zweck der gemeinsamen Arbeitsniederlegung kann sein: Durchsetzung einer Forderung („Angriffsstreik") oder Protest gegen eine Benachteiligung („Abwehrstreik"). Ethisch abzulehnen ist ein Streik erst dann, wenn er die Verhältnismäßigkeit der Mittel überschreitet und vom Demonstrationsstreik zum Erzwingungsstreik wird, der den Gegner nötigen soll. (Vgl. § 240 StGB; s. a. u. 7.3.2.)

7.3 Der Mensch als Person in Gesellschaft und Staat

7.3.1 Aufgaben von Gesellschaft und Staat zum Wohle der einzelnen Bürger

Globalaufgabe: Schutz des Gemeinwohls, insbesondere der Grundrechte des Bürgers.

Diese Aufgabe muss die Staatsgewalt u. U. auch mit Gewaltanwendung erfüllen; damit sie dazu imstande ist, benötigt sie die entsprechenden Ausführungsorgane: Polizei, Gerichte, Bundesgrenzschutz, Militär.

Besondere Aufgabenfelder von Staat und Gesellschaft zum Wohle aller Bürger:
- Gerechtigkeit auf dem Arbeitssektor (Interessenausgleich zwischen Arbeitgebern und Arbeitnehmern) zur Gewährleistung des sozialen Friedens (s. 7.2);
- *Ökologie:* Verringerung der Belastungen von Luft, Wasser, Boden und Nahrungsmitteln und damit Schutz der Lebensgrundlagen des Menschen. Motivierung der Marktwirtschaft, ökologische Erfordernisse zu berücksichtigen (Umweltschutz, sparsamer Verbrauch von Rohstoffen und Energie, Recycling, umweltfreundliche Technologien usw.)
- *Friedenssicherung* (Abrüstung, Rüstungsbegrenzung, Friedenserziehung, Anerkennung des Wehrersatz-/Zivildienstes, internationale Verträge zur Festigung des Völkerfriedens, Beachtung des Völkerrechts, Entwicklungs- und Wirtschaftshilfe für kriegsgefährdete bzw. kriegsverwüstete Regionen der Erde)
- *gerechte Wirtschaftsordnung:* sozialer Liberalismus mit sozialer Marktwirtschaft als gesunde Mitte zwischen ökonomischem Liberalismus (völlige Selbstregulierung der Wirtschaft ohne staatliche Einmischung) und sozialistischer Planwirtschaft (völlige staatliche Wirtschaftskontrolle). Zu den katholischen Sozialprinzipien s. 7.4.3. Insbesondere kann das Subsidiaritätsprinzip verhindern, dass sich die Staatsgewalt totalitär in alle Institutionen des gesellschaftlichen und individuellen Lebens einmischt und als stärkste Macht alle Schwächeren unterdrückt.
- *Förderung des geistigen Wohls:* Kultur- und Bildungspolitik, Förderung von Kunst und Wissenschaft, Schutz der Meinungs- und Pressefreiheit vor Missbrauch durch die Massenmedien usw.
- *Sorge für das moralische Wohl:* Trotz grundsätzlicher weltanschaulicher Neutralität muss der Staat auf dem Gebiet der Ethik mit den Kirchen zusammenarbeiten, um gemeinsam moralische Probleme der Gegenwart zu bewältigen, z. B. Sorge für die Randgruppen (s. o. 7.2.4; 7.4.3 [Gemeinwohlprinzip] und 11.7).

7.3.2 Aufgaben des Christen als Bürger gegenüber Gesellschaft und Staat

- *Engagement für die Würde und Rechte aller Bürger* – einschließlich der Randgruppen gemäß den katholischen Sozialprinzipien (s. 7.2.4 und 7.4.3).

– Beteiligung an der *Friedensarbeit* von Gesellschaft und Staat und Mitarbeit
  an der hass- und gewaltfreien Lösung von innerstaatlichen und internatio-
  nalen Konflikten.
– *Wachsamkeit* angesichts der Verflechtungen von (Natur-)Wissenschaft,
  Technik und Wirtschaft (s. 7.2.4 u. vgl. 9.1.2), besonders:
  • *Mitgestaltung eines neuen Umweltbewusstseins:* Kampf gegen Gedan-
    kenlosigkeit, Passivität und Vandalismus gegenüber der bedrohten Na-
    tur;
  • *kritisches Konsumverhalten* (Verzicht auf einen Lebensstil und auf
    Konsumgüter, die zu Lasten der natürlichen Umwelt gehen);
  • *Einübung einer naturfreundlichen Lebensweise* (Entsorgung von Ab-
    fällen, Kauf umweltschonend hergestellter Produkte, selbst wenn diese
    etwas teurer sind als die umweltschädigenden) usw.;
  • *Unterstützung einer alternativen Energiepolitik* (Energiesparen in
    Haushalt, Verkehr und Industrie, vermehrte Verwendung der regenera-
    tiven Energiequellen Wind, Sonne, Biomasse, z. B. Rapsöl für Auto-
    motoren);
  • *Einsatz für „alternative", „sanfte" Techniken,* welche die Leistungs-
    grenzen der Natur berücksichtigen;
  • *Besondere Wachsamkeit und ggf. auch Protest* sind erforderlich bei
    Eingriffen in den Wasserhaushalt der Natur (zur Gewinnung von
    Energie und von Industriewasser), beim Bau von Kohle- und Atom-
    kraftwerken und bei der nuklearen Aufrüstung;
  • Zur stärkeren Integrierung der Ökologie in die soziale Marktwirtschaft
    soll sich der Christ auch einsetzen für *mehr Planstellen beim Umwelt-
    und Naturschutz und der Landespflege.*
– Der Christ kann in *Gewissenskonflikte* geraten angesichts der unvermeidlichen Spannungen zwischen Ökologie und Gemeinwohl, besonders wenn
  es darum geht, Eingriffe in die Natur zur Arbeitsplatzsicherung oder zur
  Erhaltung der wirtschaftlichen Konkurrenzfähigkeit vorzunehmen. Er
  muss dann die *Güterabwägung* anwenden, s. 6.1.3.

Widerstandsrecht und Widerstandspflicht

In demokratischer Sicht geht die *Staatsgewalt vom Volk aus:* Art. 20 (2) GG.
Deshalb kann das Volk in Ausnahmefällen den staatlichen Organen diese
Vollmacht wieder entziehen. Solche Extremsituationen entstehen beim totalen
moralischen oder organisatorischen Versagen der Staatsgewalt, durch das sie
ihre Existenzberechtigung verwirkt. – Für die Befreiung von einer solchen
pervertierten Staatslenkung gelten analog die Bestimmungen für den sog. gerechten Krieg, s. 6.3.2.

Formen des Widerstands:
- passiver Widerstand (Gehorsams-, Mitarbeitsverweigerung, Streik);
- aktiver gewaltfreier Widerstand (Protestversammlungen, Benützung der Massenmedien zur öffentlichen Meinungsbildung);
- aktiver gewaltsamer Widerstand (Guerillakampf, Putsch, Revolution).

Ein berechtigter Widerstand ist als *kollektive Notwehr* gegen den Staat als ungerechten Angreifer zu verantworten. Da ein funktionierender demokratischer Rechtsstaat kein ungerechter Angreifer auf die Rechte und Würde der Bürger sein kann, kommt gegen ihn ein Widerstand nicht in Frage. Erst wenn irgendwelche Organe der an sich legalen Staatsgewalt versuchen, Diktatur und Totalitarismus einzuführen, und auf andere Weise nicht zu bremsen sind, tritt das Widerstandsrecht auch in einer Demokratie (die dann nicht mehr funktionsfähig ist) in Kraft.

Die schärfste Form des Widerstands ist der sog. *Tyrannenmord*, d. h. die Tötung des obersten Repräsentanten oder der Führungsspitze eines Unrechtsstaates als äußerstes Mittel („última rátio") der kollektiven Notwehr.

Die Verfassung des Bundeslandes Hessen (aus dem Jahr 1946) enthält die *Widerstandspflicht* zum Schutze eben dieser Verfassung (Art. 147). Art. 20 (4) GG kennt nur ein *Widerstandsrecht*. Damit will das GG aber die Berechtigung einer subjektiven, moralischen Widerstandspflicht nicht grundsätzlich ablehnen.

7.4 Gestaltung gesellschaftlicher Institutionen nach den Grundsätzen der katholischen Soziallehre

7.4.1 Grundwerte als Ordnungskräfte der katholischen Soziallehre

Gerechtigkeit
- *Gerechtigkeit des Menschen in biblischer Sicht*
  AT: Gerechtigkeit ist die perfekte Pflichterfüllung gegenüber Gott und den Mitmenschen; sie wird durch strenge Gesetzeserfüllung erreicht (Gesetzesgerechtigkeit/Legalismus). Gerechtigkeit bewirkt Heil, Frieden und Freiheit, s. Ps 85,11; Jes 32,17; skeptisch: Ps 143,2.
  Aus der Verbindung von Gerechtigkeit und Nächstenliebe entstanden die Gebote der Sabbatruhe, des Sabbat- und des Jobeljahres als Idealformen der Volkssolidarität.
  NT: Gerechtigkeit ist Erlöstsein durch Christus. Die Gerechtwerdung (Rechtfertigung) erfolgt durch die Annahme des Erlösungsangebotes

Christi (Röm 1,17): christozentrische Umformung des atl. Gerechtigkeitsbegriffes [Hab 2,4]). Diese Annahme der Erlösung besteht im Glauben
(Vertrauen) an Jesus Christus und begründet die Nachfolge Jesu. Vgl. 5.4,
10.4.4 und 10.5.3.

– *Gerechtigkeit des Christen in seiner sozialen Umwelt*
Die Kardinaltugend Gerechtigkeit erfordert vom Christen ein Handeln gemäß dem antiken Rechtsgrundsatz „Suum cuíque / Jedem das Seine": Jeder
soll das ihm Zustehende, aber nicht jeder das Gleiche erhalten.
Die Anwendung des Gerechtigkeitsbegriffes auf die soziale Wirklichkeit
umfasst (nach Aristoteles) drei Teilbereiche:

- *Tauschgerechtigkeit* (iustítia commutatíva): Gleichwertigkeit der gegebenen und erhaltenen Objekte bei Tausch-, Handels- und Rechtsge-
  schäften, z. B. gerechte Löhne und Warenpreise,
- *gesetzliche Gerechtigkeit* (iustítia legális/generális): gewissenhafte Erfüllung der gesetzlichen Pflichten durch den einzelnen Bürger (z. B.
  Steuerpflicht) wie auch durch die Staatsorgane (Gesetzgebung, Verwaltung, Rechtsprechung),
- *austeilende Gerechtigkeit* (iustítia distributíva): Verteilung aller staatlichen und privaten Güter gemäß der Gleichheit aller vor dem Gesetz (Art.
  3 (1) GG, d. h. unter Vermeidung von Korruption und Vetternwirtschaft
  [Privilegierung]. Vgl. auch die katholischen Sozialprinzipien, 7.4.3).

– *Soziale Gerechtigkeit*
Sie entsteht durch das Zusammenspiel der drei aristotelischen Grundformen von Gerechtigkeit und strebt folgende Ziele an:

- *Chancengerechtigkeit:* gleiche Ausgangschancen für jeden Bürger zum
  wirtschaftlichen und sozialen Aufstieg (vgl. o. die austeilende Gerechtigkeit); einen privilegierten Personenkreis (z. B. den Klerus oder den
  Adel) darf es nicht geben.
- *Bedürfnisgerechtigkeit:* Sicherung des Existenzminimums durch ausreichende soziale Absicherung (Sozialhilfe, Sozialfürsorge, Kranken-,
  Invaliditäts- und Rentenversicherung), Garantie der sozialen Grundrechte für jedermann, z. B. Recht auf Schulbildung und auf Arbeit.
  (Vgl. o. die gesetzliche und die austeilende Gerechtigkeit.)

Diese moderne Auffassung von sozialer Gerechtigkeit ist weitreichender
und demokratischer als die frühere, welche forderte:

- *Besitzstandsgerechtigkeit:* Sicherung von Besitz und Rechten in einer
  Ständegesellschaft. Darunter fielen vor allem die Privilegien des Adels
  und des hohen Klerus (aristokratisch-feudaler Gerechtigkeitsbegriff).
- *Leistungsgerechtigkeit:* Sicherung von Besitz und Rechten, die sich jemand durch seine eigene Tüchtigkeit im freien Konkurrenzkampf

erworben hat (individualistisch-liberalistischer Gerechtigkeitsbegriff). Das Leistungsprinzip führt leicht zu einem gnadenlosen „Kampf aller gegen alle" und zur völligen Vernichtung der Konkurrenten: „Die großen Fische fressen die kleinen." Bei ungebremstem Konkurrenzkampf gehen die Rivalen oft nicht nur bis zur Grenzmoral, d. h. bis zum ethisch gerade noch Verantwortbaren und Entschuldbaren, sondern pragmatisch und utilitaristisch auch über diese Grenze hinaus. So wird die Leistungsgerechtigkeit insgesamt der Sozialnatur des Menschen nicht gerecht.

Recht

Menschliches (kirchliches, staatliches) Recht muss sich auf das *Naturrecht* und das *positive göttliche Gesetz* gründen, s. 6.2. – Einklagbares und erzwingbares Recht ist im Normalfall positives (= von der zuständigen Autorität „gesetztes") Recht, seltener ein ungeschriebenes Gewohnheitsrecht (s. 6.1.1 und 6.2.1). Damit ein kirchliches oder staatliches Gesetz den Christen im Gewissen bindet, muss es folgende *Eigenschaften* aufweisen:
1. *Moralität* (lex honésta): Übereinstimmung mit dem natürliche Sittengesetz und dem positiven göttlichen Gesetz
2. *Gerechtigkeit* (lex iusta), s. 7.4.1
3. *Notwendigkeit oder zumindest Nützlichkeit* (lex necessária/útilis): Ein überflüssiges Gesetz ist Willkür und verstößt gegen das Grundrecht der Freiheit.
4. *Erfüllbarkeit/Durchführbarkeit* (lex possíbilis): denn „ad impossíbile nemo tenétur / Von niemandem kann man Unmögliches verlangen".
5. *Rechtmäßige Setzung und ordnungsgemäße Bekanntmachung* (Promulgation) durch die dazu befugte Autorität (Kirche und Staat).

Liebe (agápe/cáritas)

Die Gottes- und Nächstenliebe ist die *„Seele" von Recht und Gerechtigkeit:* Sie krönt und durchwärmt diese; denn Rechtspflege und Gerechtigkeiterweis können für sich allein lieblos bis zur Menschenverachtung sein. Die christliche soziale Liebe aber sieht in jedem Menschen das Ebenbild Gottes und nimmt darum echten, inneren Anteil an der Person und dem Schicksal des Mitmenschen.
Die christliche Nächstenliebe darf aber nicht als Vorwand für verweigerte Gerechtigkeit missbraucht werden: Um das, was einem Menschen zusteht, darf er nicht wie um ein freiwilliges Almosen betteln müssen: Er kann es fordern (s. 7.3.1 und 7.4.3).

7.4.2 Der Personalismus – das soziale Ordnungsmodell der katholischen Gesellschaftslehre

Begriffsbestimmung

Der Personalismus ist die Gesamtschau des menschlichen Individuums als Person mit zwei Naturen (Individual- und Sozialnatur) und einer Übernatur (transzendentale Existenz). – Unter der Doppelnatur des Menschen versteht man seine Leib-Seele-Einheit, s. 6.2.1 und 4.3.2.

Grundaussagen

– Der Mensch ist eine *leib-geistige Einheit mit 2 Seinsweisen („Naturen"): Individualnatur* (Selbstand, Selbstbestimmung/Autonomie) und *Sozialnatur* (Eignung, Neigung und schicksalhafte Angewiesenheit, *durch* die Gemeinschaft, *mit* und *in* ihr zu leben); die Abhängigkeit des Individuums von der Gemeinschaft besteht grundsätzlich vom ersten bis zum letzten Augenblick seiner irdischen Existenz.

– Zu dieser natürlichen Struktur des Menschen kommt seine übernatürliche hinzu. Unter *„Übernatur"* versteht die Theologie die in der Bibel in bildhafter Sprache geoffenbarte transzendentale Bestimmung des Menschen zum „Kind" Gottes und „Erben" des Himmels, anders ausgedrückt: seine Berufung zur Teilnahme am göttlichen Leben im Diesseits und Jenseits. Die Übernatur ist weder in der biologischen noch in der geistigen Struktur des Menschen enthalten; sie kommt als freies Gnadengeschenk des gütigen Gottes zur biologischen und metaphysischen Natur des Menschen hinzu. Auch nichtchristliche Philosophien und Religionen können eine mehr oder minder klare und vollständige Vorstellung von der Übernatur haben; Beweis dafür ist der weitverbreitete Glaube an das Weiterleben der menschlichen Seele in der Transzendenz nach dem Tod des Leibes. s. 2.3.1, 4.3.2, 5.4.3 und 8.2–3.

– Leiblichkeit, metaphysische Natur und Übernatur sind die Wesensbestandteile der menschlichen Person und die Grundlage für ihre Würde und Rechte. Diese Struktur des Menschen ist das *Formalobjekt* (Forschungsgegenstand) des Personalismus im Rahmen der katholischen Soziallehre.

Gegenpositionen zum Personalismus

– *Der Individualismus* (philosophischer Liberalismus): Er leugnet die Sozialnatur des Menschen. Für ihn ist die Gesellschaft ein wertneutraler Begriff, die mathematische Summe aller Individuen, ohne Eigenwert und Eigenleben, nur das Ausbeutungsobjekt zur Befriedigung der Bedürfnisse der Individuen und, wirtschaftlich gesehen, das freie Betätigungsfeld des Menschen für seinen Einzel- und Gruppenegoismus und den daraus hervorgehenden Konkurrenzkampf. Der Neoliberalismus ist von dieser extremen Position abgerückt: „Wahre Freiheit ... findet ihre Grenze in der Freiheit des Nächsten, der selbstverständlichen Verpflichtung gegenüber der Gemeinschaft und in der Bindung an die Sittengesetze." (Programm der FDP von 1957)

– *Der Kollektivismus* (z. B. der Marxismus): Er leugnet die Individualnatur des Menschen und betrachtet den Einzelmenschen nur als unselbständiges Glied im lebendigen, eigengesetzlichen Organismus der Gesellschaft und der Wirtschaft: „Du bist nichts, die Gemeinschaft (= die Arbeiterklasse) ist alles." Einzige Daseinsberechtigung und Hauptlebenssinn des Menschen ist seine Arbeit für die materielle Wohlfahrt der Gesellschaft. – S. 4.4.2.

7.4.3 Die sozialen Ordnungsprinzipien (Sozialprinzipien) der katholischen Gesellschaftslehre

Das Personalitätsprinzip (Personprinzip): Primat der Person vor der Gesellschaft

– *Wesen und Aufgabe*

Das Personprinzip schützt die Individualnatur des Menschen: Es sieht den Menschen als autonomes, dem eigenen Gewissen verantwortliches Wesen, das vor und über den menschlichen Gemeinschaften existiert. Infolgedessen verteidigt dieses Prinzip den Einzelmenschen gegen seine Ausbeutung durch die Gesellschaft (Kollektivismus!) wie auch durch egoistische Konkurrenten (Individualismus!).

Das Personprinzip betont aber auch die Sozialnatur des Menschen und damit seine Pflichten gegenüber der Gesellschaft; darum gehört es zu den Sozialprinzipien.

Man kann es auch beschreiben als Anwendung der Personalismustheorie auf die Praxis des realen sozialen Lebens.

Art und Umfang der gegenseitigen Pflichten von Individuum und Gemeinschaft werden durch die anderen drei Sozialprinzipien geregelt.

– *Grundaussagen*

• Die menschliche Person (das Individuum) ist Schöpfer, Träger und Ziel aller gesellschaftlichen Zusammenschlüsse und Einrichtungen: Das gesellschaftliche Leben hat seinen Ursprung in den Individuen, die sich um ihres eigenen Wohles willen zusammenschließen. *So ist der Daseinszweck der Gemeinschaft das Wohl der Einzelpersonen*, da niemand auf Dauer ohne Gemeinschaft menschenwürdig existieren kann. Damit die Gemeinschaft diesen Zweck erfüllen kann, müssen die Einzelmenschen für sie Leistungen und Opfer erbringen.

- *Der Vorrang (Primat) des Individuums vor der Gemeinschaft* wird folgendermaßen begründet:
  Das menschliche Individuum ist die Wirkursache (causa effíciens) jeder Gemeinschaft; diese kann also niemals unabhängig von den Individuen entstehen und bestehen bleiben: Sie existiert nur durch die Einzelmenschen und in ihnen. Der Schöpfer steht aber (metaphysisch gesehen) grundsätzlich über seinem Werk. (Dass trotzdem die Gemeinschaft mehr ist als nur die Summe ihrer Mitglieder, zeigt das Gemeinwohlprinzip auf, s. nächsten Abschnitt.)
  Ferner ist die Gemeinschaft ein immanenter Begriff: Jede menschliche Gemeinschaft geht mit dem Tod ihres letzten Mitglieds unter. Das menschliche Individuum aber ist infolge seiner Übernatur unsterblich und überdauert transzendental deshalb jede irdische Gemeinschaft. (Eine Ausnahme bildet nur das Gottesreich: Es erstreckt sich auch in die Transzendenz hinein und ist insofern die einzige unvergängliche menschliche Gemeinschaft.)
- Das Personprinzip rechtfertigt die *Selbstachtung des Individuums* und ordnet seine *Selbstliebe*. Dadurch steht es in einer polaren, aber nicht unüberbrückbaren Spannung zu den anderen Sozialprinzipien.

Das Gemeinwohlprinzip: Gemeinwohl geht vor Eigenwohl

– *Zum Begriff Gemeinwohl (bonum commúne):*
Das Gemeinwohl ist das Wohlergehen eines jeden Gliedes einer Gemeinschaft und damit aller Glieder gemeinsam. Das Gemeinwohl entspricht also den wahren Interessen jedes menschlichen Individuums, auch wenn es zum Nutzen der Gemeinschaft Privatinteressen beschränken muss (z. B. Grundstücksenteignung für einen Straßenbau). Somit ist das Gemeinwohl die Summe aller Bedingungen, die erfüllt werden müssen, damit die Individuen ein menschenwürdiges Gemeinschaftsleben führen können.
Der Begriff Gemeinwohl wird besonders im politischen Sinn verwendet: Die Gemeinschaft ist dann der Staat, das Individuum der einzelne Bürger. Die gesamte Infrastruktur des Staatsgebietes gehört zum Begriff Gemeinwohl.
Der Inhalt des Gemeinwohls ist, je nach Zeitlage und Kulturhöhe der Gemeinschaft, variabel und steigt mit dem Lebensstandard.

– *Wesen des Gemeinwohlprinzips*
Das Gemeinwohlprinzip beantwortet die Frage, was die Gemeinschaft vom Individuum verlangen muss und darf, damit sie ihre Aufgabe erfüllen kann, dem wahren Wohl und der freien Persönlichkeitsentfaltung jedes einzelnen zu dienen.

– *Grundaussagen*
- Dieses Prinzip zeigt den Bereich auf, in dem das Gemeinwohl Vorrang vor den Privatinteressen hat *(„Gemeinwohl/Gemeinnutz vor Eigenwohl/Eigennutz")*. Die Grenzen dieses Bereichs sind die Würde und die Grundrechte der menschlichen Person; wo es um die Fundamente der Personalität geht, gilt: „Person vor Gemeinschaft" (s. Personprinzip). Im konkreten Fall muss oft die Güterabwägung entscheiden, ob 'Person oder Gemeinschaft den Vorrang hat.
- Infolge seiner Sozialnatur kann sich kein Mensch den *Pflichten gegenüber der Gemeinschaft* entziehen, wenn das Gemeinwohl nur durch die Mitarbeit und Opferbereitschaft aller erzielt werden kann (z. B. Pflicht der Steuerzahlung).
- Die Begründung des Gemeinwohlprinzips beruht hauptsächlich auf der *Leistungssteigerung* durch gemeinsame Aktionen und Einrichtungen: Mit Organisationsformen, die von allen finanziert und mitgetragen werden, lassen sich höhere Leistungen erzielen, als wenn jedes Individuum für sich allein die betreffenden Tätigkeiten ausüben würde. So sind z. B. die staatlichen Schulen effizienter, als wenn alle Eltern ihre Kinder privat unterrichten würden. Die Zusammenarbeit aller zum Zweck der Leistungssteigerung nennt man das *Prinzip der Leistungsverbundenheit* („Einigkeit macht stark", vgl. Solidaritätsprinzip). Wegen der Leistungssteigerung ist die Gemeinschaft mehr als nur die mathematische Summe ihrer Mitglieder; sie ist stärker als die Summe aller denkbaren Einzelleistungen; darin besteht ihr Sinn und Daseinszweck.
- Das Funktionieren des Gemeinwohlprinzips setzt die Existenz entsprechender *Autoritäten* (Staat, Kirche) voraus, welche die gegenseitigen Pflichten und Leistungen von Individuen und Gemeinschaft gerecht festsetzen, ihre Erbringung überwachen und notfalls mit Zwangsgewalt durchsetzen. s. 7.3.1. – Deshalb bejaht die katholische Soziallehre grundsätzlich die Unentbehrlichkeit des Staates (Röm 13,1–7).
- In der Praxis des Gemeinwohlprinzips lauern zwei Gefahren: Dass der Staat sich entweder immer wichtiger nimmt und eine bürokratische, planstaatliche oder gar totalitäre Richtung einschlägt (sog. Etatismus) oder dass er sich von den Bürgern als universaler *Wohlfahrts- und Versorgungsstaat* („Melkkuh der Nation") missbrauchen lässt (vgl. o. 7.3.1).

Das Solidaritätsprinzip: Einer für alle, alle für einen (vgl. Gal 6.2)
– *Zum Begriff Solidarität*
Solidarität im christlichen Sinn ist soziale Liebe. Man unterscheidet deshalb mitmenschliche (= individuelle) Solidarität (Liebe von Individuum zu

Individuum), Gruppensolidarität (Liebe zwischen Individuum und sozialen Institutionen sowie Liebe solcher Gruppen untereinander) und Gemeinwohlsolidarität (Liebe zwischen Individuum und Gesamtgesellschaft eines Staates bzw. von Staaten untereinander bei gemeinsamen internationalen Aktionen). Solidarität ist aber mehr als eine freiwillige, spontane Form von Sympathie, Mitleid oder Barmherzigkeit, sie ist nach dem Willen Christi ein verbindliches ethisches Prinzip (vgl. z. B. Mt 23,8–11; 25,40; Joh 13,13–17).

– *Wesen des Solidaritätsprinzips*
Das Solidaritätsprinzip zieht die praktischen Folgerungen aus der Sozialnatur, die das Individuum und die Gemeinschaft einander zuordnet; deshalb heißt das Solidaritätsprinzip auch *Zuordnungsprinzip.* Individuum und Gemeinschaft haben die Pflicht, füreinander einzustehen und gemeinsam zu handeln: *Einer für alle, alle für einen.*
Das Solidaritätsprinzip schließt kollektivistischen Klassenhass ebenso aus wie liberalistischen Einzel- und Gruppenegoismus.
Das Solidaritätsprinzip ist (wie auch die anderen katholischen Sozialprinzipien) ein *Seins-, Sollens- und Rechtsprinzip:*
- Seinsprinzip (ontologisches Gesetz), weil es aus der Natur (dem „Sein") des Menschen abgeleitet ist und die dem Menschen wesensgemäßen sozialen Rechte und Pflichten beschreibt. Als Seinsprinzip heißt das Solidaritätsprinzip auch „*Gemeinverstrickung(sprinzip)";* es ist ferner ein
- Sollensprinzip (ethisches, deontologisches Gesetz, Handlungsprinzip), indem es den Christen zum sozialen Handeln verpflichtet; als Sollensprinzip heißt es auch „*Gemeinverpflichtung(sprinzip)";* es ist schließlich auch ein
- Rechtsprinzip (juristisches Gesetz), da es aus den Rechtsquellen der katholischen Ethik abgeleitet ist (s. 6.2) und zum Teil in die staatliche und kirchliche Gesetzgebung eingegangen ist; als Rechtsprinzip heißt es auch „*Gemeinhaftung(sprinzip)".*

Das Solidaritätsprinzip ist die notwendige Ergänzung zum Personprinzip, das mehr die Individualnatur betont; das Solidaritätsprinzip präzisiert das Gemeinwohlprinzip, indem es den Grund angibt, warum die Gemeinschaft und der einzelne füreinander einstehen müssen. Es wird seinerseits durch das Subsidiaritätsprinzip präzisiert, welches die Zuständigkeiten für solidarisches Handeln näher regelt.

– *Grundaussagen*
- Der einzelne haftet für das Ganze, das Ganze für jeden einzelnen, der Hilfe braucht: Alle stehen miteinander wegen ihrer Sozialnatur in *Solidarverbundenheit* (Gemeinverstrickung).

- Individualistischer Rückzug aus der Gemeinschaft („Privatisierung" der Lebensführung) und *Verweigerung der Solidarität* sind darum naturwidrig: Der Mensch kann sich nur in ständigem Geben und Nehmen frei und voll entfalten (Vgl. diesbezüglich die gegensätzlichen Positionen Epikurs und der Stoa!).
- Das Gemeinwohlprinzip fasst nur die Beziehungen zwischen Individuum und Gesamtheit (v. a. Staatsgemeinschaft) ins Auge, das Solidaritätsprinzip bezieht sich auf die *Beziehungen zwischen Individuum und allen sozialen Gruppen* von der Familie bis zum Staatsverband und auf die Zusammenarbeit all dieser Gruppen untereinander.
  So kann man z. B. unser Rentensystem als Solidarvertrag auffassen: Die derzeitigen Werktätigen finanzieren die Renten der Senioren mit und erwarten, dass die nächste werktätige Generation einmal ihre Renten mitbezahlen wird.
- Das Solidaritätsprinzip vermeidet die *Einseitigkeiten des Individualismus* („Was dem einzelnen nützt, muss auch der Gesamtheit nützen") *und des Kollektivismus* („Was der Gesellschaft nützt, muss auch dem einzelnen nützen").

Das Subsidiaritätsprinzip: Hilfe zur Selbsthilfe

– *Zum Begriff Subsidiarität*
Subsidiarität = Bereitschaft zur Hilfeleistung im Bedarfsfall, d. h. wenn anderweitige Hilfe ausbleibt oder zu schwach ist. Im römischen Militär waren die subsídia Reservetruppen, die nur eingesetzt wurden, wenn das kämpfende Heer Hilfe benötigte.

– *Wesen des Subsidiaritätsprinzips*
Nachdem die Pflicht der Hilfeleistung durch das Gemeinwohl- und Solidaritätsprinzip begründet worden ist, regelt nun das Subsidiaritätsprinzip die Zuständigkeit und Reihenfolge der Fremd- bzw. Selbsthilfe. Es wird deshalb auch *Zuständigkeitsprinzip* genannt. Das Subsidiaritätsprinzip ist eine zutiefst demokratische Sozialordnung und wird zu Recht „das klassische Sozialprinzip der katholischen Gesellschaftslehre" genannt.

– *Grundaussagen*
  - *Präskriptiver (befehlender) Aspekt*: Jeder ist sich selbst der Nächste und muss sich erst mal selber helfen, soweit er kann; er hat die Pflicht und das Recht zur *Selbsthilfe*.
    Jeder hat aber auch das Recht auf *Fremdhilfe (Subsidiarität)*, solange bzw. insoweit er zur Selbsthilfe zu schwach ist.
    Dieses Hilfsgebot muss nach der Zuständigkeits- und Verantwortungs-Vorrangsregelung durchgeführt werden: Es ist jeweils die nächststärkere oder nächstgrößere Gruppe zur subsidiären Assistenz verpflichtet;

die Skala reicht von Einzelpersonen, Familien, politischen und pfarr-
lichen Gemeinden und Verbänden bis zur Staatsregierung und Staaten-
bünden (EU, UN). Wenn die am ersten in Frage kommende Gruppe
versagt, geht die Hilfspflicht an die nächsthöhere weiter; versagt die
größtmögliche Gemeinschaft, z. B. der Staat, fällt die Verpflichtung an
die nächstkleinere zurück.

- *Interdizierender* (verbietender) *Aspekt*: Der Stärkere darf dem Schwächeren keine Tätigkeit entreißen und an sich ziehen, die dieser selbst
  ausführen kann *(Entzugsverbot):* Niemand darf an der Selbsthilfe ge-
  hindert werden. – Durch dieses Verbot wird insbesondere die Selbst-
  verwaltung gegen den staatlichen Zentralismus geschützt (Schlagworte:
  „So wenig Staat wie möglich, so viel wie nötig"; „So viel Freiheit wie
  möglich, so viel Bindung/Autorität/Fremdhilfe wie nötig").
- Die *subsidiäre Reduktion* besagt, dass jede Fremdhilfe und damit auch
  jeder Entzug von Eigeninitiative eingestellt werden müssen, sobald sich
  der Unterstützte wieder selbst helfen kann (lat. redúcere = „in den
  früheren Zustand zurückführen"). Dadurch wird vorgebeugt, dass ein
  Stärkerer unter dem Vorwand der Hilfeleistung einen Schwächeren für
  immer beherrscht und unterdrückt. So schützt dieses Prinzip besonders die Bürger vor einem totalitären Zwangsstaat, der sich in alles einmischt mit der Begründung „Wer zahlt, schafft an". (In Wirklichkeit
  „zahlt" aber nicht der Staat, sondern der Steuerzahler; der Staat verwal-
  tet als „unkündbarer Angestellter" lediglich das Steueraufkommen der
  Bürger.) Durch das Entzugsverbot schützt dieses Prinzip aber auch den
  Staat vor Überbeanspruchung, vgl. Gemeinwohlprinzip und 7.3.1.

7.4.4 Anwendung der katholischen Sozialprinzipien auf aktuelle gesellschaftliche Probleme (in Beispielen)

Stärkung der sozialen Marktwirtschaft

Die Idee einer *freien Marktwirtschaft* wurde in der Aufklärungszeit entwickelt. Sie umfasst Freiheit des Wettbewerbs, Gewerbe-, Handels-, Güter-
erwerbs- und Konsumfreiheit. Der Staat ist nur „Nachtwächter" (= Beschüt-
zer von Ruhe und Ordnung) und soll sich möglichst wenig in die Wirtschaft
einmischen (Laissez-faire-System). Diese gutgemeinte Theorie führte im 19.
Jh. zu immer größeren sozialen Ungerechtigkeiten, die von K. Marx aufs
schärfste angeprangert wurden. – Der Neo-Liberalismus des 20. Jh. (bes.
Alfred Müller-Armack) schuf nach dem Zweiten Weltkrieg ein verbessertes
Wirtschaftssystem, das den Namen *soziale Marktwirtschaft* erhielt und von
Ludwig Erhard 1948 in die deutsche Wirtschafts- und Sozialpolitik eingeführt

wurde. „Sinn der sozialen Marktwirtschaft ist es, das Prinzip der Freiheit auf dem Markt mit dem des sozialen Ausgleichs zu verbinden." (Müller-Armack)

– Das Attribut „sozial" verpflichtet gemäß dem Person- und Solidaritätsprinzip alle am Wirtschaftsprozess Beteiligten, die Würde und Rechte der anderen zu achten und soziale Missstände zu vermeiden. s. 7.2.

– Gemäß dem Gemeinwohlprinzip muss die Marktwirtschaft der ganzen Gemeinschaft dienen, nicht nur einzelnen Gruppen (Konzernen, Kartellen, Monopolen). Deshalb muss Wettbewerbskontrolle stattfinden, z. B. durch die Gewerkschaften, und der freie Wettbewerb mit sozialen Auflagen verbunden werden.

– Das Personprinzip erfordert den Vorrang der Arbeit vor dem Kapital, d. h. des Menschen vor Geld und Profit. Zugunsten der Arbeitnehmer ist ständig die Humanisierung und Demokratisierung der Arbeit voranzutreiben, s. 7.2.1.

– Der Staat darf nur subsidiär in den Wirtschaftsprozeß eingreifen, darf aber in Notfällen als der Stärkste im Land seine Hilfe nicht verweigern.
Die *Hauptziele der Wirtschaftspolitik* sind: Stabilisierung der Währung und der Konsumgüterpreise, Vollbeschäftigung, außenwirtschaftliches Gleichgewicht (Vermeidung dauerhafter Zahlungsbilanzüberschüsse oder -defizite), Wirtschaftswachstum und damit auch Steigerung des Lebensstandards, Sicherung des fairen Wettbewerbs, z. B. durch Kontrolle oder Verbot marktbeherrschender Unternehmen (Kartellgesetz von 1958) und Umweltschutz. Zu diesem Ausbau einer gerechten Wirtschaftsordnung muss die Sorge um eine ausgewogene Sozialordnung kommen, z. B. durch staatliche Sozialhilfe, Renten, Wohnungsbauzuschüsse, Mietbeihilfen, Subventionen, Förderung von Vermögensbildung in Arbeitnehmerhand. S. 7.2 und 7.3.

Theologie der Befreiung und ihre politische Ethik

Die Befreiungstheologie entstand nach dem Zweiten Weltkrieg in Südamerika und wurde von der Mehrheit der dortigen Bischöfe auf ihren Konferenzen von Medellin (Kolumbien) 1968 und Puebla (Mexiko) 1979 anerkannt. Haupttheoretiker dieser Doktrin ist der peruanische Theologieprofessor Gustavo Gutierrez (geb. 1928). *Die Befreiungstheologie fasst den Begriff „Erlösung durch Christus" universal auf, nicht nur geistlich:* Christus habe die Emanzipierung der Menschen aus *jeder* Art von Unterdrückung und Unfreiheit gewollt, auch aus der politischen, sozialen, wirtschaftlichen und finanziellen Not. All diese Benachteiligungen der Armen zu beseitigen ist Ziel der Befreiungstheologie.

In der *Wahl der Mittel* sind sich die Befreiungstheologen uneinig: Die Mehrheit lehnt Gewaltanwendung ab (Helder Camára [geb.1909] und die anderen südamerikanischen Bischöfe; Leonardo Boff [geb. 1938]); eine Minderheit zieht auch gewaltsamen Widerstand gegen die bestehenden Verhältnisse in Betracht (Ernesto Cardenal [geb. 1925]).

Die Befreiungstheologie versteht sich als *innerkirchliche Reformbewegung* und spart nicht mit Kritik am gegenwärtigen Erscheinungsbild der katholischen Kirche: Diese müsse – nach dem Willen und Vorbild Jesu – wieder eine „Kirche der Armen" werden und die katholischen Sozialprinzipien stärker als bisher zugunsten der Armen durchsetzen: Auf Grund des Personprinzips müssten die Würde und Rechte der sozialen Unterschicht besser zur Geltung gebracht werden, auf Grund der Solidarität und Subsidiarität müsse die große, einflußreiche Kirche sich eindeutig mit den Unterdrückten solidarisch erklären und die Freiheitskämpfer unterstützen. Nur so könne dem wirklichen Gemeinwohl aller gedient werden.

Manche Anhänger dieser Richtung näherten sich zu stark dem Marxismus an und gerieten deshalb mit dem kirchlichen Lehramt in Konflikt (L. Boff seit 1984; 1992 gab er das Priesteramt und die Mitgliedschaft im Franziskanerorden auf). Bei konservativen Kirchenkreisen kam die Befreiungsbewegung in den Verruf, die christliche Religion auf eine politische Heilslehre zu reduzieren.

7.4.5 Die wichtigsten Stellungnahmen der Päpste zur katholischen Soziallehre

Die folgenden vatikanischen Lehrschreiben sind jeweils das Ergebnis einer intensiven innerkirchlichen Diskussion über die dargelegten sozialen Probleme.

- Die erste katholische Sozialenzyklika: *Rerum novárum*/„Über die Arbeiterfrage" (Leo XIII., 1891): Option der Kirche für die Rechte der Arbeiter
- Enzykliken an den Jubiläumsjahren von Rerum novarum:
  - *Quadragésimo anno*/„Über die gesellschaftliche Ordnung, ihre Wiederherstellung und Vollendung" (Pius XI., 1931): erste Erwähnung des Subsidiaritätsprinzips; Gesellschaftsreform durch Zusammenschlüsse der Menschen nach Berufszugehörigkeit (Ständegesellschaft);
  - *Mater et Magístra*/„Über die jüngsten Entwicklungen des gesellschaftlichen Lebens und seine Gestaltung im Licht der christlichen Lehre" (Johannes XXIII., 1961): Notwendigkeit der Zusammenarbeit zwischen allen Nationen, bes. auch mit den Ländern der Dritten Welt; Demokratisierung des Wirtschaftslebens;
  - *Octogésima advéniens* (Paul VI., 1971, formal nur ein „Apostolisches Schreiben" an den Präsidenten von „Iustitia et Pax"; vgl. 7.2.4): Verantwortung jedes einzelnen Christen und der Ortskirchen für die Lösung

der aktuellen sozialen Probleme; besondere Erwähnung des Umweltschutzes;

- *Labórem exércens/*„Über die menschliche Arbeit" (Johannes Paul II.,
  1981): Würde der Arbeit und des Arbeiters; Kritik an Kapitalismus
  und Sozialismus; Eigentumsrecht; Sozialpflichtigkeit des Privateigentums; religiöser Aspekt der Arbeit;
- *Centésimus annus/*„Zum 100. Jahrestag von Rerum novarum" (Johannes Paul II., 1991): Darstellung der immer noch großen Aktualität von
  Rerum novarum; Analyse einiger sozialer Veränderungen seit 1989:
  Chancen und neue Gefahren für die Arbeitnehmer nach dem Zusammenbruch des „realen Sozialismus".

- Andere wichtige Sozialenzykliken:
  - *Pacem in terris/*„Über den Frieden unter allen Völkern in Wahrheit,
    Gerechtigkeit, Liebe und Freiheit" (Johannes XXIII., 1963): Friede ist
    nur möglich in einem Ordnungsgefüge, das die Menschenrechte achtet,
    auf Wahrheit und Gerechtigkeit aufgebaut, von Nächstenliebe erfüllt
    ist und sich in Freiheit entwickeln kann. – Betonung des Gemeinwohls,
    der Solidarität und Subsidiarität.
  - *Populórum progréssio/*„Über die Entwicklung der Völker" (Paul VI.,
    1967): Erste Enzyklika, die ausschließlich dem Thema der internatio-
    nalen Entwicklung gewidmet ist: „Wenn Entwicklung der neue Name für
    Friede ist, wer wollte nicht mit ganzer Kraft daran mitarbeiten?" (Art.
    87); Forderung einer weltweit anerkannten Institution zur Koordinie-
    rung und Sicherung des Fortschritts.
  - *Sollicitúdo rei sociális/*„Die soziale Sorge der Kirche" (Johannes Paul
    II., 1987, zum 20. Jahrestag von Populorum progressio): düsteres Bild
    der weltweiten Entwicklung seit 1967: Nord- und Südgefälle, Ost- und
    Westblöcke; Appell zu Solidarität, Option für die Armen und Ökologie.

Überblick ·

Wie die obenstehende Übersicht zeigt, nahmen die päpstlichen Lehrschreiben
bisher nur zu einzelnen besonders aktuellen sozialen Problemen Stellung. Eine
umfassende Soziallehre wurde noch von keinem Papst veröffentlicht.
Die immer wiederkehrenden Hauptanliegen der päpstlichen Enzykliken sind:
- (Christliche) Religion als notwendige Grundlage für jede sinnvolle Soziallehre und -arbeit;
- die Würde der menschlichen Person (Gottebenbildlichkeit);
- Menschenrechte, bes. die politischen Grundrechte;

(Weiter auf S. 166!)

Ordnungsmodelle des gesellschaftlichen Lebens

Gesellschaftsform	Kollektivismus (Marxismus)	Liberalismus (Individualismus)	Freiheitlicher Sozialismus	Personalismus/ Solidarismus (katholisches Sozialmodell)
Der Einzelne (Das Individuum)	Der Mensch ist ein materielles Wesen; seine Existenz ist an sich ohne Sinn; als Individuum hat er keine volle Willensfreiheit.	Der Einzelne ist völlig frei (autonom); er muß seine Persönlichkeit selbstständig gestalten, seinem Leben einen Sinn geben und alle Risiken des Lebens selbst tragen.	Der Einzelne ist in seinem Privatleben frei; im öffentlichen Leben sorgt der Staat für die Gleichheit aller vor dem Gesetz.	Der Einzelne ist frei aufgrund seiner Personalität und Gottebenbildlichkeit.– Sein Lebenssinn ist ihm durch Jesu Vorbild vorgezeichnet (Nachfolge Jesu).
Religion und Moral	Monistischer Materialismus (Atheismus): Religion ist Opium. – Moral ist, was der Arbeiterklasse nützt und von der unfehlbaren Partei gutgeheißen wird.	Indifferentismus und Pluralismus: Religion ist reine Privatsache. – Moral ist, was dem Individuum nützt. Höchster Grundwert: Freiheit.	Indifferentismus und Pluralismus : Religion ist reine Privatsache. – Moral ist, was der Gleichheit und Freiheit aller nützt.	Christentum. – Moral ist gebunden (obj.) an Gottes Gebote (natürl. Sittengesetz, Offenbarung) und (subj.) an das Gewissen.
Der Einzelne und die Gesellschaft	Der Einzelne ist nichts, die Gesellschaft ist alles. Einziger Lebenssinn des Individuums ist es, für die Entwicklung der Gesellschaft zu arbeiten.	Die Gesellschaft hat keinen Eigenwert, sondern nur eine Dienstfunktion für den Einzelnen: sie muß dem Individuum einen ungestörten Freiheitsgenuss gewährleisten. – Auch der Staat hat nur Dienstfunktion: er darf erst eingreifen, wenn die Freiheit der Individuen gefährdet ist (Nachtwächterstaat).	Die Freiheit aller wird erreicht durch völlige Planung im gesellschaftlichen und staatlichen Bereich nach dem Gleichheitsprinzip.	Die Gesellschaft ist eine Schöpfung der Individuen, darum haben diese den Vorrang (Primat) vor ihr (Personprinzip). – Aufgrund seiner Sozialnatur hat aber jeder Einzelne die Pflicht zur Mitarbeit am Gemeinwohl.
Organisationsprinzipien	Enteignung aller Produktionsmittel; Schulung zum sozialistischen Klassenhass und Klassenkampf; zunächst Arbeitszwang und staatliche Planung für das Gemeinwohl, später freiwillige Arbeitsleistung; Selbstauflösung des Staates (Anarchie)	Wirtschaftliche Blüte und soziale Gerechtigkeit durch freie Marktwirtschaft mit ihrem Selbstregulierungsmechanismus; freier Konkurrenzkampf.	Verwirklichung des Sozialismus durch Demokratie: Freiheit im privaten Bereich, Planung im gesellschaftlichen und politischen Bereich; Wettbewerb so weit wie möglich – Planung so weit wie nötig. Anerkennung des Privateigentums an Produktionsmitteln	Konkretisierung der vier kath. Sozialprinzipien: – Personalität (s.o.) – Gemeinwohl (Gemeinwohl geht vor Eigenwohl) – Solidarität (einer für alle, alle für einen) – Subsidiarität (Hilfe zur Selbsthilfe)

Nach: W. Lang: Begleitlektüre für den Religionsunterricht in der Oberstufe, Teil 4, [3]1990, S. 175

Das soziale Ordnungsmodell der katholischen Gesellschaftslehre: Personalismus/Solidarismus

Alle gesellschaftlichen Institutionen – Staat, Familie, Eigentum, Wirtschaft u.a. – sind nicht Selbstzweck, sondern Mittel zur personalen Entfaltung des Menschen.

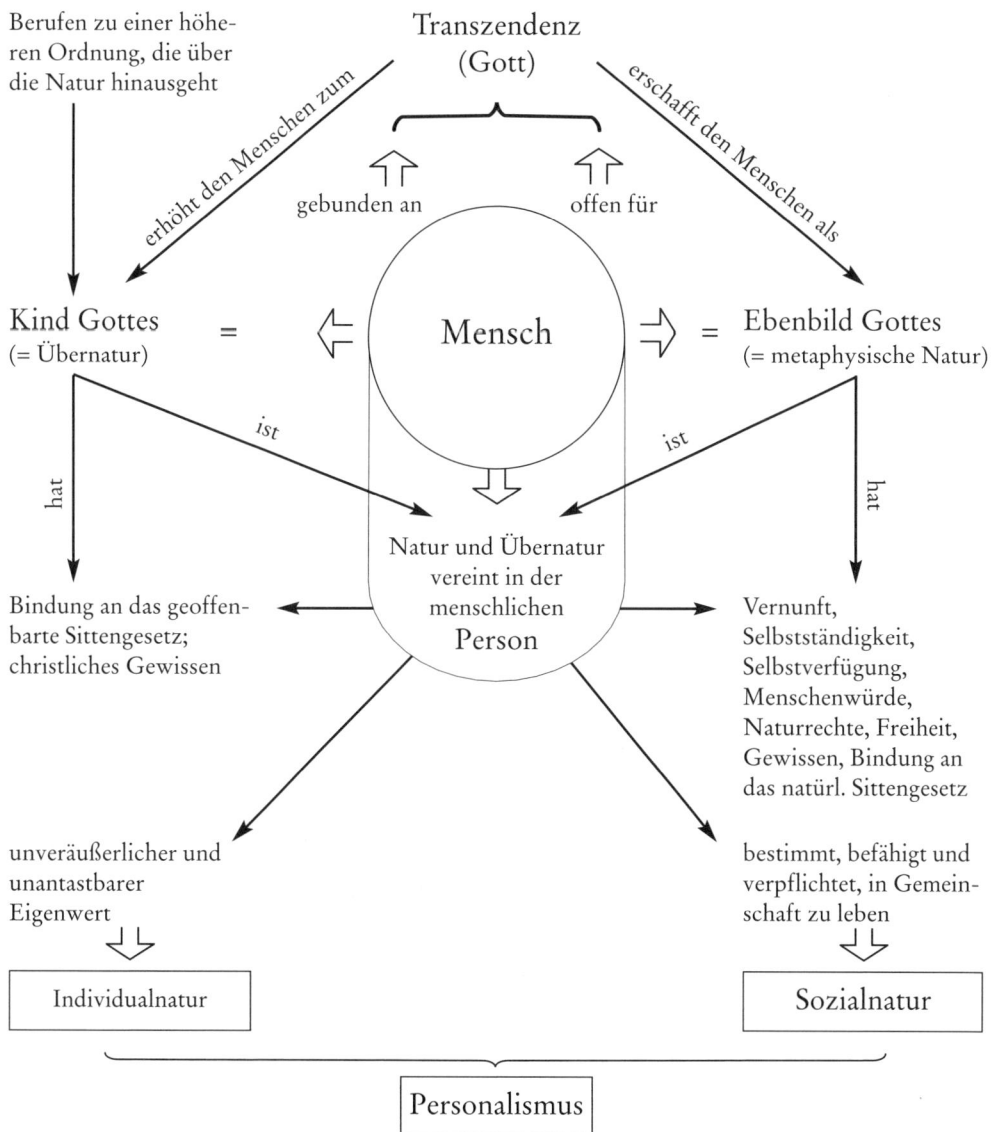

Berufen zu einer höheren Ordnung, die über die Natur hinausgeht

erhöht den Menschen zum

Transzendenz (Gott)

erschafft den Menschen als

gebunden an   offen für

Kind Gottes (= Übernatur) = ⇐ **Mensch** ⇒ = **Ebenbild Gottes** (= metaphysische Natur)

ist   *ist*

hat   hat

Natur und Übernatur vereint in der menschlichen **Person**

Bindung an das geoffenbarte Sittengesetz; christliches Gewissen

Vernunft, Selbstständigkeit, Selbstverfügung, Menschenwürde, Naturrechte, Freiheit, Gewissen, Bindung an das natürl. Sittengesetz

unveräußerlicher und unantastbarer Eigenwert

bestimmt, befähigt und verpflichtet, in Gemeinschaft zu leben

Individualnatur   **Sozialnatur**

Personalismus

Nach: dkv/kab, Für eine menschlichere Welt. Grundlagen der katholischen Soziallehre, 1977, Arbeitsblatt Nr. 5

- Option für die Armen, bes. für die wirtschaftlich und sozial Unterdrückten;
- Gerechtigkeit als soziale Liebe;
- Appell zur Verwirklichung der Sozialprinzipien (Gemeinwohl, Solidarität, Subsidiarität, auch auf internationaler Ebene);
- gerechte Wirtschaftsordnung;
- Sozialpflichtigkeit des Eigentums;
- Friedensförderung auf nationaler und internationaler Ebene.

Weiterführende Literatur

CGG 7, S. 5–86: O. H. Pesch/F.-X. Kaufmann/ K. H. Mandel: *Ehe*

CGG 7, S. 87–145; K. Lüscher/F. Böckle: *Familie*

Alternativen 4: *Liebe – Ehe – Elternschaft*

CGG 8, S. 99–135: Günter Brakelmann: *Arbeit*

CGG 8, S. 39–69: Heinrich Rombach: *Leistung und Muße*

Alternativen 9: *homo faber – homo ludens (Arbeit und Freizeit)*

CGG 17, S. 77–122: W. Kerber/ A. Deissler/P. Fiedler: *Armut und Religion*

CGG 17, S. 123–162: Emil Küng: *Ökonomie und Moral*

CGG 15, S. 121–177: Konrad Deufel: *Sozialstaat und christliche Diakonie (u. a.: Subsidiaritätsprinzip)*

CGG 11, S. 5–39: Iring Fetscher: *Ordnung und Freiheit (im sozialen und politischen Leben)*

CGG 14, S. 37–76: Manfred Hättich: *Herrschaft – Macht – Gewalt (Staatsgewalt)*

CGG 14, S. 77–133: Iring Fletscher: *Revolution und Gewalt*

Alternativen 13: *Gewalt in Politik und Gesellschaft*

CGG 17, S. 5–75: W. Kerber/C. Westermann/B. Spörlein: *Gerechtigkeit*

CGG 12, S. 5–36: Gerhard Otte: *Recht und Moral*

Anton Rauscher: *Personalität – Solidarität – Subsidiarität.* In der Reihe „Katholische Soziallehre in Text und Kommentar", Köln (Bachem), 1975

CGG 16, S. 97–128: Knud E. Løgstrup: *Solidarität und Liebe*

dkv (= Deutscher Katecheten-Verein)/KAB (= Katholische Arbeitnehmer-Bewegung): *Für eine menschlichere Welt. Grundlagen der katholischen Soziallehre.* Unterrichtsmodell (mit Lehrerheft) ab 10. Schuljahr, München (Selbstverlag des dkv), 1977

Forum Religion 6: *Den Nächsten lieben. Kurs Ethik*

Wege zum Ziel 6: *Mensch und Mitmensch*

Gustavo Gutierrez: *Theologie der Befreiung*, deutsche Übersetzung, Mainz (Grünewald), 1973; 10. erweiterte und neubearbeitete Aufl. 1992

CGG 27, S. 59–101: Francis Florenza: *Religion und Politik (darin auch: Theologie der Befreiung)*

Texte der katholischen Soziallehre. Die sozialen Rundschreiben der Päpste und andere kirchliche Dokumente mit einer Einführung von Oswald von Nell-Breuning, hrsg. vom Bundesverband der KAB, 8. erweiterte Aufl., Kevelaer (Butzon und Bercker), 1992

8   Zukunft aus der Sicht des christlichen Glaubens

8.1   Auseinandersetzung mit säkularen Zukunftserwartungen

8.1.1 Pluralistische Zukunftserwartungen Jugendlicher

Die Zukunftserwartungen heutiger junger Menschen sind eine Pluralität von Standpunkten, z. B.

– Pessimismus auf Grund von Kulturverdrossenheit: Skepsis gegenüber der Demokratie und ihrer Befähigung, eine bessere Zukunft zu schaffen. Folge dieses Misstrauens: Verweigerungs- und Aussteigerhaltung oder Radikalismus. Vgl. 2.1.1; 3.1; 5.1.2.

– Optimismus im Vertrauen auf den Szientizismus und Progressismus (Wissenschafts- und Fortschrittsglauben): Überzeugtheit von der Machbarkeit einer besseren Zukunft („Es gibt keine Zukunft als die, die wir machen." [Harvey Cox]).

– Utopismus auf Grund einer romantischen, idealistischen oder ideologischen Übersteigerung des Optimismus. Vgl. u. 8.1.2.

– Kritischer Realismus als nüchterner Mittelkurs zwischen irrealen Zukunftshoffnungen und -ängsten. Diese Haltung, die man auch als gemäßigten Progressismus bezeichnen kann, entspricht am ehesten der Zukunftseinstellung eines heutigen jungen Christen.

8.1.2 Säkulare Zukunftsmodelle

Modelle der wissenschaftlichen Zukunftsforschung (Futurologie):

– Die *5 großen Aufgabenfelder* („challenges") der Futurologie nach Ossip Kurt Flechtheim (1909–98), dem Schöpfer des Wortes „Futurologie" (1943):
   1. Verhinderung von Kriegen, bes. Atomkriegen, und Friedenssicherung (vgl. 6.3.2);
   2. Beseitigung von Hunger und Armut (Nord-Süd-Gefälle!), u. a. durch Stabilisierung der Weltbevölkerung (Wachstum der Bevölkerungszahl derzeit jährlich um 2,5 %, Zunahme der Nahrungsmittelproduktion aber nur um 1 %);
   3. Beendigung von Ausbeutung und Unterdrückung der sozial Schwachen, Demokratisierung von Staat und Gesellschaft;

4. Überwindung der Selbstentfremdung des Menschen und der von ihr hervorgerufenen Sinnkrise durch die Schaffung eines neuen Menschentyps, des kreativen homo humánus, des wahrhaft menschlichen, „humanen" Menschen;

5. Ökologie als Schutz des Menschen vor sich selber, d. h. vor seinem selbstzerstörerischen Raubbau an der Natur (vgl. 7.3.2).

– *Für 2000–2100 prognostizierte Fortschritte*

- Steigerung der Nahrungsmittelproduktion durch Automatisierung der Landwirtschaft, Verwendung entsalzten Meerwassers zur Bewässerung dürrer Bodenflächen, Nahrung aus dem Meer, synthetische Nahrungsmittel;
- Senkung der Geburtenrate;
- Biologische und medizinische Fortschritte: Verbesserung der Transplantationstechnik (z. B. Einpflanzung künstlicher Körperorgane), Methoden, amputierte Gliedmaßen nachwachsen zu lassen, wirksame Mittel gegen Krebs, Aids und andere Virus- und bakterielle Erkrankungen, Bekämpfung von Erbkrankheiten durch Genmanipulation, Verlängerung der Arbeitsfähigkeit und Lebensdauer, Steigerung der Gehirnleistung durch Drogen und Elektroden. – Fernziel ist die Besiegung des Todes und damit die leibliche Unsterblichkeit des Menschen;
- Zunahme der Computertechnik in allen kulturellen Bereichen, v. a. in Forschung und Unterricht, z .B. Übersetzungscomputer zur Übertragung von Texten in eine Fremdsprache; Computerkommunikation als neue Weltsprache;
- Weitere Eroberung des Weltalls: ständige Mondbasis, weiter entfernte Weltraumstationen und -labors, Erkundung anderer Sonnensysteme;
- Gewinnung neuer Energiequellen durch kontrollierte Kernschmelzung und aus dem Meeresgrund; bessere Energieausnützung;
- Waffen, die weder töten noch zerstören, sondern den Gegner biologisch oder psychologisch kampfunfähig machen;
- Weltfriedenssicherung durch eine föderative Weltregierung.

„Zukunft wird nun nicht mehr gestaltet, indem natürliches Unheil verhindert wird, sondern die Schöpferkraft des Menschen beginnt, der eigenen Natur und ihren Gesetzen den Gehorsam zu kündigen. Zukunft soll nun gestaltet werden, um natürliches Heil zu schaffen und damit zugleich alles jenseitige Heil überflüssig zu machen. Ist nun die Frucht vom Baum der Erkenntnis reif, stimmt die Verheißung der Schlange, dass wir ‚wie Gott' sein werden?" (J. Illies)

– *Befürchtete Verschlechterungen* („Alpträume der Futurologen")
- Bevölkerungsexplosion (derzeit 5,7 Mrd. Erdbevölkerung, 2100 voraussichtlich 35 Mrd.). Dadurch auch Verschärfung des Nord-Süd-Gefälles und des Hungerproblems;
- Ende des Wirtschaftswachstums, weil die Grenzen der Rohstoffausbeutung und der Industrialisierung erreicht sein werden (s. die Veröffentlichungen des Club of Rome, bes. D. Meadows' Buch „Die Grenzen des Wachstums", 1972);
- wachsende Probleme als Folge der Verwandlung unserer Wirtschaft durch Naturwissenschaft und Technik: steigende Arbeitslosigkeit wegen der „Wegrationalisierung" menschlicher Arbeitskräfte und ihres Ersatzes durch Maschinen, Computer und Roboter;
- Unwirtlichkeit unserer Lebenswelt: Verkehrschaos, Umweltverschmutzung und -vergiftung (der „point of no return" in der Umweltzerstörung wird im Jahr 2000 erreicht sein), atomare Verseuchung, Mammutstädte mit 100 Millionen Einwohnern, Unterwasserstädte;
- Missbrauch der Biotechnik, z. B. zum Klonen oder für Genmanipulationen, Züchtung von paramenschlichen Infanten (= tiermenschlichen Zwischenwesen) als Arbeitssklaven (vgl. A. Huxleys „Schöne neue Welt", 1932); Näheres s. 9.1.3;
- Versagen der Friedenssicherung durch militärische Hochrüstung;
- Entdemokratisierung von Staat und Gesellschaft durch Technokratie, d. h. durch die Verwaltung der Sachzwänge, die von der Technik erzeugt wurden: „Der produzierende Mensch erkennt sich in dem (von ihm selbst) produzierten Menschen nicht mehr wieder." (G. Picht). Hierzu gehört auch die meinungs-, willens- und modebildende Großmacht der Massenkommunikationsmittel. – Die immer rascher einsetzende Entmenschlichung des Alltagslebens entfremdet den Menschen zunehmend von sich selber;
- Verlust der Moral, d. h. eines Wertesystems, zugunsten des kollektiven Egoismus (Utilitarismus, Pragmatismus: „Nach uns die Sintflut!"). Die traditionellen Moralsysteme werden für ungeeignet gehalten, mit den neuartigen Problemen und Entscheidungszwängen fertig zu werden.

Diese Horrorprognosen erzeugen bei vielen heutigen Menschen den sog. „Zukunftsschock": Angst vor der Zukunft auf Grund der Überzeugung, ihr nicht gewachsen zu sein.

Utopie als Zukunftsmodell – Struktur und Funktion

– *Der Begriff „Utopie"*
Das Wort „Utopie" („Nirgendsland, Nirgendwo") wurde 1516 von Th. Morus aus dem Altgriechischen gebildet (gr. û „nicht", tópos m. „Ort,

Platz"). Er bezeichnete mit dieser Sprachschöpfung sein Modell eines räumlich, aber nicht zeitlich weit vom England des 16. Jh. entfernten Ideal-staates (Utopia).

Im heutigen Sprachgebrauch meint „Utopie" ein Denkmodell, das die Zukunft vorwegnimmt (antizipiert), das also zum gegenwärtigen Zeit-punkt und mit den heutzutage verfügbaren Mitteln nicht – oder zumindest nicht sogleich – zu verwirklichen ist, z. B. ein Heilmittel gegen Aids.

Kennzeichen einer Utopie sind demnach:

- Sie ist ein noch nicht verwirklichter Zustand.
- Ihre Verwirklichung wird aber gewünscht: Sie ist das Ziel und Objekt menschlichen Forschens, Planens und Arbeitens. Bei einer *negativen* Utopie wird ihre Verwirklichung nicht gewünscht, sondern befürchtet und zu verhindern versucht; insofern ist auch sie das Objekt plan-mäßiger wissenschaftlicher Arbeit.
- Ziel der Beschäftigung mit der Utopie ist der Wille, gegenwärtige Mängel und Missstände abzustellen. Deshalb hat die Utopie die Funk-tion einer Gegenwartskritik und ist ein notwendiges, positiv zu bewer-tendes Stimulans (treibende Kraft) der Weltverbesserung.

– *Arten von Utopie*
- *Positive Utopie*: Entwurf für eine partielle oder totale Weltverbesse-rung (partiell z. B. ein Mittel gegen das Waldsterben, total z. B. die weltweite Friedenssicherung);
- *Negative Utopie*: Prognose von zukünftigen Horrorzuständen (vgl. die „apokalyptischen Schrecken": 8.2);
- *Absolute Utopie*: Ein Plan, der sich niemals verwirklichen lässt (z. B., dass ein Mensch sich selbst erschaffen kann). Eine solche Utopie bleibt immer Illusion, Traumbild, Luftschloss, Selbsttäuschung oder gar Betrug.
- Man muss aber zugeben, dass manche Utopie, die vorher für absolut gehalten wurde, sich nachträglich als realisierbar herausgestellt hat, z. B. dass die Menschen fliegen können.
- *Relative Utopie*: Prognosen und Pläne, für deren Verwirklichung die heutige Wissenschaft und Technik noch nicht ausreichen, aber in naher oder ferner Zukunft sicher die nötigen Voraussetzungen und Mittel entwickeln werden.
- *Realutopie = aufgeklärte Utopie = rationale Utopie*: Zukunftsstrategien, die ein starkes Fundament in bereits existierenden Zuständen haben (sog. fundaméntum in re), z. B. die Besiedelung des Kosmos. Ihre Verwirklichung ist also schon jetzt bei entsprechend ziel-gerichtetem Handeln möglich, aber in der Regel noch unwirthaftlich,

da zu teuer. E. Bloch nennt diese Utopie den „Realzustand der Unfertigkeit". Aus christlicher Sicht ist auch die Reich-Gottes-Idee eine Realutopie.

– *Utopie und Ideologie*
Ideologien geben absolute Utopien gern als relative oder sogar als rationale aus und suchen, das Unmögliche mit politischer und militärischer Gewalt durchzusetzen. Dadurch wird eine Ideologie grotesk und unglaubwürdig, aber auch brutal und gemeingefährlich. Die Ideologien sträuben sich meist auch gegen eine unabhängige wissenschaftliche Hinterfragung ihrer Utopien und bekämpfen solche Bestrebungen als „reaktionären Revisionismus".

– *Utopien aus christlicher Sicht*
Die konservative Theologie hat Utopien oft als Ausdruck des Misstrauens gegen Gottes Vorsehung und als Sünde gegen die göttliche Tugend der Hoffnung bezeichnet und sich dabei auf Schriftstellen wie Gen 11,1–9; Mt 6,19–34; Lk 12,16–34 berufen.
Die weltoffene heutige Theologie dagegen sieht in der Utopie eine Form der *Zukunftssicherung* und damit ein Erfordernis des Kulturauftrags Gottes an die Menschheit (Gen 1,28) und eine *zeitgemäße Form der geordneten Selbst- und Nächstenliebe* (vgl. Lk 14,28–32; Jak 2,15–17; 1 Joh 3,17; 4,20). Der moderne Christ ist überzeugt, dass Gott uns eine menschenwürdige Zukunft nicht ohne unser eigenes Zutun schenkt und dass er nicht nur in der Vergangenheit wirkte (als „Gott der Toten" Mt 22,32), sondern auch in der Gegenwart und dass er uns auch in dem begegnen will (als „Gott der Lebenden"), was künftig auf uns zukommt.
Wegen der damaligen minimalen technischen Möglichkeiten, Zukunft in größerem Ausmaß und mit ziemlicher Sicherheit vorauszuberechnen, war die Zukunftsplanung für die Menschen der biblischen Zeit noch kein wissenschaftliches Problem. Natürlich gab es aber auch damals schon Bestrebungen, vorhersehbaren Katastrophen entgegenzuarbeiten; vgl. z. B. Gen 41,46–57.

8.1.3 Möglichkeiten, Methoden und Grenzen wissenschaftlicher Futurologie

Möglichkeiten

Die moderne Computertechnik und die Kommunikationssysteme ermöglichen in Zusammenarbeit mit den Natur- und Humanwissenschaften eine immer zuverlässigere Analyse der Kräfte, welche die Zukunft gestalten und verändern werden. Dabei geht es der Naturwissenschaft um die materielle Komponente, d. h. um den *technischen Fortschritt,* den Humanwissenschaften um die *psychologische Komponente,* d. h. um die Ermittlung des zukünftigen Verhaltens von Individuen und Gesellschaften; beide Komponenten beeinflussen sich gegenseitig.

Methoden

Morphologische Methode: Ermittlung der möglichen und wahrscheinlich(st)en Entwicklungslinien;
deskriptive Methode: Beschreibung dessen, was sich ereignen wird;
normative Methode: Was *soll* sich ereignen, damit sich die Zukunft wunschgemäß gestaltet? – Bei graphischer Darstellung ergibt sich bei dieser Methode ein „relevance tree", d. h. eine sich baumartig verästelnde Übersicht wichtiger (relevanter!) Alternativen und Maßnahmen.

Stufen der futurologischen Arbeitsweise nach G. Picht:

a) *Prognose* = Ermittlung aller möglichen Alternativen zukünftiger Zustände und Selektion der unwahrscheinlichen und unwichtigen Alternativen. Die Prognose ist primär eine Sache des Intellekts.

b) *Utopie* = Ermittlung der wünschenwertesten bzw. am meisten zu fürchtenden Alternative. Die Utopie ist Objekt menschlicher Hoffnung bzw. Angst und deshalb eine Sache des Gemüts. Vgl. o. 8.1.2.

c) *Plan* = Programm der Verwirklichung einer Utopie einschließlich der Beschaffung der nötigen technischen und finanziellen Mittel. Die Planung ist primär eine Sache des Willens (des Durchsetzungsvermögens).

Grenzen

Jede Prognose kann nur die Extrapolation (Ausdehnung, Übertragung) des derzeitigen Wissensstandes auf die Zukunft sein: Die bisherigen Entwicklungslinien werden in die kommende Zeit hinein verlängert und somit die Zukunft auf der Basis des heute schon sicher Erkannten und Berechenbaren kalkuliert. Die Erfahrung zeigt aber, dass Entwicklungen nicht immer geradlinig verlaufen, sondern manchmal durch unvorhersehbare Einflüsse und Störungen gebrochen werden. Gegenüber solchen unerwarteten Ereignissen versagen alle statistischen Erhebungen und Wahrscheinlichkeitsberechnungen. So war z. B. der Zusammenbruch des Sowjet-Imperiums 1991 selbst 1989 noch nicht vorhersehbar. Grundsätzlich lassen sich technische Neuerungen sicherer vorhersagen als psychische und soziale Entwicklungsströme.
Ein weiterer Grundsatz der Futurologie lautet: Jede Prognose wird umso unzuverlässiger, je weiter sie sich in die Zukunft hineinwagt. Deshalb sagte der Naturwissenschaftler K. Steinbuch 1969: „Gemessen an der Zahl der Fragen, die man stellen kann, ist die Zahl derjenigen, die man mit sinnvoller Zuverläs-

sigkeit beantworten kann, äußerst gering." D. Meadows spricht von einer „mittleren Genauigkeit" seiner Prognosen.

Die lückenlose Ermittlung aller möglichen künftigen Veränderungen überfordert das menschliche Gehirn; man muss dazu einen Computer benützen und erhält dann einen Wust von Kombinationen, darunter auch völlig unsinnige; diese müssen danach vom Menschen mühsam ermittelt und ausselektiert werden.

Prognosen sind also nicht so sehr als objektive Voraussagen dessen, was kommen *muss,* aufzufassen, sondern eher als eine Vorinformation bzw. Warnung dessen, was kommen *kann.*

Aus christlicher Sicht hat die Futurologie ihre Grenze in der menschlichen Willensfreiheit, die zu allen Zeiten für überraschende Trend- und Tendenzwenden sorgt; vgl. die unerwarteten „sanften Revolutionen" im Ostblock 1989–91.

Außerdem können die Naturwissenschaften nur die funktionalen Zusammenhänge und die materiellen Auswirkungen künftiger Entwicklungen ermitteln; Wert- und Sinnfragen können sie nicht beantworten. Damit fehlen ihnen auch die Kriterien zu entscheiden, ob der jeweilige „Fortschritt" dem Wesen des Menschen entspricht und mit seiner Würde vereinbar ist. Wenn also futurologische Prognosen ohne Mitwirkung der normativen Wissenschaften entstehen und ihnen deshalb die „Moral der Technik" fehlt, muss damit gerechnet werden, dass einzelne Menschen oder ganze Gruppen auf Grund ihrer (christlichen) Gewissensverpflichtung versuchen werden, das Eintreffen solcher Zukunftsprognosen zu verhindern und anderen Strategien zum Durchbruch zu verhelfen. – Vgl. 1.1.2 – 3.

8.2 Eschatologie und Apokalyptik in der Bibel

8.2.1 Klärung der Grundbegriffe

Eschatologie

- *Zeitlicher Rahmen:* Im AT seit der Prophetenzeit (9.–4. Jh v.C.) bekannt; im NT bei den Synoptikern und im ganzen 1. Jh n.C. ein Hauptthema.
- *Individual-Eschatologie* im christlichen Sinn: Lehre von den Ereignissen, die jeden Menschen am Ende seines Erdenlebens erwarten: Tod, besonderes Seelengericht, Himmel oder Fegefeuer oder Hölle, am Ende der bestehenden Welt die Universal-Eschatologie, s. u. – „Gott ist das ‚Letzte Ding' des Geschöpfs. Er ist als Gewonnener Himmel, als Verlorener Hölle, als Prüfender Gericht, als Reinigender Fegfeuer." (H. U. v. Balthasar)

Die Individual-Eschatologie ist ein zentrales Thema im Johannesevangelium, vgl. z. B. Joh 5,24.

Vereinfachend spricht man oft nur von den *„Vier Letzten Dingen“:* Tod, Gericht, Himmel, Hölle. – Biblische Belege für die Individual-Eschatologie: Hebr 9,27 (Tod und besonders Gericht); 2 Kor 5,1 (Himmel); Mt 12,32 und 1 Kor 3,13–15 (indirekte Belege für das Fegefeuer als vorübergehender transzendenter Reinigungsvorgang); Mt 5,22 (Hölle). Belege zur Universal-Eschatologie s. u.

– *Universal-Eschatologie im christlichen Sinn:*
Theologische Sichtweise der Geschichte der erlösten Menschheit von der Auferstehung Jesu an bis zum Ende der bestehenden Welt. Die Universal-Eschatologie ist also – wie auch der Begriff „Reich Gottes“ – sowohl eine bereits gegenwärtige wie auch eine erst zukünftige Realität; dementsprechend stehen die eschatologischen Aussagen des NT in einer polaren Spannung zwischen dem „Jetzt schon“ *(präsentische Eschatologie, z. B. Lk 11,20)* und dem „Noch nicht“ *(futurische Eschatologie, z. B. Lk 11,2).*
Zur futurischen Eschatologie gehört der Glaube an die allgemeine Auferstehung der toten Leiber (Röm 8,11), an die Wiederkunft (Parusie) Christi zum allgemeinen Weltgericht (Mt 25,31ff), an den Himmel, die Hölle und an einen neuen Kosmos als ewig weiterbestehende Schöpfungen Gottes (2 Petr 3,13).

– *Nahes oder fernes Weltende?*
Dass die Christen des 1. Jh. an ein baldiges Weltende und damit an die nahe Parusie Christi glaubten, geht aus dem NT eindeutig hervor (z. B. 1 Kor 15,51f; 1 Thess 4,13 – 5,11; später wurde Paulus in dieser Naherwartung unsicher: 2 Thess 2,1–12).
Ein ungelöstes Problem ist, ob Jesus persönlich seine Wiederkehr als Weltenrichter für ein nahe bevorstehendes Ereignis hielt. Seine Äußerungen im NT lassen teils auf Parusienähe schließen (z. B. Mt 10,23; 24,29f), teils auf Parusieferne (z. B. Mt 24,14; 25,19 und das berühmte Logion „Doch jenen Tag und jene Stunde kennt niemand, nicht einmal der Sohn, sondern nur der Vater“ Mk 13,32). Die traditionelle Theologie hält die völlige Freiheit Jesu von Unwissenheit und Irrtum für eine unumstößliche Tatsache und interpretiert Mk 13,32 folgendermaßen: Der Mensch Jesus von Nazaret hatte infolge seiner Personeinheit (hypostatische Union) mit dem ewigen göttlichen Logos (= mit der zweiten Person der göttlichen Dreifaltigkeit) Anteil an der Allwissenheit Gottes, erhielt aber nicht den Auftrag, den Menschen den Zeitpunkt des Weltendes zu offenbaren (sog. ökonomisches = im Heilsplan Gottes beschlossenes, nur scheinbares

Nichtwissen). – Die moderne Theologie rechnet eher mit einem echten Nichtwissen Jesu, zumal im NT (Lk 2,52; Hebr 5,8) von einem Wissenszuwachs Jesu die Rede ist, was eine von Geburt an bei Jesus vorhandene Allwissenheit ausschließt.

Auf eine Fernerwartung deuten auch die im NT angekündigten Vorzeichen des Weltendes hin, die z. T. einen gewaltigen Zeitraum erfordern:

- Verkündigung des Evangeliums auf der ganzen Erde (Mt 24,14);
- Massenhafter Glaubensabfall (Mt 24, 4f);
- schwere Naturkatastrophen und andere Drangsale (Mt 24,9–29);
- die Bekehrung der Juden zum Christentum (Röm 11,25–32);
- das Auftreten eines mit Satans Hilfe mächtig gegen das Gottesreich wütenden Feindes (2 Thess 2,3f; in 1 Joh 2,18.22 wird er „Antichrist" genannt);
- eine tausendjährige Herrschaft Christi und seiner Märtyrer auf Erden vor dem Endgericht (Offb 20,16).

Als die Wiederkehr Christi ausblieb und diese Parusieverzögerung manche Christengemeinden beunruhigte, tröstete sie der 2. Petrusbrief (geschrieben um 100 n.C., also nicht von Petrus) mit dem Hinweis auf Ps 90,4, dass bei Gott 1000 irdische Jahre wie ein Tag sind, und mit dem Argument, dass der Herr in seiner unerschöpflichen Geduld noch möglichst vielen Menschen die Chance geben wolle, sich zu bekehren und beim Weltgericht schuldlos dazustehen (2 Petr 3,8–13).

– *Ergänzende Bemerkungen*
- Die biblische Eschatologie stellt sich das Weltende als natürliche, organische Vollendung der empirischen Welt vor: Nach einer notwendigen Reinigung der Erde (endgültige Entmachtung des Satans, Bestrafung der verstockten Sünder) beginnt das unverlierbare Glück der Gerechten. Das AT (vor allem die Propheten) rechnet mit einer konkreten, empirischen Neuschöpfung der Erde, auf der dann die Geretteten ewig leben dürfen und von den Folgen der Erbsünde befreit sein werden. Die Geretteten sind die Gerechten, die bei dieser Weltumformung Gottes noch leben, sowie die von den Toten auferstandenen Gerechten. Die Folgen der Erbsünde bestehen in den zwei „Wunden des Leibes" (Sterblichkeit und Leid) sowie in den vier „Wunden der Seele", die das Gegenteil der vier Kardinaltugenden sind (Unwissenheit, auf das Böse gerichteter Wille, Willensschwäche, Verlangen der Körpersinne nach unvernünftiger und unsittlicher Befriedigung).
  Das NT sieht im umgeformten Kosmos („neuer Himmel und neue Erde", s. u. 8.3.1) einen Teil der Transzendenz und nennt ihn Paradies (Offb 2,7); diese Neuschöpfung führt Gott aus der Zeit ins unvergäng-

liche Heute der Ewigkeit: Der neugestaltete Kosmos wird Bestandteil der Transzendenz, so dass im NT als Wohnort der Geretteten teils der eigentliche Himmel (der empirisch unzugängliche göttliche Bereich), teils ein irdisches Paradies angegeben wird.

Die Grundstimmung der biblischen Eschatologie ist also positiv, d.h. zuversichtlich.

- Der Hinduismus, Buddhismus, Nietzsche (s. 3.2.2) und New Age (s. 5.3.1) lehren einen zyklisch-periodischen Ablauf der Weltgeschichte (ewige Wiederkehr von Weltentstehung und -untergang, öfterer Tod und mehrmalige Wiedergeburt – Reinkarnation – aller Menschen). Die biblische Sichtweise der Weltgeschichte ist linear, teleologisch (= auf ein Endziel ausgerichtet) und dynamisch evolutionär: Gott erschafft die Welt nur ein einziges Mal aus dem Nichts und führt sie dann planmäßig auf ihre Vollendung hin, die im Untergang alles Bösen und Mangelhaften besteht. Dann hört die kosmisch-empirische Zeit auf: Die neue Schöpfung besteht als Teil der Transzendenz in Ewigkeit fort.

- Infolge ihrer Naherwartung der Parusie waren die ersten Christen an politischen und sozialen Strukturveränderungen (z. B. an der Lösung des Sklavenproblems) wenig interessiert. Sie dachten, solche Reformen und Revolutionen lohnten sich nicht mehr, die Zeit sei besser ausgenützt, wenn man sich auf das nahe Weltgericht vorbereite.

Apokalyptik

– *Zeitlicher Rahmen:* Im AT löste die Apokalyptik um 200 v.C. das Zeitalter der Propheten ab; sie dauerte in der ntl. Zeit bis ca. 200 n.C. fort.
Apokalyptik im weiteren Sinn: „Enthüllung" (gr. apokálypsis f.) von Geheimnissen, die Gott besonderen Auserwählten (Patriarchen, Propheten, Mystikern) anvertraut hat und die sie ihren Glaubensbrüdern zu gegebener Zeit weitergeben dürfen, um sie dadurch zu ermutigen, zu trösten und zu warnen. Apokalyptische Schriften tauchten deshalb besonders in Verfolgungs- und anderen Notzeiten auf.

– Die Apokalyptiker erheben den Anspruch, über folgende Geheimnisse Mitteilungen machen zu können:
- *Kosmologie* (Bau und Funktion des ganzen Kosmos);
- *Theosophie* (Beschreibung der Transzendenz: die (meist sieben) „Räume" des Himmels (vgl. 2 Kor 12,2), der Thronsessel und der Hofstaat Gottes);
- *Individualeschatologie* (das Schicksal der großen atl. Gestalten nach ihrem leiblichen Tod, z. B. der Patriarchen und Propheten);

- *eschatologische Apokalyptik* = Apokalyptik im engeren Sinn: „Enthüllung" der katastrophalen Geschehnisse vor und bei dem Weltuntergang. Die Apokalyptik teilt die Weltgeschichte in Äonen (= Zeitabschnitte, Weltalter) ein, wobei jeder Äon schlechter ist als der ihm vorausgegangene (pessimistische Weltsicht). An den Vorzeichen des nahen Weltendes haben Gerechte und Ungerechte zu leiden; deshalb enthalten die Apokalypsen Durchhalteappelle und Schilderungen des herrlichen Lohnes der Standhaften nach dem Untergang der jetzigen Welt. Die zukünftige Welt wird ganz anders sein als die unsrige; zwischen beiden besteht ein totaler Bruch.

Zur Apokalyptik als literarische Gattung s. u. 8.2.2.

- *Ergänzende Bemerkungen*
  - In der Apokalyptik herrscht eine pessimistische Grundstimmung: Die ganze Weltgeschichte ist eine Unheilsgeschichte und treibt einem schrecklichen Ende zu. Diesen plötzlichen, katastrophalen Abbruch der Weltgeschichte hat Gott bereits festgelegt (sog. apokalyptischer Determinismus Gottes).
  - Das abrupte, unnatürliche Ende der Welt wird von der Apokalyptik als Endkampf Gottes gegen den Satan und seinen dämonischen und menschlichen Anhang dargestellt („Tag Jahwes", z. B. Am 5,18–20; „Tag des Menschensohnes", Lk 17,24; „Tag Christi Jesu", Phil 1,6–10; „Tag des Herrn", 1 Thess 5,2).
  - Dieser Endkampf und -sieg des Guten über das Böse wird apokalyptischer Dualismus genannt.
  - Apokalyptische Texte enthalten zwar grundsätzlich dieselbe Thematik wie eschatologische, nämlich die „Letzten Dinge", sind aber an folgenden Kennzeichen von diesen zu unterscheiden:
    - \> Anspruch einer von Gott geoffenbarten Geheimlehre (Offb 1,13);
    - \> Äonenlehre (Gliederung der Weltgeschichte in jeweils schlechter werdende Perioden) (1 Kor 10,11);
    - \> Berechenbarkeit des Weltendes aufgrund göttlicher Offenbarung des Zeitpunktes (Offb 22,20);
    - \> Katastrophencharakter des Weltendes (Mk 13,14–25);
    - \> Ausschließliche Zukünftigkeit der apokalyptischen Ereignisse (während für die christliche Eschatologie der letzte Äon schon begonnen hat).

8.2.2 Apokalyptik als literarische Gattung in der Bibel

– *Zur Verfasserfrage*

Aus alt- und neutestamentlicher Zeit ist uns eine ganze Reihe von Apokalypsen (= Bücher apokalyptischen Inhalts) erhalten, von denen aber als einzige die Johannes-Apokalypse in die Bibel aufgenommen wurde. Die außerhalb der Bibel überlieferten Apokalypsen heißen in der katholischen Bibelwissenschaft Apokryphen, in der protestantischen Pseudepigraphen (gr.: „die unter falschem Namen nachträglich geschriebenen Schriften"). Diese letztere Bezeichnung deutet darauf hin, dass solche außerbiblische Apokalypsen durchweg pseudonym verfasst wurden: Es wird im Buch selbst eine bekannte, meist schon lange verstorbene Persönlichkeit des AT oder NT als Verfasser ausgegeben (Adam, Abraham, ein Prophet, ein Apostel, Maria u. a.).

Auch bei der biblischen Johannes-Apokalypse ist die Verfasserfrage ein Problem, weil die Identität des Autors („euer Bruder Johannes", Offb 1,9) mit dem Apostel Johannes und dem Verfasser des Johannesevangeliums und der Johannesbriefe keineswegs feststeht.

Überhaupt scheint bei der biblischen Apokalypse nur der Rahmen (1 – 3 und 22,6–21) ein original christliches Werk zu sein; für den Mittelteil wurde offensichtlich eine jüdische apokryphe Apokalypse christlich, d. h. christozentrisch, umgearbeitet. Diese Redaktion wurde wahrscheinlich um 95 n.C. vollendet. Außer der Johannes-Apokalypse gelangten in die Bibel nur kleinere apokalyptische Texte, s. u.

– Zum richtigen Verständnis apokalyptischer biblischer Schrift(stell)en sind folgende Informationen grundlegend wichtig:

• *Metaphorik und Symbolik*

Der Einbruch der Transzendenz in die Immanenz am Ende der gegenwärtigen Welt übersteigt an sich die Aussagefähigkeit der menschlichen Sprache, weil uns empirische Vergleichsmöglichkeiten fehlen. Deshalb drückt sich die Apokalyptik grundsätzlich in Sprachbildern (Metaphern) und symbolischen Begriffen aus (z. B. Zahlensymbolik: Offb 13,18; mythologische Gestalten: Jes 51,9f; mystische Eindrücke: 2 Kor 12,2). Die einzelnen Bilder widersprechen sich z. T. und zeigen dadurch deutlich an, dass sie sinnbildlich und nicht realistisch-buchstäblich zu verstehen sind. Gerade bei apokalyptischen Texten kann sich ein naiver Bibelglaube (Biblizismus) verheerend auswirken (vgl. die mehrfachen falschen Weltuntergangsprognosen der Zeugen Jehovas, zuletzt 1975).

- *Aussageform, Aussageinhalt und Aussageabsicht (Tendenz)*
  Man darf bei apokalyptischen Texten die metaphorisch-symbolisch-mythologische *Aussageform* (= die literarische Gattung) nicht mit dem Aussageinhalt gleichsetzen. Der zeitlos gültige *Aussageinhalt* ist das, was Gott uns wirklich über die ‚Letzten Dinge' offenbaren will – und das ist nicht viel und im Grunde kaum mehr, als was wir auch aus den eschatologischen Stellen der Bibel hierüber erfahren, nämlich: Das Weltende wird nicht nur ein profanes, sondern auch ein heilsgeschichtlich eminent wichtiges Ereignis sein, das endgültig über die ewige Seligkeit oder das ewige Verderben der Menschenseelen und Menschenleiber entscheiden wird.
  Die *Aussageabsicht* ist Paränese (Zuspruch und Mahnung):
  > Ermutigung zur Standhaftigkeit in Verfolgungszeiten, die als Vorzeichen des Weltendes gedeutet werden (Offb 2,9f);
  > Trost durch den Hinweis auf den ewigen, reichen Lohn der Gerechten (Offb 2,7; 3,21);
  > Warnung vor Glaubensmüdigkeit und -abfall (Offb 3,15–19).

- *Zur Frage der historischen Zuverlässigkeit apokalyptischer Prophezeiungen*
  Wie wir sahen, sind apokalyptische Bibeltexte keine antizipierten Reportagen des Weltuntergangs, sondern Bilder der kommenden heilsgeschichtlichen Ereignisse. Es lassen sich aus der Bibel weder physikalische noch astronomische Erkenntnisse über die Art und Weise des Weltendes gewinnen noch gar dessen Zeitpunkt errechnen (etwa aus Dan 9 oder Offb 20,16). Wer aus berechtigter oder unberechtigter Neugierde in den apokalyptischen Schriftstellen der Bibel „Enthüllungen" über das Wann und Wie des Weltendes sucht, kann nur enttäuscht werden, weil es darin keine unfehlbaren, göttlichen Mitteilungen hierüber gibt. Selbst wenn sich die Apokalyptiker auf göttliche Offenbarungen berufen, ist Vorsicht geboten: Es kann sich hierbei um eine bewusst gewählte literarische Einkleidung handeln, also um ein schriftstellerisches Stilmittel, eine Fiktion unter Verwendung bekannter Motive der älteren Apokalyptik. Dies gilt auch für die Johannes-Apokalypse; deshalb haben moderne Theologen für sie weniger missverständliche Bezeichnungen vorgeschlagen: „eschatologisch motivierte Mahn- und Trostschrift" oder „Christusverkündigung unter Verwendung alttestamentlicher apokalyptischer Ausdrucksformen".

- *Ergänzende Bemerkungen*
  Einige apokalyptische Bilder sind sprichwörtlich geworden, z. B. die „apokalyptischen Reiter" (Offb 9,13–19). Manche Inhalte der zeitweise äußerst

beliebten außerbiblischen Apokalypsen wirkten nachhaltig auf den Volks-
glauben ein, z. B. die drastische Schilderung der Höllenstrafen in der Pet-
rus-Apokalypse (2. Jh. n.C.). – Die Aktualität des Begriffes Apokalypse
zeigen auch verschiedene Kino- und Fernsehfilme, die das Wort „Apokalypse" im Titel tragen. Am berühmtesten wurde der 1976–79 in den USA
gedrehte Antikriegsfilm „Apocalypse now". In ihm spielt Marlon Brando
den amerikanischen Colonel Kurtz, der sich im Vietnamkrieg nach Kam-
bodscha abgesetzt hat und im Dschungel als gottähnlicher Herrscher mit
apokalyptisch-dämonischer Grausamkeit und Gewissenlosigkeit einen
Eingeborenenstamm regiert. Ein Hauptmann erhält von der CIA den Auftrag, diesen Tyrannen unschädlich zu machen. – Der Film basiert auf der
Novelle „Das Herz der Finsternis" von Joseph Conrad (1899), die allerdings im 19. Jh. in Zentralafrika spielt.

In der Bibel sind eschatologische und apokalyptische Text oft so eng inein-
ander verwoben, dass eine Satz-für-Satz-Trennung unmöglich ist. Vgl. Mk 13.

– *Auswahl wichtiger eschatologischer und apokalyptischer Texte in der Bibel*
  • Eschatologische Schriftstellen im AT
    Jesaja: das messianische Endreich: 2,1–5; 9,1–6; 11,1–16; 35 und die vie-
    len Stellen, an denen Jesaja die innergeschichtliche Schilderung des
    Neuanfangs nach dem babylonischen Exil ausweitet zur prophetischen
    Beschreibung des endgeschichtlichen Messias- und Gottesreiches, z. B.
    42,10–33; 44,23; 50,10 – 52,15; 54f; 60 – 66. Ähnlich: Jer 30 – 35. Ez
    37,1–14.15–28; Dan 2,28–45; Sach 9 – 14; Joel 2,1–11; 3f.
    Z. T. wurden ältere Prophetenstellen in spätjüdischer Zeit nachträglich
    „eschatologisiert", d. h. auf die Endzeit bezogen, z. B. durch Einfügung
    der Wendung „am Ende der Tage" (Jes 2,2; Jer 30,24; Dan 2,28 u. a.).
  • Eschatologische Schriftstellen im NT
    Mt 4,17; 10,7–15; 11,2–6; Mk 1,14–16; Lk 4,16–21; 10, 23f; Röm
    8,18–30
  • Apokalyptische Schriftstellen im AT
    Jes 2,6–22 und Kap. 34: Kampf- und Gerichtstag Jahwes; 24 – 27: sog.
    große Jesaja-Apokalypse; 34 – 35: sog. kleine Jesaja-Apokalypse; Jer
    23,20; Ezechiel gilt als „Vater und Chorführer der Apokalyptik", ob-
    wohl er noch der Prophetenzeit angehört; vgl. Ez 1,4–28; 10,1–22
    (theosophische Apokalyptik: Beschreibung des göttlichen Thrones);
    38f (Endkampf Gottes); 40 – 43 (das neue Israel).
    Dan 7 – 12: die sog. Daniel-Apokalypse
  • Apokalyptische Schriftstellen im NT
    Mk 13: sog. synoptische oder kleine Apokalypse (mit Parallelen in Mt
    24f und Lk 21,5–36); Röm 8,31–39; 2 Thess 2,11–17: sog. paulinische

Apokalypse; 2 Petr 3,1–16: sog. petrinische Apokalypse; Offb ab Kap 4 (z. B. 17f: Untergang Babylons; 21f: die neue Welt).

8.3 Christliche Endzeithoffnung und ihre praktische Bedeutung für die Gegenwart

Der Gott unseres Glaubens ist auch der Grund unserer Hoffnung: Er ist ein „Gott vor uns" und „uns voraus" (J. Moltmann), unsere „absolute Zukunft" (K. Rahner). Durch Jesus Christus ist das Christentum insgesamt zur Eschatologie geworden – zur weltüberwindenden und weltverändernden Hoffnung. Somit ist Eschatologie das christliche Gegenstück zur profanen Futurologie, und christliche Theologie ist immer auch eine „Theologie der Hoffnung"; die Hoffnung ist eine notwendige Ergänzung des Glaubens: Glaube ohne Hoffnung wäre ein zutiefst unchristlicher Glaube, und eine (rein innerweltliche) Hoffnung ohne Glauben ist für den Christen undenkbar. Allerdings war die Überbetonung der jenseitsbezogenen Hoffnung und die Geringschätzung irdischer Zukunftshoffnungen im Christentum des 19. Jh. sicher mitschuldig am Aufkommen atheistischer Ideologien als innerweltlicher Hoffnungsträger: „(So) wanderte die Hoffnung gleichsam aus der Kirche aus und kehrte sich ... gegen die Kirche." (Moltmann)

8.3.1 Transzendentes Ziel eschatologischer christlicher Hoffnung

Transzendente Ziele christlicher Zukunftserwartung sind:
- die Letzten Dinge im individual- und universaleschatologischen Sinn, s. o. 8.2.1;
- der Glaube an die „neue Schöpfung", den „neuen Himmel und die neue Erde" (Jes 65,17: erste Erwähnung; 2 Petr 3,13; Offb 21,1).

Die Hl. Schrift sagt das Ende der jetzigen empirischen Welt klar voraus (z. B. Ps 102, 26f; Mt 24,35; 28,20). Ebenso deutlich aber lehrt sie, dass auf den Weltuntergang nicht ein kosmisches Nichts folgt, sondern eine Neuschöpfung, bei der wohl die gereinigten Elemente unserer jetzigen Welt als „Rohmaterial" dienen; dies kann man aus den Schriftstellen vermuten, in denen von einer verbesserten Wiederholung der bestehenden Natur die Rede ist, z. B. Jes 41,18; Ez 36,30.

Diese Neuschöpfung wird der verfeinerten „Materie" der Auferstehungsleiber entsprechen und Eigenschaften aufweisen, die den Fähigkeiten der jetzigen kosmischen Materie überlegen sind und die man als „ Verklärung der Welt" bezeichnen kann (in Analogie zur Verklärung des Leibes Jesu und der auferstandenen Gerechten: Mt 17,2; 13,43). Diese verklärte Neuschöpfung wird ein Teil der Transzendenz (biblisch: das erneuerte Paradies) sein und kann deshalb bildlich als „Wohnort" der auferstandenen Gerechten betrachtet werden, s. o. 8.2.1.

Die Vollendung der Welt ist Voraussetzung für die Vollendung des Menschen als Leib-Seele-Einheit nach der Auferstehung der toten Leiber; deshalb gehören die Begriffe „individual- und universaleschatologische Vollendung des Menschen" und „Vollendung des Kosmos" eng zusammen.

Mit dieser Neuschöpfung endet dann auch das Reich des Messias: 1 Kor 15,24; Offb 20 – 22.

Eine mythologisch-bildhafte Schilderung dieser neuen Welt mit dem neuen Jerusalem als Mittelpunkt bietet Offb 21,1–7.

8.3.2 Innerweltliches Ziel eschatologischer christlicher Hoffnung

Die eschatologisch orientierte Hoffnung des Christen ist
- *theozentrisch*: Gott, der Herr der Menschheitsgeschichte, steht im Mittelpunkt auch des zukünftigen Geschehens, s. Jer 14,8f; Mk 4,26–29; Röm 15,13 („der Gott der Hoffnung"). Dadurch unterscheidet sich die christliche Hoffnung grundsätzlich von jeder säkularen, bloß innerweltlichen; sie erschöpft sich nicht in dem Versuch, das *Menschenmögliche* zu verwirklichen, sondern erwartet primär das *Gottmögliche,* nämlich die Entwicklung der Welt auf den von Gott vorgesehenen Endpunkt hin. Diese Vollendung wird die Kluft zwischen Immanenz und Transzendenz schließen; schon aus diesem Grunde kann sie nur das Werk Gottes selbst sein, s. o. 8.3.1.
  Als Glaube an eine Zukunft, die Gott uns schenken wird, schließt die christliche Endzeithoffnung auch die Zuversicht ein, dass der Böse (Satan) und das Böse nicht in Ewigkeit triumphieren werden (Offb 20,10). Das Bewusstsein, dass die Hoffnung auf Gott nicht grund- und sinnlos ist, gab den Glaubenden gerade in Verfolgungs- und Notzeiten Standfestigkeit und Gelassenheit (vgl. Jes 11f; Lk 21,12–19; 1 Petr 4,13);
- *christozentrisch*: Gott hat seinen menschgewordenen Sohn zum zentralen und universalen Hoffnungsträger gemacht: Christus bietet allen Menschen das absolute, endgültige Heil an (Röm 10,13) und schafft die Voraussetzungen für eine menschenwürdige innerweltliche Zukunft (vgl. v. a. die Bergpredigt; s. a. 4.2).

So ist Christus der bleibende Maßstab christlicher Hoffnung und seine Auferstehung deren Grund und Anfang; da mit diesem Heilsereignis die

Erfüllung der christlichen Hoffnung schon begonnen hat (s. o. 8.2.1 und 10.5.3), kann man letztere auch als Realutopie bezeichnen;

– *weltbejahend*: Durch ihre positive, wenn auch kritische Einstellung zur Mitwelt unterscheidet sich die christliche Hoffnung von der Hoffnungslosigkeit und dem totalen Pessimismus der Apokalyptik. Es ist deshalb auch kein Zufall, dass von all den vielen Apokalypsen nur die Johannes-Apokalypse in die Bibel aufgenommen wurde: Ihre Grundstimmung ist positiv, nämlich die freudige Naherwartung der Parusie. Vgl. a. o. 8.2.2.
Die von Gott erhoffte Zukunft schließt das Menschenmögliche mit ein: Christliche Hoffnung ist auch Arbeit für die von Gott verheißene Vollendung der Welt. Somit haben christliche Hoffnung und innerweltliche Zukunft eng miteinander zu tun: Die eschatologische Hoffnung des Christen ist kein „Opium des Volkes", kein die menschlichen Kräfte lähmendes Gift, keine Motivierung zu Weltflucht und Nichtstun (Quietismus, vgl. 2 Thess 3,6–12); sie ist, gerade umgekehrt, Impuls für höchste Aktivität bis hin zur Selbstaufopferung im Dienste Gottes und des Nächsten (Lk 19,11–27; Joh 9,4; 15,13; Röm 8,18–39; Eph 4,15f; 5,16).
Der Christ muss sich in der jetzigen Welt in eschatologischer Gesinnung bewähren: Die Hoffnung auf Gottes Zukunft fordert von ihm ein Verhalten, das jetzt schon der kommenden vollen Gottesherrschaft entspricht und sie vorbereitet (Mt 5,48).
In unserer Zeit versucht der Christ deshalb, nicht nur die Symptome bestehender Missstände durch einzelne Werke der Nächstenliebe („Almosen") zu beseitigen, sondern alle Strukturen zu verändern, welche die Ursachen dieser Missstände sind.
Die biblische Eschatologie bietet ihm dabei zwar kein ausgefeiltes Programm, wohl aber genügend Orientierungspunkte, auch für die eschatologische Bedeutung des Umweltschutzes (Röm 8,18–30). – Die Orden der Kirche bemühen sich, die eschatologische Lebensform in der bestmöglichen und zeitgemäßesten Form zu verwirklichen; vgl. Mt 19,10–12.21. S. auch die Ausführungen zum christlichen Menschenbild (4.3.3) und zur christlichen Sinnerfüllung (5.4);

– *mit dem eschatologischen Vorbehalt verbunden*: Der Christ muss einerseits die Gegenwart als Basis und Bedingung für alle Zukunftsarbeit grundsätzlich bejahen und benützen, darf sie also nicht total verteufeln (wie das die Apokalyptiker, Fundamentalisten, Ideologen und Anhänger der absoluten Utopien tun, denen der kritische Christ wegen seiner Realitätsbezogenheit immer unwillkommen sein wird, vgl. Röm 12,2; 1 Thess 5,21).
Er weiß aber andererseits auch von der Vorläufigkeit und Vergänglichkeit aller menschlichen Einrichtungen – einschließlich der kirchlichen – und er

relativiert deshalb alle innerweltlichen Zukunftsziele und -strategien: Er meldet seinen grundsätzlichen Vorbehalt gegen die Zementierung und ideologische Verabsolutierung menschlicher Institutionen an. So steht der Christ gerade wegen seiner eschatologischen Hoffnung in einem kritischen und dialektischen Verhältnis zur Gegenwart und Zukunft: „Die Kirche lebt von der ständigen Verkündigung ihrer eigenen Vorläufigkeit." (J. B. Metz)

Für den Christen sind die Vergangenheit von Christi Auferstehung an, die Gegenwart und die Zukunft eine sich ständig wandelnde eschatologische Einheit, vgl. o. 8.2.1;

– *von menschlichen Zukunftsstrategien verschieden:*

Wissenschaftliche Futurologie	Christliche Eschatologie
sorgt sich um die innerweltliche Zukunft der Menschen,	sorgt sich neben der innerweltlichen vor allem um die transzendente, absolute Zukunft der Menschen,
bereitet die Menschen auf eine relative, objektive, verfügbare Zukunft vor,	bereitet die Menschen auf die absolute, personale, dem Menschen unverfügbare Zukunft vor (durch Aufruf zur Umkehr, Christusnachfolge und Wachsamkeit),
weiß, *was* kommt, weiß aber nicht, *wer* kommt,	weiß nur in Bildern, *was* kommt, weiß aber kraft göttlicher Offenbarung ganz gewiss, *wer* kommt: Jesus Christus in der Parusie.

8.3.3 Maria, Urbild des erlösten Menschen und Vorbild für die Hoffnung aller Christen

Maria als unerreichbares Vorbild
(einmalige Gnadenprivilegien Mariens)
Das kirchliche Lehramt hat die *vier herausragendsten Ereignisse* im Leben Mariens *zu verbindlichen Glaubensinhalten (Dogmen)* erklärt. Zwei von ihnen betreffen die einmalige, unwiederholbare Stellung der Mutter Jesu im göttlichen Heilsplan: *immerwährende (= lebenslange) Jungfräulichkeit* (Dogma seit 553) und ihre *Gottesmutterschaft* (nicht nur Mutterschaft eines bloßen Menschen; Dogma seit 431). Diese beiden Gnadenvorzüge Mariens können für uns nur Gegenstand der Verehrung, der Bewunderung und des Dankes an

Gott sein, sie können aber von uns niemals erreicht werden und damit auch nicht Ziel unserer Hoffnung sein. Maria erhielt diese außergewöhnlichen Gnadengaben auch nicht wegen persönlicher Verdienste, sondern im Hinblick auf ihre einzigartige Stellung als „Miterlöserin der Menschheit", d. h. als Helferin bei der Menschwerdung und dem Erlösungswerk des Gottessohnes.

Maria als Urbild (Typus) des vollerlösten Menschen

Anders verhält es sich mit den beiden anderen Mariendogmen: Vorerlöstheit (Unbefleckte Empfängnis; Dogma seit 1854) und Vollerlöstheit (leibliche Aufnahme in den Himmel im Augenblick des Todes; Dogma seit 1950). Der Ausdruck „Unbefleckte Empfängnis" meint, dass Maria im Augenblick ihrer Empfängnis im Leib ihrer Mutter vor der Erbsünde bewahrt blieb, damit später ihr eigener Sohn nicht in einem erbsündlichen Leib Mensch werden musste; deshalb wurden ihr die unendlichen Erlösungsverdienste des Sohnes schon im voraus zu ihrer Rechtfertigung angerechnet; vgl. Gen 3,15; Lk 1,28.41f. 46–55.

Mit „Vollerlöstheit" wird ausgedrückt, dass der Gottesmutter zwar – damit sie ihrem göttlichen Sohn kein Privileg voraushat – der leibliche Tod nicht erspart blieb, wohl aber die Trennung von Leib und Seele bis zur allgemeinen Auferstehung der Toten; die Erneuerung der Leib-Seele-Einheit fand bei Maria schon im Augenblick ihres körperlichen Todes statt. Sie blieb also von einem leiblosen „Zwischenzustand" der Seele verschont, weil dieser die Strafe Gottes für die Ur- und Erbschuld der Menschen ist, an der Maria keinen Anteil hat, sodass sie dafür auch keine Bestrafung verdient.

Bezüglich der Befreiung von der Erbsünde haben wir Maria bei unserer Taufe bereits „eingeholt", bezüglich der „Himmelfahrt" werden wir es ihr gleichtun beim Jüngsten Gericht, s. o. 8.2.1.

Insofern ist uns Maria nur zeitlich „voraus" und kann deshalb als Urbild (Typus, Modell) des vollerlösten Menschen und Vorbild für die christliche Endzeithoffnung gelten.

Maria als Vorbild für die Hoffnung aller Christen

Maria vertraute unerschütterlich darauf, dass Gottes Verheißungen, die ihr Gabriel überbrachte (Lk 1,26–38), in Erfüllung gehen würden. Dieses Vertrauen wurde im Leben Mariens öfters auf eine harte Probe gestellt, besonders als sich ihre Verwandtschaft zunehmend von Jesus distanzierte, und am schmerzlichsten bei der Passion ihres Sohnes. (Vgl. die sog. „Sieben Schmerzen Mariens", s. Gotteslob 783,6). Maria hat die Verbundenheit mit ihrem Sohn auch in den schwersten Krisen gewahrt und sich dadurch den Ehrennamen „Miterlöserin", „Neue/Zweite Eva", „Ausspenderin aller (Erlösungs-)Gnaden", „unsere erste Schwester im Glauben und Hoffen" und „Mutter der Kirche" verdient.

Maria ist für uns die „Garantie" Gottes, dass auch wir die Vollerlöstheit erlangen, wenn auch erst später als sie. So gesehen ist Maria ein Bezugspunkt unserer eschatologischen Hoffnung.

Wenn wir Maria in dieser Eigenschaft ehren, verdunkeln wir uns keineswegs die Sicht auf Christus, den absoluten Bezugspunkt unserer Hoffnung, sondern wir ehren dadurch die Heilsökonomie (= den Erlösungsplan) Gottes, der einem bloßen Menschen – Maria – die große Ehre erwies, eine bedeutende Mithilfe bei der Erlösung der Menschheit leisten zu dürfen. Katholische Marienverehrung hat nicht das Motto „Maria statt Jesus", wie manche protestantischen Mitchristen argwöhnen, sondern „Durch Maria zu Jesus".

Maria zeigt, wie die Kirche sein soll und wie sie bei ihrer Vollendung am Ende der Welt sein wird. Deshalb dürfen wir sie auch als „Urbild der Kirche" verehren, zumal ja die Kirche der mystische Leib ihres Sohnes ist (Eph 1,22f. u. ä. Näheres s. 11.4).

Weiterführende Literatur

CGG 23, S. 55–86; L. H. Silbermann/H. Fries: *Utopie und Hoffnung (darin auch Ausführungen zu Eschatologie und Apokalyptik)*

CGG 5, S. 63–130: Gisbert Greshake: *Tod und Auferstehung*

CGG 22, S. 117–186: Raphael Schulte: *Zeit und Ewigkeit*

Alternativen 2: *Woher – wozu – wohin?*

Alternativen 11: *Tod – Jenseits – Auferstehung*

Th. Forum 10: *Die zukünftige Welt*

Wege zum Ziel 5: *Mensch und Tod*

Forum Religion 7: *Ewiges Leben. Kurs Eschatologie*

Konzepte 4: *Zukunft des Menschen*

Zu den „Vier Letzten Dingen" siehe auch die Ausführungen in den auf S. 259 angegebenen Katechismen.

9   Probleme des wissenschaftlich-technischen Fortschritts

9.1   Erfolge und Risiken der Naturwissenschaft und Technik in unserer Zeit

Hierüber war in den bisherigen Themenbereichen schon mehrfach die Rede, so dass in diesem 9. Kapitel eine Übersicht und die nähere Ausführung eines charakteristischen Beispiels genügen.

9.1.1 Die Rolle von Wissenschaft und Technik in Gegenwart und Zukunft (Überblick)

(Mit dem Sammelbegriff „Wissenschaft" sind hier besonders die exakten Wissenschaften gemeint. – Vgl. 1.1.2.)
–   Grundlegendes zum modernen Wissenschaftsbegriff: 1.1.2
–   Verhältnis der Naturwissenschaft zu Weltanschauung, Ethik und Religion: 1.1.2
–   Wissenschafts- und Fortschrittsideologie (Szientismus): 2.1.1; 3.1.1; 3.2.1–2 (Feuerbach, Freud); 3.3.1 (Neopositivismus)
–   Wissenschaftlicher Determinismus: 4.1.2
–   Wissenschaftliches Menschenbild: 4.4 (Gehlen, Marx)
–   Pseudowissenschaftliche Sinnantwort des New Age: 5.3.1
–   Vernunft und Erfahrung als Quellen ethischer Normen: 6.2.2–3
–   Wissenschaftliche Zukunftsmodelle: 8.1.2

9.1.2 Ambivalenz des Fortschritts

Die an die Erfindungen und Entdeckungen gekoppelten Risiken erzeugen in zunehmendem Maße Angst und Widerspruch gegenüber der modernen naturwissenschaftlich-technischen Revolution. Uber diesen „Januskopf des Fortschritts", der Segen *und* Fluch über die Menschheit bringt, wurde in den vorhergehenden Themenkreisen ebenfalls schon öfters gesprochen, so dass nun wiederum ein abschließender Rückblick ausreicht:
–   Berechtigtes Misstrauen gegenüber dem Allwissenheits- und Allmachtsanspruch der Empirie: 1.1.2; 1.1.4; 2.2.1; 3.2 – 3

– Gefährdung des Menschen durch seine naturwissenschaftlich-technisch geprägte Umwelt: 7.2.4; 7.3.1–2
– Verheerende Gefahren für die Zukunft durch Naturwissenschaft und Technik: 8.1.2
– Ambivalenz von Utopien: 8.1.2

9.1.3 Genforschung und -technologie als Beispiel für die Ambivalenz des Fortschritts

Zur Einführung

Jede der schätzungsweise 100 Billionen Körperzellen des Menschen enthält (mit Ausnahme der Keimzellen) 46 Chromosomen. Diese sind fadenförmige Gebilde im Zellkern. Ihr wichtigster Bestandteil ist DNS (Desoxyribonucleinsäure). In jedem Chromosomenstrang, der sich vor jeder Zellteilung längsspaltet (die entstehenden identischen Hälften heißen dann Chromatiden), befindet sich ein einziges DNS-Molekül von ca. 10 cm Länge, das in Form einer Doppelspirale (Schraube, Helix) zur winzigen Größe von 0,01 mm zusammengerollt ist. Als Gen (Erbfaktor) bezeichnet man einen Abschnitt dieser Spirale, der eine Erbinformation enthält. Die Gene sind also die Baupläne der Körperzellen. Man vermutet, dass der Mensch 100.000 Gene besitzt; von 10.000 ist bisher die Lage in ihrem Chromosom bekannt, erst 2.500 sind näher erforscht (doch verdoppelt sich das genbiologische Wissen alle drei Jahre).

Den Namen „Gen" erfand 1909 der dänische Botaniker Wilhelm Johannsen (1857–1927). Die moderne Genforschung begann 1953 mit der Entschlüsselung der Struktur des DNS-Moleküls im Chromosom.

Die Wissenschaft von den Genen hat zwei Hauptrichtungen:

– *Forschung* (Entschlüsselung des gesamten Erbmaterials [= des Genoms]) der Lebewesen. Diese Aufgabe wollen die Molekularbiologen bis zum Jahr 2020 gelöst haben. Das menschliche Erbgut ist schon 2003 durch die internationale Human-Genom-Organisation (HUGO) vollständig entziffert worden (3 Milliarde Bausteine).
– *praktische Anwendung in der Gentechnologie und Gensynthese*: Ersatz kranker oder defekter Gene, die Erbkrankheiten verursachen, durch intakte; Neukombinierung (recombination) von Genen, damit ein Lebewesen neue Funktionen und Eigenschaften erhält oder damit ein bisher noch nicht dagewesenes Lebewesen entsteht; synthetische Herstellung von Genen.

Anwendungsbereiche der Gentechnologie

Menschliche, tierische und pflanzliche Gene lassen sich austauschen; deshalb hat die Genbiologie künftig den gesamten Bereich der lebenden Schöpfung in ihrer Hand. Sie kann in kürzestem Zeitraum neue Lebensformen konstruieren und evolutive Entwicklungen vorantreiben, zu denen die Natur bislang Tausende von Jahren benötigte. Die bisherigen Ergebnisse dieser Wissenschaft sind erst ein bescheidener Anfang hiervon. Experten sagen voraus, dass die Gentechnologie zu Beginn des nächsten Jahrtausends einen riesigen Markt eröffnen und mit ihren „biologischen Robotern" die vierte industrielle Revolution einläuten wird (die ersten drei waren die Einführung der Maschine, der Automation und des Computers).

– *Mikroorganismen*
Züchtung von Bakterienstämmen (Versuche laufen seit 1986), die Wasser und Luft reinigen, indem sie den Unrat von Kläranlagen, Öle (z. B. Ölteppiche auf dem Meer) und giftige Farbreste biologisch abbauen („fressen") oder schädliche Insekten vertilgen und dadurch chemische Schädlingsbekämpfungsmittel überflüssig machen. – Zur pharmazeutischen Verwendung von Mikroorganismen s. u.

– *Pflanzen*
Züchtung ertragreicherer und widerstandsfähigerer (resistenterer) Nutzpflanzen. (Seit 1994 ist eine haltbare „Gen-Tomate" in den USA bereits im Handel.) Der schonende Anbau von quantitativ und qualitativ verbesserter Nahrung soll den Hunger in der Welt besiegen und dem Umweltschutz dienen.

– *Tiere*
Züchtung von Hochleistungs-Nutzvieh, das gegen Tierseuchen resistent ist, bessere Fleischqualität aufweist und sich – falls die Marktlage dies empfiehlt – auch stärker vermehren lässt. Diesem Zweck soll auch die Kreuzung von Tierarten dienen (berühmt wurde die 1984 gezüchtete „Schiege", eine Kreuzung aus Schaf und Ziege, und 1997 das geklonte Schaf Dolly [es lebte von Juli 1996 bis Februar 2003]) – Tiere als Erzeuger von Medikamenten und Transplantationsorganen für den Menschen, s. u.

– *Menschen*
Vorgeburtliche Gendiagnose: Erbgutanalyse bei ungeborenen Kindern zur Feststellung und anschließenden sofortigen Heilung von Anomalien und Erbkrankheiten
Screening = Genomanalyse: Feststellung der Veranlagung zu bestimmten Erbkrankheiten und erbbedingten Berufskrankheiten. Hierüber kann ein „Gen-Pass" ausgestellt werden, der bei der Arbeitssuche oder beim Abschluss einer Versicherung vorgelegt werden kann. – Ermittlung von Organspendern, deren transplantierter Körperteil vom Empfänger nicht abgestoßen wird. Erstellung eines „genetischen Fingerabdrucks" zur Identifizierung von Verbrechern und Verbrechensopfern sowie zur eindeutigen Feststellung einer Vaterschaft
Somatische Gentherapie: Austausch defekter oder erkrankter Gene durch intakte zur Heilung von Erbkrankheiten und Krebs, vielleicht auch von

Aids. Bisher sind 4.300 verschiedene Erbkrankheiten bekannt. Die Keimbahnzellen (Eier, Spermien) werden bei dieser Therapie nicht angetastet.
Keimzellentherapie: genetische Manipulation an den Keimbahnzellen zur vererblichen Beseitigung der Veranlagung zu bestimmten Defekten und Krankheiten oder zum Zweck der *Menschenzüchtung*: Erzeugung „veredelter" Menschen mit optimalen körperlichen, geistigen und seelischen Eigenschaften, „Babys nach Maß" durch gesteuerte Mutation. Diese Genmanipulation heißt „positive Eugenik" oder „eugenische Vorsorge".
Die angezüchteten Eigenschaften werden an alle Nachkommen weitervererbt.
Kreuzung von Menschen mit Tieren: Die entstehenden Mischwesen werden verschieden benannt: Hybriden, untermenschliche Menschen, paramenschliche Infanten, Chimären. – Bisher sind an die Öffentlichkeit nur Versuche mit solchen transgenen Tieren gedrungen, denen einzelne menschliche Chromosomen eingepflanzt wurden.
– *Industrie, bes. Pharmaindustrie*
  - Verbilligung der Produktion durch Verwendung genetisch verbesserter biologischer Rohstoffe zur Gewinnung von Feinchemikalien sowie durch Massenproduktion nachwachsender Rohstoffe, wie z. B. Ölpflanzen.
  - Umweltschonende Produktion, z. B. Züchtung von Pflanzen, die keinen Kunstdünger und keine chemischen Schädlingsbekämpfungsmittel benötigen.
  - Senkung der Herstellungskosten für bisher teuere Medikamente wie z. B. Insulin (gegen Diabetes), Interferon (zur Tumorheilung), Antibiotika (zur Abtötung schädlicher Bakterien, Viren und anderer Mikroorganismen); mit Hilfe der Gentechnik kann die Produktion gesteigert, beschleunigt und dadurch verbilligt werden.
  - Produktion künstlicher (synthetischer) Gene.

Die Genbiologie aus der Sicht der christlichen Ethik

Der Christ darf die Gentechnologie nicht als eine Modeerscheinung des Szientismus abtun, sondern muss sie als echten Fortschritt, ja als notwendiges Erfordernis zum Fortbestand und Wohl der Menschheit ernst nehmen. Die christliche Haltung gegenüber dieser jungen Wissenschaft ist ein Mittelweg zwischen grundsätzlicher Ablehnung und unkritischer Bewunderung. Jedenfalls muss der Christ der Wissenschaft den Mut zu neuen Forschungen zubilligen, auch wenn ein Restrisiko bei keinem wissenschaftlichen Neuland jemals völlig auszuschließen ist. Der Christ muss aber von der Genbiologie die Zusammenarbeit mit den Geisteswissenschaften, besonders mit der Ethik und Theologie, und ihre Beaufsichtigung durch den Staat fordern, damit Schäden rechtzeitig erkannt, vermieden, beseitigt oder wenigstens eingedämmt werden können. Die Kalkulation des Nutzen-Risiko-Verhältnisses darf nicht nur utilitaristisch erfolgen und in einer bloßen Kosten-Nutzen-Analyse im Interesse von Wirtschaft und Politik bestehen, sondern muss die Güterabwägung der christlichen Ethik miteinbeziehen. Grund, Zweck und Ziel der Molekularbiologie müssen das wahre Wohl des menschlichen Individuums sein; dabei ist zu bedenken, dass selbst ein gutgemeinter Zweck ethisch nicht mehr zu verantworten ist, wenn er nur mit negativen Nebenwirkungen zu erreichen ist, die seinen positiven Wert übersteigen. S. 6.1.3.

– *Genetische Veränderung untermenschlicher Lebewesen*
  Für eine totale Ablehnung solcher Genmanipulationen gibt es bis jetzt keinen ausreichenden Grund; die Möglichkeit des Missbrauchs schließt den Wert und die Erlaubtheit des Gebrauchs nicht aus. – Genetische Veränderungen im untermenschlichen Bereich der lebenden Schöpfung sind an sich wertneutral; erst die Umstände (z. B. Tierquälerei) oder der Zweck (z. B. Herstellung von Massenvernichtungswaffen) können ihre ethische Verwerflichkeit begründen. Dagegen sind bloße irrationale Ängste vor den Möglichkeiten der Genforschung kein ausreichender Grund für ihre Ablehnung.
  Voraussehbare oder vermutliche Schäden durch die Gentechnik, denen rechtzeitig begegnet werden muss, sind besonders folgende:

  • Störung des ökologischen Gleichgewichts durch genetisch veränderte Lebewesen, bes. bei unbemerktem Entweichen (Freisetzung) aus dem Labor. Selbst wenn sie in der freien Natur nicht lebensfähig sein sollten, können sie doch vor ihrem Absterben ihr Erbmaterial an andere Lebewesen weitergeben, so dass ihr Genom außer Kontrolle geraten und unübersehbaren Schaden anrichten kann; so könnten etwa Epidemien entstehen, gegen die der Mensch machtlos ist. – Ähnliches wäre zu befürchten, wenn gesundheitsschädliche transgene (= mit fremden Genen versehene) Tiere und Tierprodukte in den Lebensmittelhandel gelangten.

  • Missbrauch der Gentechnik für biologische Kriegführung (Züchtung krankheitserregender Viren und Bakterien, gegen die kein bisher bekanntes Antibiotikum hilft). Diese Art der Kriegführung wurde von der UNO schon 1972 durch die Biological Weapons Convention verboten (aber nur rund 70 Länder erkannten das Verbot an.).

  • Zunahme der „Reparaturideologie", d. h. der Bekämpfung von Krankheiten und Umweltschäden mit genveränderten Lebewesen statt der Ausrottung der eigentlichen Wurzeln dieser Übel.

  • „Genetischer Imperialismus" von Industriekonzernen, die sich genmanipulierte Lebewesen, deren Funktionen und Produkte durch Patentierung monopolistisch sichern. – Ob es ethisch erlaubt sein kann, Lebensformen und Erbsubstanz durch Patentierung zum Privateigentum zu machen, ist zur Zeit eine stark diskutierte Frage.

- Probleme durch Überproduktion in landwirtschaftlichen Großbetrieben („Agrar- und Tierfabriken"): Absatzschwierigkeiten, Umweltschäden, Konkurrenz für die Agrarstaaten der Dritten Welt. – Zu befürchten ist auch der Verlust der Ehrfurcht vor der Schöpfung, wenn Tiere nur noch als „Produktionsmaschinen" betrachtet werden.
- Störung der natürlichen Evolution durch gentechnisch behandelte („künstliche") Pflanzen und Tiere: Diese haben nicht den natürlichen Umweltverträglichkeitstest (Überlebenskampf) durchlaufen, sind also nicht den normalen Weg der Selektierung gegangen und bergen deshalb die Gefahr der Umweltschädigung in sich.

– *Genmanipulationen am Menschen*
Der Mensch hat – im Gegensatz zu den anderen Lebewesen – personale Würde und darum das Recht auf körperliche Unversehrtheit und geistig-seelische Integrität (vgl. Art. 1 Abs. 1 GG).

Manipulationen an Leib, Geist und Seele hat der Mensch bewusst oder unbewusst schon immer durchgeführt; jede natürliche Zeugung ist eine solche Selbstmanipulierung: Dem Kind werden die Genome der Eltern zugemutet, wie günstig oder schädlich sie für den Nachkommen auch sein mögen. Da also der Schöpfer selber dem Menschen mit der Selbstbestimmung auch die Möglichkeit, ja die Notwendigkeit der Selbstmanipulation übertragen hat (vgl. Gen 1,28), kann die genetische Selbstmanipulation – als eine neue Form der Selbstbestimmung des Menschen – nicht von vornherein als unsittlich oder gotteslästerlich abgewertet werden. Richtmaß und Grenze sind aber auch hier die personale Würde und das wahre Wohl des Menschen. In konkreten Fällen ist es bisher oft noch sehr schwer zu sagen, ob diese Anforderungen erfüllt sind, da die Erfahrungen mit den Ergebnissen der Genbiologie noch recht gering sind. Aber die Sachverständigen sind sich heute schon darüber einig, dass diese junge Wissenschaft für die Menschheit das größte Risiko seit der Entdeckung der Atomenergie darstellt und dass die Genbiologen jetzt schon mehr ausführen, als sie voraussichtlich hernach noch im Griff behalten können.

Der Weltärztebund hat 1964 vier allgemeine Grundsätze veröffentlicht, die auch auf die Gentechnik am Menschen anwendbar sind:
1. Forschung, Diagnose und Therapie dürfen die Würde des Menschen nicht verletzen.
2. Der erwartete Nutzen muss in einem vertretbaren Verhältnis zu den voraussehbaren Risiken stehen, wobei nicht nur der Nutzen der Produzenten oder medizinischen Dienstleistungsbetriebe ins Auge gefasst werden darf.

3. Ausreichende Information der zu behandelnden Person und deren Einwilligung in einen ärztlichen Eingriff ist vorauszusetzen; notfalls ist die Einwilligung der Familienangehörigen oder des gesetzlichen Vertreters einzuholen.
4. Für verursachte Schäden ist eine angemessene Entschädigung zu leisten.

Trotz dieser Richtlinien bleibt die Beantwortung folgender Fragen problematisch:
* Ist die vorgeburtliche Gendiagnose ethisch vertretbar, die zwar mancher werdenden Mutter die Angst vor Krankheit oder Missbildung ihres Kindes nehmen kann, die aber die Abtreibungsquote voraussichtlich stark vermehren wird, da sie die Möglichkeit eröffnet, nicht nur schwer erbkranke Embryonen und Foeten abzutreiben, sondern auch solche, deren Geschlecht oder Eigenschaften nicht den Wunschvorstellungen der Eltern entsprechen („selektive Abtreibung")?
* Ist das screening von Menschen vereinbar mit dem Datenschutz und der Chancengleichheit aller Menschen, z. B. bei der Wahl des Berufs und des Arbeitsplatzes?
* Ist die Personenwürde eines total dechiffrierten („gläsernen") Menschen noch gewahrt?
* Wird der Wert eines Menschen künftig nur noch nach seinem Gen-Pass gemessen?

Man muss auch bedenken, dass nicht jede genetisch vorhandene krankhafte Anlage tatsächlich im Lauf des Lebens zum Ausbruch der betreffenden Krankheit führt; sie kann auch lebenslang latent bleiben.
Gegen die Erlaubtheit der somatischen Gentherapie wird kaum Widerspruch erhoben. Diese Gentechnik wird als moderne Form der Gewebetransplantation eingestuft. Ziemlich einmütig aber wird jede Veränderung an den menschlichen Keimbahnzellen abgelehnt, weil hier der Eingriff alle Nachkommen der behandelten Person betrifft. Eine solche Verfügung über kommende Menschengenerationen steht nach Ansicht der Ethiker und Theologen dem Menschen nicht zu. Er darf nicht die Stelle des Schöpfergottes einnehmen und Menschen nach seiner Willkür machen (vgl. die Ursünde Gen 3,5). Noch viel weniger darf er „Mutationen nach Maß" durchführen, um die dabei entstehenden Menschen dann als Arbeitssklaven zu benützen (vgl. Huxleys „Schöne neue Welt"). Außerdem erfordert die „Menschenzüchtung" (wie auch die künstliche Befruchtung) eine ganze Reihe von Versuchsobjekten, von denen die meisten absterben oder als „unbrauchbar" weggeworfen oder gar der Forschung und Industrie zur Verfügung gestellt werden. Solches Umgehen mit dem ungeborenen menschlichen Leben widerspricht der Menschenwürde.

Andererseits: Ist die Keimbahntherapie völlig abzulehnen, da sie doch verspricht, in fernerer Zukunft Gene einschleusen zu können, die den ganzen Organismus vor Krankheiten schützen und den Alterungsprozess verzögern?
Auch vor der Mensch-Tier-Kreuzung warnen die Ethiker grundsätzlich. Doch wäre sie nicht wenigstens insoweit zu vertreten, als dadurch Menschen entstünden, die mit den überlegenen Organen von Tieren ausgestattet wären, z. B. mit dem feinen Geruchsinn des Hundes oder der Scharfsichtigkeit eines Greifvogels?
Die Kritiker der Molekularbiologie beanstanden häufig die mangelhafte staatliche Überwachung dieser Wissenschaft: Staat und Gesellschaft interessierten sich erst dann für die Genbiologie, wenn sie praktisch angewandt werden soll. Es müsse aber schon die Grundlagenforschung durch gesetzliche – auch strafrechtliche – Bestimmungen in ihre Grenzen verwiesen werden. Hierbei ergeben sich aber Interessenkonflikte zwischen dem Recht der Wissenschaft auf freie Forschung und dem Recht der Bürger auf körperliche Unversehrtheit und personale Würde sowie zwischen dem Profitstreben der Wirtschaft und den berechtigten Interessen der Bürger.

Um solche heiklen Fragen zu klären, setzte das Bundesforschungsministerium 1978 eine Zentrale Kommission für biologische Sicherheit ein, der Wissenschaftler, Gewerkschaftler und Industrievertreter angehören. Der deutsche Bundestag berief 1985 eine Enquetekommission (= Untersuchungsk.), die 1987 einen Arbeitsbericht „Chancen und Risiken der Gentechnologie" veröffentlichte. Ferner beschloss der deutsche Bundestag 1990 ein Gentechnikgesetz, das die Freiheit der Forschung und den Schutz des Bürgers vor deren Missbrauch regeln sollte. Darüber hinaus sind aber – wie in den USA bereits geschehen – bioethische Zentren zu errichten, in denen Naturwissenschaftler, Juristen, Politiker, Wirtschaftsvertreter, Philosophen (bes. Ethiker) und Theologen zusammenarbeiten.

9.2 Mitverantwortung des Christen bei der Gestaltung einer humanen Welt angesichts der Ambivalenz des wissenschaftlich-technischen Fortschritts

Fortschritt um des Fortschritts willen – d. h. als Selbstzweck – genügt nicht; er muss ethisch und religiös verantwortbar sein. Damit die Menschheit zu einem wahrhaft humanen Fortschritt gelangen kann, muss sie ihre Ethik verfeinern (vgl. u. 9.2.2) und sie wieder in Gott verankern (vgl. u. 9.2.3).

9.2.1 Weltverantwortung des Christen (Überblick)

Wichtige Elemente zur Diskussion dieses Problemfeldes bieten bereits die vorausgehenden Themenkreise:
– Aggiornamento-Denken des heutigen Christen: 1.1.3;
– Biblisches Menschenbild: 4.3.3, christliche Sinnantwort: 5.4;
– Ethischer Grundkonsens: 6.1.4;
– Letztbegründung der Ethik in Gott: 6.1.5;
– In Kapitel 7 ist das Motiv „Weltverantwortung" mehrfach enthalten: Der Christ in Berufs- und Arbeitswelt (7.2); der Christ in Gesellschaft und Staat (7.3); christliche Sozialprinzipien (7.4.3); Soziallehre der Päpste (7.4.5);
– Innerweltliche Konsequenzen der christlichen Endzeithoffnung: 8.3.2.

Die folgenden beiden Abschnitte 9.2.2–3 bringen exemplarisch zwei Modelle für die ethische Bewältigung des Fortschrittsproblems:
– die Ausführungen eines Nichtchristen (Hans Jonas), die auch für Christen uneingeschränkt bedenkenswert sind, und
– das Konzept eines katholischen Theologen und Naturwissenschaftlers (Pierre Teilhard de Chardin).

9.2.2 Das Prinzip Verantwortung (Hans Jonas)

Das „Prinzip Verantwortung" ist der Titel, den das 1979 veröffentlichte Hauptwerk des jüdischen Philosophen Hans Jonas (geb. 1903 Mönchengladbach, gest. 1993 bei New York) trägt. – Infolge seiner Freundschaft mit dem protestantischen Theologen Rudolf Bultmann (1884–1976) und durch seine eigenen Forschungen über das antike Christentum war Jonas ein hervorragender Kenner der christlichen Religion.

Analyse der Ambivalenz von Wissenschaft und Technik

Jonas bezeichnet – in Anlehnung an die griechische Mythologie – den heutigen Menschen als den „endgültig entfesselten Prometheus". Er will damit ausdrücken, dass die gegenwärtige Menschheit fast unbeschränkte Möglichkeiten besitzt, sich mit materiellen Gütern zu bereichern und sich das Leben angenehmer zu machen. Neuerdings erfasst die Unterwerfung der Natur – in der Genforschung – sogar die Natur des Menschen selbst. Dadurch ist der Fortschritt zur größten Herausforderung geworden, die je den Menschen aus ihrem eigenen Tun erwachsen ist.

Dieser Fortschritt entwickelt sich immer schneller. Darin erblickt Jonas an sich etwas Erfreuliches, solange diese Beschleunigung nicht der leiblichen und seelischen Gesundheit der Menschen schadet. Jonas vertritt aber keinen naiven

Fortschrittsoptimismus. Er sieht im rasanten Wachstum von Wissenschaft und Technik eine Dialektik (innere, paradoxe Widersprüche):

Der Fortschritt entwickelt sich von einer Hilfe zum Zwang.
Der Mensch hat keine freie Wahl mehr, ob er noch mehr Fortschritt will oder nicht. Er ist vom Herrn zum Sklaven des Fortschritts abgestiegen. So zwingt z. B. die Bevölkerungsexplosion – eine Folge der verbesserten Medizin und Hygiene – zu immer größerer Produktionssteigerung von Lebens- und Unterhaltsmitteln, bis die Ausbeutungsmöglichkeiten des Planeten Erde erschöpft sind. Logischerweise müsste man also den Fortschritt stoppen, aber das ist ethisch und praktisch schon nicht mehr möglich. Denn dann müsste man so zynisch sein, einen großen Teil der Weltbevölkerung verhungern zu lassen, um die Zahl der Erdbewohner auf ein „vernünftiges" Maß zu reduzieren. Es bleibt also nichts anderes übrig, als immer weiter zu produzieren und die Ressourcen der Erde immer rascher auszubeuten. (Auf die Chancen der Gentechnologie geht Jonas im „Prinzip Verantwortung" nicht ein. Vgl. aber o. 9.1.3.)

Unbegrenzter Fortschritt ist wegen des begrenzten Lebensraums der Menschheit unmöglich.
Die Größe und die Vorräte unseres Planeten können nicht vermehrt werden. Jonas vergleicht die Erdkugel mit einem im Weltall fliegenden Raumschiff, das unterwegs nicht mehr vergrößert werden kann. So muss der Fortschritt in nicht allzu weiter Zukunft an seine natürliche Grenze stoßen. Bei weiterer ungehemmter Ausplünderung und Misshandlung der Erde sieht Jonas apokalyptische Katastrophen auf die Menschheit zukommen.

Marx und Bloch gaben ihre Fortschrittsutopie als realistisches Aktionsprogramm zur Beglückung der ganzen Menschheit aus. Gerade mit seinen jüdischen Stammesbrüdern Marx und Bloch geht Jonas besonders hart ins Gericht. Er wirft ihnen vor, ihre Wunschträume den Menschen als praktisches Programm zur Vervollkommnung und Beglückung aller Menschen angepriesen zu haben. Bloch, so konstatiert Jonas, leitet in seinem Hauptwerk „Das Prinzip Hoffnung" (1954/59) aus der Lehre von Marx die Idee einer völlig freien, fast ohne Arbeit in glücklicher Muße lebenden Menschheit ab; der technische Fortschritt werde diese Idealgesellschaft mit naturgesetzlicher Zwangsläufigkeit verwirklichen.

Jonas sieht in dieser Verquickung von Glückseligkeitslehre und Fortschrittsglauben die gefährlichste Versuchung der heutigen Menschheit, gerade weil diese Utopie die ältesten Menschheitsträume anspricht: Befreiung von drückender Arbeit; Reichtum und Glück für jedermann. Jonas wirft Marx und Bloch vor, sie ignorierten die natürlichen Grenzen der Erde und des Menschen: Die Befreiung von allen Spannungen und Problemen als Endzustand der Menschheit ist nach der Ansicht von Jonas von den Naturgesetzen her wahrscheinlich unmöglich und wäre von der psychischen Struktur der Menschen her verhängnisvoll, selbst wenn sie realisierbar wäre: Wenn den Menschen alle Konflikte erspart bleiben sollen, führt dies keineswegs zur vollkommenen Glückseligkeit, sondern zu dem von A. Huxley und G. Orwell vorausgesagten völlig determinierenden und reglementierenden Obrigkeitsstaat. Der Traum vom Schlaraffenleben ist also in Wirklichkeit eine negative Utopie. Die menschliche Kreativität braucht Spannungen und Widerstände, um sich darin zu bewähren und durch sie zu reifen. Eine problemfreie dolce vita hingegen spornt nicht zu kulturellen Höchstleistungen an, sondern macht träge. Deshalb hält Jonas die marxistische und neomarxistische Beglückungsutopie für eine Fehlleistung.

Notwendigkeit einer neuen Verantwortungs- und Pflichtethik

Die bisherigen Ethiksysteme bezogen die entfernte Zukunft nicht in ihre Handlungsmodelle ein, weil das Wissen und die Macht der Menschen für eine Zukunftssteuerung früher zu gering waren. Der Zugriff auf die ferne Zukunft war dem Menschen nicht gegeben, man betrachtete sie als Domäne Gottes oder atheistisch als Produkt des blinden Zufalls. Wegen dieser fehlenden Zukunftsplanung reicht die konventionelle Ethik für unsere Gegenwart und Zukunft nicht mehr aus.

Ein weiterer Mangel der alten Ethik besteht darin, dass sie das Schwergewicht auf das richtige Handeln des Individuums legte, während die moderne Hochtechnologie immer stärker ein kollektives, ja weltweit solidarisches Handeln erfordert.

So stellt Jonas für die Zukunftsethik folgende Postulate auf:

Die Zukunftsethik muß eine Verantwortungsethik sein:

- Die heutigen Handlungen, welche die Menschheit mit Hilfe von Wissenschaft und Technik ausführt, haben große Fernwirkungen, sie sind z. T. schon heute unwiderruflich und unumkehrbar. Das erfordert höchstes Verantwortungsbewusstsein.
- Die Verantwortung muss global und fernwirkend sein. Die Beschränkung auf die unmittelbare Gegenwart und auf begrenzte Kulturräume genügt nicht mehr; die neue Ethik muss die gesamte Erde und mindestens die nächsten Jahrhunderte im Blick haben. Zur Nächstenliebe muss die Fernstenliebe treten: Nicht nur für das Hier und Jetzt, sondern für das Überall und das Morgen muss gesorgt werden.
- Die Zukunftsethik muss zu einer Selbstbeschränkung der Menschen führen. Die Menschheit muss sich selbst Zügel anlegen, wenn ihr die selbstgeschaffene wissenschaftlich-technische Macht nicht zum Verhängnis wer-

den soll. Jonas vertraut darauf, dass die Menschheit vernünftig genug ist, diese unvermeidliche Selbstbeschränkung auf sich zu nehmen. Dieses Vertrauen bezeichnet Jonas – mit Spitze gegen Bloch – als das einzige für ihn reale „Prinzip Hoffnung". Die Zukunftsvisionen der Marxisten und Neomarxisten dagegen nennt er verantwortungs- und maßlos, weil sie nicht von einer natürlichen und organischen Entwicklung der Menschen ausgingen, sondern eine „wunderbare Verwandlung des Menschen" annähmen; eine solche Mutation könne aber nur Gott als eschatologisches Wunder wirken, nicht aber die Menschheit mit Hilfe der Technik selbst erzeugen.

Statt also auf einen irrealen, wunderbaren Wandel zu warten, muss der Mensch seine körperlichen, geistigen, sozialen, räumlichen und zeitlichen Grenzen erkennen und akzeptieren. Nur so ist ein totaler Kollaps unseres Planeten zu verhindern. Als größte Gefahr auf dem Weg zu diesem Ziel sieht Jonas neben der (neo)marxistischen Utopie das Grunddogma des Szientismus, dass alles erlaubt sein müsse, was machbar sei. Jonas wehrt sich gegen den Vorwurf, sein „Prinzip Verantwortung" sei fortschrittsfeindlich und er selber erweise sich als reaktionärer Pessimist. Jonas verteidigt sich: Er vertrete mit seinem „Prinzip Verantwortung" keinen schlechteren Zukunftsglauben als die Utopisten Marx und Bloch, aber sein Glaube hüte sich davor, Experimente mit dem Menschen und der Natur zu machen, die über die realen Möglichkeiten hinausgehen. Deshalb sei für ihn das Fernziel nicht Muße und Überfluss für die ganze Menschheit, sondern universale Gerechtigkeit und humane Lebensbedingungen für jedermann. Dieses Ziel aber sei nur auf dem Wege der Selbstbeschränkung durch die Versöhnung zwischen der vom Menschen misshandelten Natur und dem vom Menschen selbst misshandelten Menschen zu erreichen.

Jonas greift auch die Grundfrage auf, warum wir uns soviel Mühe geben sollen, die Zukunft der Menschheit zu sichern. Er gibt zwei Antworten,

– eine *philosophische*: Die Menschheit soll weiterbestehen, weil das Sein wertvoller als das Nichts (das Nicht-Sein) ist, und

– eine *religiöse*: Die Schöpfung soll weiterbestehen, weil sie das Werk des guten Gottes und darum in sich etwas Gutes, ein Wert, ist. Was aber gut ist, entspricht auch dem Willen Gottes.

Jonas hat die konkreten Anwendungsmöglichkeiten seiner Zukunftsethik in einem Fortsetzungsband zum „Prinzip Verantwortung" dargestellt: „Technik, Medizin und Ethik. Zur Praxis des Prinzips Verantwortung" (1985).

9.2.3 Mitsteuerung der Evolution: Mystischer christlicher Evolutionismus Teilhard de Chardins

Biographische Daten

Pierre Marie-Joseph Teilhard de Chardin, geb. 01. 05. 1881 auf Schloss Sarcenat/Zentralfrankreich. 1899 Eintritt in den Jesuitenorden. 1911 Priesterweihe in England. Von Jugend an für Naturwissenschaft interessiert; 1922 Promotion in Paläontologie; Forschungsreisen, besonders nach China und Afrika. Seit 1926 Lehr- und Veröffentlichungsverbot durch die Ordensleitung auf Veranlassung des Vatikans; 1951 Verbannung aus Frankreich in die USA durch seine Ordensobern. Tod am Ostersonntag (10. 04.) 1955 in New York. Postume Rehabilitierung durch das II. Vatikanische Konzil.

Teilhards Theorie der Evolution vom Beginn der Schöpfung bis zur Gegenwart

Der dreifaltige Gott ist der Anfang („Alpha"), der menschgewordene und zum Vater zurückgekehrte Gottessohn Jesus Christus der Schlusspunkt („Omega") aller Evolution (vgl. Offb 1,8; 21,6; 22,13). Das Motiv Gottes für die Erschaffung der Welt war seine Liebe, die er an denkende Geschöpfe weitergeben wollte; deshalb „musste" die Evolution den Menschen hervorbringen.

Gott hat der Materie von Anfang an Geist beigegeben (eine „Innenseite", sagt Teilhard, d. h. geistige Energie und Entwicklungskraft, Psyche), der sich zusammen mit der Materie durch Zentrierung und Verdichtung ausbreitete, verfeinerte und dadurch die immer komplizierter werdende Evolution steuern konnte. Die konkrete Materie, die sich immer mehr mit Geist belädt, nennt Teilhard „Matéria Matrix – erzeugende Materie". Hier nähert sich Teilhard der marxistischen Lehre vom Geist als Funktion der Materie.

Die Evolution erfolgt geradlinig, *als Orthogenese,* d. h. ohne nennenswerte Fehl- und Rückschläge. Die großen Entwicklungsstadien sind:

- *Kosmogenese* (Entstehung des noch unbelebten Weltalls),
- *Biogenese* (Entstehung der Lebewesen),
- entscheidende Stufen zur *Anthropogenese (Menschwerdung)* waren die *Kephalisation* (Verfeinerung der Schädelbildung) und
- *Cerebration* (Höherentwicklung des Gehirns).
- *Noogenese* (Entstehung des freien menschlichen Geistes als Abschluss der Anthropogenese, Entstehung des Jetztzeitmenschen),

Das wichtigste Ereignis der Evolution war die *Christogenese* (Menschwerdung des Gottessohnes), welche die Anthropo- und Noogenese als notwendige Voraussetzung brauchte. – Eine Schöpfung ohne denkende Geschöpfe, welche die Größe und Liebe ihres Schöpfers erkennen, sich darüber freuen und ihm dafür danken können, hielt Teilhard für sinnlos und darum Gott nicht zumutbar.

Teilhard vermutet, dass mit dem Auftreten des Jetztzeitmenschen (homo sapiens sapiens) vor ca. 25.000 Jahren die Entwicklung des menschlichen Körpers im Wesentlichen abgeschlossen war, dass aber die Evolution des Menschengeistes auch heute noch in den allerersten Anfängen steckt. Deshalb wird die psychische und ethische Entwicklung des Menschen immer stärker das Hauptziel aller Wissenschaften werden müssen.

Teilhards Stellung zu Wissenschaft, Technik und Fortschritt

Notwendigkeit des Fortschritts: Jeder (echte) Fortschritt ist Mitwirkung an der von Gott selbst begonnenen Evolution und Mitarbeit an der nicht mehr rückgängig zu machenden Vervollkommnung der Schöpfung. Deshalb muss sich der Christ – aus eschatologischer Gesinnung – als homo progressívus (fortschrittsbejahender Mensch) noch mehr als der Ungläubige für Wissenschaft und Forschung begeistern. Der Christ tritt dabei keineswegs in Konkurrenz zum Schöpfergott, sondern schafft in dessen Auftrag an der Vollendung des Gottesreiches mit. Das echte Christentum besteht für Teilhard also nicht in einer Weltflucht, sondern in der Annahme der Welt, wie sie ist und – mehr noch – wie sie werden soll. Der Christ kann demnach den Fortschritt gar nicht zurückweisen, ohne Gott dabei die Mitarbeit zu verweigern – und dadurch zu sündigen. Deshalb nannte Teilhard den Fortschritt eine „vitale und beinahe heilige Funktion des Menschen". Er litt zeitlebens unter dem Argwohn der Amtskirche gegen den wissenschaftlich-technischen Fortschritt und widmete sein Gesamtwerk der Versöhnung zwischen beiden Lagern.

Selbstverständlich leugnet Teilhard die Ambivalenz des Fortschritts nicht. Er nennt ihn „die gefährlichste aller Kräfte" und spricht vom „Dämon der Forschung". Aber wegen seines Glaubens an die Orthogenese ist er überzeugt, dass die Gefahren des Fortschritts nicht überhand nehmen können.

Fortschrittsoptimismus: Teilhard vertraut darauf, dass sich die Menschheit geistig und ethisch rechtzeitig so weit fortentwickeln wird, dass sie alle Gefahren für die Orthogenese überwinden kann. Infolge der zunehmenden Intelligenz und der steigenden ethischen Verantwortungsbereitschaft der Menschen werde man in der Zukunft von einem „unfehlbaren Fortschritt" sprechen können. Mit fortschreitender geistiger und sittlicher Veredelung der Menschen werden der Zufall und die Sünde als Störfaktoren der Orthogenese immer mehr schwinden.

Auch die Technik sieht Teilhard positiv. Sie erfüllt zwei angeborene Sehnsüchte des Menschen: den Wunsch nach immer mehr Wissen und den Wunsch nach immer weniger Anstrengung und Arbeit.

Hauptaufgabe des Fortschritts: Auto-Evolution des Menschen

Bis zum Auftreten des homo sapiens erfolgte die Evolution „passiv": Sie wurde durch die vom Schöpfer in sie gelegte Geistigkeit gesteuert, die sich aber ihrer selbst noch nicht bewusst war. Diese Evolution erfolgte hauptsächlich durch Selektion und Mutation. Seit aber der Mensch zur geistigen Mündigkeit gelangt ist, geht die Evolution nicht mehr automatisch weiter, sondern der Schöpfergott delegiert seine Kreativität zunehmend an den Menschen. Deshalb entspricht es dem Willen Gottes, dass der Mensch sich bewusst ständig weiterentwickelt *(Auto-Evolution)*, weil davon immer stärker die Evolution der übrigen Schöpfung abhängt. Nach Ansicht Teilhards steht die Menschheit erst am Anfang dieser Selbstentwicklung und hat hierbei noch ein riesiges Fortschrittspotential zur Verfügung. Wir haben noch keine klare Vorstellung, wo Gott die Grenze dieser humanen Evolution gesetzt hat. Auf die Auto-Evolution zu verzichten wäre für Teilhard geradezu Gotteslästerung, da Christus von uns die Weiterentwicklung seines „kosmischen Leibes" (= des Universums) fordert. Jede intellektuelle und ethische Verbesserung des Menschen ist für Teilhard „christificábilis et christificándus" (sie kann und soll christusförmig werden, sich in seinen kosmischen Leib einfügen).

Hauptrichtungen der Fortschrittsarbeit: Teilhard vertritt – ähnlich wie H. Jonas – ein Prinzip Verantwortung, das er so beschreibt: Die Versittlichung und Heilung des Universums ist der wahre Fortschritt, der künftig immer mehr in die Verantwortung des Menschen gegeben sein wird. Deshalb spielen bei der Konstruktion des „neuen" Universums Verzicht und Askese des Menschen eine entscheidende Rolle.

Die Fortschrittsarbeit umfasst nach Teilhard folgende große Aufgabenfelder:

- *Solidarität* („Einmütigkeit"): Zusammenschluss der Welt zu einem Ganzen. Teilhard verwendet hierbei auch die Begriffe Sozialisation und Totalisation. Die Menschheit muss, um weiterexistieren zu können, notwendigerweise immer enger zusammenrücken („konvergieren"), weil einzelne Menschen oder Gruppen die globalen, ja kosmischen Aufgaben der Zukunft nicht mehr erledigen können. – Mit Totalisation meint Teilhard selbstverständlich nicht die Beschränkung der menschlichen Würde und Rechte durch ein totalitäres politisches System.
- *Aktivation*: Freisetzung bisher ungenutzer intellektueller und ethischer Energie des Menschen. Den voll aktivierten Menschen der Zukunft nennt er „ultrahuman" und (nach Nietzsche) „surhomme" (Übermensch).
- *Amorisation*: Durchdringung der Welt mit Nächstenliebe. Diese ist für Teilhard „das Herz der Evolution"; denn erst die Liebe macht den Fortschritt wirklich human, da sich der liebende Mensch „exzentriert", d. h. seine Egozentrik und seinen Egoismus aufgibt.

– *Aufwertung der Religion*: Teilhard ist überzeugt, dass die Evolution umso schneller voranschreitet, je mehr man der Religion Platz einräumt. Denn für Teilhard ist sie die geistige Kraft der Erwartung und Hoffnung und deshalb im höchsten Maße motivierend und aktivierend. Teilhard glaubte fest daran, dass die christliche Religion diesen Stellenwert auch wirklich erhalten und dass dies der Menschheit Segen bringen wird: „Die Zukunft ist schöner als alle Vergangenheiten. Das ist mein Glaube."

Als besonders wichtige Sektoren der Fortschrittsarbeit und damit der Auto-Evolution des Menschen führt Teilhard an:

– Hebung der menschlichen Intelligenz mit Hilfe biologischer und medizinischer Forschung, z. B. Eugenik;
– Recht und Möglichkeit der Ausbildung aller intellektueller Fähigkeiten für jedermann; Voraussetzung dafür ist eine weltweit einheitliche Sozial- und Wirtschaftspolitik;
– Gleichberechtigung aller Nationen und Rassen;
– gerechte Verteilung der Schätze des Erdballs, vor allem durch eine rationelle weltweite Wirtschaftsorganisation;
– sinnvolle Neuverwendung der durch die Maschinen freigewordenen menschlichen Schaffenskräfte.

Ziel des Fortschritts und der gesamten Evolution ist Christus als „Punkt Omega". Das Universum bewegt sich auf den transzendenten Punkt Omega zu, der identisch ist mit dem „kosmischen, universalen Christus" (vgl. Joh 12,32). Die mystische Anziehung des sich immer mehr verfeinernden und sich zentrierenden Kosmos durch Christus nennt Teilhard „Einrollung" und vergleicht diesen Prozess mit einer sich nach oben (= zum Punkt Omega hin) verjüngenden Spirale. – S. 205

Würdigung der Lehre Teilhards

Teilhards Evolutionismus ist eine Mischung von Naturwissenschaft, Philosophie (Naturphilosophie, Metaphysik, Ontologie, Ethik) und christlicher Religion. Religiös ist z. B. seine mystische Innenschau der materiellen Dinge. Auf die Einbeziehung nichtchristlicher Religionen und Mystiken verzichtet er. Er nennt sein System „Hyperphysik" und „Ultraphysik". Damit deutet er an, dass seine Theorien über die Wissenschaft von der Materie hinausgehen und in die Metaphysik übergreifen. Als Philosoph und Theologe will er die Welt nicht nur beschreiben, sondern christlich deuten; er selbst nennt sich deshalb einen christlichen Mystiker.

Umstritten ist dieser Forscher bis heute, weil er weder alle seine naturwissenschaftlichen Behauptungen beweisen noch alle seine Glaubensaussagen mit der christlichen Theologie in Einklang bringen konnte.

Im ganzen gesehen ist aber Teilhards Lehrsystem bis heute der am besten gelungene Versuch, christliche Weltanschauung und moderne Naturwissenschaft miteinander zu versöhnen.

Aber vom Standpunkt der christlichen Dogmatik aus bleibt Teilhard auf folgende Fragen eine überzeugende Antwort schuldig:

- Wie konnte sich trotz der Allmacht und Allgüte Gottes und der von ihm gewollten Orthogenese das Böse so massiv in die Schöpfung einschleichen und sich in ihr verbreiten, dass die Christogenese als Kurskorrektur der Evolution erfolgen musste?
- Kann der Mensch durch Missbrauch seines freien Willens die Orthogenese nicht jederzeit stören, z. B. durch einen Atomkrieg oder verfehlte Gentechnologie?
- Wie sind in einer Schöpfung, die Gott aus Liebe ins Dasein gerufen hat, Leid, Schmerz und Tod zu erklären (Theodizeeproblem)?
- Wenn die Evolution „unfehlbar" voranschreitet, kann man dann noch von einem freien Willen des Menschen sprechen (Indeterminismusproblem)?
- Wie ist Teilhards Zukunfts- und Fortschrittsoptimismus mit der biblischen Eschatologie und Apokalyptik zu vereinbaren, die eher eine Degeneration als eine orthogenetische Evolution unserer Erde annehmen?

Zum Geheimnis des Bösen in der Welt bemerkt Teilhard am Ende seines bekannten Buches „Der Mensch im Kosmos": „Auf diesem Gebiet fühle ich mich, ehrlich gesagt, nicht berufen, Stellung zu nehmen."

Weiterführende Literatur

CGG 20, S. 85–118: Günter Altner: *Technisch-wissenschaftliche Welt und Schöpfung* (*darin auch: Ambivalenz des technisch-wissenschaftlichen Fortschritts*)

CGG 23, S. 5–53: Max Seckler: *Tradition und Fortschritt* (*darin auch: Ambivalenz des Fortschritts*)

CGG 20, S. 121–147: F. Böckle/A. W. v. Eiff: *Wissenschaft und Ethos* (*darin auch: Gentechnologie*)

Th. Forum 10: *Die zukünftige Welt*

Konzepte 4: *Zukunft des Menschen*

Zukunft der Schöpfung – Zukunft der Menschheit. Erklärung der Deutschen Bischofskonferenz zu Fragen der Umwelt und der Energieversorgung, Bonn (Sekretariat der Deutschen Bischofskonferenz), 1980

Klaus Hemmerle: *Damit die Zukunft eine Zukunft hat. Maßstäbe und Orientierung*. In der Reihe „Kirche und Gesellschaft", Nr. 111, Köln (Bachem), 1984

Pierre Teilhard de Chardin: *Der Mensch im Kosmos*. München (dtv 1732), 1. Aufl. 1980 (Nachdruck der 1. deutschen Ausgabe von 1929)

Für eine Zukunft in Solidarität und Gerechtigkeit. Wort des Rates der Evangelischen Kirche in Deutschland und der Deutschen Bischofskonferenz zur wirtschaftlichen und sozialen Lage in Deutschland. Hrsg. 1997 vom Kirchenamt der Evang. Kirche in Deutschland, Hannover, und vom Sekretariat der Deutschen Bischofskonferenz, Kaiserstr. 163, 53113 Bonn

Mitgestaltung einer humanen Zukunft angesichts der Ambivalenz von Wissenschaft, Technik und Fortschritt
(Vergleich der Vorschläge von H. Jonas und P. Teilhard de Chardin)

	Jonas	Teilhard
Bezeichnungen für das Modell	Prinzip Verantwortung = Verantwortungs-, Pflicht- und Zukunftsethik	Hyper-, Ultraphysik, Evolutionismus = Mitgestaltung der Evolution
Zugrunde liegendes Menschenbild	Der Mensch in seiner ambivalenten Rolle als „endgültig entfesselter Prometheus"	Der Mensch in seiner von der Evolution (und darum letztlich von Gott) bestimmten Rolle als homo progressivus (fortschrittsbejahender Mensch)
Gefahren für die Zukunft der Menschheit	Versiegen der Ressourcen unseres Planeten durch maß- und verantwortungslose Ausbeutung und ungehemmte Produktion aus zwanghaftem Fortschrittsstreben	Verzögerung der Evolution durch Zufall und Bosheit (Sünde). – Ein völliger Stopp oder gar ein Rückgang der Orthogenese ist ausgeschlossen, weil Gott den Fortbestand seiner Schöpfung garantiert.
Warnung vor gefährlichen Utopien	Weltbeglückungstheorie (Mischung von Eudaimonismus und Szientismus) im klassischen Materialismus (Marx) und Neomarxismus (Bloch)	Ausklammerung der Liebe (Amorisation), Ethik (Humanisation) und Religion (Christifikation) beim Fortschrittsstreben
Positiver Vorschlag (Handlungsmodell)	Selbstbeschränkung der Menschheit: Anerkennung der biologischen, geistigen, räumlichen und zeitlichen Grenzen des Menschen; Verzicht auf Ausplünderung der Erde und Umweltzerstörung; Reduzierung des Fortschritts und der Warenproduktion auf ein verantwortbares Maß	Bewusste intellektuelle, ethische und religiöse Auto-Evolution der Menschheit: Vervollkommnung des Wissens (Aktivation), Verfeinerung des Gewissens (Sozialisation, Totalisation, Humanisation) als bewusste Askese, d. h. unter Verzicht auf individual- und gruppenegoistische Sonderziele
Geltungsbereich des vorgeschlagenen Modells	global (räumlich auf die ganze Erde bezogen) und zeitlich fernwirkend (mindestens auf die nächsten Jahrhunderte bezogen)	kosmisch (auf die Versittlichung und Heilung des ganzen Kosmos abzielend) und zukunftsbezogen (gültig bis zum Punkt Omega, dem Übergang der bestehenden Welt in den überzeitlichen kosmischen Christus)
Ziel	Bewahrung der Erde vor der Zerstörung durch den Menschen; Versöhnung zwischen Mensch und Natur; universale Gerechtigkeit und humane Lebensbedingungen für jeden Erdenbewohner	Vollendung der Evolution bis zur Identifizierung von Universum und kosmischem Christus (mystische, visionäre Vorstellung von der weltweiten Anerkennung Christi als Herrn der Schöpfung und Vollender des von ihm gegründeten Neuen Gottesreiches)

Schematische Darstellung von Teilhards Evolutionslehre

Konsummation (lat. con-summáre vollenden)	Pleromisation (gr. pléroma n. Fülle)	Ende der jetzigen raum-zeitlichen Welt

∞ Ende der jetzigen raum-zeitlichen Welt

Vollendung der Schöpfung:
Punkt Omega (Ω) = der universale Christus (Offb. 1,8; 21,6; 22,13)

Zukünftige Entwicklung der Schöpfung
Auto-Evolution zum ultrahumanen «surhomme» (Übermenschen) ⑧

Gegenwärtiger Entwicklungstand der Menschheit
Fortschreitende intellektuelle und ethische Auto-Evolution ⑦
(gr. autós selbst; lat. evolútio f. Entwicklung)

Christogenese = Inkarnation (lat. caro f. Fleisch, Leib) ⑥
= Menschwerdung des Gottessohnes

Ende der Somatisation (gr. sóma n. = Körper) des homo sapiens sapiens ⑤
(seit 25.000 Jahren)?
Neue Entwicklungsstufe: Entstehung des Menschen
(Hominisation = Anthropogenése und Noogenése [gr. nóos= Verstand])
(lat. homo m. Mensch; gr. ánthropos m. Mensch)
Beginn der Auto-Evolution

Das Tier = Lebewesen mit sensitivem Bewußtsein ④
Neue Entwicklungsstufe: Entstehung der Tierwelt
(Kephalisation = Kopfbildung;   Cerebration = Gehirnbildung)
(gr. kephalé f. Kopf)   (lat. cérebrum n. Gehirn)

Die Pflanze = das vegetative Lebewesen ③
Neue Entwicklungsstufe: Entstehung der Pflanzenwelt
(Vitalisation = Biogenése; gr. bíos m. Leben) 1.Stufe der Biogenese

Neue Entwicklungsstufe: Entstehung der Moleküle ②
(Molekularisation als 2. Stufe der Kosmogenese)

Unterste Entwicklungsstufe: Entstehung der Atome ①
(Atomisation als Anfangsstufe der Kosmogenese)

Gott als Punkt Alpha (A) = als Ausgangspunkt der Schöpfung

∞ A

Ω ← Anthropo-, Noosphäre

Biosphäre

Kosmosphäre

Orthogenese = gradlinige, notwendige Entwicklung

Orthogenese als „Einrollung" (Verdichtung, Verfeinerung und Zentrierung) der geistdurchsetzten Materie (Matéria Matrix)

D Zusatzthemen
(Christologie und Ekklesiologie)

10 Jesus der Christos

10.1 Einleitung: Pluralistische moderne Auffassungen von der Person Jesu

10.1.1 Urteile und Vorurteile in der heutigen Wissenschaft und Gesellschaft über Jesus Christus

Die heutigen Meinungen in der säkularisierten und pluralistischen Gesellschaft über Jesus sind z. T. einseitig, z. T. nivellieren sie seine gottmenschliche Einmaligkeit. – Häufige Positionen sind: Jesus, eine große Gestalt der Menschheitsgeschichte, vergleichbar Zarathustra, Buddha, Konfuzius oder Mohammed (vgl. 2.2.3); Jesus, ein edler Mensch, ein charismatischer Ethiker und Psychotherapeut (Jesus people); ein Revolutionär (J. Carmichael); ein Befreier (Bloch, Gutiérrez, Boff); ein Sozial- oder Religionsreformer (Kolakowski); Jesus, der Wegbereiter einer neuen, eschatologischen Zeit (A. Schweitzer, P. Teilhard de Chardin). Diese Urteile stimmen insofern überein, als sie allesamt Jesus als eine faszinierende historische Persönlichkeit anerkennen (ohne aber damit seine Gründung, die Kirche, in ihrer heutigen Form unbedingt gutzuheißen: vgl. das Schlagwort: „Christus ja – Kirche nein“).
Andere sehen in Jesus nur eine im mythischen Nebel verschwimmende, historisch zu wenig verbürgte Gestalt.

10.1.2 Jesus Christus in der heutigen Kunst (Ausgewählte Beispiele)

Darstellende Kunst: M. Chagall (Jude): Der gekreuzigte Jesus ist das Symbol der Leiden des ganzen Volkes Israel.
Musik: „Jesus Christ Superstar" (Rock-Oper, Text: Tim Rice, Musik: Andrew Lloyd Webber, 1972): Jesus als faszinierender, außergewöhnlicher Mensch, der aber schließlich scheitert.
Film: „Das erste Evangelium – Matthäus" (Regie: Pier Paolo Pasolini, 1964): Die Person Jesu trägt marxistische Züge. – „Jesus von Nazareth" (Regie: Fran-

co Zeffirelli, 1978): Überkommenes Jesusbild, das die Ergebnisse der Leben-Jesu-Forschung (s. 10.2.1–2) weitgehend ignoriert und beim Publikum die Vorstellung erweckt, der Film basiere auf einer historisch und psychologisch abgesicherten, lückenlosen Biographie Jesu Christi. – „Jesus von Montreal" (Drehbuch u. Regie: Denys Arcand, 1989): unkonventionelles Jesus-Bild, das im Widerspruch zur heutigen „christlichen" Wirklichkeit steht. Vgl. auch 2.1.1.

10.1.3 Jesus im heutigen Judentum

Nach fast 2000 Jahren Totschweigens (oder gehässiger Polemik) beschäftigen sich in unserer Zeit jüdische Wissenschaftler stärker und vorurteilsfreier mit ihrem berühmten „Bruder" Jesus, z. B. *Schalom Ben-Chorin* (eigtl. Fritz Rosenthal, geb. 1913 in München): Jesus ist eine zentrale Gestalt der jüdischen (Glaubens-)Geschichte, aber weder der in der Bibel verheißene Messias oder gar der wesensgleiche Sohn Jahwes. Ähnlich *Pinchas Lapide* (1922–1997). *David Flusser* (1917–2000): Jesus wollte als gesetzestreuer Reformator die jüdische Gesetzesreligion zu einer ethisch ausgerichteten Liebesreligion läutern.

10.1.4 Jesus Christus in neuen christlichen Theologie-Systemen

Politische Theologie (J. B. Metz, geb. 1928 [kath.]; D. Sölle, 1929–2003 [evang.]): Jesus vertritt den „abwesenden Gott", sonst könnten wir diesen überhaupt nicht mehr erfahren; und Jesus bringt uns die Befreiung von der Unterdrückung durch Hierarchien, Staatswillkür, Parteien und Ideologien. Da sich Jesus selbst von der Entfremdung durch Machtstreben und Reichtum freihielt, konnte er eine glaubwürdige Kritik an ungerechten politischen, wirtschaftlichen und sozialen Strukturen üben. – Ähnlich die *Theologie der Befreiung, s. 7.4.4.* *Feministische Theologie*, z. B. Hanna Wolff, Jesus der Mann, 1976: Jesus ist vom Patriarchalismus vereinnahmt und verfälscht worden. Die Männerherrschaft kann sich nicht auf ihn als Garanten berufen.

10.2 Der historische Jesus und der Christus des Glaubens

10.2.1 Die Leben-Jesu-Forschung

Die Grundfragen für diese Forschung lauten: Ist der historische, verkündigende Rabbi Jesus identisch mit dem verkündigten Herrn, dem auferstandenen und verherrlichten Christus? – Und noch radikaler: Hat Jesus jemals gelebt?

Der christliche Glaube beruft sich nicht auf eine abstrakte Idee noch auf einen zeitlosen Mythos, sondern auf die geschichtliche Gründergestalt Jesus von Nazaret und seine Botschaft. Dieser Glaube muss einer objektiven wissenschaftlichen Leben-Jesu-Forschung standhalten können: Der historische Jesus und der geglaubte („dogmatische") Christus dürfen sich nicht grundsätzlich widersprechen, auch wenn das NT in vielerlei literarischen Formen von Jesus spricht, die bei weitem nicht alle als historische Berichte gemeint sind.

Mit diesen Fragen beschäftigt sich seit 200 Jahren die Leben-Jesu-Forschung (neuerdings häufiger Jesus-Forschung genannt). In ihr waren bis in unser Jahrhundert die evangelischen Theologen führend, weil sie bei ihren Arbeiten durch kein kirchliches Lehramt eingegrenzt wurden.

Zusatz: Jesus, eine geschichtliche, keine mythologische Gestalt

Dass Jesus wirklich gelebt hat, steht nicht nur für die christlichen Theologen außer Zweifel. Auch die Mehrzahl der heutigen andersgläubigen oder atheistischen Religionswissenschaftler sind von der Geschichtlichkeit (Historizität) der Person Jesu überzeugt. Allerdings überliefern uns die Bücher des NT weder das genaue Geburts- noch das exakte Todesdatum Jesu.

1. Erschließung des Geburtsdatums Jesu

1.1 Nach Mt 2 war König Herodes (* um 73 vC, reg. 37–4 vC) noch am Leben, als Jesus geboren wurde. Somit musste er vor dem Jahre 4 v. u. Z. zur Welt gekommen sein.

1.2 Der bei Mt 2 erwähnte „Stern von Betlehem" wird von vielen Wissenschaftlern gleichgesetzt mit einer besonderen Konstellation (Stellung) der Planeten Jupiter und Saturn im Jahre 7 vC, die nur alle 800 Jahre wiederkehrt. Der Astronom Johannes Kepler (1571–1630), der auf dieses Phänomen 1623 zum erstenmal hinwies, äußerte sich vorsichtig: Diese Konjunktion (= Stellung im gleichen Längengrad) habe den eigentlichen Stern der Weisen nur angekündigt. – Tatsache ist, dass es keinen Stern gibt, der im Osten aufgeht, dann im Schritttempo einer Karawane von Nord nach Süd wandert (Strecke Jerusalem – Betlehem, vgl. Mt 2,9) und schließlich über einem Haus stehenbleibt.

1.3 Nach Auskunft des Lk-Evangeliums (Lk 2,2) reisten Josef und Maria wegen einer von Kaiser Augustus befohlenen „Schätzung" (lat. census = Volkszählung und Besitzstandsregistrierung) nach Betlehem. Diese Schätzung wurde von Quirinius, dem Statthalter von Syrien, durchgeführt, behauptet Lk. Quirinius hielt aber den Zensus erst in den Jahren 6–7 nC, als Judäa römische Provinz geworden war.

1.4 Da die bei 1.1 und 1.3 angegebenen Zeitbestimmungen nicht miteinander in Einklang zu bringen sind, kann man nur mit Sicherheit sagen: Jesus kam irgendwann zwischen den Jahren 7 v. u. Z. und 7 n. u. Z. zur Welt. Dazu passt auch, dass nach Lk 3,1 Johannes der Täufer im 15. Regierungsjahr des Kaisers Tiberius (reg. 14–37 nC) sein Prophetenamt antrat und Jesus „etwa 30 Jahre alt war" (Lk 3,23), als er von Johannes getauft wurde und dann an die Öffentlichkeit trat.

1.5 Noch viel weniger kann aus den Evangelienberichten der **Geburtstag Jesu** erschlossen werden. Sicher lag er nicht im Winter; denn die Hirten lagerten nur vom Frühjahr (ab dem Paschafest) bis zum Einsetzen des Winterregens (Ende November/Anfang Dezember) mit ihren Herden im Freien (vgl. Lk 2,8). Die liturgischen Festtage zur Feier der Geburt Jesu wurden nicht nach historischen, sondern nach religionspädagogischen Gesichtspunkten gewählt: der ältere Festtag war der 6. Januar; dieses Datum wurde im 3. Jh. gewählt als Widerpart zu einem gnostischen Fest der Geburt des Gottes Aión (Gott des Lebens und der Ewigkeit) aus der Jungfrau Kore. – Der 25. Dezember wurde im 4. Jh. von der Westkirche als Geburtstag Jesu eingeführt, weil es der Tag der Wintersonnenwende (nach dem julianischen Kalender) war und an diesem Tag die Mithrasanhänger die Geburt des Mithras und der staatliche römische Kult den „unbesiegbaren Sonnengott (Sol invictus)" feierten.

1.6 **Geburtsort.** Da Jesus im NT immer „Jesus von Nazaret" und nie „Jesus von Betlehem" genannt wird, bezweifeln nicht wenige heutige Theologen (z. B. Gerd Theißen, Annette Merz, Joachim Gnilka), dass Jesus in Betlehem geboren wurde. Sie verweisen auf Micha 5,1 (Aus Betlehem wird der Retter kommen) und vermuten, dass der Geburtsort Jesu aus dieser Prophetenstelle „erschlossen" wurde.

2. Todesdatum: → 10.4.2

10.2.2 Überblick über die Leben-Jesu-Forschung

Anfänge im 18. Jh.

Dieser Forschungszweig ist eine Konsequenz aus dem Rationalismus der Aufklärungszeit. Am Anfang steht Hermann Samuel Reimarus (1694–1768) mit seiner rationalistischen, antikirchlichen Schmähschrift „Von dem Zwecke Jesu und seiner Jünger" (hrsg. von Lessing 1778): Jesus war ein politischer Messias; er lehrte eine natürliche (= rationalistische) Religion und Ethik. Seine Jünger erfanden nach seinem Tod, um sich nicht zu blamieren und ihr gewinnbringendes Ansehen beim Volk nicht zu verlieren, die Legende von der Auferstehung und Himmelfahrt ihres Herrn.

19. Jahrhundert

David Friedrich Strauß (1808–74; hegelianischer Idealist; Werk: „Leben Jesu, kritisch bearbeitet" [1835/36]): Er bejaht die rationalistische „Entgöttlichung" Jesu, d. h. seine Reduzierung zu einem menschlichen Tugendlehrer. Die Frage nach dem historischen Jesus erklärt er aber für unlösbar und unwichtig. Wichtig sei nur der Mythos des NT von der Person und Lehre Jesu: Die Jünger hätten ewige menschliche Wahrheiten, die ihnen aus dem AT bekannt waren, auf ihren (verstorbenen) Meister übertragen. So sei Jesus postum zum Kristallisationspunkt ewiger menschlicher Weisheiten geworden.

Bruno Bauer (1809–82, zum Atheismus übergegangener evang. Theologe; Hauptwerk: „Christus und die Cäsaren", 1877): Bauer bestreitet die Geschichtlichkeit Jesu rundweg und – als Atheist – Sinn und Nutzen jeder Religion überhaupt. Jesus ist für ihn nur die Personifizierung eines ewigen Mythos.

Empiristische Richtung der liberalen protestantischen Theologie, z. B. Adolf v. Harnack (1851–1930): Diese Forschungsrichtung setzte die damals aufstrebende Geschichtswissenschaft und Psychologie als Hilfswissenschaften ein und hoffte mit deren Hilfe den „wahren", d. h. geschichtlichen Jesus eruieren zu können. Als Forschungsergebnis präsentierten sie Jesus als wahren Humanisten und Verkünder eines reinen Gottvater-Glaubens.

Literarkritische Richtung

Nach Vorarbeiten des Germanisten Karl Lachmann (1835) erstellten Christian Hermann Weiße und Christian Gottlob Wilke 1838 die bis heute maßgebende Zweiquellentheorie zur Erklärung der auffälligen Übereinstimmungen in den synoptischen Evangelien, s. u. 10.2.4. Sie erschlossen dabei auch Q, die verlorene Quellenschrift mit Logien (Worten) Jesu. Aus Mk glaubten diese Forscher einen Aufriss des wirklichen Lebens Jesu gewinnen zu können, aus Q einen Umriss seiner Lehre. Wenn auch in den Evangelien Historisches und Dogmatisches untrennbar miteinander verquickt seien, lasse sich aus ihnen doch noch Biographie und Charakterbild Jesu erkennen.

20. Jahrhundert

Eschatologische Richtung (A. Schweitzer ab 1901; Hauptwerk: „Geschichte der Leben-Jesu-Forschung", 1906/13): Jesus war ein jüdischer Prophet, der ganz in der Apokalyptik befangen war: Er glaubte an das nahe Weltende und an seine damit verbundene Verherrlichung beim Vater (als himmlischer Menschensohn). Die Bergpredigt enthält seine Interimsethik für die vermeintlich kurze Zeit bis zum Weltuntergang. Als der Jüngste Tag ausblieb, suchte er ihn durch seinen freiwilligen Tod herbeizuzwingen. Als nach Jesu Tod das Weltgericht immer noch nicht kam, deuteten die Jünger seine eschatologisch-apokalyptische Botschaft dogmatisch-zeitlos um und erweiterten die Weltuntergangsgemeinde zur Kirche, in der das Verhalten des historischen Jesus nur noch exemplarische Bedeutung besitzt.

Formgeschichtliche Schule (ab ca. 1920 als Gegenposition zur liberalen protestantischen Theologie; R. Bultmann, M. Dibelius, K. L. Schmidt): Die gesamte Jesusüberlieferung wurde von der Urkirche und dem NT so stark überformt, dass wir aus den neutestamentlichen Texten weder eine vollständige Biographie Jesu noch einen Überblick über seine wirklichen Worte (*ipsíssima verba*) gewinnen können. Das 1. christliche Jahrhundert hat die Jesusereignisse und -worte nicht nach biographischen Gesichtspunkten gesammelt, sondern nach Glaubensinteressen, nämlich nach ihrer Eignung für die (Missions-)Predigt, Katechese und Liturgie (dreifacher „Sitz im Leben"; Terminus von H. Gunkel 1917). Auch der biographische Rahmen des Lebens Jesu, den die Evangelien bieten, ist keine exakte Geschichtsschreibung, sondern eine dem Kerygma (Verkündigung) dienende literarische Komposition (Fiktion) der Evangelisten. Wir haben also keinen unmittelbaren Zugang mehr zur Biographie, zu den Worten und Taten Jesu. Was uns vorliegt, ist nur die Dokumentation der Sichtweise, die die Kirche im 1. Jh von Jesus hatte. Da uns aber kein anderes Jesusbild zur Verfügung steht, ist dieser von der frühen Kirche vorgestellte Gottessohn der Christus unserer heutigen Glaubensexistenz.

Die redaktionsgeschichtliche Schule: Jeder Evangelist hatte bei der Auswahl und Darstellung seines Stoffes eine andere theologische Grundauffassung, s. u. 10.2.4. Man muss also hinter die Redaktionstätigkeit der Evangelisten und hinter die zeitlich vorgelagerte mündliche Tradition der apostolischen Kirche zurückgehen, wenn man die wirklichen Jesusereignisse und -worte rekonstruieren will.

Zusammenfassung

– Die Frage nach dem historischen Jesus ist bisher weder von der Geschichtswissenschaft noch von der Theologie endgültig geklärt worden. Der bibel- und kirchenkritischen Leben-Jesu-Forschung gelang bis jetzt die Lösung des Problems nicht. Sie trennte sich zwar bewusst von den überlieferten kirchlichen Dogmen über Jesus, so dass ihr die Ablehnung der Göttlichkeit Jesu gemeinsam ist; aber unbewusst tauschte die kritische Leben-Jesu-Forschung nur die herkömmlichen Dogmen gegen die neuen Dogmen der jeweils herrschenden Weltanschauung und Ideologie ein (Rationalismus, Idealismus, Empirismus, Skeptizismus usw.) Deshalb fielen die Resultate der Leben-Jesu-Forschung auch so widersprüchlich aus.

– Als unbezweifelbar wird von der heutigen Jesus-Forschung anerkannt, dass Jesus eine historische Gestalt ist, als jüdischer Wanderrabbi auftrat und hingerichtet wurde.

– Die Möglichkeit, eine vollständige und zuverlässige Biographie Jesu schreiben zu können, wird von der heutigen Jesus-Forschung verneint. Auf pro-
testantischer Seite wurde der letzte derartige Versuch bereits 1901 unter-
nommen: William Wrede, „Das Messiasgeheimnis in den Evangelien". Die
letzten großen biographischen Versuche auf katholischer Seite dürften in
Deutschland wohl R. Guardinis „Der Herr" (1937) und K. Adams „Jesus
Christus" ([8]1949) sein.

– Auch die Frage nach Jesu wirklichem Selbstverständnis und Sendungs-
bewusstsein kann mit rein wissenschaftlichen Methoden nicht einheitlich
beantwortet werden: Fühlte er sich als der im AT vorausgesagte Messias?
Beanspruchte er tatsächlich, dem jüdischen Gott Jahwe wesensgleich zu
sein? Vgl. dazu unten 10.3.5, 10.6.1 und 1.3.

– Historische Forschungen und archäologische Funde (Qumran!) haben gezeigt, dass das biblische Bild von Jesus gut in das historische Umfeld
Palästinas im 1. Jh. u. Z. passt. So wenig also eine Überformung des historischen Jesus und seiner Worte durch die frühchristliche Gemeinde bestritten werden kann, so wenig ist die aus ihr erwachsene Überlieferung ein
Fantasieprodukt, eine Fiktion, sondern Reflexion über die historische Gestalt Jesu und seine Sendung.

– Auch über den Wert der Leben-Jesu-Forschung besteht keine einheitliche
Auffassung: Entspringt diese Forschung nur menschlicher Neugier? Will
sie den Bibelglauben demontieren? – Oder dient sie einem echten Glau-
bensanliegen (Vertiefung des Glaubens an Jesus Christus)?

– Die Bedeutung Jesu ändert sich für die Christen mit jeweils neuen kulturellen Situationen. So entwickelt sich das Bild vom Christus des Glaubens auch
in unserer Zeit weiter, und damit schreitet auch die Jesus-Forschung fort.

10.2.3 Nichtchristliche Zeugnisse aus dem 1. und 2. Jh. n.C. für die Geschichtlichkeit Jesu

Jüdisches Zeugnis: Josephus Flavius (37/38 – um 100), „Jüdische Altertümer"
(verfasst 93/94) Buch 20, Kap. 9, §1 (Der 62 n.C. hingerichtete Jakobus war
ein Bruder „Jesu, des sog. Messias [Christus]".) Dagegen ist Buch 18,
Kap.3,63 ganz oder teilweise ein Einschub von christlicher Hand.
Römische Zeugnisse:
Tacitus (um 55 – nach 116), Annalen (verf. zw. 98 und 120), Buch 15, Kap. 44
(Der Brand Roms unter Nero: Die Bezeichnung „Christen" geht auf einen
„Christus" zurück, der unter Kaiser Tiberius durch Pilatus hingerichtet wor-
den war.) Plinius der Jüngere (60/61 – nach 113), Briefe: Buch 10, Brief 96
(Schreiben an Kaiser Trajan, verf. zwischen 111 und 113), § 7. (Die Christen

Vergleich der außerbiblischen Texte zur Historizität Jesu

Verfasser	Entstehungszeit des Textes, zeitgenössisch oder später	Informationsmöglichkeiten des Autors	Augenzeugenschaft, Überlieferung als Quelle	Tendenz der Erwähnung Jesu	Fakten über Jesus	zusammenfassende Wertung des Textes
Flavius Josephus	93/94, nicht zeitgenössisch sondern später	Jüd. Historiker, bis 97 in Galiläa wohnhaft	Überlieferung	ausdrücklich; Autor kein Christ: jüd. Sichtweise d. Jesusereignisse	Jesus war ein weiser Mann und eine faszinierende Führergestalt: Er hatte viele Anhänger. Die jüd. Oberschicht klagte ihn bei Pilatus an, dieser verurteilte ihn zum Kreuzestod. Anhänger von Jesus gibt es noch heute (93/94). Sein Bruder hieß Jakobus und wurde im Jahr 62 hingerichtet. Jesus der sog. Messias.	Interpretation problematisch: Jüd. Alt. 18,3,3 gilt mindestens z. T. als interpoliert, 20,9,1 als echt; Jos. war ortskundig und ist glaubwürdig; aber keine volle Sicherheit
Tacitus	um 115, nicht zeitgenössisch: sondern später	Römischer Historiker: Archive benützt? Zeitgenosse des Nero; sagt „Christus" statt „Jesus"	Überlieferung	beiläufig; Tacitus ist kein Christ; und gegen Nero eingestellt; negative Wertung der Christen	Christus, Todesstrafe, Pontius Pilatus Landpfleger, Zeit des Tiberius, Judäa Ursprungsland des Christentums, Christus Verursacher eines ‚Aberglaubens'	glaubwürdig, da nicht interessiert; keine volle Sicherheit, da Informationsstand des Autors mäßig
Plinius	zw. 111 u. 113, nicht zeitgenössisch, sondern später	Römischer Politiker, Schriftsteller, Römer	Überlieferung	Politisches Interesse; Christenverfolger	Christus wird als Gott verehrt	glaubwürdig auf Grund eigener Nachforschungen (Verhöre, Prozesse)
Sueton	um 120, nicht zeitgenössisch sondern später	Römischer Historiker, vielleicht von Tacitus abhängig	Überlieferung	beiläufig; Sueton ist kein Christ	„Chrestus", Juden sollen von ihm in der Stadt Rom zu Unruhen aufgehetzt worden sein	ungenaue Angaben, darum unsicher; andererseits glaubwürdig, da nicht interessiert

Ergebnis: Die jüdischen und die römischen Quellen bezeugen den Namen Jesus Christus und z. T. auch seine Hinrichtung. Diese Übereinstimmung (Konvergenz) ergibt eine historische Wahrscheinlichkeit. Außerdem bestätigt sie die Zuverlässigkeit der christlichen Quellen (10.2.4) und ergibt zusammen mit diesen eine fast vollständige historische Gewissheit.
(Tabelle z. T. entnommen aus dem
Lehrplan für Kath. Religionslehre in Nordrhein-Westfalen, 1981, Nachdruck 1992, S. 132)

verehren Christus als ihren Gott.) Sueton (um 70 – um 140), Kaiserbiographien (verf. um 120), Biographie des Claudius, Kap. 25, §4 (Chrestus (!) war ein jüdischer Unruhestifter in Rom. – Der Bezug auf Jesus von Nazaret, der nie in Rom war, ist nicht ganz sicher.) Vgl. S. 212.

10.2.4 Christliche Zeugnisse der Geschichtlichkeit Jesu: Das Neue Testament

Die Hauptzeugen: Die vier Evangelien

Sie sind nicht als Biographien Jesu gedacht, sondern als Glaubenszeugnisse der nachösterlichen Jesusgemeinde: Nicht der lückenlose Lebenslauf Jesu steht im Vordergrund des Interesses, auch nicht die exakte Mitteilung der chronologischen Abfolge und des geographischen Umfelds, sondern die Bedeutung der Worte und Taten Jesu für die gläubigen Leser. Die Evangelien sind also Bekenntnis- und Verkündigungsschriften. Jesus begegnet uns in ihnen nicht, wie er einst vor fast 2000 Jahren gelebt hat, sondern wie die Gemeinde ihn von ihrem Glauben her verstanden hat. Dieser Glaube aber gründet im historischen, nicht in einem mythischen Jesus. Die Evangelien entstanden verhältnismäßig spät – erst nachdem sich die Hoffnung der ersten Christen auf eine baldige Parusie nicht erfüllt hatte und man genötigt war, die Botschaft von und über Jesus an künftige Generationen weiterzugeben. Dabei war eine *schriftliche* Tradition sicherer und zuverlässiger als eine bloß mündliche.

Die Evangelien können und wollen also die Anforderungen an eine moderne wissenschaftliche Biographie nicht erfüllen.

Die Entstehungsstadien der Evangelien in Stichworten

Mündliche Weitergabe der Jesusereignisse und -worte durch die Apostel, Jünger und deren Schüler

Erste kurze Aufzeichnungen: Jesusworte (Logien), Wundergeschichten, Passion, Ostererzählungen. Keine dieser Kleinschriften ist erhalten geblieben (weil sie mit der Veröffentlichung der Evangelien überflüssig wurden). Doch konnte die Logiensammlung, die von Mt und Lk als Quelle benutzt wurde (daher ihr Sigel „Q") aus diesen beiden Evangelien rekonstruiert werden. (S. u. Zusatz 1.)

Erstes (d. h. ältestes) Evangelium: Mk (vor 70: der Tempel ist noch nicht zerstört).

Quellen: Die obengenannten Kleinschriften und mündliche Traditionen.
Adressaten: Nichtjüdische Christen (sog. Heidenchristen).
Schwerpunkt: Jesus als „Menschensohn" und Gottessohn im Kampf gegen das Böse und den Bösen (Satan).

Zweites Evangelium: Mt (nach der Zerstörung des Tempels, ca. 80).
Quellen: Mk, Q und Sondergut (= anderweitiges Quellenmaterial).
Adressaten: Zum Christentum übergetretene Juden (sog. Judenchristen).
Schwerpunkt: Jesus, der von den atl. Propheten vorhergesagte Messias (Mt verwendet hierfür über 70 Schriftbeweise aus dem AT) und seine Jünger-gemeinde, aus der die christliche Kirche entstehen sollte.

Drittes Evangelium: Lk (später als Mt, zw. 80 und 90).
Quellen: Mk, Q und Sondergut.
Adressaten: Heidenchristen.
Schwerpunkt: Jesus als Freund aller Menschen, besonders der diskriminierten Randgruppen (z. B. Sünder, Arme und Frauen).

Zusatz 1: Die Zweiquellentheorie und das synoptische Problem
Mt und Lk benutzten hauptsächlich zwei Quellen: Mk + Q, und dazu noch jeweils eigenes Sondergut: $Mt = Mk + Q + Sg^{Mt}$; $Lk = Mk + Q + Sg^{Lk}$.
Diese Erkenntnis stellt die Lösung des „synoptischen Problems" dar: Sie gibt Antwort auf die Frage, in welchem literarischem Verhältnis zueinander die drei Synoptiker Mk, Mt und Lk stehen. „Synoptiker" nennt man diese drei Evangelisten, weil man ihre Evangelien sehr gut nebeneinander in drei Kolumnen anordnen kann, so dass wörtlich oder inhaltlich gleiche Textstellen parallel nebeneinander stehen und einen guten Überblick (griech. sýnopsis f. „Zusammenschau, Übersicht") ermöglichen.

Viertes Evangelium: Joh (jüngstes Evangelium, um 100?, 130?, 150?)
Quellen: Vor allem drei (verlorene) Schriften: Jesus Christus als Logos, Sieben Zeichen (= Wunder) Jesu, Passionsbericht. Der Verfasser (sicher nicht der Apostel Johannes) kannte die Synoptiker; er ergänzt, überbietet und korrigiert sie auch an mehreren Stellen; vgl. Joh 1,21–25 mit Mt 11,13f.; Joh 17,10–13 mit Mk 9,11–13 und Lk 1,17). Außerdem benutzte der Autor Schriften über die hellenistische Philosophie, bes. über die Gnostik (Dualismus-Lehre: Kampf zwischen Gut und Böse). Diese Quellen wurden in einem langen Prozess redaktionell überarbeitet.
Adressaten: Heidenchristliche Gemeinden, wohl in Syrien, die von Juden bekämpft und vom römischen Staat verfolgt wurden.
Schwerpunkt: Das ewige, dem Vater („Gott") wesensgleiche, menschgewordene göttliche „Wort" (Logos). Als unfehlbarer Verkünder und Erklärer der Botschaft seines Vaters ist der Logos alleiniger Weg, Wahrheit und Leben für die Menschheit, wird aber von den Juden abgelehnt.

Zusatz 2: Die Autorenfrage der vier Evangelien
Alle vier Evangelien sind anonym überliefert worden. Die uns geläufigen Verfassernamen teilte als erster Papias, Bischof von Hierapolis (Kleinasien),

um 110/130 mit. Die Richtigkeit seiner Angabe wird von der modernen Bibelwissenschaft in Zweifel gestellt.

Die übrigen Schriften des NT

Sie bieten für die Biographie Jesu inhaltlich keinen Stoff, der über die Evangelien hinausgeht. Die Kenntnis des Lebens Jesu wird in der Apostelgeschichte, den Apostelbriefen und der Apokalypse vorausgesetzt. Das Interesse gilt der Heilsbedeutung Jesu für die Christen, nicht seinem äußeren Lebenslauf.

10.3 Das öffentliche Wirken Jesu

10.3.1 Die Verkündigung des Reiches Gottes

Bei den Synoptikern wird die Reich-Gottes-Botschaft als zentrales Thema der Verkündigung Jesu herausgestellt. Der Herr verkündet eine neue, eschatologische Gottesherrschaft (zum atl. Gottesreich s. 8.2) und spricht dabei in Antithesen:
Das Reich Gottes ist eine *immanente, gegenwärtige Heilstatsache* (Mt 12,28; Lk 11,20). Es ist durch Jesu messianisches Wirken errichtet worden (Mt 12,28: Christozentrik, d. h. Bindung des Reiches Gottes an die Person Jesu) – Das Reich Gottes ist aber auch eine *zukünftige, transzendente Heilswirklichkeit* (Mt 25,34; Lk 11,2).
Das Reich Gottes ist eine *sichtbare Größe*, nämlich die Gemeinschaft der Jesusjünger (Lk 12,32) und aller Menschen, die bereit sind, Jesus nachzufolgen (Lk 14,15–24). Zur Christusnachfolge s. a. 5.4.2. – Das Reich Gottes ist aber auch eine *unsichtbare Größe* (Lk 17,21).
Das Reich Gottes ist ein *Geschenk des Vatergottes* (Lk 12,32; Joh 6,44: Theozentrik). – Es ist aber auch der Lohn *menschlicher Mühe* (Mt 4,3–12 [Seligpreisungen]; 11,13). Die erforderliche menschliche Leistung besteht in unbedingtem Vertrauen auf Jesus und in der Bereitschaft, nach der „neuen Gerechtigkeit" seiner Bergpredigt zu leben (Mt 5 – 7).

Zusatz: Viele Gleichnisse Jesu handeln vom Reich Gottes, z. B. Mt 13,31f.33; Lk 13,18f [kleiner Anfang, großartige Entwicklung]. S. auch 11.3.

10.3.2 Jesu unkonventionelles, nonkonformistisches Verhalten

Jesu Kontakt zu seinen Mitmenschen war exemplarisch: Er wollte den Menschen ihre Befreiung durch ihn, den Gottessohn, begreiflich und akzeptabel machen. Seine besondere Aufmerksamkeit wandte er folgenden Gruppen zu:

– den Sündern und anderen Verachteten, z. B. Zöllnern (Mt 9,9–13; 11,19) und Samaritern (Joh 4,27–42);
– den Kranken, z. B. den Aussätzigen (Lk 17,11–19);
– den sozial Benachteiligten, z. B. den Frauen (Lk 8,1–3) und Kindern (Mt 19,13–15);
– in prophetischem Protest den Pharisäern und ihrer erstarrten, lieblosen Gesetzesmoral (Mt 23; Mk 2,27f. Vgl. auch die Antithesen der Bergpredigt: „Zu den Alten wurde gesagt – Ich aber sage euch", z. B. Mt 5,21).

Zusätze:
– Das *Für-andere-Dasein* Jesu wird Proexistenz genannt (lat. pro „für" und existéntia f. „Dasein, Leben").
– Zur *ethischen Botschaft* Jesu als Maßstab für die Lösung individueller, interpersonaler und gesellschaftlicher Probleme s. 4.2; 5.4; 6.2.4.
– Zur *ideologiekritisch-politischen Dimension* seiner Lehre s. 4.3.3 und 8.3.2.

10.3.3 Gründung einer Jünger- und Jüngerinnengemeinde (Lk 8,1–3; 10,1)

Jesu Gemeindebildung unter seiner Anhängerschaft war die Vorstufe zur Kirchengründung. Die Zwölfzahl der Apostel sollte symbolisch auf die 12 Stämme Israels hinweisen, die das Alte Gottesreich konstituiert hatten (Mt 19,28). Neben seinem inneren Jüngerkreis hatte Jesus auch Anhänger, die nicht an seinem Wanderleben teilnahmen (Joh 19,38). Von diesem äußeren Jüngerkreis forderte er die Einhaltung des Gesetzes (Mt 5,17–20) und eine über die bloße Gesetzeserfüllung hinausgehende soziale Gesinnung (Lk 19,8-10).

10.3.4 Wunderzeichen

In der Bibel wird mit „Wunder" (Joh: „Zeichen") jedes außerordentliche Phänomen bezeichnet, bei dem der Gläubige das besondere, außergewöhnliche Eingreifen Gottes zu erkennen meint. Da es für den damaligen Juden eine Selbstverständlichkeit war, dass Gott mit seiner Schöpfung und ihren Kräften verfahren könne, wie es ihm beliebte, war damals die Frage nach der Vereinbarkeit von Wundern mit den Naturgesetzen überhaupt kein Problem; denn „bei Gott ist kein Ding unmöglich" (Lk 1,37). So galt im AT als größtes Wunder Jahwes die Rettung der Israeliten aus der ägyptischen Sklaverei, als zweitgrößtes die Befreiung der Juden aus dem babylonischen Exil. – Vgl. 1.2.
Der moderne Christ bezeichnet ein außergewöhnliches Phänomen nur dann als Wunder, wenn es mit den uns bekannten Naturgesetzen nicht erklärt und

darum auch in keinem Labor nachgemacht werden kann. – Der heutige Wunderbegriff ist also viel enger und wissenschaftlicher und deckt sich infolgedessen nicht mit dem biblischen. Der heutige Ungläubige erklärt „wunderbare" Phänomene rationalistisch, oder er beruft sich auf noch unentdeckte Naturgesetze oder noch unbekannte parapsychologische Kräfte.

Die Evangelien stellen 30 Jesusereignisse als Wundergeschichten dar (Parallel- und Doppelberichte nicht mitgezählt), und zwar 17 Heilungswunder (Krankenheilungen), 6 Dämonenaustreibungen (Exorzismen), 3 Totenerweckungen und 8 sog. Naturwunder (z. B. Brotvermehrung; Verklärung).

Dass Jesus als Gottmensch die Fähigkeit hat, außergewöhnliche Phänomene zu bewirken, erscheint jedem Gläubigen als selbstverständlich (Mt 26,53). Es gibt deshalb keinen Grund, prinzipiell zu bestreiten, dass Jesus um eines guten Zweckes willen Wunder gewirkt hat. Solche Zwecke waren: Legitimierung seiner göttlichen Sendung (Joh 4,48), Weckung oder Stärkung von Glauben (Joh 10.37f), Zeichen der angebrochenen Heilszeit (Joh 11,4.25f). Nie aber ging Jesus auf die Forderung seiner Feinde ein, eine Machtdemonstration in Form eines Schauwunders zu geben (Mk 8,11f; 15,32). Auch wirkte er kein Wunder aus egoistischen Motiven, d. h. keine Profitwunder. (Mt 17,27 ist ein messianisches Zeichen!)

Wenn die Jünger bei ihren späteren Missionspredigten Wundergeschichten über ihren Meister erzählt hätten, denen jede Realität gefehlt hätte, wäre es für die Feinde des Christentums ein Leichtes gewesen, die Jünger als Schwindler zu entlarven. Aber die Gegner Jesu und auch später der Talmud (Sanhedrin 43) leugneten die Wunderkraft Jesu nicht, schrieben sie aber dem Beistand des Teufels zu (Mt 9,34; 21,15; Joh 11,47f).

Ein diskutables Problem ist allerdings, inwieweit die Kirche des 1. Jahrhunderts in Analogie zu wirklichen Wundern Jesu parallele Geschichten, also Legenden, erdichtet hat, welche in die Evangelien aufgenommen wurden. Auch ist damit zu rechnen, dass die Berichte über wahre Wunder Jesu mit orientalischer Erzählfreude ausgeschmückt wurden (vgl. die Steigerung der Personenzahl in Mt 14,21 gegenüber dem zeitlich früheren Bericht Mk 6,44).

10.3.5 Der Selbstanspruch (die Selbsteinschätzung) Jesu

Hierüber wurde das Wesentliche bereits im Zusammenhang mit dem ntl. Gottesbild dargelegt, s. 1.3. – Vgl. auch 10.6.1.

10.3.6 Die religiöse und politische Lage in Palästina zur Zeit des öffentlichen Wirkens Jesu

Jesus verkündigte das Neue Gottesreich einem Judentum, das von Sehnsucht nach dem Heilbringer, dem Messias, erfüllt war. Eschatologische Hoffnungen und apokalyptische Ängste waren mit dem Streben nach „Gerechtigkeit" (= perfekte Erfüllung des mosaischen Gesetzes, der Tora) verbunden. Seit der Makkabäerzeit (2. Jh. v.C.) schlossen sich die Juden mehr oder minder eng einer der vier religiösen Richtungen an, die – mit Ausnahme der Essener – auch nach politischer Macht strebten:

Die Pharisäer (hebr. peruschím „die Abgesonderten, Elitären") waren einer Volkspartei vergleichbar. Sie suchten durch peinlich genaue Einhaltung des Gesetzes das Kommen des Messias vorzubereiten und zu beschleunigen. Zu ihnen bekannten sich neben der Mehrzahl der Einwohner auch die Theologen (Gesetzeslehrer, Schriftgelehrte). Die Pharisäer hielten außer der Hl. Schrift auch die mündliche Überlieferung (halachá) für verbindlich.

Die Sadduzäer (benannt wohl nach dem Hohenpriester Zadok zur Zeit Davids [1 Chr 15,11]): Sie bildeten die Regierungspartei und setzten sich aus der Oberschicht der Bevölkerung zusammen (Adel, Priester, reiche Bürger). Im Hohen Rat hatten sie die Mehrheit und stellten deshalb den Hohenpriester. Politisch waren sie nationalliberal und pragmatisch; deshalb arbeiteten sie auch mit der römischen Besatzungsmacht loyal zusammen. Sie träumten von der Wiedererrichtung des machtvollen davidischen Nationalstaates. – In religiöser Hinsicht waren sie jedoch konservativer als die Pharisäer: Sie hielten nur die Tora für Gottes Offenbarung, lehnten die anderen biblischen Bücher als dogmatisch verbindliche Glaubensquellen ab, ebenso jede mündliche Überlieferung, vgl. Mk 12,18–27. Da in der Tora nichts von einem Messias steht, war für die Sadduzäer die Messiaserwartung kein religiöses Anliegen, höchstens ein politisch-säkularistisches (der Messias als Befreiungsheld und Erneuerer der davidischen Monarchie).

Die Essener (aram. hasén „fromm" = hebr. chasidím): Sie waren eine Protestbewegung gegen den veräußerlichten Tempeldienst, der für die Sadduzäer zu einem Mittel der Bereicherung geworden war. Deshalb mieden die Essener den Tempel und lebten zum größten Teil ehelos in klosterartigen Gemeinschaften außerhalb Jerusalems. Wer dazu nicht in der Lage war, befolgte im Beruf und Privatleben die Vorschriften des Essenertums, so gut es ging. Die Essener wollten sich durch noch strengere Gesetzestreue als die Pharisäer auf die Ankunft des Messias vorbereiten. – Wahrscheinlich gehörten auch die Mitglieder der Gemeinschaft von Qumran zu den Essenern.

Die Zeloten (griech. zelótes „Eiferer, Fanatiker", gegründet um 6 n.C.): Sie wollten durch Partisanenkampf und Aufstände die Römer vertreiben und so das Heilige Land für die Ankunft des Messias reinigen. Die radikalste Richtung der Zeloten hieß Sicarier (lat. sica f. „Dolch", also: „Dolchmänner, Messerstecher").

Jesus stand religiös den Pharisäern am nächsten, aber er kritisierte auch deren Fehler aufs schärfste, s. Mt 23.

Die machtpolitischen Zustände zur Zeit Jesu waren folgende:

Kaiser Augustus hatte Herodes d. Großen als König der drei israelitischen Landesteile Judäa, Samaria und Galiläa sowie des Ostjordanlandes anerkannt. Nach dem Tod des Königs 4 v.C. erhielten seine Söhne nur noch Teile („Tetrarchien, Ethnarchien") des väterlichen Reiches: Archelaus bekam Judäa und Samaria, Herodes Antipas Galiläa (reg. 4 v.C.–39 n.C.). Die Herodessöhne durften den Königstitel weiterführen. Im Jahre 6 n.C. wurde Archelaus vom Kaiser wegen Unfähigkeit und Amtsmissbrauchs abgesetzt. Die oberste Regierungsgewalt in Judäa und Samaria erhielt ein römischer Prokurator, der dem römischen Statthalter von Syrien unterstand. Der fünfte Prokurator war Pontius Pilatus (von 26 bis 36); der Prokurator arbeitete mit dem sadduzäisch beherrschten Hohen Rat zusammen.

10.4 Passion und Tod Jesu

10.4.1 Die Quellenlage

Außer der bei 10.2.3 aufgeführten knappen Erwähnung des gewaltsamen Todes Jesu bei Tacitus stehen uns nur die biblischen Berichte zur Verfügung. Die älteste Überlieferungsschicht der Passionsgeschichte ist uns in Mk 14 – 15 und Joh 18 – 19 erhalten geblieben. Spätere Erweiterungen behandeln die Ereignisse zwischen Palmsonntag und Gründonnerstag.

10.4.2 Das Todesdatum Jesu

Mit größter Wahrscheinlichkeit starb Jesus am Freitag, den 14. oder 15. Nisan = 6. oder 7. April im Jahre 30 n.C. Die Unsicherheit der Datierung beruht auf den widersprüchlichen Angaben bei Mk 14,12 und Joh 13,1; 19,31: Nach den Synoptikern starb Jesus am ersten Tag des Paschafestes, dem 15. Nisan, nach Joh dagegen am Vortag („Rüsttag"), dem 14. Nisan. – Die Berechnung des Todesjahres stützt sich auf Lk 3,1 und Joh 2,20.

10.4.3 Begründung des Todesurteils durch den Hohen Rat

Der Hohe Rat sprach den Angeklagten Jesus von Nazaret folgender beider todeswürdiger Verbrechen schuldig:

Gotteslästerung (Blasphemie) Mk 14,64. Die Führung der Titel „Messias" (Mk 14,61f) und „Sohn Gottes" (Mk 14,61) wäre nach jüdischem Recht noch keine Blasphemie gewesen, sondern erst die völlige Gleichstellung mit Jahwe durch Beanspruchung göttlicher Eigenschaften und Rechte (Mk 14,62).

Der wahre Grund für die Todfeindschaft des Hohen Rates gegen Jesus war die Angst der Ratsmitglieder, sie könnten durch Jesus um ihren Einfluss auf das Volk und um ihre Einkünfte aus dem Tempelkult gebracht werden und der Nazarener könnte die Römer so stark provozieren, dass diese ihr Besatzungsregime noch mehr verschärften.

Hochverrat (Majestätsverbrechen, Rebellion) Mk 15,2. Um diesen Anklagepunkt ging es bei dem Prozess vor Pilatus: Die Beanspruchung des Titels „König der Juden" war ein Eingriff in die Rechte des römischen Kaisers, der allein diese Würde rechtsgültig verleihen konnte, s. o. 10.3.6.

Die Evangelisten konnten als juristische Laien die beiden Prozesse gegen Jesus nicht fachmännisch präzis darstellen. Ihr Augenmerk galt dem Kerygma (Verkündigung der *Heilsbedeutung* von Jesu Tod und Auferstehung, Erinnerung an Jesu Opfertod [anamnetische Intention], Appell zur Dankbarkeit gegenüber dem Erlöser [paränetische Intention]). Deshalb hatten sie an einer juristisch vollständigen und einwandfreien Darstellung der Gerichtsverhandlungen und der Hinrichtung Jesu wohl auch gar kein Interesse. – Gegen die Passionsberichte der Evangelien ist einzuwenden: Der Hohe Rat durfte weder am Sabbat noch an Feiertagen oder am Vortag eines Feiertags eine Sitzung abhalten. Nach jüdischem Recht durfte ein Todesurteil nicht schon am ersten Prozesstag gefällt werden. Bei einem römischen Prozess mussten Entlastungszeugen angehört werden.

Außerdem zeigen die Evangelisten deutlich das Bestreben, die Schuld am Tod Jesu dem jüdischen Volk und seiner Regierungsbehörde aufzubürden und die römische Besatzungsmacht zu entlasten – eine Tendenz, die angesichts der beginnenden Christenverfolgungen durch den römischen Staat zur Zeit der Niederschrift der Evangelien verständlich ist.

10.4.4 Kreuzigung und Tod

Die Hinrichtungsart der Kreuzigung

Diese war anscheinend eine persische Erfindung (die Erde sollte nach persischer Reinheitsvorstellung nicht durch die Leiche eines hingerichteten

Verbrechers befleckt werden) und gelangte über die Phönizier zu den Römern, die sie aber nur bei Nichtbürgern anwendeten.

Überlicherweise wurde der Verurteilte vor der Kreuzigung gegeißelt. Den Querbalken seines Kreuzes musste er dann selbst zum Richtplatz tragen. Dort wurden seine Arme vor dem Handgelenk (zwischen Elle und Speiche) an das Querholz genagelt und dieses mit dem senkrechten Balken verbunden, der für dauernd am Hinrichtungsort aufgestellt war. Dann wurden die übereinandergelegten Füße mit einem einzigen Nagel an eine Fußstütze am senkrechten Balken genagelt. Der Tod trat – manchmal erst nach Tagen – durch Sauerstoffmangel und Kreislaufzusammenbruch ein. Der Todeskampf konnte durch das „Zerbrechen der (Unterschenkel-)Knochen" (Joh 19,32) abgekürzt werden: Wenn sich der Gekreuzigte wegen der gebrochenen Beine nicht mehr hochstemmen konnte, um die zusammengepresste Lunge zu entlasten, erstickte er umso schneller.

Die technischen Details der Kreuzigung werden von den Evangelisten eher nebensächlich behandelt. Gemäß ihrer kerygmatischen Interessenlage stellen sie stattdessen die heilsgeschichtlich relevanten Züge breiter dar:
– die Sieben Worte Jesu am Kreuz;
– das Verhalten und die Worte der Freunde und Feinde beim Kreuz Jesu;
– die göttlichen Zeichen beim Tod Jesu (Mt 27,51-53).

Soteriologie = Deutung von Jesu Tod im NT (unter Verwendung von Fachbegriffen und Metaphern der atl. Theologie)

Die Deutung erläutert Sinn und Zweck von Jesu Leiden und Tod als Heilsereignis. Die folgenden Ausführungen bieten Grundlinien der Soteriologie (Erlösungslehre: griech. sotería f. „Heil, Erlösung")

Passion und Tod Jesu sind die *Krönung* seines Erlösungswerkes, aber nicht die *notwendige Bedingung* unserer Erlösung. Hätte Gottvater zu diesem Zweck auf der Opferung eines unschuldigen Menschen bestanden, wäre er ein rachsüchtiger und blutrünstiger Despot – ein Monster.

Der Wortlaut mancher Stellen des NT kann aber tatsächlich zu der Vermutung führen, der Vater habe den Sohn in den Tod gezwungen als unausweichliche Bedingung für die Erlösung der Menschheit von ihren Sünden (z. B. Mk 8,31; Lk 24,26; Eph 1,7). Diese Bibelstellen sind aber so zu interpretieren, dass der Gottessohn in völlig **freier** Übereinstimmung mit seinem Vater den Entschluss fasste, seine Erlösungstat durch einen Martyrertod zu krönen und so ein unüberbietbares Zeichen seiner Liebe zu uns und seiner Solidarität mit allen Entrechteten und Leidenden zu geben (Mt 26,53; Phil 2,7f; Joh 13,1). Nachdem Vater und Sohn diesen Plan gefasst hatten, gab es für Jesus kein Zurückweichen mehr vor Leid und Tod – trotz seiner natürlichen Todesangst

(Mk 14,33f): Er *musste* nun den Tod auf sich nehmen, um seinem gegebenen Wort und seiner Sendung treu zu bleiben. In diesem Sinn kann man von einer **„staurologischen Soteriologie"** sprechen, d. h. von unserer Erlösung durch Jesu Kreuz und Blut (griech. staurós m. „Kreuz", sotería f. „Heil, Erlösung"). Jesu Tod ist also die Wirkung der erlösenden Menschenliebe des dreifaltigen Gottes, nicht die *Bedingung* unserer Erlösung (Joh 3,16) und darf keineswegs als Bestrafung des (unschuldigen) Sohnes (als Stellvertreter der sündigen Menschheit) durch den Vater gedeutet werden.

Das Heilsgeschehen des Todes Jesu

Heilstaten Jesu	Schriftstellen
Loskauf aus der Knechtschaft/Sklaverei der Sünde; *Rechtfertigung* des Sünders	1 Kor 7,23; Gal 3,13; 1 Petr 1,18
Reinigung und *Erlösung* durch *Christi Blut;*	Röm 5,9; Kor 6,20; Eph 1,7; Kol 1,14; Hebr. 9,14; 13,11,f.; 1 Petr 1,19; 1 Joh 1,7; Offb 5,9
Lebenshingabe als *Lösegeld* für die *Vielen*	Mk 10,45; Gal 1,4; 1 Tim 2,6; vgl. den Bezug zum stellvertretenden Sühneleiden des Gottesknechtes: Jes 53
Selbsthingabe als Sühneopfer	Röm 3,25; Gal 2,20
Sühne für unsere Sünde	Röm 3,25; Gal 1,4; Petr 3,18; 1 Joh 2,2; 4,10; Hebr 2,17; 1 Tim 2,6

Die Resultate von Jesu Erlösungstat („Früchte" der Erlösung – Verdienste Jesu)
– Schon in der Gegenwart erreichbare Heilsgüter:

Heilsgaben = Heilsgüter	Schriftstellen
Rechtfertigung des Sünders durch Gnade im Glauben	Röm 3,28; 5,9; 8,30; 1 Kor 6,11; Gal 2,16; Tit 3,7
Sündenvergebung	passim
Versöhnung	Röm 5,11; 11,25; 2 Kor 5,18 f; Eph 2,16; Kol 1,20; Hebr 2,17; 1 Joh 2,2; 4,10
Befreiung und Rettung	Röm 5,9; 6,18; Apg 2,21; Kol 1,13; Tit 3,5; 1 Tim 4,10
Heiligung	1 Thess 4,3.7; Röm 6,22; 1 Kor 6,11; Joh 17,17; Hebr 2,11; 10,10; 13,12

Heilsgaben = Heilsgüter	Schriftstellen
Erlösung	Lk 1,68; 2,38; 4,19; 21,28; Röm 3,24; 1 Kor 1,30; Eph 1,7; Kol 1,14; Hebr 9,15
Neuer und Ewiger Bund	Lk 22,20; 1 Kor 11,25; Mk 14,14; Mt 26,28
Gemeinschaft und Frieden mit Gott und den Menschen	1 Kor 1,9; 2 Kor 13,13; Röm 5,1; 14,17; Eph 1.3.20; 2,14; 1 Joh 1,3; Joh 16,33; Apg 10,36
Anteil an Gottes Leben und Natur	Röm 8,29; Eph 1,17 f; 2 Petr 1,4
Wiedergeburt zum neuen Leben	Joh 3,5; Tit 3,5
neue Geschöpflichkeit	2 Kor 5,17; Gal 6,15; Eph 4,24
Gotteskindschaft	Röm 8,12–17
Empfang des Hl. Geistes	Röm 8,15; Gal 3,2 f; 4,6 f.

– Eschatologische Erlösungsgüter, die erst nach dem Tod eines Menschen bzw. bei der Parusie Christi erreichbar werden:

künftige Heilsgaben = Heilsgüter	Schriftstellen
die leibliche Auferstehung	1 Kor 15,12; Joh 5,25
das ewige Leben und die Verherrlichung der Kinder Gottes	Röm 8,17; 1 Joh 3,1 f
die Anschauung Gottes von Angesicht zu Angesicht	1 Kor 13,12; 1 Joh 3,2
die Gemeinschaft der Heiligen	1 Thess 4,14; Apg 20,32; Eph 1,10
der neue Himmel und die neue Erde	Offb 21,1; 2 Petr 3,13; vgl. Jes 65,17; 66,22
die Entmachtung des Todes, des letzten Feindes der Menschen	1 Kor 15,25; Offb 21,4

Jesu Tod in dogmatischer Ausdeutung

Aufgrund des breiten Spektrums biblischer Berichte, Metaphern und Denkmodelle wurden im Laufe der Theologiegeschichte durch dogmatische Reflexion verschiedene soteriologische Entwürfe (Modelle, Konzeptionen) entwickelt. Keines dieser Modelle wurde zum Dogma erklärt; jedes von ihnen sieht einen Teilaspekt des Erlösungsgeheimnisses richtig, stellt aber keine Gesamtschau dar. Die wichtigsten Grundkonzepte sind:

Vergöttlichungstheorie (Kirchenväterzeit, bes. Athanasius)

Die Rechtfertigung des Menschen bewirkt die Teilhabe am Wesen und der Gestalt des Gottessohnes und damit die Anteilnahme an Christi göttlichem Leben. Die Kirchenväter verwendeten für diesen Zustand aber nicht das heidnisch vorbelastete Wort Apotheose, sondern theíosis f., lat. dei-ficátio (Vergöttlichung) und verglichen die „Vergöttlichung" mit einer Adoptivsohnschaft (im Gegensatz zur wesenhaften Gottessohnschaft Jesu Christi), vgl. Röm 8,15–17.

Wiederherstellungs-/Rekapitulationstheorie (Kirchenväter, bes. Irenäus)

Jesus hat den Heilsplan Gottes umfassend verwirklicht: Durch ihn kam es zur „Wiederherstellung (lat. recapitulátio f.) aller Dinge" (Apg 3,21). Damit ist die Wiedererlangung des Heils gemeint, das die Menschheit seit der Ursünde verspielt hatte, vgl. Kol 1,20; Eph 1,10. – Christus wird als „zweiter Adam" gesehen, als positive Gegenfigur zum Ursünder Adam (1 Kor 15,21f) – Christus ist ferner das Haupt (gr. kephalé f.) der erlösten Schöpfung, vgl. Eph 4,15. Deshalb bezeichnen die griechischen Kirchenväter die Erlösung auch als anakephalaíosis f. (Zentralisierung des Kosmos auf Christus als Haupt hin, vgl. Teilhard de Chardins Begriff vom kosmischen Christus, 9.2.3).

Genugtuungs-/Satisfaktionstheorie (Spätantike, Mittelalter, bes. Anselm v. Canterbury)

Dieses Modell wurde in der westlichen Kirche vorherrschend. Es geht von der alten germanischen Rechtsauffassung aus, dass ein Verbrechen umso schwerer wiegt, je höher der Geschädigte steht. Da Gott unendlich heilig ist, stellt die Sünde eine unendliche Beleidigung Gottes dar. Eine unendliche Schuld kann aber nur Gott vollständig (adäquat) beseitigen, entweder durch Amnestie oder durch Sühne. Gott hat sich für die zweite Alternative entschieden. Da aber Gott nicht durch ein Opfer (Leiden, Tod) Sühne leisten kann, da er in seiner vollkommenen Seligkeit nicht Schmerz empfinden kann, und da der Mensch sich nicht selbst erlösen kann, weil er keine unendliche Sühne zu leisten imstande ist, wurde Gott Mensch, um die Sühne stellvertretend für die schuldige Menschheit ausführen zu können. So ist die Satisfaktionstheorie gleichzeitig eine *Stellvertretungstheorie*. Vgl. Joh 10,15; 2 Kor 5,21; 1 Petr 2,21–25.

Gemäß obigem Rechtsgrundsatz besitzt auch jede Genugtuung (Sühne) umso mehr Wert, je höher gestellt der Sühnende ist. Somit hat jede Art von Sühneleistung des Gottmenschen Jesus Christus unendlichen Sühnewert, und aus diesem Grunde wäre an sich sein gewaltsamer Tod zur Entsühnung der Menschheit nicht notwendig gewesen.Vgl. S. 221. Jesu Opfertod war also eine „überfließende" Genugtuungs- und Liebestat (vgl. den Begriff Solidaritätssoteriologie): Der positive Wert dieser Tat überbietet die negative Größe der Menschheitsschuld (Röm 5,20).

Zusatz: Zum Problem, ob der Mensch Gott überhaupt „beleidigen" könne, bemerkt Thomas v. Aquin: Gott kann nur durch das beleidigt werden, was der Mensch gegen sein eigenes Heil tut. – „Beleidigung Gottes" ist also nur ein Synonym für das Zuwiderhandeln gegen seinen heiligen Willen.

Emanzipationstheorie (Neuzeit, z. B. Walter Kaspar; Befreiungstheologen) Angeregt durch Kants Kritik der älteren Erlösungstheorien sah man in der Aufklärungszeit einen Widerspruch zwischen gnadenhaft geschenkter Erlösung und menschlicher Autonomie. – Dieses Problem suchte man mit folgenden Argumenten zu lösen: Gnade ist Liebe, und Freiheit ist vor allem Freiheit zur Liebe: ein Dasein-Können für andere. Sich Liebe erweisen zu lassen, ist für den Menschen keine Beeinträchtigung seiner Autonomie, sondern entspricht der Sozialnatur des Menschen. Somit wird die Menschenwürde durch die von Gott gnadenhafte geschenkte Erlösung nicht beeinträchtigt, im Gegenteil, der Mensch wurde dadurch erst befreit zur Gottes- und Nächstenliebe. – Vgl. 4.2.

Andere Gedankengänge verfolgt die **Befreiungstheologie**: Erlösung ziele nach Gottes Willen auf den ganzen Menschen, nicht nur auf seine religiöse und moralische Persönlichkeitsschicht. Darum müsse Erlösung auch die Befreiung von politischen, sozialen und wirtschaftlichen Zwängen und Entfremdungen einschließen („Option Gottes für die Armen"), sonst übe man Verrat an Jesu Erlösungswillen. Die Kirche habe von ihrem Gründer her die Aufgabe, diese universale Erlösung (Befreiung) immer besser zu verwirklichen; nur so erfülle sie ihre Bestimmung als Sakrament des göttlichen Heils. – Vgl. 7.4.4.

Zusätze:

– Christus hat den Höhepunkt seiner Erlösungstat – sein blutiges Selbstopfer – in die **Tradition der Opfer des AT** gestellt (Sünd-, Sühn-, Friedopfer; Mt 26,28 par). Dadurch hat er die Tieropfer des Alten Bundes unendlich überboten und zugleich beendet (1 Kor 5,7; Hebr 9,1 – 10,18).

– Die Theologie unterscheidet zwischen **objektiver und subjektiver Erlösung**:

objektive E. = die reale, faktische Erlösung der Menschheit durch Jesus Christus;

subjektive E. = die Aneignung der Erlösung, d. h. ihrer Güter und Gnaden durch den Menschen; diese Annahme geschieht durch Glauben, Vertrauen, Taufe (falls möglich), Bereitschaft zur Christusnachfolge in Gottes- und Nächstenliebe.

– Die **Übersichtstabellen zur Soteriologie** in 10.4.4 wurden erarbeitet nach Gerhard Ludwig Müller, Kath. Dogmatik, 1995, S. 375–377.

10.5   Auferstehung und Verherrlichung Jesu

10.5.1 Die „dreitägige Grabesruhe"

Was tat Jesus zwischen seinem Tod am Karfreitag und seiner Auferstehung am Ostermorgen?
– Seine *göttliche Natur* ist leidensunfähig und unsterblich. Sie blieb in der Lebens- und Liebesgemeinschaft des dreifaltigen Gottes.
– Seine *menschliche Seele* begab sich zu den Gerechten des Alten Bundes in die sog. „Vorhölle" und teilte ihnen das Ende ihres Wartezustandes auf Erlösung und ewige Seligkeit mit. Vgl. die mythische Formulierung dieser Heilstat im Apostol. Glaubensbekenntnis: „… hinabgestiegen in das Reich des Todes". Mt 12,40; Röm 10,6f; Eph 4,9.
– Der *tote Leib* Jesu ruhte wohl bis zu seiner Umwandlung in den Auferstehungsleib (oder bis zu seinem Ersatz durch diesen) im Grab zu Jerusalem. S. u. 10.5.5.

10.5.2 Die Auferstehung Jesu

Biblische Bezeugung

Die Auferstehung Jesu wird in allen vier Evangelien und in den meisten anderen Büchern des NT behauptet und bekannt. Aber keiner dieser Berichte will erklären, *wie* die Auferstehung des Herrn vor sich ging. Sie betonen lediglich, *dass* er lebt, und legen dar, *was* die Auferstehung für ihn und für alle Menschen bedeutet.

Die urapostolische Osterverkündigung (= das Auferstehungs-Kerygma) war wohl nur antithetisch-zweigliedrig und sprach von Jesu Erniedrigung und Erhöhung: Er ist durch die Schuld der Juden getötet worden, aber Gott hat ihn auferweckt und verherrlicht. Diese älteste Schicht ist noch erkennbar in Apg 5,30–32 und 1 Thess 4,14 (1 Thess enthält die älteste erhaltene schriftliche Bezeugung der Auferstehung Jesu; der Brief entstand 51 oder 52 n.C.).

1 Kor 15,1–9 (entstanden um 55 n.C.) bietet bereits eine erweiterte, dreigliedrige Aussage, die Paulus wahrscheinlich aus der urkirchlichen Liturgie übernommen hat:
1. Verkündigung (Behauptung) der Auferstehung Jesu (1 Kor 15,4);
2. Schriftbeweis (1 Kor 15,4; Paulus denkt hier wohl an Jes 53,13ff; Hos 6,2; Ps 16,8–11);

3. Jüngerzeugnis: Christophaníen, d. h. Erscheinungen des Auferstandenen vor seinen Jüngern.

Eine ähnliche Gliederung zeigen **die Auferstehungsverkündigungen in den Petruspredigten** Apg 2,14–36; 33,11–26; 10,37–43, wobei die Reihenfolge der Punkte variabel ist.

Der **Christushymnus** Phil 2,6–11 weist eine dreistufige Christologie auf:
1. Die Präexistenz Christi,
2. seine Kénosis (Menschwerdung = Erniedrigung zur Knechtsgestalt bis zum Tod am Kreuz, gr. kénosis f. „Entleerung, Entäußerung, Abnahme"),
3. Erhöhung durch den Vater (Auferstehung, Himmelfahrt, Inthronisation beim Vater, vgl. Ps 110).

Die **Evangelien** bieten in ihren Auferstehungsberichten eine andere Dreigliedrigkeit:
1. Entdeckung des offenen und leeren Grabes durch Jüngerinnen und Jünger,
2. Christophanien in Emmaus und Jerusalem (sog. Jerusalemer Tradition) sowie in Galiläa (sog. galiläische Tradition),
3. Himmelfahrt (der Zeitpunkt wird aber nur Apg 1,3.9 genannt).

Die Ostergeschichten der Evangelien enthalten bekanntlich in den Details unüberbrückliche Widersprüche (vgl. die Zahl der Engel im Grab bei Mk 16,5 und Lk 24,4). Auf diese Unstimmigkeiten wies schon Reimarus hin. Sie beruhen darauf, dass einzelne, voneinander unabhängige Überlieferungsstücke in die Evangelien aufgenommen wurden, ohne dass sich die Evangelisten die Mühe machten, alle Flüchtigkeitsfehler, Gedächtnislücken und absichtlichen Stilisierungen dieser Quellen zu beseitigen, also eine harmonisierte Fassung herzustellen. Im Hauptinhalt aber stimmen die Osterberichte aller Evangelien überein: Der Herr ist wahrhaft auferstanden und seinen Jüngern erschienen, die dann Zeugnis für diese Tatsache ablegten. Lk 24,34; Apg 4,33.

Die Auferstehung Jesu – ein historisches Ereignis oder nur ein mystisches Erlebnis der Jünger und Jüngerinnen?

Während das NT eindeutig die Geschichtlichkeit der Auferstehung Jesu bezeugt, wurde sie seit dem 18. Jh. von Rationalisten, Positivisten und anderen Religionskritikern bestritten (vgl. o. 10.2.2). Folgende natürliche Lösungsversuche wurden vorgeschlagen:

Scheintodhypothese (Rationalismus: H. E. G. Paulus): Jesus erlitt eine „kataleptische" Erstarrung, die sich am Ostermorgen löste, worauf Jesus das Grab verließ.

Betrugs- und Diebstahlshypothese (Reimarus): Die Botschaft von der Auferstehung ihres Meisters war ein Betrugsmanöver der Jünger, nachdem sie den Leichnam Jesu heimlich beiseite geschafft hatten.

Halluzinations- und Visionshypothese (Strauß, Renan u. a.): Die Jünger glaubten in ihrer psychischen Überreiztheit, den auferstandenen Herrn zu sehen; sie erlagen also einer Autosuggestion.

Die **christliche Apologetik** (Glaubensverteidigung) führte folgende Gegenargumente an:

- Die Jünger und Jüngerinnen *konnten* die Wahrheit sagen: Sie besaßen die nötige Sachkompetenz und einen gesunden, nüchternen Verstand. 2 Petr 1,16.
- Die JüngerInnen *wollten* die Wahrheit sagen; denn sie waren ehrliche, religiöse Menschen. Sie waren auch keine Wichtigtuer, sondern verzichteten bei ihren Darstellungen auf subjektive Ausdeutungen, Wertungen, Übertreibungen und Beschönigungen.
- Sie *mussten* die Wahrheit sagen, weil sich unter ihren Gegnern genügend Zeitzeugen befanden, die jede Lüge sofort hätten aufdecken und dadurch die Glaubwürdigkeit der Jünger hätten untergraben können (z. B. wenn der Hohe Rat den Leichnam Jesu hätte vorzeigen können).
- Außerdem waren sie durch die Hinrichtung ihres Meisters so deprimiert und eingeschüchtert (Joh 20,19), dass ihnen 50 Tage später (Apg 2,1) eine solche Frechheit, öffentlich eine ungeheure Lüge zu verbreiten, aus psychologischen Gründen unmöglich zuzutrauen gewesen wäre. Erst das Oster- und Pfingsterlebnis machte sie zu mutigen Missionaren Christi. S. u. 10.5.3

10.5.3 Die Auferstehung Jesu als Heilsereignis

Passive oder aktive Auferstehung?

Das NT spricht sowohl von einer *„Auferweckung"* Jesu durch den Vater (Apg 2,24ff) als auch von *„Auferstehung"* aus eigener Kraft (Röm 1,4). Der Begriff „Auferweckung" ist theozentrisch orientiert: Ohne Gottes Eingreifen hätte der tote menschliche Leib Jesu nicht zum verklärten Leben erweckt werden können (passive Auferstehung). Der Ausdruck „Auferstehung" ist christozentrisch ausgerichtet und deutet an, dass Jesu Menschheit durch die hypostatische Union mit dem ewigen Logos verbunden ist und der Gottmensch aus eigener Kraft seinen toten Leib wiederbeleben konnte (aktive Auferstehung). Beide Formulierungen sind also richtig, sie gehen lediglich von verschiedenen theologischen Ansätzen aus.

Christologischer Aspekt der Auferstehung

Mit der Auferstehung trat die menschliche Natur Jesu für immer in die Transzendenz ein. Der Auferstandene hielt sich nicht mehr ständig bei den Jüngern auf, sondern „erschien" und „offenbarte sich" ihnen nur noch wenige Male für kurze Zeit, um sie für ihren künftigen Beruf als Apostel und Missionare zu stärken. Die Hl. Schrift nennt diese neue Seinsweise Jesu „Erhöhung, Verherrlichung, Verklärung". Diese neue Existenz ist für Jesus selbst der Lohn für seine Selbsterniedrigung (kénosis) als Mensch, besonders für sein Leiden und Sterben. Phil 2,6–11. – Ostern war also für Jesus nicht die Fortsetzung des irdischen Lebens vor dem Tod und keine Rückkehr in empirisch nachprüfbare Lebensbedingungen.

Der verklärte Leib des Auferstandenen

Aus welchem Stoff der Auferstehungsleib Jesu (und unser zukünftiger auferweckter Leib, s. 8.3.1) besteht und welche Eigenschaften er besitzt, wissen wir nicht genau. Paulus kleidete dieses Nichtwissen in die Antithese „Gesät wird ein irdischer Leib, auferweckt ein überirdischer Leib" 1 Kor 15,44 (im griech. Original wird dieser Leib pneumatikón genannt, d. h. „geistig/geistlich/vom [Hl.] Geist geschaffen").

Eschatologischer und moralischer Aspekt der Auferstehung Jesu

Das NT (z. B. Kol 1,18; Offb 1,5) nennt den auferstandenen Jesus den „Erstgeborenen der Toten", um damit die Überzeugung auszusprechen, dass alle Gerechten am Ende der bestehenden Weltzeit, bei der Parusie Christi, eine analoge passive Auferweckung erleben dürfen wie Jesus und somit seine nachgeborenen Geschwister sind. – Zur Auferweckung der Gottesfeinde (der „Ungerechten") s. z. B. Mt 10,28; 18,8f; Joh 5,29; Apg 24,15 und 8.2.1.
Im moralischen Schriftverständnis ist Jesu Auferstehung das Vorbild (Exemplarursache) und die Wirkursache unserer seelischen Auferstehung schon in der Immanenz durch die Rechtfertigung und die Jesusnachfolge. (S. 5.4 und 10.3.1)

Soteriologischer und apologetischer Aspekt

In heilsgeschichtlicher Sicht ist Jesu Auferstehung nach Ansicht der meisten Theologen nicht die alleinige Wirkursache unserer Erlösung, jedoch der krönende Abschluss seines Erlösungswerkes (Röm 4,25). S. o. 10.4.4. K. Rahner sieht dennoch (gemäß Joh 13,31; 17,1) einen notwendigen Zusammenhang zwischen Tod und Auferstehung Jesu und bezeichnet deshalb die Auferstehung des Herrn als „moralische Verdienstursache" unserer Erlösung; denn die Auferstehung Jesu war die notwendige moralische Konsequenz aus Jesu freiwilligem Opfertod: Er verdiente sich durch diesen Tod seine Verklärung (Auferstehung); so kann man sagen: Im moralischen Sinn sind wir auch durch Jesu Auferstehung erlöst worden.
In apologetischer Hinsicht ist die Auferstehung die höchste Bestätigung für die Wahrheit der Botschaft Jesu, der seine Auferstehung mehrfach vorhergesagt hatte, z. B. Mt 20,19. Vgl. auch 1 Kor 15,14ff.

Die Auferstehung Jesu – zentrales Thema des christlichen Glaubens

Christus selbst offenbarte sich seinen Jüngern und Jüngerinnen in den Oster-
erscheinungen (Christophaníen) als der Auferstandene. Denn auf empirischem
Weg hätten seine Anhänger davon keine Kenntnis erhalten können, da die
Auferstehung kein sinnlich wahrnehmbarer, sondern ein transzendent-myste-
rienhafter Vorgang war.

Auf Grund der mystischen Begegnung mit dem Auferstandenen bekamen die
Jünger eine unerschütterliche Glaubensgewissheit von dieser Heilstatsache
und machten sie zum Hauptinhalt ihrer missionarischen Verkündigung (Apg
2,32). Vom Ostermysterium aus deuteten sie das ganze irdische Leben Jesu,
alle seine Worte und Taten.

Zusammenfassung

Die Auferstehung Jesu ist kein isoliertes Wunder Gottes, sondern der ontolo-
gisch und moralisch notwendige Übergang der irdischen Existenz der menschlichen Natur Jesu in seine transzendente Seinsweise (= in seine Verherr-
lichung/Verklärung). Seine Auferstehung ist ferner der wichtigste Wahrheits-
erweis seiner göttlichen Sendung und das Fundament der eschatologischen
Zukunftshoffnung der erlösten Menschheit (s. 8.3).

10.6 Die Anfänge der Christologie

Die Jünger Jesu kleideten ihre Botschaft vom auferstandenen Herrn von vorn-
herein in erfahrungsgesättigte appellative Zeugnisse, die beim Hörer eigene
Christuserfahrungen auslösen sollten. Sie verwendeten dafür die literarischen
Gattungen der Bekenntnisformel (Röm 10,9–11), des Hymnus (Phil 2,6–11)
und anderer Gebetsformen (Apg 2,22–28), der Apologie (Apg 4,8–12), der
Predigt (Apg 2,14–36) und Katechese (Apg 10,37–43).

10.6.1 Die Würdenamen (Hoheits-, Funktions- und Wesenstitel) Jesu

Eine Folge der fortschreitenden Reflexion der nachösterlichen Gemeinde über
den erhöhten Herrn war die Übertragung von rund 50 Ehrenbezeichnungen,
die im Judentum bis dahin für Jahwe und seinen Messias reserviert waren oder
die im zeitgenössischen Heidentum (Hellenismus) beim Herrscherkult verwendet wurden, auf den gekreuzigten und auferstandenen Jesus von Nazaret.

Die wichtigsten Würdenamen sind:

(Gottes)knecht (Apg 3,13. – Bei Jes [in den vier Gottesknechtliedern] ein geheimnisvoller, messiasartiger Beauftragter Jahwes, z. B. Jes 42,1–9)

Herr (= Gebieter, Herrscher, hebr. adonái, griech. kýrios; Röm 10,9; 1 Kor 8,6. Im Judentum u. a. Titel für Jahwe: Mal 3,1, im Hellenismus u. a. Bezeichnung für Götter und Herrscher)

Logos (griech. „Wort, Vernunft"; im NT sechsmal auf Christus bezogen, z. B. Joh 1,1, wo auf die Präexistenz, d. h. die ewige Existenz des Gottessohnes schon vor seiner Menschwerdung, hingewiesen werden soll. – Im Hellenismus u. a. Bezeichnung für den göttlichen Weltgeist, s. 5.2.2

Menschensohn (Mt 8,20; 16,27. Im NT fast nur von den Synoptikern verwendet und nur als Selbstbezeichnung Jesu selbst. Im AT u. a. Bezeichnung für den apokalyptischen Messiaskönig, der als transzendenter Führer und Heilbringer geschildert wird: Dan 7,13f)

Messias (griech. Christós; Mt 16,16; 26,63f; Apg 3,18. Im AT Ehrenname für den jüdischen König und den „Sohn" (= Nachkommen) Davids, der Gottes Heil bringt; vgl. Jer 23,5 und 1.2, Nr. 22)

Sohn Gottes (oft bei Joh, seltener bei den Synoptikern; im Judentum und Hellenismus ein Ehrenname für den Herrscher: Ps 2,7. – Mk 1,11; Joh 1,14; Röm 1,4)

Nicht so stark setzten sich folgende Würdenamen Jesu im christlichen Sprachgebrauch fest:

Prophet, Gerechter, neuer Adam, neuer Mose; Ebenbild des unsichtbaren Gottes; Erstgeborener der ganzen Schöpfung; Herrscher und Retter an der rechten Seite Gottes; König.

Nach dem Wortlaut der Evangelien und nach Ansicht der traditionellen christlichen Theologie hat der historische, vorösterliche Jesus diese Titel z. T. bereits selbst auf sich bezogen oder zumindest geduldet, dass andere Menschen sie auf ihn anwandten.

Manche moderne Theologen hingegen halten es für ein noch nicht ausreichend gelöstes Problem, ob Jesus vor seinem Tod ein so hohes Selbstbewusstsein besaß, diese Titel für sich zu beanspruchen, oder ob erst die nachösterliche Gemeinde ihm mit gutem Gewissen diese Würdenamen in den Mund legte. Vgl. Mt 16,20 mit 26,63f. – In diesem Fall wären die scheinbaren Selbstaussagen Jesu in Wirklichkeit Bekenntnisformeln der frühen Christen. Vgl. auch 1.3.

10.6.2 Die dogmatische Entfaltung der Christologie durch die frühen allgemeinen Konzile

Die wichtigsten Schlussfolgerungen, welche die Theologen aus den Selbstaussagen Jesu und den Fremdaussagen über ihn in der Hl. Schrift zogen, wurden als Hilfe für die Rechtgläubigen und zum Schutz gegen Irrlehrer in die klare und präzise Form von Dogmen gekleidet.

Ein Dogma ist die Garantieerklärung des kirchlichen Lehramts, dass der Inhalt einer bestimmten Lehrentscheidung kraft des Beistands des Hl. Geistes unfehlbar und irrtumsfrei eine göttliche Offenbarungswahrheit wiedergibt. Deshalb ist ein Dogma für jeden katholischen Christen verbindlich. (S. a. 6.3.1.)

Die großen christologischen Dogmen der christlichen Antike:

– **Die Wesensgleichheit Jesu Christi**

Dogmeninhalt: Jesus Christus ist **wahrer Gott**, d. h. dem Vater nicht nur im Wesen ähnlich (griech. hom**oi**-úsios), sondern ihm **wesensgleich** (griech. hom**o**-úsios).

Dogmatisierung: Auf dem 1. allgemeinen (= „ökumenischen") Konzil, Nizäa, 325

Anlass zur Dogmatisierung: Die Irrlehre des alexandrinischen Priesters Aríus (ca. 260–336). Er lehrte, Jesus sei lediglich das vornehmste Geschöpf Gottes und ihm deshalb nur wesensähnlich. (Arianismus, in moderner Zeit wieder vertreten von den Zeugen Jehovas.)

– **Die zwei Naturen in Jesus Christus (Dyophysitismus)**

Dogmeninhalt: Jesus Christus ist wahrer Gott und zugleich wahrer Mensch. Er existiert in zwei Naturen (Seinsweisen), die zwar unvermischt und unverwandelt, aber auch ungeteilt und ungetrennt in einer einzigen Person (griech. hypóstasis) vereinigt sind (hypostatische Union).

Dogmatisierung: Auf dem 4. allgemeinen Konzil, Chalkedon, 451

Anlass zur Dogmatisierung: Die Irrlehre des Monophysitismus und Nestorianismus. Die Monophysiten (griech. mónos „einzig" und phýsis f. „Natur") erkannten nur *eine* Natur in Jesus an, und zwar die göttliche. Die menschliche Natur sei durch die göttliche „aufgesaugt" worden. Der Patriarch Nestorius von Konstantinopel (gest. um 451) behauptete, den beiden Naturen in Christus müssten auch zwei Personen entsprechen, eine göttliche und eine menschliche.

– **Die zwei Willen(skräfte) in Jesus Christus (Dyotheletismus)**

Dogmeninhalt: Jede der beiden Naturen in Christus besitzt eine eigene Willenskraft und Willensfreiheit, ohne dass es aber zu einem Entscheidungskonflikt kommen kann. Denn der erbsündelose menschliche Wille Christi gleicht sich in freier Unterordnung stets vollständig dem göttlichen Willen an. In diesem Sinne kann man Christus als „unsündbar" bezeichnen: Er war moralisch nicht zu einer Sünde fähig.

Dogmatisierung: 6. allgemeines Konzil, Konstantinopel, 680–81

Anlass zur Dogmatisierung: Die Irrlehre des Monotheletismus (griech. mónos „einzig", thélema n. „Wille"). Die Monotheleten (7. Jh.) behaupteten, die menschliche Natur Christi sei nur ein willenloses Werkzeug des göttlichen Logos gewesen.

Zusätze

Die heutige Theologie unterscheidet:

implizite Christologie = die Summe der Reflexion über die in den Evangelien enthaltenen („impliziten") Selbstaussagen und Vollmachtsansprüche des vorösterlichen, verkündigenden Jesus.

explizite Christologie = die Summe der Reflexion über die Aussagen der nachösterlichen Christusgemeinde über ihren erhöhten, verkündigten Herrn (z. B. über die Hoheitstitel, s. 10.6.1).

Christologie von unten = die historisch-kritische Betrachtung des Lebens, Sterbens und der Auferstehung Jesu, die zum Glaubensbekenntnis an seine göttliche Natur und Sendung emporführt.

Christologie von oben = die Reflexion über Jesus Christus, die vom Glauben an seine Gottmenschlichkeit ausgeht und von dorther sein menschliches Leben und Wirken durchleuchtet und dessen Sinn erklärt.

Das „Problem" Jesus Christus ist, wie schon die knappen Ausführungen dieses Kapitels zeigen, noch keineswegs bewältigt und erledigt. Wäre es so, könnten wir dann glauben, dass Jesus Christus der wesensgleiche Sohn des unendlichen, unbegreiflichen Gottes ist – des „ganz Anderen", nie zu Bewältigenden?

Weiterführende Literatur

Romano Guardini: *Der Herr. Betrachtungen über die Person und das Leben Jesu Christi*, 1937, Neuauflage Mainz (Grünewald), 1997

Jesus von Nazareth, hrsg. von Franz-Joseph Schierse, Mainz (Grünewald Materialbücher 3), 1972

Günther Bornkamm: *Jesus von Nazareth*, Stuttgart (Kohlhammer, Urban-TB 19), 1956, [15]1995

Uwe Stamer: *Jesus Christus*. In der Reihe „*Kurswissen Religion*", Stuttgart (Klett), 1993

Th. Forum 3: *Der Anspruch Jesu*

Wege zum Ziel 3: *Mensch und Erlöser (Christologie)*

Forum Religion 3: *Christus erkennen. Kurs Christologie*

Konzepte 6: *Jesus Christus*

11   Die Kirche Jesu Christi

11.1   Einleitung: Die katholische Kirche heute – eine umstrittene Größe

Bei nicht wenigen unserer Zeitgenossen hat der Begriff „Kirche" einen unangenehmen Klang, und es stellen sich negative Assoziationen ein.

- **Ablehnung der Kirche von außen**: Ihre göttliche Stiftung und ihre Existenzberechtigung wird durch andere Religionen und Weltanschauungen geleugnet (Atheismus, Agnostizismus, Marxismus; Jugendreligionen; New Age [5.3.1]; pseudochristliche Sekten wie z. B. die Zeugen Jehovas).
- **Ablehnung durch Menschen, die Christen sein wollen** („Jesus ja – Kirche nein") und glauben, dass die Kirche, wie sie sich historisch entwickelt hat, für sie eher ein Hindernis als eine Hilfe bei der Suche nach Gott und bei der Christusnachfolge sei, besonders, da sie auf neue Fragen keine überzeugende Antwort geben könne.

  Häufig zu hörende Beschwerdepunkte gegen die katholische Kirche sind der Klerikalismus, Patriarchalismus, Konservatismus und Autoritarismus ihrer Leitung; ihr provozierender Unfehlbarkeitsanspruch, der ihr als Arroganz ausgelegt wird; ferner die Anklage, ihre Sexualmoral sei veraltet; die Eintreibung der Kirchensteuer sei unberechtigt; die Option für die Armen sei mangelhaft oder heuchlerisch; Christus habe zumindest *diese* Kirche nicht gewollt. Vergleiche das bekannte Wort des katholischen Theologen Alfred Loisy: „Verkündet wurde (von Jesus) das Reich Gottes, und was kam, war die Kirche." (CGG 29, S. 112)

11.2   Der katholische Kirchenbegriff

11.2.1 Erklärung des Wortes „Kirche"

Dieses deutsche Lehnwort kommt von gr. kyri[a]ké <oikía> f. „dem Herrn gehörendes Haus". In dieser Bedeutung kommt kyriake im NT nicht vor; die Gemeinde Jesu wird dort durch „ekklesía" f. „Versammlung" bezeichnet. Das hebräische Wort für ekklesia lautet „kahál" (vgl. das verwandte Wort kohélet „Versammlungsleiter").

11.2.2 Begriffsbestimmungen der katholischen Kirche als einer auf Erden bestehenden Institution

Die Kirche ist die sichtbare Gemeinschaft der an Christus Glaubenden unter der Leitung des Papstes, des legitimen Nachfolgers des Petrus, der von Christus zum ersten Oberhaupt der Kirche eingesetzt wurde (soziologisch-juristischer Kirchenbegriff). – Die Kirche ist der geheimnisvoll (mystisch) auf Erden fortwirkende Christus (mystischer Kirchenbegriff). – S. a. 2.2.2 (hermeneutische Gotteserfahrung).

11.2.3 Bedingung für die formelle Kirchenzugehörigkeit

Bedingung für die Aufnahme in die katholische Kirche ist die Anerkennung der dreifachen Aufgabe der Kirche:
1. Akzeptanz ihres Priesteramtes (durch Empfang der Taufe, dann der anderen Sakramente)
2. Akzeptanz ihres Lehramtes (durch Übernahme ihres Glaubensbekenntnisses, d. h. durch das Bekenntnis zu Christus)
3 Akzeptanz ihres Hirtenamtes (durch Gehorsam gegenüber der kirchlichen Autorität)
(Zum Urteil der Kirche über die Nichtmitglieder s. u. 11.5.2, Zusatz 2. Zur Kirche in der Transzendenz s. Kapitel 8.)

11.3 Der göttliche Ursprung der Kirche: Stiftung durch Christus

Vorausverkündigung im AT: Es wird ein neues, sichtbares Gottesreich entstehen, das nicht nur den Juden, sondern allen Völkern offensteht (Jes 2,2–4; 60; Mich 4,1–3).

Ankündigung durch Jesus: Jesus hat den Anbruch des neuen Gottesreiches verkündigt (Mt 12,28; 21,43). In der Bergpredigt beschreibt er dieses neue Reich und nennt die Aufnahmebedingungen. Jesus versteht dieses Reich nicht nur als geistige (spirituelle) oder nur als zukünftige (eschatologische) Größe, wenn es auch erst im transzendenten Gottesreich seine Vollendung finden wird, sondern auch als sichtbare, irdische Institution. Vgl. seine aus dem materiellen Seinsbereich genommenen Bilder und Gleichnisse zum Reich Gottes: Salz der Erde, Licht der Welt, Stadt auf dem Berg, Herde, Schafstall, Haus, Acker.

Jesus bestimmte auch die Verfassung der zukünftigen Kirche: Er setzte Petrus zum „Felsen" ein, auf den er die Kirche bauen werde (Mt 16,18). Damit ist eine monarchische Führungsspitze vorgezeichnet. Entsprechend sagte er nach der Auferstehung nur zu Petrus (also im Singular:) „Weide meine Lämmer ..., weide meine Schafe" (Joh 21,15–17). Aber auch den anderen Aposteln räumte er Führungsämter ein (Mt 18,17f; 28,19; Lk 22,19; Joh 20,21–23) und schärfte allen zwölfen ein, sie sollten nicht wie Herrscher, sondern als Brüder den Mitmenschen begegnen (Mt 20,25–28; 23,8). Das heißt, in moderne Sprache übersetzt: Sie sollten aus Menschenliebe demokratisch gesinnt sein. Zu den einzelnen Führungsämtern s. u. 11.6.

Gründungsdatum der Kirche war das Pfingstfest (der 50. Tag) nach Jesu Auferstehung (Sendung des Hl. Geistes auf Maria, die Jünger und Jüngerinnen), s. Apg 2.

Zusatz: Chancen und Risiken der Kirche als durchorganisierte Gemeinschaft (Institution)
Als Institution kann die Kirche besser als eine nur charismatisch-geistige Gemeinschaft
– den Traditionszusammenhang wahren,
– den Mitgliedern Gemeinschaft und Geborgenheit bieten,
– ihnen Schutz und (Gewissens-)Entlastung verschaffen.

Mit seiner Kirchengründung hat Jesus aber auch die Risiken jeder Institution in Kauf genommen:
– Verselbstständigung und Aufblähung des Verwaltungsapparats,
– Gefahr des Zentralismus, der Herrschsucht und des Machtmissbrauchs durch die Führungskräfte,
– Unterdrückung von Privatinitiativen, d. h. von Impulsen eigenständig denkender Mitglieder,
– Gefahr der Gleichmacherei (Uniformität).

11.4 Ekklesiologische Modelle (= Kirchenvorstellungen) im Neuen Testament

In der frühen Kirche entstanden verschiedene, ja z. T. kontroverse Ansichten über das Wesen und die Verfassung der Kirche. Diese Entwicklung beruhte darauf, dass Jesus keine Detailvorschriften für die Verfassungs- und Leitungsform seiner Kirche hinterlassen hat.

11.4.1 Christozentrische Kirchenmodelle: Christus im Mittelpunkt seiner Kirche

– *Urpaulinische (= „echte") Paulusbriefe* (Röm, 1 und 2 Kor, Gal, Phil, 1 Thess, Phlm):

> **Kirche ist der Leib Christi.**
> (Röm 12,3–8; 1 Kor 12,12–31a)

Die mystische Deutung dieses Bildes sagt: Die Verbindung der Kirche zu ihrem Herrn ist so eng wie die der Körperglieder zum ganzen Leib. Die realistische Deutung sagt aus: Im Wirken der sichtbaren Kirche zeigt sich die Leiblichkeit ihres Herrn: In ihr wirkt Christus auf Erden weiter, sie ist sein „Kreuzes- und Auferstehungsleib", indem die Kirche für ihren Herrn leidet und seine Auferstehung verkündet.

Da die echten paulinischen Briefe an nichtjüdische Gemeinden gerichtet waren, haben wir hier ein Kirchenmodell für Heidenchristen vor uns.

– *Deuteropaulinische („unechte") Paulusbriefe* (Eph, Kol, 2 Thess und die Pastoralbriefe 1 und 2 Tim, Tit):

> **Christus ist das Haupt des Leibes = der Kirche.**
> (Eph 4,7–13.15f; 5,23; Kol 1,18)

Christus setzt Ämter ein (1 Tim 3,1-18), damit der Leib leben kann. Als sein Leib nimmt die Kirche teil an seiner Präexistenz und ist ebenso universal (weltweit anwesend), ja kosmisch (das Weltall umfassend) wie ihr Herr (Eph 1,23). Hier zeigt sich eine eschatologische Sichtweise der Kirche.

– *Synoptische Evangelien:*

> **Kirche ist die Jüngergemeinde Jesu.**
> (Mt 28,19)

Als Bedingungen für die Aufnahme in diese Gemeinschaft werden Glaube und Taufe genannt (Mt 28,19f; Mk 16,16). Diese Jüngergemeinde ist universal (Mt 28,19), Christus ist ständig in ihr unsichtbar anwesend (Mt 1,23; 28,20), sie besitzt eine hierarchische Struktur (s. o. 11.3) und ist eine eschatologisch vorläufige Institution, die ihren Endzustand erst beim Weltgericht erhalten wird (Mt 25,31–46).

– *Johannesevangelium:*

> **Kirche ist die in engster Verbindung mit dem Herrn stehende Gemeinde.**

Das Johannesevangelium spricht nicht ausführlich von der Kirche, sondern setzt deren Existenz – 60 bis 70 Jahre nach dem Tod Jesu! – als selbstverständlich voraus. Es führt aber die Aussagen des Paulus und der Synoptiker über die Kirche weiter.

Die Notwendigkeit und Enge der Bindung an Christus legt Joh in verschiedenen Bildern dar:

- Hirt und Herde (10,1–30),
- Weinstock und Reben (15,1–8),
- Brot als lebenspendende Gabe (6,1–59).

11.4.2 Theozentrische Kirchenmodelle: Der göttliche Vater im Zentrum der von seinem Sohn in seinem Auftrag gestifteten Kirche

> **Kirche ist das Volk Gottes.**

Das Selbstverständnis der Juden als Volk Gottes war der frühen Kirche aus dem AT vertraut (Ex 3,7f; 6,7; 15,16; 19,5f; Jer 7,23; Hos 1,9; 2,2; vgl. a. o. 11.3 sowie 1.2). Die christliche Kirche trennte sich aber früh vom nationalistischen und politischen Elitegedanken der Juden: Zum ntl. Volk Gottes gehörten von Anfang an auch Nichtjuden, die sich für die Botschaft Jesu interessierten (Röm 9,24–29). – Vgl. 11.4.4.

Aus der Tatsache, dass das Bild vom Gottesvolk in den späten Schriften des NT häufiger vorkommt als in den frühen, kann man ersehen, dass sich dieses Kirchenmodell zunehmender Beliebtheit erfreute. Siehe Mt 1,21; Tit 2,14; Hebr 13,12; 1 Petr 2,9f. Offb 1,5f; 5,9f.

Wie verstand die frühe Kirche das Bild vom „(wandernden) Volk Gottes"?

- Die Selbstbezeichnung „Volk Gottes" verweist auf den engen Zusammenhang zwischen AT und NT:
  Mose führte das atl. Volk Gottes in die Freiheit, Jesus Christus als zweiter Mose das ntl. Volk Gottes (Hebr 3,1-6): Er erwarb seinem Vater durch seinen eigenen Opfertod ein neues Volk. – S. 10.4–5
- „Volk Gottes" deutet sowohl den göttlichen Ursprung (s. o. 11.3) wie auch die vollständige Abhängigkeit der Kirche von Gott an: Die Kirche lebt nur durch die Liebe und Gnade Gottes. Als sein Werk ist sie mit keiner rein menschlichen Vereinigung vergleichbar. – Vgl. 7.4.3 (Personprinzip)
- Die Zugehörigkeit zum Volk Gottes berechtigt zum unbegrenzten Vertrauen auf Gott und macht frei von der Sklaverei irdischer oder dämonischer Mächte. – Vgl. 4.2
- Im Volk Gottes gibt es eine grundsätzliche Gleichrangigkeit der Mitglieder, weil alle infolge der Taufe zur ntl. „königlichen Priesterschaft" (1 Petr 2,9) gehören. „Volk Gottes" ist also Ausdruck eines brüderlichen Kirchen-

begriffes, ohne dass die Notwendigkeit von Ämtern und Diensten in der Kirche dadurch in Frage gestellt wird. – Vgl. o. 11.3 und u. 11.6.

Kirche ist das Haus Gottes.

„Haus Gottes" bezeichnete im AT entweder real ein Kultgebäude, vor allem den Tempel, oder metaphorisch eine gesellschaftliche Gruppe (Familie/Dynastie: Gen 7,1; 2 Sam 3,1; – das ganze Volk der Israeliten: 2 Sam 12,8). In spätalttestamentlicher Zeit kamen die Vorstellungen vom transzendenten Haus Gottes (= Himmel; vgl. Joh 14,2) und vom Kosmos als Haus Gottes hinzu (Jes 66,1f.; vgl. Apg 7,48–50).

Als Kultgemeinde dagegen bezeichneten sich erst die Christen als „Haus Gottes":

- 1 Tim 3,14–16: Vergleich zwischen Kirche und Hauswesen. – Ähnlich: 1 Tim 3,4-5; 2 Tim 2,20; Tit 1,6f.
- 1 Petr 2,4–6: Kirche als Bau aus lebendigen Steinen, dessen Eckstein Christus ist. – Vgl. 1 Petr 4,17; Eph 2,19–22; Hebr 3,1–6.

11.4.3 Pneumatologisches Kirchenmodell

Kirche als Werk des Hl. Geistes.

- Das Wirken des göttlichen Geistes (gr. pnêuma n.) zeigte sich schon in der Gründungsstunde der Kirche: Ausgießung auf die Jünger und Jüngerinnen und charismatische Wirkung dieser Geistfirmung (Apg 2,1–41, s. o. 11.3).
- Der Gottesgeist wohnt in jedem Kirchenmitglied und gibt ihm dadurch Gotteskindschaft, ewiges Leben und damit die Anwartschaft auf das transzendente Reich Gottes („Erbe Gottes", vgl. Röm 8,9–17.26f). Durch das Einwohnen des Hl. Geistes darf sich jeder wirkliche Christ „Tempel des Hl. Geistes" nennen (1 Kor 6,19). Der Geist wirkt in herausragender Weise in den Pneumatikern = Charismatikern, d. h. in Christen, die von ihm mit der Gabe der Mystik, der Prophetie oder des Wunderwirkens (Krankenheilung, Dämonenaustreibung) beschenkt wurden. 1 Kor 12,18–30. S. a. u. 11.6.1.

Als die Kirche mit unechten Charismatikern schlechte Erfahrungen machte (1 Kor 14), betonten die spätneutestamentlichen Schriften den Gedanken, dass der Hl. Geist im Normalfall durch die rechtmäßigen Amtsträger und nur in Ausnahmefällen durch die Charismatiker wirkt: 1 Tim 4,14; 2 Tim 1,6f; Tit 1,5-9.

11.4.4 Das Kirchenbild des Apostelkonzils (48 oder 49 n.C.) – Apg 15; Gal 2,1-10

> **Das Gesetz des Mose bindet die Heidenchristen nicht.**
> **(Weichenstellung zur Entwicklung der Kirche**
> **von einer jüdischen Sekte zur Weltreligion)**

– **Verhandlungspunkt** auf dem Konzil war die Frage:
  • Soll die ganze Kirche nach dem Vorbild der jüdischen Synagoge gestaltet werden? (Ansicht konservativer Judenchristen, besonders von Pharisäern, die Christen geworden waren.)
  • Oder soll die heidenchristliche Kirche vom mosaischen Gesetz befreit bleiben? (Ansicht der Apostel, des Barnabas und der Gemeinde von Antiochien)
– **Beschluss des Konzils:** Heiden, die Christen werden, müssen sich nicht beschneiden lassen und müssen nicht das Gesetz des Mose beachten, sie sollen sich nur an die *Jakobusklauseln* halten (Apg 15,20 und 15,23–29 = *Aposteldekret).* Diese Klauseln (Verzicht auf Götzenopferfleisch, auf Blutgenuss, auf das Fleisch erstickter [= nicht ausgebluteter] Tiere und Vermeidung von Unzucht [Inzest?]) waren wichtig, damit Judenchristen überhaupt in persönlichen Verkehr und in Tischgemeinschaft mit Heidenchristen treten konnten.
  In der Folgezeit entwickelte sich das Christentum immer mehr zur „Kirche der Heiden"; der Anteil an Judenchristen nahm ständig ab, die Entfremdung zwischen Juden- und Heidenchristen wuchs. Seit dem 6. Jh. ist das Judenchristentum erloschen.

11.5 Nachbiblische Kirchenbilder im Wandel der Geschichte

Das Selbstverständnis der Christen unterlag immer wieder Veränderungen, in denen sich die Wandlungen der soziokulturellen Situation widerspiegeln. So ergibt sich die ganze Kirchengeschichte hindurch eine permanente Spannung zwischen der Unwandelbarkeit und Unfehlbarkeit der Kirche als göttliche Stiftung einerseits und ihrer unleugbaren ständigen Reformbedürftigkeit andererseits auf Grund ihrer Geschichtlichkeit, ihrer eschatologischen Vorläufigkeit und der ethischen Unvollkommenheit ihrer jeweiligen Mitglieder. Vgl. a. u. 11.8 sowie 6.3 und 8.3.2.

Der Soziologe Friedrich Fürstenberg (geb. 1930) nennt drei Grundformen von Kirchenbildern und ordnet sie den verschiedenen Epochen der Kirchengeschichte zu:

1. **Die Bruderschaftskirche:**
   Weitestgehende Selbstständigkeit aller Gemeinden und Gleichberechtigung aller Mitglieder: Alle Christen bezeichnen sich als „Klerus" (gr. klêros m. „Anteil, Los, Besitz": nach 1 Petr. 5,3 sind die Gemeinden „Gottes Erbbesitz" [klêros]). – Kirchenmodell des frühen Christentums.

2. **Die Verbandskirche:**
   Kirche als Institution mit durchorganisiertem Lehr-, Leitungs- und Rechtsprechungssystem. Die Liturgie wird nach genau festgeschriebenen Riten vollzogen. – Kirchenmodell des Mittelalters.

3. **Die Staatskirche:**
   Die Institution Kirche verbindet sich möglichst eng mit der Staatsgewalt zur gegenseitigen Hilfeleistung und Förderung. Vgl. u. 11.7. – In der noch ungeteilten lateinischen Kirche wurde diese Form schon im frühen Mittelalter praktiziert (fränkische Reichskirche, karolingische Reform), in der Neuzeit wurde sie die offizielle Verfassung der reformatorischen Kirchen, da in den protestantischen Ländern der Landesherr auf Grund des Augsburger Religionsfriedens von 1555 auch Oberhaupt der evangelischen Kirche seines Territoriums war. In der katholischen Kirche war wegen ihrer Ausrichtung auf Rom dieses Bündnis von „Thron und Altar" nicht so eng.

11.5.1 Die „klassische" Zeit der Kirchengeschichte: 1.–4. Jh. (= Zeit der Christenverfolgungen)

Die Christen waren noch eine Minderheit unter den Religionen im Römischen Reich und galten als Außenseiter wegen des Absolutheitsanspruchs ihrer dogmatischen und ethischen Lehre, der immer wieder zu Konflikten mit der römischen Staatsreligion – insbesondere mit dem Kaiserkult – führte.

Gerade wegen ihres geringen sozialen Ansehens in der Öffentlichkeit rückten die Christen untereinander eng zusammen zur Bruderschaftskirche, s. o. Das zeigen auch die damals beliebten Metaphern für Kirche: Mutter, Arche Noach, Braut Christi.

Die Leitungsämter (Bischof, Presbyter, Diakon) wurden nicht als Instrumente zur Entmündigung der Gemeindemitglieder empfunden, zumal ja die ganze Gemeinde an der Wahl dieser Amtsträger beteiligt war, sondern als notwendige Mittel zur Stabilisierung der Gemeinde und Sicherung der Lehre vor Irrtümern. – Vgl. a. u. 11.6.

Die Christen der damaligen Zeit blieben in Verfolgungen gelassen, weil sie überzeugt waren, dass ihr Christusbekenntnis, insbesondere in der Form des blutigen Martyriums, ihnen die ewige Seligkeit sichert und dass die Kirche durch keine Verfolgung zu vernichten ist, weil ihr der Herr wegen ihrer Heilsnotwendigkeit Bestand bis ans Ende der Welt zugesichert hat. Sie bemühten sich, das „Licht der Welt" zu sein, d. h. ein vorbildliches Leben zu führen und keinem Mitmenschen Anlass zu einem berechtigten Tadel zu geben.

11.5.2 Die christliche Spätantike (von der Konstantinischen Wende 313 n.C. bis zum Ende des weströmischen Reiches 476 n.C.)

Die christliche Kirche erlebt einen ungeahnten sozialen und politischen Aufstieg: 313 Gleichberechtigung mit den anderen Religionen im Römerreich (= sog. konstantinische Wende), 380 Staatsreligion. Sie kann jetzt ihre 5 Grundaufgaben ungehindert erfüllen: Zeugnis für Christus (gr. **martyría** f.), Verkündigung der Botschaft Christi (gr. **kérygma** n.), Feier der Gottesdienste und Sakramente (gr. **liturgía** f.), Caritasarbeit (gr. **diakonía**), Pflege der Gemeinschaft (gr. **koinonía** f.).

Vor dem Hintergrund der vielfältigen Verbindungen zwischen Kirche und Staat entwickelt Augustinus seine Lehre von den *zwei Reichen*: Es gibt auf Erden zwei große Institutionen: den Gottesstaat (lat. cívitas Dei f.) und den irdisch gesinnten Staat (cívitas terréna f.). Augustinus hütete sich aber, diese beiden „Reiche" mit der geschichtlichen Kirche bzw. dem geschichtlichen Staat gleichzusetzen. Er erklärte den Gottesstaat als Gemeinschaft aller Menschen, die bereit sind, Gott zu dienen. Zum irdischen Staat rechnet er die Menschen, die sich nicht um Gott und seine Gebote kümmern. So kann es nach Augustinus ohne weiteres vorkommen, dass ein Mitglied der christlichen Kirche innerlich zum irdischen Staat gehört und umgekehrt ein Nichtchrist innerlich zum Gottesstaat. (Vgl. u.: „Außer der Kirche kein Heil")

Diese Periode ist auch die Zeit der großen theologischen und sektiererischen Auseinandersetzungen in der Kirche, die auf den ersten allgemeinen Konzilen behandelt und entschieden wurden, vgl. 10.6.2.

Auf dem 2. allgemeinen Konzil (Konstantinopel 381) wurden *die vier wichtigsten Kennzeichen der wahren Kirche* festgelegt und ins Glaubensbekenntnis aufgenommen: „Ich glaube an die *eine, heilige, katholische* und *apostolische* Kirche".

Diese vier Kennzeichen bedeuten nach heutigem theologischem Verständnis (s. KKK 811–870):

Einheit:

Die Kirche besitzt einen einheitlichen Glauben (keinen dogmatischen Pluralismus), der auf dem Willen Christi beruht (Joh 17,21) und seinen Ursprung in der Einzigkeit Gottes hat (Eph 4,5).

Sie spendet überall und immer dieselben 7 Sakramente.

Sie hat ein gemeinsames Oberhaupt, den Papst, und Bischöfe, die in der Nachfolge der Apostel stehen.

Weil die Kirche von Christus her zur Einheit verpflichtet ist, bildet der ökumenische Gedanke für sie ein Grundanliegen und eine Hauptaufgabe.

Heiligkeit:

Die Kirche steht in engster Verbindung mit dem allheiligen Gott: Christus hat sie gestiftet, sie wird vom Hl. Geist erleuchtet, ihre Lehre beruht auf der göttlichen Offenbarung.

Sie hat von ihrem Stifter die Mittel anvertraut bekommen, die zur Heiligung der Menschen notwendig sind, v. a. die Sakramente.

Sie hat zu allen Zeiten (auch in den sog. „dunklen" Perioden) Heilige hervorgebracht, d. h. exemplarische Christen, die bis zur relativen Vollkommenheit der Christusnachfolge gelangten. – Vgl. a. 8.3.3.

Katholizität:

(gr. Adv. kath'hólu „allgemein, überhaupt"; Adj. katholikós „allgemein, überall verbreitet")

Die Kirche ist in zeitlicher Hinsicht „allgemein", weil sie seit ihrer Gründung ununterbrochen fortbestanden hat.

Sie ist in räumlicher Hinsicht „allgemein", weil sie „bis an die Grenzen der Erde" (Apg 1,8) verbreitet ist.

Die Pfarrgemeinden nehmen durch ihre Verbindung mit dem Bischof, die Diözesen durch die Verbindung ihres Bischofs mit dem Papst an der Katholizität der Kirche teil. – Den nichtkatholischen Christen bescheinigt das II. Vat. Konzil eine Teilkatholizität („eine gewisse, wenn auch nicht vollkommene Gemeinschaft mit der kath. Kirche": Ökumenismusdekret „Unitatis redintegratio/Wiederherstellung der Einheit", Art. 3, ebenso in der Ökumenismus-Enzyklika Johannes Pauls II. „Ut unum sint/Dass sie eins seien" vom 25. 05. 1995, Art. 14).

Apostolizität:

Die Apostel sind das „Fundament" und die „Säulen", auf denen die Kirche ruht (Eph 2,20; Offb 21,14; Gal 2,9): Die kirchliche Lehre ist die Lehre der Apostel, Papst- und Bischofsamt gehen auf die Leitungsämter der Apostel zurück, vgl. o. 11.3. Die Bischöfe stehen in der rechtmäßigen Nachfolge der Apostel (lat. succéssio apostólica f.). S. a. oben das Kriterium „Einheit".

Zusatz 1:

Weitere Wesensmerkmale der Kirche sind: *Unzerstörbarkeit* (Indefektibilität) (Mt 16,18; 28,20), *Unfehlbarkeit* bei der Verkündigung von Dogmen, vgl. 6.3.1, *Sichtbarkeit*, vgl. Jesu Bilder für die Kirche (s. o. 11.3) und die paulinischen Bilder „Leib Christi" und „Tempel Gottes/des Hl. Geistes" (s. o. 11.4.1–3).

Abschließender Überblick über die Kirche der christlichen Spätantike

Bis zum Ende der Antike im 5. Jh. wurden in der Kirche Grundlagen für ihre Weiterentwicklung gelegt, die bis in unsere Gegenwart reichen:
- Die Liste („Kanon") der biblischen Bücher wird für alle Zeit festgelegt (endgültiger Abschluss der Kanonbildung wohl 382 auf einer Synode in Rom unter Vorsitz des Papstes Gelasius I.).
- Die wichtigsten Glaubenslehren werden in Form von Glaubensbekenntnissen (gr. sýmbolon n.) und von Glaubensregeln (lat. régulae fídei f.) formuliert. Die Glaubensregel ist die Darstellung einer oder mehrerer verbindlicher Glaubenslehren; später sagte man statt Glaubensregel „Dogma".
- Die Grundformen der heutigen Eucharistiefeier werden niedergeschrieben, ebenso die Ordnung für die Spendung der übrigen Sakramente.
- Die Grundgestalt einer Theologie, die sich vor der menschlichen Vernunft rechtfertigen kann, wird geschaffen.

Die Kirche der Spätantike versteht sich als Werk Gottes und darum als eschatologische, sakramentale, universale, aber auch als geschichtliche Größe. Sie bezeichnet sich als commúnio sanctórum im doppelten Sinn: als Gemeinschaft der heiligen (= durch Christus geheiligten/gerechtfertigten) Menschen und als Gemeinschaft der heiligen Dinge/Handlungen (= als Kultgemeinschaft).

Zusatz 2: Außerhalb der Kirche kein Heil?

In der Spätantike kam auch das Schlagwort auf „Außerhalb der Kirche gibt es kein Heil", das auf den Kirchenschriftsteller Origenes (gest. 253) und den Kirchenvater Cyprian v. Karthago (gest. 258: Salus extra ecclésiam non est) zurückgeht. Von Rigoristen wurde diese These von der „alleinseligmachenden Kirche" immer wieder unchristlich eng und lieblos ausgelegt, als würden alle Menschen ewig verdammt, die nicht getaufte Kirchenmitglieder sind. – Das II. Vat. Konzil und der KKK betonen zwar, dass die christliche Kirche – objektiv gesehen – heilsnotwendig ist, weil Christus nur ihr *alle* Heilsmittel anvertraut und sie dadurch unersetzlich gemacht hat. Aber wer ohne eigenes Verschulden nicht Kirchenmitglied ist, jedoch in seiner Lebensführung subjektiv der Stimme des Gewissens folgt, „kann das Heil erlangen" (KKK 847; vgl. 1 Tim 2,4). K. Rahner erfand für diese Menschen den Ausdruck „anonyme Christen".

Die heutige Theologie spricht von einer doppelten objektiven Notwendigkeit der Kirchenzugehörigkeit:

- Notwendigkeit auf Grund der göttlichen Weisung (necéssitas praecépti), vgl. Mt 28,19f, und
- Notwendigkeit auf Grund des (göttlichen Heils-)Mittels: Nur die Kirche Christi besitzt und spendet alle Mittel, die Gott der Menschheit zur Rettung der Seelen gegeben hat.

11.5.3 Mittelalter: Die Kirche als geistliche Herrscherin

Die lateinische Kirche wurde unter den Karolingern im 8. Jh. zur politisch aktiven Reichskirche des erneuerten römischen Kaisertums „deutscher Nation". Das brachte ihr zwar einen großartigen äußeren Aufschwung: Sie stieg zur stärksten politischen, wirtschaftlichen, gesellschaftlichen und kulturellen Macht im Frühen Mittelalter auf. Zunehmend betrachtete sie sich dabei selbst als eine hierarchisch-monarchistische Institution göttlichen Rechts, deren streng juristische Verfassung ebenso gottgewollt ist wie die Reservierung der Leitungsämter für die Kleriker. So entstand eine Männer- und Klerikerkirche, bei der die Laien zur „hörenden Kirche" herabgewürdigt und auch nahezu vollständig vom aktiven Wahlrecht bei klerikalen Ämtern ausgeschlossen wurden. S. u. 11.6.

Die ungeheure Machtentfaltung der Kirche führte während des ganzen Mittelalters immer wieder zu Vormachtkämpfen zwischen Papst und Kaiser: Der Papst beanspruchte politische Kompetenz, der Kaiser geistliche (Extremformen: *Papocäsarismus*: Der Papst betrachtet sich als höchsten politischen Herrscher auf Erden; *Cäsaropapismus*: Der Kaiser betrachtet sich als Oberhaupt der Kirche).

Die episkopal-kollegiale und synodal-föderalistische Kirchenstruktur der Antike wird nach und nach durch eine papalistisch-zentralistische ersetzt. Die Begriffe „christlich" und „katholisch" werden mit „papsttreu, papstergeben" gleichgesetzt. Beherrschende Idee päpstlichen Machtstrebens wurde die schon im 5. Jh. aus Lk 22,35–38 abgeleitete *Zwei-Schwerter-Theorie*: Christus hat der Kirche – die vom Papst repräsentiert wird – das „geistliche und das weltliche Schwert" (= die geistliche und weltliche Universalherrschaft) verliehen. Der Papst gibt das weltliche Schwert aus freiem Entschluss an den Staat (repräsentiert durch den Kaiser) weiter. Diese Theorie löste unter Papst Gregor VII. (1073–85) den Investiturstreit aus. Papst Innozenz III. (1198–1217) beanspruchte Anerkennung als Papstkaiser (Papocäsarismus, s. o.). Bonifaz VIII. (1294–1303) identifizierte sich völlig mit der heilsnotwendigen Kirche und behauptete, dass niemand gerettet werden könne, der nicht den Papst als seinen höchsten Herrn anerkenne.

Ein solch absolutistischer Machtanspruch provozierte den Widerspruch der Staatsgewalt. Kaiserlich gesinnte Juristen entwarfen eine Gegentheorie: Christus habe das weltliche Schwert unmittelbar dem Staat/Kaiser übertragen, es sei demnach dem Zugriff des Papstes entzogen.

Die Kirche beschwor auch wiederholt Konflikte dadurch herauf, dass sie die augustinische Gottesstaat-Idee (s. o.) mit politischen und militärischen Mitteln erzwingen wollte (z. B. Kreuzzüge, Inquisition, Zwangstaufen von Juden in Spanien vom 13. bis zum 16. Jh.).

Gegen die Politisierung, den Reichtum und die Verweltlichung der Kirche erhoben sich von mehreren Seiten Protestbewegungen. Sie trennten sich entweder als Sekten radikal von der nach ihrer Ansicht entarteten Kirche (Albigenser, Waldenser, Wiclifiten, Hussiten), zum Teil wollten sie die Kirche von innen heraus reformieren. Solche Reformbestrebungen gingen zunächst von den Orden aus (Reformbenediktiner von Cluny und Hirsau im 10./11. Jh., Neugründungen radikal armer Orden [der sog. Bettelorden] ab dem 13. Jh.: Franziskaner, Dominikaner, Karmeliter, Augustinereremiten). Im 14. Jh. trat die Devótio modérna („Neue Frömmigkeit") auf den Plan; sie war zum guten Teil eine Laienbewegung, bei der auch Frauen wichtige Rollen übernahmen.

Als Protest gegen den päpstlichen Absolutismus und Zentralismus kann man auch das sog. morgenländische Schisma betrachten, d. h. die Abspaltung der griechischsprechenden Ostkirche 1054 von der lateinischsprechenden Westkirche. Von da ab gab es keine einheitliche Christenheit mehr: Sie zerfiel in zwei Konfessionen: die Lateiner/Katholiken und Griechen/Orthodoxe.

Auch der Konziliarismus des 14. und 15. Jh. suchte die päpstliche Macht zu beschränken. Er lehrte, dass ein allgemeines Konzil Jurisdiktion auch über den Papst habe. Diese konziliare Theorie konnte sich aber nicht gegen die Lehre vom päpstlichen Universalprimat durchsetzen.

Trotz aller machtpolitischer Streitigkeiten der höchsten Führungskräfte in der Kirche blühte die Theologie im späten Mittelalter (1250–1500) kräftig auf; immer mehr wurde die aristotelische Philosophie und damit Vernunftargumente in die Theologie eingebracht. So entwickelte sich diese zu einer Wissenschaft, die ihre Thesen rational begründen will und kann.

Insgesamt kann man sagen, dass zwischen dem Kirchenbegriff des NT und des Mittelalters erhebliche Divergenzen bestehen und dass die Kirche im Mittelalter Mühe hatte, ihre eigentlichen Aufgaben nicht den Machtinteressen zu opfern. Es wäre aber verkehrt, an die mittelalterliche Kirche den Maßstab des kirchlichen Entwicklungsstandes unseres 20. Jh. anzulegen. Man muss die damalige Kirche anhand der Hl. Schrift und aus dem Selbstverständnis der damaligen Zeit auf Grund ihrer Leitideen und auch ihrer zu jener Zeit unüberwindlichen Irrtümer objektiv zu beurteilen suchen.

11.5.4 Neuzeit: Zerfall der Westkirche in Konfessionen

Der Humanismus brachte die Entdeckung des Ichs, d. h. der menschlichen Autonomie. Diese Neubelebung antiker philosophischer Ideen führte zum Bruch der mittelalterlichen Ordnung in allen soziokulturellen Bereichen. Es entstanden die Nationalstaaten, die sich jede Bevormundung durch den Papst in weltlichen Dingen verbaten. Die Laien begannen nach mehr Rechten in der Kirche zu rufen. Die philosophische Richtung des Nominalismus wurde ein Wegbereiter des Rationalismus und Empirismus.

Die Zeit war im 16. Jh reif für die Reformation. Durch deren Erfolg verlor die Papstkirche das Alleinvertretungsrecht aller westlichen Christen: Sie musste sich, da ihr die Unterdrückung der reformatorischen Kirchen nicht gelang (Religionskriege in Deutschland 1535 bis 1648), mit der Tatsache mehrerer Konfessionen abfinden.

Bis heute bestehen unter den katholischen und reformatorischen (protestantischen) Christen tiefgreifende Unterschiede:

- in der Kirchenverfassung (hierarchisch mit verbindlichem, unfehlbarem Lehramt [kath.] – demokratisch [(prot.]),
- im Amtsverständnis (Weihepriestertum [kath.] – von der Gemeinde beauftragter Seelsorger ohne eigenes Weihesakrament [prot.]),
- in der Sakramentenlehre (7 Sakramente [kath.] – 2 Sakramente: Taufe und Abendmahl [prot.]) sowie
- in bestimmten Frömmigkeitsformen (z. B. Ablehnung des Ablasswesens und der Heiligenverehrung durch die Protestanten).

Diese Divergenzen konnten bisher nicht beseitigt werden, trotz aller ökumenischer Bemühungen auf beiden Seiten im 20. Jh.

Das Konzil von Trient (1545–63) stellte die schlimmsten Missstände in der katholischen Kirche ab, ohne aber den reformatorischen Christen in wesentlichen Punkten entgegenzukommen. Durch diese Kirchenversammlung neu gekräftigt, startete die Papstkirche eine Gegenoffensive: die Gegenreformation (1555–1648). Der verhältnismäßig große Erfolg dieser „Reform von oben" gab der katholischen Kirche das Selbstvertrauen in einem solch hohen Grad zurück, dass sie nun in einen Triumphalismus fiel: Sie setzte alle kulturellen Mittel der Barockzeit ein, um sich selbst als Siegerin über die protestantischen Irrlehren zu profilieren. Sichtbarstes Dokument dieser Einstellung war die Vollendung der Peterskirche in Rom 1626, die bis heute das größte Gotteshaus der gesamten Christenheit darstellt.

In der Heidenmission hatte die Kirche infolge der Erschließung neuer Länder und ganzer Kontinente ein riesiges neues Arbeitsfeld erhalten. Die katholische Mission konnte in Amerika und Asien im 16. und 17. Jh. gute Erfolge verzeichnen, ließ sich aber doch nicht selten vom politischen Kolonialismus der Seemächte als „Jagdhund des Imperialismus" missbrauchen. Gegen diese Entwicklung konnte auch das 1622 gegründete vatikanische Missionsministerium (Sacra Congregátio de propagánda fide/Heilige Behörde für die Ausbreitung des Glaubens) nicht viel ausrichten.

Bis ins 20. Jh. herrschte in der katholischen Kirche die Meinung vor, mit der Mission müsse auch die Europäisierung der Eingeborenen einhergehen – einschließlich ihrer Verpflichtung auf die lateinische, römische Liturgie. Nur langsam begann man, kirchliche Ämter und Dienste an Einheimische zu vergeben. Erst das II. Vat. Konzil (Pastorale Konstitution über die Kirche in der Welt von heute „Gáudium et spes/Freude und Hoffnung", Art. 42) betonte offen, dass die Kirche an keine bestimmte Form menschlicher Kultur gebunden sei. Seitdem ist der seit 1959 bekannte neue Begriff „Inkulturation" ein wichtiges Anliegen der kirchlichen Missionsarbeit geworden. Inkulturation bedeutet Anpassung der Heilsbotschaft Christi an die jeweilige Kultur eines Missionslandes.

Die Aufklärungszeit (17./18. Jh.) führte zur zunehmenden Distanzierung der gebildeten Oberschicht von der Kirche. Man interessierte sich mehr für eine „natürliche" Religion als für eine Offenbarungsreligion mit Dogmen und theonomer Moral. Der Kirche räumte man allenfalls eine Daseinsberechtigung als „moralische Anstalt" ein, d. h. als Erzieherin des einfachen Volkes zu einer ethischen Lebensführung und als Mäzenin der Künste und Wissenschaften.
In die Aufklärungszeit fallen auch die Anfänge der atheistischen Philosophiesysteme des Materialismus, Positivismus und Kommunismus.

Die französische Revolution von 1789 und die von Napoleon befohlene Säkularisation zu Beginn des 19. Jh. brachten die Auflösung der geistlichen Fürstentümer und Herrschaften und die Einziehung des kirchlichen Besitzes. Dadurch verlor die Kirche ihre politische und wirtschaftliche Großmachtstellung in Europa.
Die Reaktion der Kirche auf diese Schwächung war eine starke Zentralisierung auf das Papsttum als Repräsentanten kirchlicher Unabhängigkeit vom ungeliebten laizistischen, kirchenfeindlichen Staat; der schon im 18. Jh. entstandene Ultramontanismus (Ausrichtung auf den Papst in Rom; lat. ultra montes „jenseits des Gebirges" = Rom) blühte auf. Seine größte Leistung war die Dogmatisierung der päpstlichen Unfehlbarkeit auf dem I. Vat. Konzil (1869–70).

Dadurch erhielt der unumschränkte Primat des Papstes seine höchstmögliche Sanktionierung.

Das nachnapoleonische Zeitalter der Restauration und der Romantik (1815–48) begünstigte die Entpolitisierung und Verinnerlichung des kirchlichen Lebens bis hin zu einer Gettomentalität und Protesthaltung gegenüber allen modernen Errungenschaften (Gewissens-, Religions- und Pressefreiheit, Abschaffung klerikaler Privilegien usw.).

Die katholische Kirche des 19. Jh. verstand sich als hierarchisch gegliederte und von Gott mit allen Heilsmitteln ausgestattete „vollkommene Gesellschaft" (lat. socíetas perfécta). Die kirchliche diakonia aber erkannte zu spät ihre große neue Aufgabe: die Betreuung der durch die Industrialisierung sprunghaft gewachsenen Arbeiterschaft („Proletariat"). Als sich die Amtskirche um sie kümmerte (Bischof Ketteler, Papst Leo XIII., caritative kirchliche Orden), waren die Arbeiterscharen zum großen Teil schon fest in den Händen des Sozialismus oder Kommunismus.

Insgesamt kann man sagen, dass sich die katholische Kirche vom 16. bis zum 20. Jh. ständig auf Rückzugsgefechten befand: Reformation, Aufklärung, Säkularisation, Atheismus im 19. Jh., Verlust des Kirchenstaates 1870, Ende des Bündnisses zwischen „Thron und Altar" 1918, Gründung weltanschaulich neutraler demokratischer Staaten, Nationalsozialismus in Deutschland, atheistische Diktaturen im Sowjetimperium, zunehmender Säkularismus, weltanschaulicher und ethischer Pluralismus und praktischer Atheismus im sog. christlichen Abendland stellten die Kirche vor schwere Probleme.

Erst im 20. Jh. schöpfte die Kirche die Kraft, sich der modernen Zeit und ihren Problemen vorurteilsfrei zuzuwenden. Viele derartige Impulse gingen schon vor dem II. Vat. Konzil von Basis- und Laienbewegungen aus.

Mitten im Zweiten Weltkrieg brachte Papst Pius XII. die biblisch-altchristliche Vorstellung von der Kirche als mystischer Leib Christi wieder in die Diskussion durch seine Enzyklika „Mýstici córporis" vom Jahr 1943. Der Papst interpretiert das Leib-Christi-Bild der Kirche zwar in durchaus konservativem Sinn, ruft aber im Schlussteil dazu auf, nicht nur die Glieder, sondern auch die Nichtglieder der Kirche zu lieben.

Das II. Vat. Konzil (1962–65) erinnerte ebenfalls an das alte Kirchenbild vom Leib Christi, daneben auch an das Kirchenmodell vom wandernden/pilgernden Gottesvolk und von der Kirche als Gemeinschaft (koinonia/commúnio). S. „Lumen Gentium/Licht der Völker (= Christus)", bes. Art. 7–8; 9–17; 21–22; 24. – Das Konzil sieht die Gemeinschaft in der vertikalen und in der horizontalen Dimension: vertikal als innige Verbindung der Kirche mit ihrem Gründer und Herrn Jesus Christus, horizontal als brüderliches Nebeneinander der Kirchenmitglieder untereinander und auch im Verkehr mit den nichtkatholischen Christen und allen Menschen guten Willens. Der Communio-Gedanke des Konzils steht in einer gewissen Spannung zur hierarchischen Struktur der Kirche und bedarf noch eingehender Interpretation, insbesondere was das Verhältnis zwischen Papst und Bischöfen (Untertanenverhältnis oder Kollegialität) und die „noch nicht volle Gemeinschaft" mit den getrennten christlichen Kirchen anbetrifft, also das Ökumenismusproblem. Vgl. a. o. 11.5.2. Zur Kirche als Gemeinschaft s. a. 2.2.2; zur Gemeinschaft als Erfordernis der menschlichen Sozialnatur s. 4.3.1 und 7.3.

Insgesamt versuchte das Konzil, die konservative, gegen moderne Entwicklungen misstrauische Haltung der Kirche endgültig zu überwinden.

Papst Johannes Paul II. betonte – trotz einiger progressiv anmutender Äußerungen – wieder mehr ein vorkonziliares Kirchenverständnis: Er vertrat eine hierarchisch geordnete, vom Papst geleitete, sichtbare Heilsanstalt, welche die Aufgabe hat, die Menschen durch das einheitliche Glaubensbekenntnis, die gleichen Sakramente und die Beachtung ihrer Gebote (die sie als Auslegungen der göttlichen Gebote versteht) zum ewigen Heil zu führen.

Es sei hier aber auch ein Beispiel für eine überraschend aufgeschlossene Verlautbarung Johannes Pauls II. angeführt: In seiner Ökumenismus-Enzyklika vom Jahr 1995 ruft er die Bischöfe und Theologen aller christlichen Kirchen auf, gemeinsam mit der katholischen Kirche Formen zu finden, in denen der Papstdienst „einen von den einen und anderen anerkannten Dienst der Liebe zu verwirklichen vermag" (Art. 95). Er stellt also eine Reform des Papstamtes zur Diskussion!

11.6 Ämter und Dienste in der Kirche

11.6.1 Ämter in der Kirche des 1. Jahrhunderts

Die wichtigsten Ämter in der Kirche wurden von Christus eingesetzt und leiten sich von seinem Propheten- = Lehramt, seinem Priesteramt und seinem Königs- = Hirtenamt her. Die Ausprägung der kirchlichen Ämter erfolgte nach den jeweiligen soziokulturellen Erfordernissen einer Gemeinde: Die Ämter sollten im konkreten Umfeld der Gemeinde die Botschaft Jesu überzeugend weitergeben und beschützen.

– **Das Apostelamt**
  Den Ehrennamen „Apostel" führten in der frühen Kirche nicht nur „Die Zwölf" = die von Jesus besonders ausgewählten Jünger (= Urapostel), sondern auch andere: Paulus, Barnabas und missionarisch herumreisende Charismatiker. Die Urapostel übten alle fünf Grundaufgaben der Kirche aus,

s. o. 11.5.1, genossen Autorität (vgl. Apostelkonzil, s. o. 11.4.4), erhoben aber noch wenig Herrschaftsanspruch im juristischen Sinn, vgl. 2 Kor 4,5.
Als ihnen der diakonische Dienst über den Kopf wuchs, schufen sie zu ihrer Entlastung das **Diakonsamt**: Apg 6,1–7. – Petrus genießt im Zwölferkreis und in den Gemeinden eine Vorrangstellung: Apg 1,15–26; 2,14–36; 10; 15,7–11; Gal 1,18. – Vgl. a. o. 11.3.
Anmerkung: Auch als Judas Iskariot nicht mehr am Leben war (Mt 27,5), hießen die übrigen elf Apostel stereotyp immer noch „die Zwölf", vgl. z. B. 1 Kor 15,5; Offb 21,14.

– **Epískopoi (gr. „Aufseher, Vorsteher"), Presbýteroi (gr. „Ältere") und Diákonoi (gr. „Helfer, Diener")**
(Die Amtsbezeichnung „presbýteros" stammt aus dem hellenistischen Judentum, der Titel „epískopos" und „diákonos" aus dem griechischen Vereinswesen.)
Ursprünglich scheinen die Bezeichnungen „episkopos" und „presbyteros" ohne Rangunterschied verwendet worden zu sein. Am Ende des 1. Jh. wurde dann der Titel „episkopos" dem obersten Gemeindeleiter vorbehalten; daraus entwickelte sich das deutsche Lehnwort Bischof. Presbyter hießen nun die geweihten Mitarbeiter des Bischofs; daraus entstand das deutsche Lehnwort Priester. – Vom Amt des episkopos spricht Apg 20,28; Tit 1,5.7; vom Presbyteramt Apg 11,30; Röm 12,8.
Die „amtliche Trias" Bischof – Presbyter – Diakon beruht nach dem Selbstverständnis der frühen Kirche zum Teil auf der Einsetzung durch Christus, nämlich Bischof und Presbyter: Mt 18,18; 28,19; Lk 22,19; Joh 20,22f, die Einführung des Diakonats entspricht zumindest seinen Absichten (vgl. Apg 6,2 mit Mt 20,26).
Diese Ämter wurden durch Handauflegung und begleitendes Gebet des Gemeindeleiters an Nachfolger weitergegeben: Apg 14,23; 1 Tim 4,14; 5,22.

– **Dienste, die keine sakramentale Weihe erfordern: laikale Ämter/Dienste**
Laien halfen bei allen Aufgaben der Gemeinde mit, je nach den aktuellen Erfordernissen.
Unter den Laiendiensten sind besonders zu erwähnen:
Diakoninnen = Diakonissen (Röm 16,1)
Sie waren wohl identisch mit dem Stand der „Witwen" (1 Tim 5,9ff) und widmeten sich der Frauenseelsorge und Caritasarbeit. In der Ostkirche wurden die Diakoninnen eine Zeitlang zum Klerus gerechnet. Im Mittelalter ging der Diakoninnendienst im weiblichen Ordensstand auf.
Charismatiker/Charismatikerinnen (Apg 21,9; 1 Kor 12,28–30; 14,26–40)
Dazu gehörten Propheten, Lehrer, Wundertäter, ekstatische Redner. – Die

CharismatikerInnen beriefen sich auf unmittelbare Beauftragung durch Christus und Weihe/Berufung durch den Hl. Geist. Sie erhielten also keine sakramentale Weihe durch einen Gemeindeleiter und kamen wegen ihrer Ausnahmestellung manchmal in Konflikt mit den regulären Inhabern der kirchlichen Weiheämter. Solche Zustände in der Gemeinde von Korinth deutet 1 Kor 1,10ff; 12 – 14 an.

Evangelisten (Apg 21,8; Eph 4,11; 2 Tim 4,6)

Sie waren Wandermissionare, welche die Frohbotschaft Jesu verbreiteten. (Erst im 2. Jh. wurden auch die Verfasser der vier Evangelien „Evangelisten" genannt.)

Zusatz:

Die in der Ämterliste Eph 4,7–16 genannten **Lehrer und Hirten** waren wohl keine Laien, sondern identisch mit den Episkopoi und Presbyteroi.

11.6.2 Vom Amt zur Hierarchie

(gr. hierarchía f. „heilige Herrschaft, Abstufung der Ränge in einer Gesellschaft: System der Über- und Unterordnung")

Der Begriff „Hierarchie" wurde im 6. Jh. in die christliche Theologie eingeführt und hat zwei Bedeutungen:

- *abstrakt:* Die Herrschaft (Amtsausübung) des Klerus, besonders über die Laien
- *konkret:* im weiteren Sinn der *gesamte Klerus:* Diakone, Priester, Bischöfe, im engeren Sinn der *höhere Klerus:* Äbte, Generalobere der Orden, Generalvikare, Bischöfe, Kardinäle, Papst

Die Kirchenverfassung der christlichen Antike war zwar im Grunde hierarchisch (s. o. 11.2.2, 11.3 und 11.5.1–2), aber faktisch kollegial und synodal: Alle Bischöfe, einschließlich der römische, standen in einer brüderlichen Freundschaft, d. h. in einer weitgehenden Gleichberechtigung zueinander, wenn auch der Kirche durchaus bewusst war, dass Petrus im Zwölferkollegium eine Vorrangstellung einnahm, die nach dem Willen Jesu auch auf die Nachfolger des Petrus übergehen sollte. Der hl. Ignatius von Antiochien (gest. um 110) nennt die Kirche von Rom die „Vorsteherin der Liebe", der hl. Ambrosius (gest. 397) sagt: „Wo Petrus ist, da ist die Kirche." Stephan I. (254–257) berief sich als erster Papst auf Mt 16,18ff zur Begründung seines Primats. Aber von einer allgemeinen Anerkennung des römischen Primats konnte damals noch nicht die Rede sein. Ab dem 4. Jh. beanspruchte zunächst einmal der christliche Kaiser in Byzanz den Jurisdiktionsprimat über die Gesamtkirche: „Ihr seid von Gott über uns Bischöfe gesetzt, über Euch steht niemand. Ihr herrscht über alle, und darum habt Ihr das Recht zu tun, was Ihr wollt", schrieben damals Bischöfe an den Kaiser. Bei Kirchenversammlungen (Synoden) waren alle Bischöfe gleichberechtigt; den Vorsitz führte der Kaiser oder sein Stellvertreter (synodale Kirchenverfassung).

Diese Situation änderte sich, als im 5. Jh. der Kaiser den Westteil des Reiches nicht mehr beherrschen und beschützen konnte. In dem entstehenden Machtvakuum fiel dem Papst in Rom historisch die Führungsrolle für den Westen zu, weil er hier als einziger unbestrittene Autorität besaß und über einen funktionierenden Verwaltungsapparat verfügte. Von da an kann man sowohl von einem ausgeprägten Jurisdiktionsprimat des Papstes wie von einer Umformung der bisher überwiegend kollegial-synodal geprägten Kirchenverfassung zu einer hierarchischen sprechen. Es entstand die Klerikerkirche: Lehr-, Leitungs- und Richterämter reservierte sich der Klerus fast restlos. Nur er wurde im Mittelalter für fähig und würdig gehalten, Christus bei den wichtigsten Amtshandlungen der Kirche zu vertreten (repräsentieren). Auch das Mitsprache- und Wahlrecht der Laien bei der Einsetzung von klerikalen Amtsträgern wurde nach und nach beseitigt: So wurde z. B. das aktive Papstwahlrecht 769 dem Klerus, 1179 den Kardinälen vorbehalten. Der Prozess der Klerikalisierung der Kirche war bis zum Jahr 1200 abgeschlossen.

Die Aufnahme in die Hierarchie ist identisch mit der Aufnahme in den Klerus. Diese erfolgte bis 1972 durch die Erteilung der Tonsur (Kurzhaarschnitt mit runder Kahlstelle am Haarwirbel). Seit 01. 01. 1973 besteht die Aufnahme in der Spendung der Diakonatsweihe; die Tonsur als Aufnahmezeremonie wurde abgeschafft.

Bereits im 3. Jh. wurden neue klerikale Ämter geschaffen, die nicht auf eine Einsetzung durch Christus zurückgingen und darum auch keinen Anschluss an das Sakrament der Priesterweihe (Ordo) hatten. Sie wurden den Klerikern nach der Tonsur und vor der Erteilung der Diakonatsweihe gespendet:
- Ostiariat (lat. „Pförtnerdienst"): entspricht weitgehend dem heutigen Küster- oder Mesnerdienst.
- Lektorat (lat. „Vorlesedienst"): Vortrag bzw. Gesang der biblischen Leseabschnitte (Perikopen) bei der Liturgie. Dieser Dienst wurde im Mittelalter von den Subdiakonen und Diakonen übernommen.
- Exorzistat (gr. „Beschwörungsdienst" [gegen die Dämonen]): Abwehr dämonischer Mächte durch besondere Gebete („Beschwörungen") und Zeremonien. Diese Funktion ist seit dem Mittelalter Priestern (Exorzisten) vorbehalten, die vom Bischof eigens dazu beauftragt sind.
- Akolythat (gr. „Begleitung, Gefolge" [des Diakons bei der Liturgie]): Ausübung zeremonieller Hilfsdienste bei der Liturgiefeier; dieses Amt wurde von den Ministranten übernommen.

Die vier obigen Dienste wurden durch die sogenannten „Niederen Weihen" gespendet, die keinen sakramentalen Charakter hatten. Das nächste Amt wurde bereits durch die erste „Höhere Weihe" verliehen, die aber ebenfalls noch kein Sakrament war:
- Subdiakonat (lat./gr.: „Unterdienst"), ab dem 3. Jh.: Ausübung zeremonieller Hilfsdienste bei der Liturgie. Mit dem Empfang dieser Weihe war die Verpflichtung zu Zölibat und Breviergebet verbunden.

Im Laufe des Mittelalters verloren alle diese nichtsakramentalen Klerikerämter ihre realen Funktionen und hatten nur noch symbolische und rituelle Bedeutung als Durchgangsstufen zum Priestertum. Da sie für das Leben der Kirche keine Bedeutung mehr hatten, schaffte sie Papst Paul VI. am 15. 08. 1972 ab.

11.6.3 Die Wiederentdeckung des Laiendienstes durch das II. Vatikanische Konzil

Das II. Vaticanum hat die Würde des „allgemeinen Priestertums" (1 Petr 2,9) wieder ins Bewusstsein der Kirche gerückt. An diesem Priestertum nimmt jeder Christ aufgrund von Taufe (und Firmung) teil. S. „Lumen Gentium" (LG), Art. 30–38.

Der zunehmende Priestermangel erzwingt immer stärker die Verwirklichung dieses Konzilsimpulses, d. h. er wertet die Rolle der Laien in der Kirche ständig auf.

Auf Grund der Anregung durch das Konzil wurden alte kirchliche Ämter, die im Mittelalter Privileg der Kleriker gewesen waren, den Laien zurückgegeben und neue Ämter für sie geschaffen. Sie stehen grundsätzlich auch den Frauen offen, z. B.:
- für das Kerygma: Katecheten (in Deutschland oft Diplomtheologen und Religionsphilologen), Prediger (den Predigtdienst bei der Messfeier behält Rom bisher aber immer noch dem Klerus vor),
- für die Liturgie: Lektoren, Kantoren, Akolythen (nach längerem Zögern hat Rom vor einigen Jahren ausdrücklich die Berufung von Mädchen zum Ministrantendienst genehmigt),
- für die Diakonie: ständige Dienste und Dienste auf Zeit, z. B. Caritasmitarbeiter,
- für die Seelsorge: Pastoralassistenten und -referenten, Diözesan- und Pfarrgemeinderäte, Gemeindeassistenten und -referenten,
- für die kirchliche Verwaltungsarbeit: Mitwirkung von Laien bei Synoden, in kirchlichen Gerichtshöfen und bei der Diözesanverwaltung.

In all diesen Bereichen zeichnen sich – besonders in der Dritten Welt – laikale Basisgemeinden und Basisbewegungen aus.

Die Laien werden – im Gegensatz zu den Klerikern – nicht durch Weihe, sondern in Form der Beauftragung durch die Kirche in ihr Amt eingeführt.

Zusatz: Die Wiedereinführung des ständigen Diakonats

Eine Art Brückenfunktion zwischen Klerus und Laien stellt das auf Initiative des Konzils (LG 29) wieder eingeführte ständige Diakonat dar. Es gilt zwar nach wie vor als unterste Stufe des Sakraments des Ordo, ist aber nicht mehr nur eine symbolische Durchgangsstufe zur zweiten Stufe des Ordo, dem Priestertum:

Die Kirche nimmt auch Männer zum Diakonatsdienst an, die dieses Amt haupt- oder nebenamtlich für ständig ausüben wollen.

Wenn die Anwärter verheiratet sind, werden sie vom Zölibat dispensiert, d. h. es gibt jetzt in der katholischen Kirche auch wieder verheiratete Diakone.

Der ständige Diakon leistet Caritas- und Verwaltungsarbeit, leitet liturgische Feiern (Taufspendung, Trauungen und Beerdigungen, Predigt [auch bei der Eucharistiefeier], Wortgottesdienste), bei Priestermangel kann er sogar mit der Verwaltung einer Pfarrei (als verantwortlicher Seelsorger) beauftragt werden; das Recht, die an die Priesterweihe gebundenen Sakramente zu spenden, erhält er allerdings durch eine solche Beauftragung nicht.

Die Würzburger Synode der Bistümer in der Bundesrepublik (1971–75) regte auch die Wiedererweckung des **Diakonissenamtes** an, fand aber mit diesem Vorschlag in Rom kein Gehör. – Die Möglichkeit, Frauen die gleiche sakramentale Diakonatsweihe zu spenden wie den Männern, wurde vom jetzigen Papst wohl endgültig beseitigt: Er erklärte es zur unfehlbar wahren Lehre, dass Frauen nicht zu Priestern geweiht werden können. (Apostolisches Schreiben vom 22. 05. 1994; die römische Glaubenskongregation bestätigte die Verbindlichkeit und Endgültigkeit dieser päpstlichen Lehrentscheidung am 28. 10. 1995 ausdrücklich.) Da aber nach der Lehre der katholischen Dogmatik das Diakonat die unterste Stufe des Weihesakramentes ist, müssen Frauen konsequenterweise auch vom Diakonat ausgeschlossen bleiben – außer es wird ihnen der Titel „Diakoninnen/Diakonissen" als bloße Ehrenbezeichnung verliehen, ohne dass damit die Aufnahme in den Klerus und die Erteilung sakramentaler Vollmachten verbunden sind. Doch hierüber hat sich Rom noch nicht geäußert.

11.7 Kirche und Staat in der Bundesrepublik Deutschland

Das Verhältnis zwischen der deutschen katholischen Kirche und dem Staat wird durch das immer noch gültige Reichskonkordat von 1933 und die Länderkonkordate mit Bayern (1924), Preußen (1929), Baden (1932) und Niedersachsen (1965) geregelt.

Kirche und Staat betrachten sich als selbstständige, gleichberechtigte Partner. Sie haben jeweils ihren eigenen, speziellen Aufgabenbereich und darum voneinander eine „Trennung in der Wurzel". Bei gemeinsamen Problemfeldern arbeiten sie aber zusammen. Das bedeutet:

- Die Kirche mischt sich in Tagespolitik, Staatsverwaltung und Rechtsprechung nur ein, wenn Grundlehren des christlichen Glaubens oder ethische Grundwerte gefährdet sind: „Die Kirche ist das Gewissen des Staates." Bei Gefahren für Glauben und Moral muss die Kirche nach ihrem Selbstverständnis ein Wächteramt über den Staat ausüben, z. B. auch durch Ideologiekritik.
- Die Kirche unterstützt den Staat beim Schutz der ethischen Grundwerte sowie im sozialen und kulturellen Bereich (z. B. durch kirchliche Krankenhäuser und Schulen). So bildet sie einen Integrations- und Stabilisationsfaktor der Gesellschaft.
- Die Kirche kann nicht alle politischen Parteien gleich behandeln. Ihre Nähe oder Distanz zu einer politischen Partei richtet sich nach deren Grundkonsens mit der Kirche in religiösen und ethischen Fragen. Vgl. 6.1.4. – Grundsätzlich begrüßt die Kirche die politische Betätigung ihrer Mitglieder in einer Partei, sofern diese nicht antikirchlich eingestellt ist.
- Der Staat gewährt auf Grund der im Grundgesetz garantierten Gewissens- und Religionsfreiheit und unter Wahrung seiner weltanschaulichen Neutralität der Kirche das Recht auf ungestörte Religionsausübung.
- Der Staat unterstützt die Caritas- und Kulturarbeit der Kirche durch finanzielle Zuwendungen und Vergünstigungen auf der Grundlage des Subsidiaritätsprinzips (7.4.3).
- Der Staat übt auch ein Wächteramt über die Kirche aus, um sich zu vergewissern, dass sich die kirchlichen Behörden und Mitarbeiter an die staatlichen Gesetze halten (z. B. Unterrichtsgesetz, Arbeitsgesetze, Versicherungsschutz).

Insgesamt kann man sagen: Eine brüske oder gar feindselige Trennung zwischen Kirche und Staat besteht in unserem Land nicht. Die Liberalen und ein Teil der Sozialisten wollen aber die Trennung verschärfen, v. a. durch Abschaffung des Einzugs der Kirchensteuer durch die staatlichen Finanzbehörden.

11.8 Plädoyer für die Kirche

Unseren Überblick über die vielschichtige Kirche, die immer eine Kirche der Heiligen und der Sünder war und ist, wollen wir abschließen mit den nachdenkenswerten und ermutigenden Gedanken des katholischen ökumenischen Theologen Heinrich Fries (1911–1998) aus seiner Schrift „Leiden an der Kirche":

„Was ist zu tun? – Zunächst und zuerst: Dabeibleiben, nicht die Kirche verlassen und in die innere Emigration gehen, sonst begibt man sich jeder Möglichkeit, in der Kirche selbst etwas zu bewirken.

Das Zweite heißt: Nicht resignieren, sich nicht verbittern lassen, sondern glauben und wissen, dass die gegenwärtige Kirche eine ecclésia semper reformánda [eine ständig reformbedürftige Kirche] ist ... Wer hätte gedacht, dass der alte Papst Johannes XXIII. zu einer Erneuerung der Kirche fähig war, wie sie in seinem Konzil verwirklicht wurde? –

Wer ... aus der Kirche austritt, hat ein äußerst mangelhaftes Verständnis von ihr. Er verwechselt sie mit dem, was er bekämpft, er identifiziert sie mit Amt und Kurie [= Vatikan] und deren gegenwärtigen Maßnahmen. Er hat nicht den Glauben, der die Kirche glaubt. [Sic!]

Ferner gilt: An der Erneuerung der Kirche mitwirken, wo Kirche konkret begegnet: in der Kirche am Ort, in der Gemeinde, die nicht eine Filiale der Weltkirche ist. ... Hier ist sehr viel möglich, wenn man Glaube, Mut, Liebe und Phantasie investiert. Was am Ort geschieht, zieht seine Kreise.

Man soll das Leiden an der Kirche nicht zum einzigen Thema machen und dabei die erfreulichen Aspekte vergessen: Es gibt auch heute Freude an der Kirche als der unentbehrlichen Vermittlerinstanz von Evangelium und Sakrament. [Es gibt] die Anwaltschaft der gegenwärtigen Kirche für den Menschen, für seine Würde und Rechte, ihr Engagement für Friede, Gerechtigkeit und Versöhnung, die Erhebung ihrer Stimme für jene, die keine Stimme haben. Dazu hilft und befähigt ein Blick auf die Kirche in der Dritten Welt, die die Hoffnung der Kirche von heute und morgen ist.

Es gibt die Freude an der Kirche, wenn man daran denkt, wie viele Menschen in vielen Gemeinden sich für diese Kirche immer noch und immer neu engagieren, die sich durch nichts irremachen lassen und die im Blick auf eine winterlich anmutende Kirche ([Feststellung von] K. Rahner) ihrer Hoffnung und Gewissheit Ausdruck geben: Auch im Winter wächst die Saat.

Es gibt Freude an der Kirche, denkt man an die vielen innerkirchlichen Aufbrüche, Aktivitäten und Bewegungen in der Kirche, die nicht rückwärts gewendet sind, sondern nach vorne blicken und sich auf eine Zukunft voller Verheißungen eingelassen haben."

Die gegenwärtige Situation, das Leiden an der Kirche, kann deshalb auch zu einer großen Chance und Hoffnung werden."

(Das Leiden an der Kirche, Freiburg 1989, S. 74–76, gekürzt; Ausdrücke in eckigen Klammern sind Ergänzungen von mir. Vgl. auch den Sammelband „Warum bleibe ich in der Kirche? Zeitgenössische Antworten", hrsg. von W. Dirks und E. Stammler, München 1971 sowie W. Jens [Hrsg.]: Warum ich Christ bin, München 1979)

Weiterführende Literatur

Deutsches Institut für Fernstudien an der Universität Tübingen (DIFF), Fernstudienlehrgang für katholische Religionspädagogik, Studienbrief III/4: F.-J. Schierse/S. Wiedenhofer/G. Langemeyer: *Das Wirken Christi in der Kirche*. Als Manuskript vervielfältigt, Tübingen (DIFF), 1977, [2]1978

CGG 29, S. 67–188: F.-X. Kaufmann/H. Fries/W. Pannenberg/A. v. Campenhausen/P. Krämer: *Kirche (mit Überblick über die Kirchengeschichte)*

CGG 29, S. 5–65: Karl Lehmann: *Gemeinde (u. a.: Dienste und Ämter; Basisgemeinden)*

CGG 29, S. 189–233: Heinrich Fries: *Konfession und Ökumene*

Alternativen 12: *Umstrittene Kirche*

Th. Forum 16: *Die Kirche*

Wege zum Ziel 4: *Mensch und Heil (Die Kirche und ihre sieben Sakramente)*

Forum Religion 4: *Zeichen Gottes. Kurs Ekklesiologie*

Konzepte 7: *Kirche*

CGG 14, S. 5–36: Karl Rahner: *Autorität (darin auch: Autorität in der Kirche)*

CGG 11, S. 79–128: Friedhart Hegner: *Planung – Verwaltung – Selbstbestimmung (in der institutionalisierten Kirche)*

CGG 28, S. 5–60: Traugott Koch: *Gesellschaft und Reich Gottes (darin auch: Verhältnis von Kirche und Reich Gottes)*

CGG 15, S. 5–120: Ernst-Wolfgang Böckenförde: *Staat – Gesellschaft – Kirche*

Alternativen 7: *Politik – Mächte und Ideologien*

Th. Forum 9: *Politische Ethik*

Th. Forum 11: *Kirche und Demokratie*

Rudolf Schermann: *Woran die Kirche krankt. Kritische Betrachtungen eines engagierten Priesters.* Düsseldorf (Econ), 1981

Walbert Bühlmann: *Von der Kirche träumen. Ein Stück Apostelgeschichte im 20. Jahrhundert.* Graz (Styria), 1986, [5]1989

Heinrich Fries: *Leiden an der Kirche*, Freiburg (Herder), 1989

Fritz Köster: *Kirche im Koma?* Frankfurt (Knecht), 1989

Allgemeine Literatur

Nachschlage-, Standard- und Reihenwerke

Christlicher Glaube in moderner Gesellschaft. Enzyklopädische Bibliothek in 30 Teilbänden und 7 Quellenbänden, Freiburg (Herder), 1980–82, Quellenbände 1983–86. – Abk: **CGG**

Gemeinsame Synode der Bistümer in der Bundesrepublik Deutschland. Offizielle Gesamtausgabe, Freiburg (Herder), Bd. 1 1976; Bd. 2: Arbeitspapiere der Sachkommissionen, [4]1995

Glaubensverkündigung für Erwachsene. Deutsche Ausgabe des Holländischen Katechismus, Nijwegen/Utrecht (Dekker/Van de Vegt), 1968. – Abk.: **HK**

Herders Theologisches Taschenlexikon, 8 Bände, Freiburg (Herderbücherei Nr. 451–48), 1972–73

Katechismus der Katholischen Kirche, Oldenbourg u.a., München 1993, der sog. Weltkatechismus – Abk.: **KKK**

Katholischer Erwachsenen-Katechismus. Das Glaubensbekenntnis der Kirche, hrsg. von der Deutschen Bischofskonferenz, Verlagsgruppe „engagement", 1. Band 1985, [4]1989; 2. Band: Leben aus dem Glauben, 1995

Lexikon für Theologie und Kirche, 3. völlig neu bearbeitete Auflage, 11 Bände Freiburg (Herder) 1993ff. Bisher erschienen: Bd. 1–6 (A–Maximianus). Anstelle der noch fehlenden Bände muss weiterhin die 2. Aufl., 10 Bände 1957–65, Registerband 1967, benützt werden.– Abk.: **LThK**

Gerhard Ludwig Müller: Katholische Dogmatik für Studium und Praxis der Theologie, Freiburg (Herder), 1995

Josef Neuner/Heinrich Roos: Der Glaube der Kirche in den Urkunden der Lehrverkündigung, 1938. Neu bearbeitet von Karl Rahner und Karl-Heinz Weger, Regensburg (Pustet), [13]1992. – Abk.: **NR**

Die Religion in Geschichte und Gegenwart, Tübingen (Mohr), 3. Aufl., 8 Bde. 1956–62, Registerband 1965; 4.Auflage 1998 ff. – Studienausgabe 1987: UTB, Große Reihe, 8029 (*Das evangelische Gegenstück zu LThK*). – Abk.: **RGG**

Karl Rahner/Herbert Vorgrimler, Kleines Konzilskompendium. Alle Konstitutionen, Dekrete und Erklärungen des Zweiten Vaticanums in der bischöflich genehmigten Übersetzung, Freiburg (Herder-TB 270–73 1966; [26]1996

Text- und Materialsammlungen

Alternativen. Arbeitstexte für den Religionsunterricht, Sekundarstufe II. Hrsg. von Albert Schlereth, 13 Hefte, München (Kösel), 1970–72

Forum Religion. Arbeitshefte für den Religionsunterricht in der Sekundarstufe II, hrsg. von Werner Trutwin, 7 Hefte, Düsseldorf (Patmos), 1985–86

Konzepte. Materialien für den Religionsunterricht in der Sekundarstufe II, hrsg. von R. Kaldewey, G. Neumüller und F. W. Niehl, 11 Hefte, München (Kösel), 1977–86

Theologisches Forum. Texte für den Religionsunterricht, hrsg. von Werner Trutwin, 18 Hefte, Düsseldorf (Patmos), 1970–81

Wege zum Ziel. Ausgewählte Texte für den katholischen Religionsunterricht im Kurssystem der Sekundarstufe II, hrsg. von Hubert Fein,9 Hefte, Limburg (Lahn-Verlag), 1978–79

Hinweise zur weiterführenden Literatur für die einzelnen Themeninhalte sind jeweils am Ende der verschiedenen Themen/Kapitel gesondert genannt.

Personen-Register (ausgenommen biblische Personen)

Sachregister